浙江省高职院校"十四五"重点立项建设教材

高等职业教育机电类专业"互联网+"创新教材

机械制造技术

主　编　戴乃昌　徐　勇　闵林锋
参　编　李晓星　叶海港　宋良永
主　审　冯瑞成

机械工业出版社

本书是以教育部颁布的现行专业教学标准为依据，结合编者多年的一线教学经验，采用项目驱动、任务引领的方式进行编写的。全书共分为七个项目，包括学习金属切削加工基础知识、认识金属切削加工设备、学习零件的机械加工工艺规程、编制典型零件的机械加工工艺规程、分析机械加工质量、制订装配工艺规程和设计机床夹具。每个项目细分为若干任务，安排有大量的教学案例和微课视频，以项目驱动、任务引领的形式开展教学，淡化理论，强调应用，旨在培养学生严谨的专业技能和职业素养。

本书可作为高等职业院校机械类和近机类专业的教材，也可作为应用型本科院校、成人教育以及中等职业教育相应课程的教材，以及机械行业工程技术人员的参考用书。

本书配有电子课件，凡使用本书作为授课教材的教师均可登录机械工业出版社教育服务网 www.cmpedu.com，注册后免费下载。咨询电话：010-88379375。

图书在版编目（CIP）数据

机械制造技术／戴乃昌，徐勇，闵林锋主编．
北京：机械工业出版社，2025.9．--（高等职业教育机电类专业"互联网+"创新教材）． -- ISBN 978-7-111-78733-4

Ⅰ．TH16
中国国家版本馆 CIP 数据核字第 2025V7X741 号

机械工业出版社（北京市百万庄大街 22 号　邮政编码 100037）
策划编辑：刘良超　　　　　　责任编辑：刘良超
责任校对：郑　婕　陈　越　　封面设计：王　旭
责任印制：刘　媛
三河市宏达印刷有限公司印刷
2025 年 9 月第 1 版第 1 次印刷
184mm×260mm・18.75 印张・463 千字
标准书号：ISBN 978-7-111-78733-4
定价：59.80 元

电话服务　　　　　　　　　　　网络服务
客服电话：010-88361066　　　　机　工　官　网：www.cmpbook.com
　　　　　010-88379833　　　　机　工　官　博：weibo.com/cmp1952
　　　　　010-68326294　　　　金　书　网：www.golden-book.com
封底无防伪标均为盗版　　　　机工教育服务网：www.cmpedu.com

前　言

　　随着科学技术的快速发展及我国产业结构的重大调整，现代产业体系已成为国民经济发展的重点方向，未来产业发展主要面向高端智能装备制造、航空航天等战略性新兴产业，这对机械制造技术的发展也提出了更高的要求。现代生产对高级技术应用型人才的需求呈现逐年扩大趋势，培养拥有先进制造观念、掌握先进制造技术的机械设计制造类专业人才、保证课程教学与企业需求紧密结合，已成为专业教学的重要任务。

　　本书是以教育部颁布的现行专业教学标准为依据，结合编者多年的一线教学经验，采用项目驱动、任务引领的方式进行编写的。本书以大量的企业实际生产案例为载体，注重对学生机械制造工艺能力的培养，以使学生掌握机械加工的基本技能，具备机械制造工艺制订与实施的基本能力。本书设置了思考与练习题，方便学生课后练习。此外，本书采用双色印刷，并将微课资源以二维码链接形式放置于相应内容处，学生用手机扫码即可免费观看，有利于开展信息化教学。

　　本书由温州职业技术学院戴乃昌、徐勇、闫林锋任主编，浙江工贸职业技术学院李晓星和温州职业技术学院叶海港、宋良永参与编写。具体编写分工：戴乃昌编写绪论和项目二，徐勇编写项目五和项目七、闫林锋编写项目三，李晓星编写项目四，叶海港编写项目一，宋良永编写项目六。兰州理工大学冯瑞成教授审阅了本书并提出了宝贵意见，在此表示衷心感谢。

　　由于编者水平有限，书中疏漏之处在所难免，恳请广大读者批评指正。

编　者

目 录

前言
绪论 ··· 1
项目一　学习金属切削加工基础知识 ········· 5
　　任务一　计算切削用量要素和切削层参数 ······ 5
　　任务二　分析刀具的结构和角度 ···················· 9
　　任务三　理解切屑的形成过程 ························ 12
　　任务四　观察金属切削过程中的物理现象 ···· 16
　　任务五　选择合理的切削条件 ························ 24
　　项目小结 ··· 33
　　思考与练习题 ··· 33
　　素养提升 ··· 38
项目二　认识金属切削加工设备 ······················ 39
　　任务一　学习金属切削机床基础知识 ············ 39
　　任务二　学习车削加工工艺 ···························· 49
　　任务三　学习铣削加工工艺 ···························· 62
　　任务四　学习钻削和镗削加工工艺 ················ 76
　　任务五　学习磨削加工工艺 ···························· 86
　　任务六　了解刨削、插削和拉削加工工艺 ···· 92
　　任务七　学习齿轮加工工艺 ···························· 96
　　项目小结 ··· 109
　　思考与练习题 ··· 109
　　素养提升 ··· 117
项目三　学习零件的机械加工工艺
　　　　　规程 ··· 118
　　任务一　理解机械加工工艺规程的基本
　　　　　　概念 ··· 118
　　任务二　理解工件的安装、基准和定位 ········ 125
　　任务三　拟定工艺路线 ··································· 129
　　任务四　计算加工余量、工序尺寸及其
　　　　　　公差 ··· 134
　　任务五　解算工艺尺寸链 ······························· 137
　　任务六　提高工艺过程的生产率 ···················· 143
　　项目小结 ··· 146
　　思考与练习题 ··· 146

素养提升 ··· 152
项目四　编制典型零件的机械加工工艺
　　　　　规程 ··· 153
　　任务一　制订轴类零件的机械加工工艺
　　　　　　规程 ··· 153
　　任务二　制订套类零件的机械加工工艺
　　　　　　规程 ··· 158
　　任务三　制订箱体类零件的机械加工工艺
　　　　　　规程 ··· 161
　　任务四　制订齿轮类零件的机械加工工艺
　　　　　　规程 ··· 169
　　项目小结 ··· 174
　　思考与练习题 ··· 175
　　素养提升 ··· 177
项目五　分析机械加工质量 ······························ 178
　　任务一　理解机械加工精度 ···························· 178
　　任务二　学习工艺系统的几何误差 ················ 180
　　任务三　学习受力变形引起的加工误差 ········ 183
　　任务四　学习受热变形和残余应力引起
　　　　　　的加工误差 ······································· 188
　　任务五　分析加工误差 ··································· 192
　　任务六　保证和提高加工精度 ························ 200
　　任务七　学习机械加工表面质量 ···················· 201
　　项目小结 ··· 207
　　思考与练习题 ··· 207
　　素养提升 ··· 214
项目六　制订装配工艺规程 ······························ 215
　　任务一　认识机器的装配 ······························· 215
　　任务二　建立装配尺寸链 ······························· 218
　　任务三　保证装配精度的方法 ························ 219
　　任务四　制订装配工艺规程 ···························· 224
　　项目小结 ··· 227
　　思考与练习题 ··· 227
　　素养提升 ··· 229

项目七　设计机床夹具 ···················· 230
  任务一　认识机床夹具 ···················· 230
  任务二　学习工件的定位原理 ············ 232
  任务三　分析与计算定位误差 ············ 243
  任务四　学习工件的夹紧 ·················· 249
  任务五　设计钻床夹具 ···················· 258
  任务六　设计铣床夹具 ···················· 265
  任务七　设计车床夹具 ···················· 270
  任务八　设计镗床夹具 ···················· 274
  任务九　设计其他机床夹具 ··············· 278
  项目小结 ·· 281
  思考与练习题 ································· 281
  素养提升 ·· 289

附录　二维码资源列表 ···················· 290

参考文献 ·· 294

绪 论

【学习目标】

1）了解制造业的地位和发展趋势。
2）了解我国制造业面临的机遇和挑战。
3）掌握本课程的内容、特点和学习方法。
4）激发学习兴趣，培养创新意识。

一、认识制造业在国民经济中的地位

制造业是指通过物理或化学方法将原材料转化为产品，其核心是将设计转化为实物，涵盖从原材料采购、加工制造到成品交付的全过程。制造业不仅是生产活动的集合，更是技术、资本和劳动力的综合体现，制造业在国民经济中具有非常重要的地位。机械制造业又是制造业的重要组成部分，是国民经济的装备部，覆盖汽车、航空航天、能源装备等关键领域。例如，一架 C919 大飞机生产过程中的百万级零部件协同制造，体现了机械制造业的复杂性与集成性。国民经济各部门的生产水平和经济效益在很大程度上取决于机械制造业所提供装备的技术性能、质量和可靠性。同时，国民经济的发展速度，在很大程度上取决于机械制造业技术水平的高低和发展速度。

制造业是反映国家科技水平和综合实力的重要标志，在产业链中占有核心地位。从原材料加工到高端装备交付，机械制造业贯穿始终，是"智能工厂"与"工业互联网"的物理载体。据统计，我国制造业增加值占 GDP 比重约为 28%，机械制造业直接推动就业、技术创新与国际竞争力提升，是"制造强国"战略的核心支撑。例如，高端数控机床、工业机器人、高铁、5G 通信设备等领域的突破，显著提升了我国的国际竞争力。

二、推进制造业的可持续发展

人类的文明与制造业密切相关。早在新石器时代，人类开始制作石器作为劳动工具，制造处于一种萌芽状态。到了青铜器和铁器时代，人们开始采矿、冶炼和铸锻工具，并开始制作农业机械设备，以满足自然经济的需要。古代制造业采用的是作坊式的、以手工劳动为主的生产方式。

18 世纪中叶，英国的瓦特发明了蒸汽机，揭开了第一次工业革命序幕，机械制造业开始使用机械加工机床。

19 世纪末到 20 世纪初，内燃机的发明引发了制造业的又一次革命，制造业进入了以汽车制造为代表的批量生产时代。流水线生产的出现和泰勒科学管理理论的产生，标志着机械制造业进入"大批量生产（Mass Production）"时代。

20世纪60年代，随着市场竞争的加剧，传统的自动化生产方式只能在大批量条件下实现，难以满足市场多变的需求，多品种小批量日益成为制造业的主流生产方式。与此同时，电子计算机和集成电路的出现，使制造业产生了一次新的飞跃。这个时期诞生的制造装备和技术主要有数控机床（CNC）、计算机辅助设计（CAD）和计算机辅助制造（CAM）等。数控技术的诞生更是让机械制造实现了高精度、复杂零件的加工，开启了自动化生产的新纪元。

20世纪80年代以来，信息产业的崛起和通信技术的发展加速了市场全球化的进程，市场竞争日趋激烈。机械制造领域诞生了许多新的制造理论和生产模式，如计算机集成制造（CIM）、精良生产（LP）、快速原型制造（RPM）、并行工程（CE）、敏捷制造（AM）等。

进入21世纪，机械制造业正向着自动化、柔性化、集成化、智能化和清洁化的方向发展。现代机械制造技术的发展趋势是制造技术与材料科学、电子科学、信息科学、生命科学、管理科学等学科的交叉和有机融合，智能制造技术成为机械制造业发展的核心驱动力。

智能制造融合了人工智能、大数据、物联网、云计算等前沿技术。在生产过程中，智能设备能够实时感知加工数据，如机床可根据刀具磨损状况、工件材质变化等因素自动调整加工参数，确保加工精度与效率；智能物流系统借助物联网，能依据生产进度自动配送物料，实现生产流程的无缝衔接。在产品设计环节，计算机辅助设计（CAD）与人工智能结合，设计师可快速创建、模拟产品模型，通过大数据分析市场需求，实现产品的个性化定制设计。以汽车制造为例，大量工业机器人协同作业，从零部件加工到整车装配，全程智能化控制，不仅提高了生产效率，还保证了产品质量的稳定性。

全球范围内，各国纷纷加大对智能制造技术的研发投入，德国的"工业4.0"、美国的"先进制造业国家战略计划"以及我国的"中国制造2025"等，都旨在通过智能制造推动机械制造业的转型升级。

三、迎接制造业面临的机遇和挑战

改革开放以来，我国机械制造业充分利用国内外两方面的资金和技术，进行了较大规模的技术改造，制造技术、产品质量和水平以及经济效益都有很大的提高，为推动国民经济的发展起到了重要作用。我国制造业在最近几十年的发展中，取得了令人瞩目的成就。

产业规模持续扩张，全球地位显著提升。我国机械制造业实现了跨越式发展，产业规模不断攀升。从基础数据来看，机械制造业的工业增加值在GDP中所占比重长期保持高位，成为拉动国民经济增长的重要引擎。中国制造在全球机械制造市场中占据了举足轻重的地位。目前，我国已成为全球最大的机械产品生产国与出口国之一，众多机械产品的产量位居世界首位，如汽车、机床、发电设备等。这不仅满足了国内各行业对机械装备的庞大需求，还大量出口至全球200多个国家和地区，有力地推动了全球产业链的发展。

创新成果斐然，核心技术逐步突破。高端装备制造技术实现重大跨越，如我国在航空航天、海洋工程、高铁等高端装备制造领域取得了一系列令世界瞩目的成就。国产大飞机C919成功首飞并逐步投入商业运营，标志着我国在大型客机研发制造方面取得了关键突破；我国自主设计建造的"蓝鲸1号"超深水双钻塔半潜式钻井平台，代表了当今世界海洋钻井平台技术的最高水平，其最大钻井深度可达15240m，具备在全球任何海域作业的能力，为我国深海油气资源开发提供了强有力的装备支持；我国高铁技术处于世界领先地位，高铁运营里程超过50000km，占全球高铁总里程的三分之二以上。"复兴号"系列高速列车的成功研发与应用，实现了列车的自主化、智能化控制，最高运营时速达400km，以其安全、快捷、舒适的特点，成为我国高端装备制造的一张靓丽名片。

我国制造业企业积极推进智能化改造，在智能制造技术应用方面取得了显著成效。众多企业通过引入工业互联网、大数据、人工智能等先进技术，实现了生产过程的数字化、智能化管理，不但提高了生产效率，而且有效地保障了产品质量。同时，我国在工业机器人研发制造方面也取得了长足进步，国产工业机器人的市场占有率不断提高，部分产品的技术性能已达到国际先进水平，广泛应用于汽车制造、电子加工、物流仓储等多个行业，推动了我国制造业的转型升级。

进入21世纪以来，我国在轴承、齿轮、液压件等基础零部件领域加大研发投入，取得了一系列技术突破。例如，在高端轴承制造方面，我国已成功研制出应用于航空发动机、高速列车等关键领域的高性能轴承，部分产品性能指标达到国际先进水平，打破了国外长期以来的技术垄断。在齿轮制造领域，通过自主研发高精度齿轮加工设备与工艺，齿轮的精度、可靠性和使用寿命得到了显著提高，能够满足汽车、船舶、工程机械等行业对高端齿轮的需求。这些基础零部件制造技术的提升，为我国机械制造业的整体发展提供了坚实支撑。

产品竞争力大幅增强，品牌影响力逐步扩大。通过持续推进技术创新与质量管理体系建设，我国机械产品的质量与性能得到了显著提升。在汽车行业，国产汽车品牌在安全性、舒适性、智能化等方面不断取得突破，与国际品牌的差距逐渐缩小。在工程机械领域，我国的挖掘机、起重机等产品以其高可靠性、高性能在国内外市场上备受认可，产品的关键性能指标达到国际同类产品先进水平，部分产品还针对不同工况进行了个性化设计，满足了全球客户的多样化需求。随着产品质量与性能的提升，我国机械制造企业的品牌影响力逐步扩大。在国际市场上，越来越多的中国机械品牌崭露头角。

当今制造业的产业结构和生产模式正在发生深刻变革，所有这些又给我们带来了难得的机遇。具体而言，要实现制造业数字化、网络化、智能化水平大幅提升，需要在重点领域培育出一批具有国际竞争力的智能制造企业与产业集群。例如，在汽车制造领域，推动企业构建智能工厂，实现从零部件生产到整车装配的全流程智能化控制，提高生产效率与产品质量，降低生产成本，使我国汽车制造业在全球产业链中的地位得到了显著提升。

在技术创新方面，鼓励企业加大对智能制造关键技术的研发投入，如工业互联网、大数据、人工智能、机器人等技术。通过产学研合作等方式，突破一批制约智能制造发展的核心技术瓶颈。在人工智能技术应用于制造业方面，不少企业利用人工智能算法对生产过程中的数据进行实时分析，实现了设备故障预测与智能维护，提高了设备运行稳定性与生产连续性。

四、本课程的内容、特点和学习方法

"机械制造技术"是机械类专业的专业基础课程之一。本书对传统制造工艺进行深度整合，将智能制造技术融合到课程内容，实现从设计到制造的数字化流程，注重培养学生的工艺规划与管理能力，使学生了解机械制造企业的生产运营流程，能够从整体上把握生产过程，提高生产效率和产品质量。希望本书能成为学生探索制造奥秘、投身强国实践的阶梯，助力中国制造走向中国智造。

"机械制造技术"课程的学习特点强调理论与实践的高度融合。在课堂教学中，不仅传授机械制造工艺的基础理论和原理，还通过实验、实习和课程设计等环节，让学生将所学理论知识应用到实际操作中。课程内容紧跟机械制造行业的发展前沿，引入新技术和新工艺，使学生将所学知识与行业实际需求紧密接轨。机械制造技术涉及多学科的知识，具有很强的跨学科综合性，这种特点有助于培养学生综合运用知识的能力和创新思维能力，使学生能够从多个角度思考和解决机械制造过程中遇到的问题。

在学习方法上，学生要重视课堂学习，理解机械制造工艺的基本概念、原理和方法。课后及时复习，通过阅读教材、参考书籍和查阅相关文献资料，加深对理论知识的理解和记忆。学生要积极参加课程设计等实践活动，亲自动手操作设备，完成零件的加工和工艺设计任务。学生要养成关注行业动态的习惯，通过阅读专业期刊、参加学术讲座、参观企业等方式，了解行业的最新发展趋势和前沿技术，这不仅有助于拓宽知识面，还能激发学习兴趣和创新意识，为未来的职业发展和创新研究奠定基础。在学习过程中，学生要学会与团队成员协作，积极参与讨论，分享自己的想法和见解，相互学习，共同进步。通过团队协作与交流学习，培养团队合作精神和沟通能力，这对于学生今后在企业中的工作和发展具有重要意义。

项目一

学习金属切削加工基础知识

【学习目标】

知识目标

1）掌握切削用量要素和切削层参数的概念。

2）掌握刀具的结构和刀具标注角度的定义。

3）掌握常用刀具材料的种类及其选用原则。

4）掌握切屑形成过程的本质及变形区特征。

5）掌握积屑瘤的成因及对切削过程的影响。

6）掌握切削力的产生及其影响因素。

7）掌握切削热的产生及其影响因素。

8）掌握刀具磨损的影响因素以及控制措施。

能力目标

1）切削用量要素的选择和计算能力。

2）合理选择刀具材料和角度的能力。

3）切削力以及切削功率的计算能力。

4）改善工件材料切削加工性的能力。

5）减少刀具磨损和延长刀具寿命的能力。

素质目标

1）严谨的工作态度和工匠精神。

2）关注金属切削领域的新技术。

【项目描述】

本项目学习金属切削理论，完成切削用量要素和切削力的相关计算，正确标注刀具的角度，合理选择刀具的几何参数和切削用量，培养严谨的工作态度和一丝不苟的工作作风。

任务一　计算切削用量要素和切削层参数

一、切削运动与工件表面

用金属切削刀具从工件上切除多余的金属，从而获得在形状、尺寸精度及表面质量上都合乎预定要求的加工称为金属切削加工。在切削加工过程中，切削运动就是工件与刀具之间的相对运动，它由金属切削机床来完成。各种切削运动都是由简单的直线运动和旋转运动组合而成的，切削运动按其作用可分为主运动和进给运动两种（图1-1）。

1. 主运动

主运动是使工件与刀具产生相对运动以进行切削的基本运动。主运动的速度最高，消耗的能量最大，在切削运动中，主运动只有一个。它可以由工件完成，也可以由刀具完成；可以是旋转运动，也可以是直线运动。如车削外圆时工件的旋转运动，刨削时刨刀的直线往复运动等。主运动的速度称为切削速度，用 v_c 表示。

2. 进给运动

进给运动是不断地把切削层投入切削的运动。进给运动一般速度较低，消耗的能量较少，可由一个或多个运动组成；它可以是连续的，也可以是间断的。进给速度用 v_f 表示。

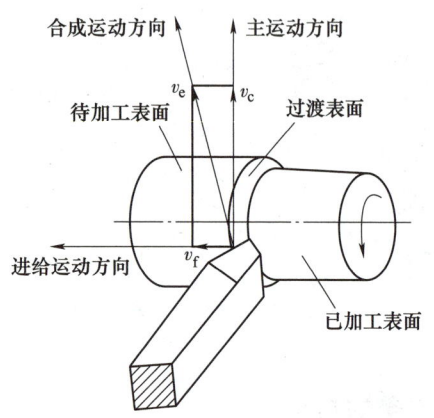

图1-1 切削运动与工件表面

在主运动和进给运动同时进行的情况下，刀具切削刃上某一点相对于工件的运动称为合成切削运动，可用合成速度 v_e 来表示。以外圆车削为例，切削运动的合成速度 v_e 等于主运动速度 v_c 与进给速度 v_f 的矢量和（图1-1）。

3. 工件的表面

工件的表面分为以下几种（图1-1）：

1）待加工表面：工件上即将被切除的表面。

2）已加工表面：工件上经刀具切削后形成的新表面。

3）过渡表面：工件上正在被切削刃切削的表面。

二、切削用量要素与切削层参数

1. 切削用量要素

（1）切削速度 v_c　切削刃相对于工件的主运动速度。计算切削速度时，应选取切削刃上速度最高的点进行计算。主运动为旋转运动时，切削速度公式为

$$v_c = \frac{\pi d n}{1000}$$

式中　d——工件或刀具的最大直径（mm）；

　　　n——工件或刀具的转速（r/s 或 r/min）；

　　　v_c——切削速度（m/s 或 m/min）。

（2）进给量 f　工件或刀具每回转一周（或往复运动一次），两者沿进给方向上的相对位移量，单位为 mm/r 或 mm/dst。对多齿的刀具（齿数为 z），用每齿进给量 f_z（mm/z）表示。进给运动的速度称为进给速度，以 v_f 表示，单位为 mm/s 或 mm/min，其计算公式为

$$v_f = fn = f_z z n$$

（3）背吃刀量 a_p　待加工表面与已加工表面之间的垂直距离。车外圆时的背吃刀量为

$$a_p = \frac{d_w - d_m}{2}$$

式中　d_w——工件待加工表面的直径（mm）；
　　　d_m——工件已加工表面的直径（mm）。

2. 切削层参数

切削层是指工件上正在被切削刃切削的一层金属，如图 1-2 所示。切削层参数是指与主运动方向垂直的平面内度量的截面尺寸参数。切削层参数包括切削层公称厚度、切削层公称宽度和切削层公称横截面积。

（1）切削层公称厚度 h_D　垂直于过渡表面度量的切削层尺寸，简称为切削厚度。切削厚度的计算公式为

$$h_D = f\sin\kappa_r$$

式中　κ_r——主偏角。

（2）切削层公称宽度 b_D　沿切削刃方向度量的切削层尺寸，简称为切削宽度。切削宽度的计算公式为

$$b_D = \frac{a_p}{\sin\kappa_r}$$

（3）切削层公称横截面积 A_D　在切削层参数平面内度量的横截面面积。切削层公称横截面积的计算公式为

$$A_D = h_D b_D = a_p f$$

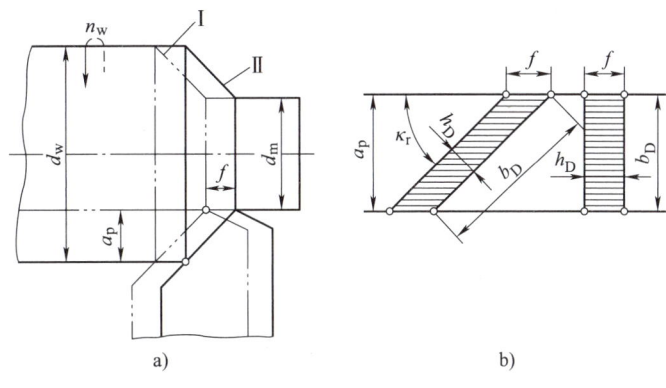

图 1-2　切削用量和切削层参数

三、铣削用量要素

铣削速度、进给量、背吃刀量和侧吃刀量称为铣削用量要素（图 1-3）。

（1）铣削速度 v_c　指切削刃上选定点相对工件的线速度，单位为 m/min。铣削速度与铣刀转速之间的关系为

$$v_c = \frac{\pi d n}{1000}$$

式中　d——铣刀直径（mm）；
　　　n——铣刀转速（r/min）。

（2）进给量

1）每齿进给量 f_z：铣刀每转过一个刀齿相对工件在进给方向上的距离，单位为 mm/z。

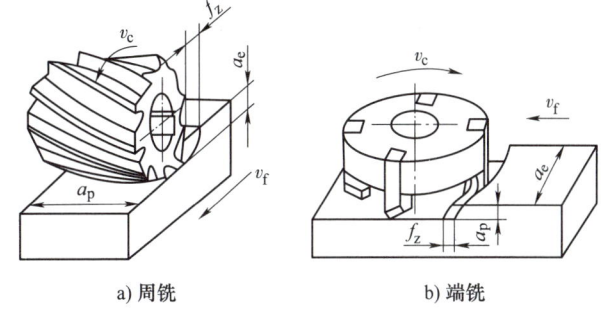

a）周铣　　b）端铣

图 1-3　铣削用量要素

2）每转进给量 f：铣刀每旋转一转相对工件在进给方向上的距离，单位为 mm/r。

3）进给速度 v_f：工件在进给方向上，每分钟相对铣刀所移动的距离，单位为 mm/min。

$$v_f = fn = f_z z n$$

（3）背吃刀量 a_p　在平行于铣刀轴线方向测得的被切削层尺寸。

(4) 侧吃刀量 a_e 在垂直于铣刀轴线方向测得的被切削层尺寸。

常用铣刀的背吃刀量和侧吃刀量如图 1-4 所示。

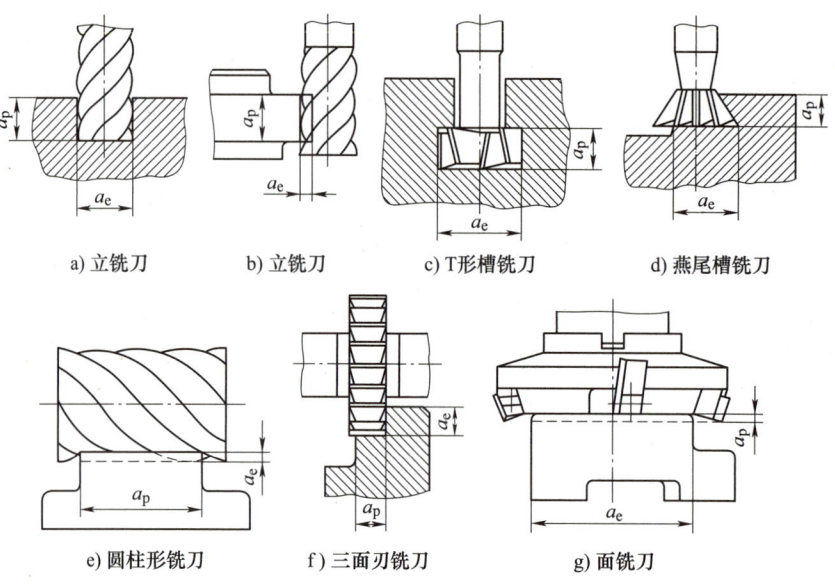

a) 立铣刀　　b) 立铣刀　　c) T形槽铣刀　　d) 燕尾槽铣刀

e) 圆柱形铣刀　　f) 三面刃铣刀　　g) 面铣刀

图 1-4　常用铣刀的背吃刀量和侧吃刀量

【任务实施】

【**案例 1-1**】 在铣床上加工平面，已知面铣刀直径为 80mm，铣削速度为 20m/min，则主轴转速应调整到多少？

【**解**】 根据公式，可得

$$n = 1000\frac{v_c}{\pi d} = \frac{1000 \times 20}{80\pi}\text{r/min} = 80\text{r/min}$$

查铣床主轴转速铭牌，选主轴转速为 75r/min。

【**案例 1-2**】 用直径 $d=20$mm、齿数 $z=3$ 的立铣刀进行铣削加工，已知 $f_z=0.04$mm/z，$v_c=20$m/min，求铣床的转速 n 和进给速度 v_f。

【**解**】 根据题中条件和公式，可得 $n = 1000\dfrac{v_c}{\pi d} = \dfrac{1000 \times 20}{20\pi}\text{r/min} = 318\text{r/min}$。查铣床铭牌，取主轴转速为 300r/min。

根据进给速度公式 $v_f = fn = f_z z n = 0.04 \times 3 \times 300$mm/min $= 36$mm/min，查铣床铭牌，可取进给速度为 37.5mm/min。

【**案例 1-3**】 使用高速钢钻头在厚度为 50mm 的铸铁件上钻一个 $\phi 20$mm 的通孔，已知：$v=0.45$m/s，$v_f=174$mm/min，计算钻床主轴转速 n 和进给量 f。

【**解**】 根据公式 $v = \dfrac{\pi d n}{1000}$，得 $n = \dfrac{1000 v}{\pi d} = \dfrac{1000 \times 0.45}{3.14 \times 20}\text{r/s} = 7.17\text{r/s}$。又根据公式 $v_f = fn$，得 $f = \dfrac{v_f}{n} = \dfrac{174}{60 \times 7.17}\text{mm/r} = 0.40\text{mm/r}$。

任务二　分析刀具的结构和角度

【知识准备】

一、刀具切削部分的组成

切削刀具的种类很多，形状各异，但它们切削部分的几何形状与几何参数具有共同的特征：切削部分的基本形状为楔形。车刀是典型的代表，其他刀具可以视为由车刀演变或组合而成，多刃刀具的每个刀齿都相当于一把车刀。刀具上承担切削工作的部分称为刀具的切削部分，它由六个基本结构要素组成（图1-5）：

1）前刀面：刀具上切屑沿其流出的表面。
2）主后刀面：刀具上与工件过渡表面相对的表面。
3）副后刀面：刀具上与工件已加工表面相对的表面。
4）主切削刃：前刀面与主后刀面的交线，承担主要的切削任务。
5）副切削刃：前刀面与副后刀面的交线，配合主切削刃完成切削工作。
6）刀尖：连接主切削刃和副切削刃的一段切削刃，它可以是一段小的圆弧或直线。

二、刀具标注角度的参考平面

刀具要从工件上切除金属，必须具有一定的切削角度。切削角度决定了刀具切削部分各表面之间的相对位置。要确定和测量刀具角度，必须引入三个相互垂直的参考平面组成刀具标准角度的参考系。参考系中各平面定义如下（图1-6）。

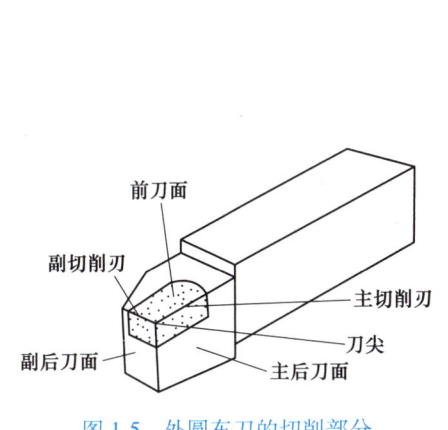

图1-5　外圆车刀的切削部分

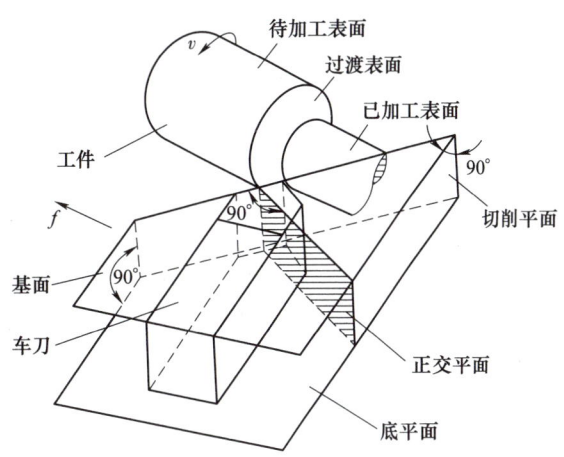

图1-6　车刀标注角度的参考系

1）基面 p_r：通过主切削刃上某一点并与该点切削速度方向垂直的平面。
2）切削平面 p_s：通过主切削刃上某一点，与主切削刃相切并垂直于基面的平面。
3）正交平面 p_o：通过主切削刃上某一点，同时垂直于基面和切削平面的平面。

基面、切削平面和正交平面共同组成标注刀具角度的正交平面参考系。除此之外，常用的标注刀具角度的参考系还有法平面参考系、背平面参考系和假定工作平面参考系。

三、刀具的标注角度

刀具的标注角度是在刀具设计图中标注的用于刀具制造、刃磨和测量的角度。刀具的主要标注角度有以下6个（图1-7）：

1）前角 γ_o：在正交平面内测量的前刀面与基面的夹角。前角表示前刀面的倾斜程度，有正、负之分，正、负规定如图1-7所示。

2）后角 α_o：在正交平面内测量的主后刀面与切削平面的夹角，后角一般为正值。

3）主偏角 κ_r：在基面内测量的主切削刃在基面上的投影与进给运动方向的夹角。

4）副偏角 κ_r'：在基面内测量的副切削刃在基面上的投影与进给运动反方向的夹角。

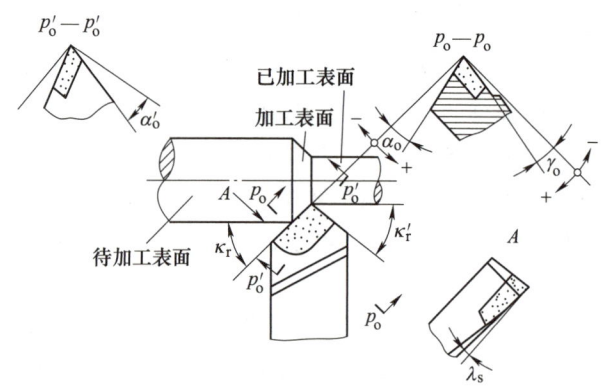

图1-7 车刀在正交平面内的标注角度

5）刃倾角 λ_s：在切削平面内测量的主切削刃与基面间的夹角。刃倾角有正、负之分。当主切削刃上最高点位于基面上方时，刃倾角为正值；当主切削刃上最高点位于基面下方时，刃倾角为负值；当主切削刃与基面平行时，刃倾角为零。

6）副后角 α_o'：副后刀面与切削平面间的夹角，它确定副后刀面的空间位置。

车刀的上述6个角度是相互独立的，它们的大小会直接影响切削过程，其余角度均是派生的。各角度的推荐值可查阅相关手册。

四、刀具材料应具备的性能

刀具切削性能的优劣取决于刀具材料、切削部分几何形状和刀具的结构。刀具材料的选择对刀具寿命、加工质量和生产效率影响极大。刀具材料应具备高硬度和高耐磨性，具有足够的强度和韧性，在高温作用下还应具有高的耐热性。另外，刀具材料还需要良好的工艺性和经济性。刀具材料的性能要求有些是相互制约的，在实际工作中应根据具体的切削对象和工况条件选择合适的刀具材料。

五、典型的刀具材料

1. 常用刀具材料

（1）碳素工具钢　碳素工具钢是含碳量较高的优质钢，如T10A。碳素工具钢淬火后具有较高的硬度，价格低廉，但耐热性差，当温度高于200℃时即失去原有的硬度，并且淬火时容易变形和开裂，只能用于制作一般温度下工作的工量具和模具等，如冲头、锯条、丝锥、量规、锉刀等。

（2）合金工具钢　合金工具钢是在碳素工具钢中加入少量的Cr、W、Mn、Si等合金元素形成的刀具材料，如 9SiCr 等。与碳素工具钢相比，合金工具钢的热处理变形减小，耐热性有所提高，常用于制造低速刀具，如锉刀、锯条和铰刀等。

(3) 高速工具钢　高速工具钢是含有较多合金元素的高合金工具钢，如 W18Cr4V 等。高速工具钢又称锋钢或风钢，耐热性较好，在 600℃ 时仍能正常切削，许用切削速度为 30～50m/min，是碳素工具钢的 5～6 倍。高速工具钢的强度、韧性、工艺性都很好，广泛应用于制造中速切削及形状复杂的刀具，如麻花钻、铣刀、拉刀和齿轮刀具。常用高速工具钢牌号及应用范围见表 1-1。

表 1-1　常用高速工具钢牌号及应用范围

种类	牌号	常温硬度 HRC	抗弯强度 /GPa	冲击韧度 /(MJ/m^2)	高温硬度 HRC（600℃）	主要性能和应用范围
普通型高速工具钢	W18Cr4V（W18）	63～66	3.0～3.4	0.18～0.32	48.5	综合性能好，用于制造精加工刀具和复杂刀具。如钻头、成形车刀、拉刀和齿轮刀具等
	W6Mo5Cr4V2（M2）	63～66	3.5～4.0	0.30～0.40	47～48	强度和韧性高于 W18，热塑性好，用于制造热成形刀具及承受冲击的刀具
高性能高速工具钢	W2Mo9Cr4VCo8（M42）	67～69	2.7～3.8	0.23～0.30	55	硬度高，耐磨性好，用于制造复杂刀具等，但价格贵
	W6Mo5Cr4V2Al（501）	67～69	2.9～3.9	0.23～0.30	55	用于制造复杂刀具，切削难加工材料

(4) 硬质合金　硬质合金是以高硬度、高熔点的金属碳化物为基体，添加 Co、Ni 等黏结剂，在高温条件下烧结而成的粉末冶金制品。硬质合金的硬度、耐磨性、耐热性都很高，许用切削速度远高于高速工具钢，能切削淬火钢等硬材料。但硬质合金抗弯强度低、脆性大，抗振动和冲击性能较差。硬质合金被广泛用于制作各种刀具，如车刀、面铣刀、深孔钻等。

硬质合金主要有以下几种类型：

1) 钨钴类硬质合金（YG 类）：由 WC 和 Co 组成。这类合金韧性好，适用于加工铸铁、青铜等脆性材料。常用牌号有 YG3、YG6、YG8 等，其中数字表示 Co 的质量分数。Co 的质量分数增加，硬度和耐磨性下降，抗弯强度和韧性增加。

2) 钨钛钴类硬质合金（YT 类）：由 WC、TiC 和 Co 组成。这类合金主要用于加工钢料。常用牌号有 YT5、YT15、YT30 等，其中数字表示 TiC 的质量分数。TiC 的质量分数增加，硬度和耐磨性增加，抗弯强度和韧性下降。

3) 通用硬质合金（YW 类）：在 WC、TiC、Co 的基础上加入 TaC、NbC 组成的硬质合金。常用牌号有 YW1、YW2。这类合金既能加工铸铁和有色金属，又可以加工钢料，还可以加工高温合金和不锈钢等难加工材料，又称万能硬质合金。常用硬质合金的牌号、性能及适用范围见表 1-2。

表1-2 常用硬质合金的牌号、性能及适用范围

类型	牌号	硬度HRA	抗弯强度/GPa	耐磨性能	耐冲击性	耐热性能	可加工材料	加工性质	相当的ISO牌号
K类	YG3	91	1.08	↑	↓	↑	铸铁、有色金属	连续切削时的精加工和半精加工	K05
	YG6X	91	1.37				铸铁、耐热合金	精加工和半精加工	K10
	YG6	89.5	1.42				铸铁、有色金属	连续切削粗加工；间断切削半精加工	K20
	YG8	89	1.47				铸铁、有色金属	间断切削粗加工	K30
P类	YT5	89.5	1.37	↓	↑	↓	钢	粗加工	P30
	YT14	89.5	1.25				钢	间断切削半精加工	P20
	YT15	91	1.13				钢	连续切削粗加工；间断切削半精加工	P10
M类	YW1	92	1.28	较好	较好		难加工钢材	精加工和半精加工	M10
	YW2	91	1.47	好			难加工钢材	半精加工和粗加工	M20

按硬质合金的切削加工对象材料和使用场景，可将其分为 P 类、K 类和 M 类。P 类相当于我国的 YT 类、K 类相当于我国的 YG 类、M 类相当于我国的 YW 类硬质合金。

2. 其他刀具材料

（1）陶瓷　用于制作刀具的陶瓷材料主要有氧化铝基陶瓷和氮化硅基陶瓷两类。陶瓷材料比硬质合金具有更高的硬度和耐热性，摩擦系数小、抗黏结性和抗磨损能力强，被广泛用于高速切削加工中。陶瓷材料的主要缺点是脆性大、抗冲击韧性差，抗弯强度低。

（2）立方氮化硼（CBN）　立方氮化硼的硬度仅次于金刚石，具有耐高温、热稳定性好、高温下不与黑色金属发生反应等优点。CBN 刀具既能加工淬硬钢和冷硬铸铁，又能加工高温合金、硬质合金和其他难加工材料。

（3）人造金刚石　人造金刚石是通过合金触媒的作用，在高温高压下由石墨转化而成的，是目前已知的最硬物质。金刚石刀具可用于加工硬质合金、陶瓷、高硅铝合金等高硬度、高耐磨材料，但不宜加工黑色金属，因为金刚石中的碳原子和黑色金属的亲和力大，会导致刀具寿命缩短。

任务三　理解切屑的形成过程

一、切屑的形成过程和变形区

1. 切屑的形成过程

金属的切削变形过程就是切屑的形成过程，如图 1-8 所示。

项目一　学习金属切削加工基础知识

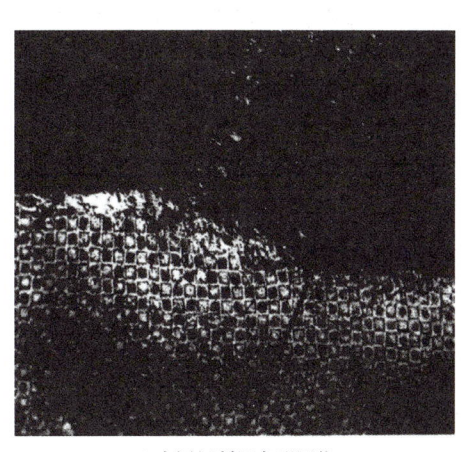

a) 金属切削层变形图像

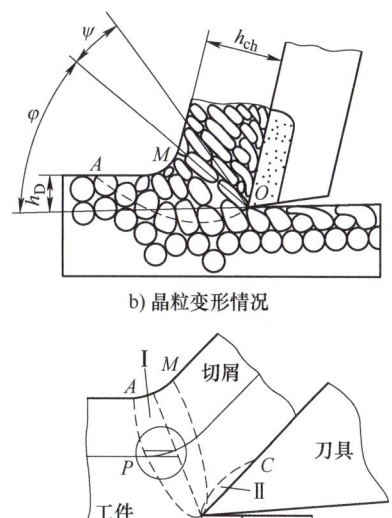

b) 晶粒变形情况

c) 切削过程的三个变形区

图 1-8　切屑的形成过程

图 1-8a 所示为在低速直角自由切削工件侧面时，用显微镜观察得到的切削层金属变形的情况。图 1-8b、c 所示分别为滑移线和流线示意图。流线表明被切削金属中的某一点在切削过程中流动的轨迹。切屑是工件材料受到刀具前刀面的推挤后产生塑性变形，最后沿斜面剪切滑移形成的。

2. 变形区及其特征

切削过程中，切削层金属的变形大致可分为三个变形区（图 1-8c）。

1）第 Ⅰ 变形区：特征是沿滑移线的剪切变形，以及随之产生的加工硬化。

2）第 Ⅱ 变形区：特征是切屑排出时受到前刀面的挤压和摩擦，靠近前刀面的金属纤维化，方向和前刀面基本平行。

3）第 Ⅲ 变形区：特征是已加工表面受到切削刃和后刀面的挤压和摩擦，造成表层金属纤维化和加工硬化。

二、切削变形程度

1. 剪切角

在第 Ⅰ 变形区内，剪切面与切削速度方向之间的夹角称为剪切角（图 1-8b），用 φ 表示。剪切角与切削变形有密切关系，可以用剪切角来衡量切削变形的程度。剪切角增大，切削变形减小，对改善切削过程有利。

2. 变形系数

1）厚度变形系数：切屑厚度 h_{ch} 与切削层厚度 h_D 之比。

2）长度变形系数：切削层长度 l_D 与切屑长度 l_{ch} 之比。

由于切削层变成切屑后，宽度变化很小，根据体积不变原理，厚度变形系数和长度变形系数相等，统称为变形系数（图 1-9）。

变形系数是大于1的系数，它直观地反映了切屑的变形程度，变形系数越大，变形越大。变形系数与剪切角有关，剪切角增大，变形系数减小，切削变形减小。变形系数易于测量，是切削变形程度的比较简单的表示方法，在实际生产中得到广泛应用。

3. 相对滑移

金属切削过程中的塑性变形集中在第Ⅰ变形区，而且主要形式是剪切滑移，因此可用剪应变 ε 来表示切削过程的变形程度（图1-10）。

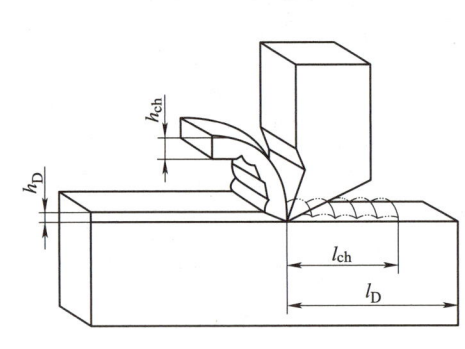

图1-9　变形系数的计算

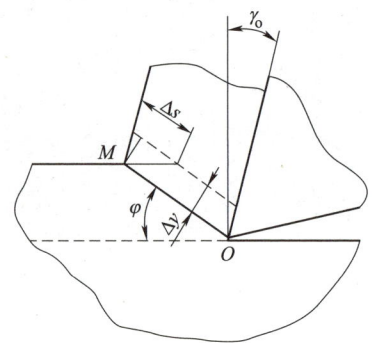

图1-10　相对滑移系数

$$\varepsilon = \frac{\Delta s}{\Delta y} = \cot\varphi + \tan(\varphi - \gamma_o) = \frac{\cos\gamma_o}{\sin\varphi\cos(\varphi - \gamma_o)}$$

三、前刀面上的摩擦

在金属切削过程中，由于在刀具和切屑接触区域存在 2~3GPa 的压力和几百度的高温，切削液不易流入接触区域，从而使刀-屑接触区域产生黏结。在黏结情况下，刀-屑之间的摩擦属于内摩擦，其实质是金属内部的剪切滑移，与材料的剪切屈服强度和接触面的大小有关（图1-11）。当切屑沿前刀面继续流出时，离切削刃越远，正应力越小，切削温度随之降低，金属的塑性变形减小，刀-屑接触面积减小，摩擦逐渐转为外摩擦（滑动摩擦）。

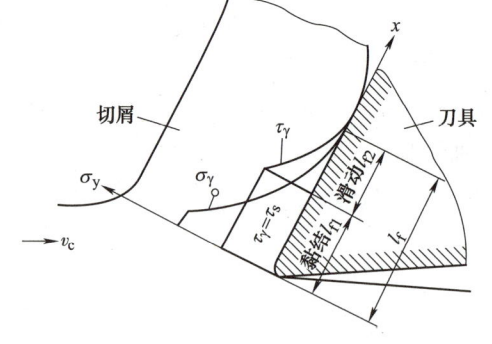

图1-11　前刀面上的摩擦

四、积屑瘤

1. 积屑瘤的形成及原因

在切削速度不高而又能形成连续切屑的情况下，加工一般钢料或铝合金等塑性材料时，常在前刀面处黏着一块剖面呈三角状的硬块。它的硬度很高，通常是工件材料的2~3倍，在稳定的状态下，能够代替刀具进行切削。这块黏附在刀具前刀面上的金属称为积屑瘤（图1-12）。

积屑瘤的产生及其成长与工件材料性质、切削区温度分布和压力有关。塑性材料的加工硬化倾向越强，越容易产生积屑瘤。切削区的温度和压力过高或过低，都不易产生积屑瘤。在背吃刀量和进给量一定的条件下，积屑瘤高度与切削速度有密切关系。

2. 积屑瘤对切削过程的影响

1）增大刀具的前角：积屑瘤有使刀具实际前角增大的作用，可减小切削力。

2）改变切削厚度：切削厚度随着积屑瘤高度的变化不断地增大和减小，切削厚度的变化会引起切削力的波动。

3）增大加工表面的表面粗糙度值：积屑瘤高度不断变化，形状不规则，这些都会导致加工表面的表面粗糙度值增大，降低加工表面质量。

4）影响刀具寿命：积屑瘤可代替切削刃切削，有利于减小刀具磨损，提高刀具的使用寿命。但积屑瘤脱落时也可能撕裂刀具前刀面上的刀具材料，降低刀具的使用寿命。

3. 防止产生积屑瘤的措施

正确选择切削速度，避开产生积屑瘤的区域（图1-13）；使用润滑性能良好的切削液，减小刀-屑之间的摩擦；增大刀具的前角，减小刀具前刀面和切屑之间的压力；适当提高工件材料的硬度，减小加工硬化倾向。

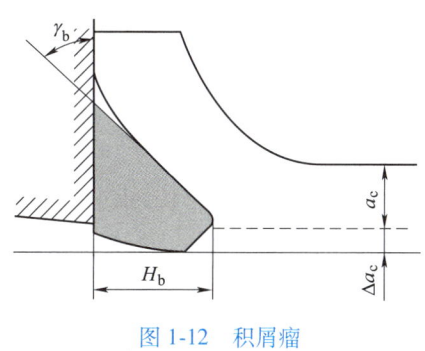

图1-12　积屑瘤

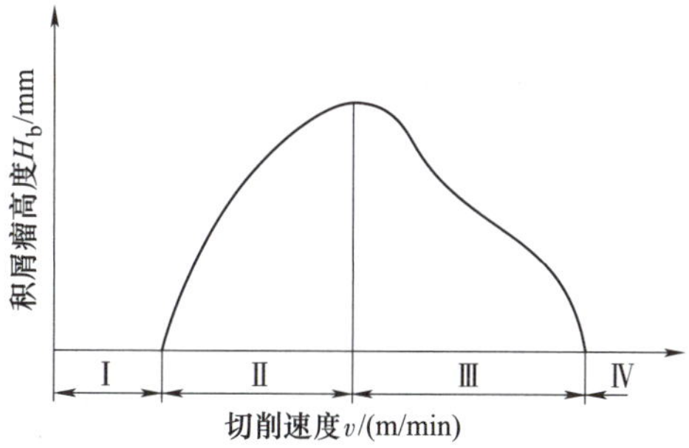

图1-13　积屑瘤高度与切削速度的关系

五、切屑的类型及控制

1. 切屑的类型

由于工件材料不同，切削条件各异，切削过程中形成的切屑形状是多样的。切屑的形状主要分为带状、节状、粒状和崩碎四种类型（图1-14）。

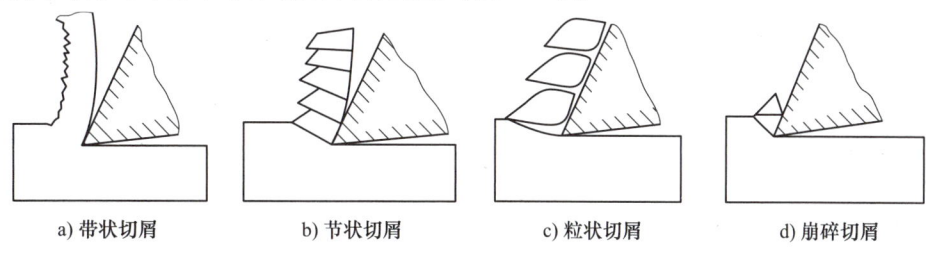

a）带状切屑　　b）节状切屑　　c）粒状切屑　　d）崩碎切屑

图1-14　切屑类型

1）带状切屑是最常见的一种切屑。当加工塑性材料时，在切削厚度较小、切削速度较高、刀具前角较大时一般形成带状切屑，带状切屑的底层表面光滑，上表面呈毛茸状。形成带状切屑的切削过程比较平稳，切削力波动小，已加工表面的表面粗糙度值小。

2）节状切屑又称挤裂切屑，外表面呈锯齿状，内表面有时有裂纹。在切削速度较低、切削厚度较大、加工塑性材料时易产生节状切屑。

3）粒状切屑又称单元切屑。当切削过程中剪切面上的应力超过工件材料的破裂强度时，则整个单元被切离成梯形的单元切屑。在切削速度较低、切削厚度较大、前角较小、切削塑性材料时易产生单元切屑。

4）崩碎切屑属于脆性材料的切屑，其切屑的形状是不规则的，加工表面是凹凸不平的。切削硬脆材料如高硅铸铁和白口铸铁时，当切削厚度较大时常得到这种切屑。该切屑的切削过程不平稳，容易破坏刀具和损坏机床，因此在生产中应力求避免。

2. 切屑的控制

切屑控制是指在切削加工中采取适当的措施来控制切屑的卷曲、流出与折断，使其形成良好的屑形。在实际生产中，通常采用断屑槽、改变刀具角度和调整切削用量等手段对切屑进行控制。

任务四　观察金属切削过程中的物理现象

【知识准备】

一、切削力和切削功率

分析和计算切削力，是计算功率消耗，进行机床、刀具和夹具设计，制订合理切削用量、优化刀具几何参数的重要依据。

1. 切削力的来源

切削力是在金属切削时，使被加工材料发生变形并成为切屑所需要的力。切削力来源于切屑形成过程中弹塑性变形产生的抗力以及刀具与切屑和刀具与工件表面之间的摩擦阻力。

2. 切削合力与分力

切削合力 F 的大小和方向是变化的，难以测量。为测量和应用方便，通常将切削合力 F 在空间直角坐标系中分解为三个相互垂直的分力（图1-15），即切削力 F_c、背向力 F_p 和进给力 F_f。

$$F = \sqrt{F_c^2 + F_f^2 + F_p^2}$$

1）切削力或切向力用 F_c 表示，它的方向与过渡表面相切并与基面垂直。F_c 是计算车刀强度、设计机床零件、确定机床功率必需的。

2）进给力或轴向力用 F_f 表示，它的方向在基面内与工件轴线平行并且与进给方向相反。F_f 是设计机床进给机构和校核其强度的主要参数。

3）背向力或径向力用 F_p 表示，它的方向是在基面内并与工件轴线垂直。F_p 用来确定工件挠度、计算机床零件和刀具的强度，它也是使工件在切削过程中产生振动的主要作用力。

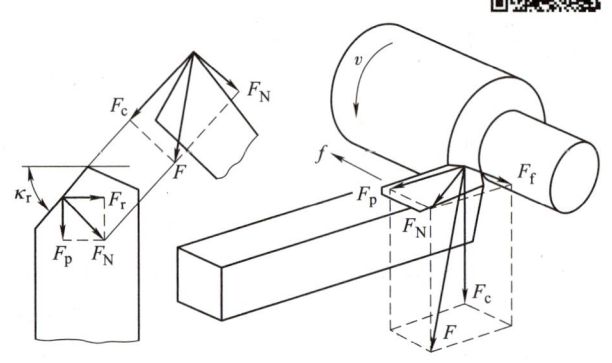

图 1-15　切削合力与分力

3. 切削力的计算公式

由于实际切削过程非常复杂，影响因素较多，因此在生产实际中，切削力的大小一般采用经验公式计算。常用的经验公式分为两类：一类是指数公式；另一类是按单位切削力进行计算的公式。

（1）计算切削力的指数公式

$$F_c = C_{F_c} a_p^{x_{F_c}} f^{y_{F_c}} v^{n_{F_c}} K_{F_c}$$

$$F_f = C_{F_f} a_p^{x_{F_f}} f^{y_{F_f}} v^{n_{F_f}} K_{F_f}$$

$$F_p = C_{F_p} a_p^{x_{F_p}} f^{y_{F_p}} v^{n_{F_p}} K_{F_p}$$

式中 C_{F_c}、C_{F_f}、C_{F_p} ——由被加工材料性质和切削条件决定的系数；

x、y、n ——切削用量三要素对应的指数；

K_{F_c}、K_{F_f}、K_{F_p} ——各切削分力的修正系数。

上述各种系数和指数均可在机械加工工艺手册中查到。表1-3列出了车削力指数公式中的系数和指数。

表1-3 车削力指数公式中的系数和指数

加工材料	刀具材料	加工形式	切削力 F_c $F_c = C_{F_c} a_p^{x_{F_c}} f^{y_{F_c}} v^{n_{F_c}} K_{F_c}$				背向力 F_p $F_p = C_{F_p} a_p^{x_{F_p}} f^{y_{F_p}} v^{n_{F_p}} K_{F_p}$				进给力 F_f $F_f = C_{F_f} a_p^{x_{F_f}} f^{y_{F_f}} v^{n_{F_f}} K_{F_f}$			
			C_{F_c}	x_{F_c}	y_{F_c}	n_{F_c}	C_{F_p}	x_{F_p}	y_{F_p}	n_{F_p}	C_{F_f}	x_{F_f}	y_{F_f}	n_{F_f}
结构钢、铸钢 R_m=650MPa	硬质合金	外圆纵车、横车及镗孔	2795	1.0	0.75	-0.15	1940	0.90	0.6	-0.3	2880	1.0	0.5	-0.4
		外圆纵车（$\kappa_r'=0°$）	3570	0.9	0.9	-0.15	2845	0.60	0.3	-0.3	2050	1.05	0.2	-0.4
		切槽及切断	3600	0.72	0.8	0	1390	0.73	0.67	0				
	高速工具钢	外圆纵车、横车及镗孔	1770	1.0	0.75	0	1100	0.9	0.75	0	590	1.2	0.65	0
		切槽及切断	2160	1.0	1.0	0	—	—	—	—	—	—	—	—
		成形车削	1855	1.0	0.75	0								
不锈钢 1Cr18Ni9Ti 硬度141HBW	硬质合金	外圆纵车、横车及镗孔	2000	1.0	0.75	0								
灰铸铁 硬度190HBW	硬质合金	外圆纵车、横车及镗孔	900	1.0	0.75	0	530	0.9	0.75	0	450	1.0	0.4	0
		外圆纵车（$\kappa_r'=0°$）	1205	1.0	0.85	0	600	0.6	0.5	0	235	1.05	0.2	0
	高速工具钢	外圆纵车、横车及镗孔	1120	1.0	0.75	0	1165	0.9	0.75	0	500	1.2	0.65	0
		切槽及切断	1550	1.0	1.0	0	—	—	—	—	—	—	—	—
可锻铸铁 硬度150HBW	硬质合金	外圆纵车、横车及镗孔	795	1.0	0.75	0	420	0.9	0.75	0	375	1.0	0.4	0
	高速工具钢	外圆纵车、横车及镗孔	980	1.0	0.75	0	865	0.9	0.75	0	390	1.2	0.65	0
		切槽及切断	1375	1.0	1.0	0	—	—	—	—	—	—	—	—

（2）按单位切削力计算切削力的公式　单位切削力 k_c 是指单位切削面积上的切削力。

$$k_c = \frac{F_c}{A_D} = \frac{F_c}{a_p f}$$

如果已知单位切削力，则可由上式计算切削力 F_c。由此可见，利用单位切削力是计算切削力的一种简便的方法。表 1-4 列出了硬质合金车刀车削时的单位切削力值。

表 1-4　硬质合金车刀车削时的单位切削力值

工件材料				单位切削力 /MPa	实验条件		
名称	牌号	制造、热处理状态	硬度 HBW		刀具几何参数		切削用量范围
钢	45 钢	热轧或正火	187	1962	$\gamma_o = 15°$ $\kappa_r = 75°$ $\lambda_s = 0$	前刀面带卷屑槽	$b_{r1} = 0$	$v = 1.5 \sim 1.75$ m/s (90~105m/min) $a_p = 1 \sim 5$mm $f = 0.1 \sim 0.5$mm/r
		调质（淬火及高温回火）	229	2305			$b_{r1} = 0.1 \sim 0.15$mm $\gamma_{o1} = -20°$	
		淬硬（淬火及低温回火）	44HRC	2649				
	40Cr	热轧或正火	212	1962			$b_{r1} = 0$	
		调质（淬火及高温回火）	285	2305			$b_{r1} = 0.1 \sim 0.15$mm $\gamma_{o1} = -20°$	
灰铸铁 HT200		退火	170	1118			$b_{r1} = 0$，平前刀面，无卷屑槽	$v = 1.17 \sim 1.42$m/s (70~85m/min) $a_p = 2 \sim 10$mm $f = 0.1 \sim 0.5$mm/r

4. 切削功率

消耗在切削过程中的功率称为切削功率，用 P_c（kW）表示。因 F_p 方向没有位移，不消耗功率，所以切削功率为 F_c、F_f 所消耗功率之和，即

$$P_c = \left(F_c v_c + \frac{F_f n_w f}{1000}\right) \times 10^{-3}$$

式中　F_c——切削力（N）；
　　　v_c——切削速度（m/s）；
　　　F_f——进给力（N）；
　　　n_w——工件转速（r/s）；
　　　f——进给量（mm/r）。

由于式中第二项进给功率远小于第一项，因此可忽略不计，则切削功率表示为

$$P_c = F_c v_c \times 10^{-3}$$

在求得切削功率后，还可以计算出机床的电动机功率 P_E。机床的电动机功率 P_E 为

$$P_E \geq P_c / \eta_m$$

式中　η_m——机床传动效率，一般取 0.75~0.85。

5. 影响切削力的因素

（1）工件材料的影响　工件材料的物理力学性能、加工硬化程度、化学成分、热处理状态等都对切削力大小产生影响。工件材料的强度和硬度越高，切削力越大；冲击韧性和塑性越大，切削力越大；加工硬化程度越高，切削力越大。

（2）刀具几何参数的影响

前角对切削力影响最大。加工塑性金属时，前角增大，切削力降低；加工脆性材料时，由于切削变形很小，前角对切削力影响不明显。主偏角对切削力影响较小。刃倾角在一定范围内对切削力没有什么影响，但对进给力和背向力影响较大。

（3）切削用量的影响

1）切削速度的影响：切削塑性材料时，在无积屑瘤的速度范围内，切削速度增加，切削力减小。在产生积屑瘤的情况下，积屑瘤高度增大，切削力下降；反之，切削力上升。切削铸铁等脆性金属时，切削速度对切削力无显著影响。

2）背吃刀量和进给量的影响：背吃刀量和进给量增大，都会使切削力增大，但影响程度不同。a_p 增大，F_c 成正比增大；f 增大，F_c 增大但与 f 不成正比。

（4）刀具材料的影响　因为刀具材料与工件材料间的摩擦系数影响摩擦力的大小，所以会直接影响切削力的大小。一般按 CBN 刀具、陶瓷刀具、涂层刀具、硬质合金刀具、高速钢刀具的顺序，切削力依次增大。

（5）刀具磨损的影响　刀具后刀面磨损增大时，切削力增大。

（6）切削液的影响　使用润滑作用强的切削液能使切削力减小，使用以冷却为主的切削液对切削力影响不大。

【任务实施】

【案例1-4】 在车床上粗车 $\phi 68\text{mm} \times 420\text{mm}$ 的圆柱面。已知条件：工件材料为45钢，$R_m = 637\text{MPa}$，刀具材料牌号为 YT15；刀具切削部分的几何参数为 $\gamma_o = 15°$，$\alpha_o = 8°$，$\alpha_o' = 6°$，$\lambda_s = 0°$，$\kappa_r = 60°$，$\kappa_r' = 10°$，刀尖圆弧半径 $r_\varepsilon = 0.5\text{mm}$；切削用量要素：$a_p = 3\text{mm}$；$f = 0.56\text{mm/r}$；$v_c = 106.8\text{m/min}$。求切削分力和切削功率。

【解】 根据切削力指数公式表1-3，查得相应的系数和指数为

$$C_{F_c} = 2795, \quad x_{F_c} = 1.0, \quad y_{F_c} = 0.75, \quad n_{F_c} = -0.15$$

$$C_{F_p} = 1940, \quad x_{F_p} = 0.9, \quad y_{F_p} = 0.6, \quad n_{F_p} = -0.3$$

$$C_{F_f} = 2880, \quad x_{F_f} = 1.0, \quad y_{F_f} = 0.5, \quad n_{F_f} = -0.4$$

因条件中的刀具前角和主偏角与实验条件不符，可根据切削用量简明手册查相应的修正系数如下。如加工条件与实验条件相同，取修正系数为1。

$$k_{\gamma_o F_c} = 0.95, \quad k_{\gamma_o F_p} = 0.85, \quad k_{\gamma_o F_f} = 0.85$$

$$k_{\kappa_r F_c} = 0.94, \quad k_{\kappa_r F_p} = 0.77, \quad k_{\kappa_r F_f} = 1.11$$

将所查得的系数和指数代入切削力指数公式，可以求出：

$$F_c = C_{F_c} a_p^{x_{F_c}} f^{y_{F_c}} v^{n_{F_c}} K_{F_c} = 2795 \times 3^{1.0} \times 0.56^{0.75} \times 106.8^{-0.15} \times 0.95 \times 0.94 \text{N} = 2406\text{N}$$

$$F_f = C_{F_f} a_p^{x_{F_f}} f^{y_{F_f}} v^{n_{F_f}} K_{F_f} = 2880 \times 3^{1.0} \times 0.56^{0.5} \times 106.8^{-0.4} \times 0.85 \times 1.11 \text{N} = 942\text{N}$$

$$F_p = C_{F_p} a_p^{x_{F_p}} f^{y_{F_p}} v^{n_{F_p}} K_{F_p} = 1940 \times 3^{0.9} \times 0.56^{0.6} \times 106.8^{-0.3} \times 0.85 \times 0.77 \text{N} = 594\text{N}$$

根据切削功率的计算公式,求得切削功率 $P_c = 2406 \times (106.8/60) \times 10^{-3} \text{kW} = 4.3 \text{kW}$。

二、切削热和切削温度

1. 切削热的产生与传导

切削热来源于两个方面:一是切削层金属产生弹、塑性变形所消耗的能量;二是切屑与前刀面、工件与后刀面间产生的摩擦热。切削过程中的三个变形区就是三个发热区域。

切削热由切屑、工件、刀具及周围的介质向外传导(图1-16)。影响散热的主要因素是工件和刀具材料的导热系数以及周围介质。工件和刀具材料的导热系数高,有利于切削区温度降低;采用性能良好的切削液能有效地降低切削区的温度。

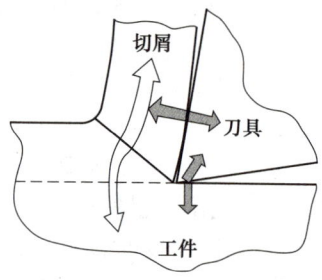

图 1-16 切削热的产生和传导

2. 切削温度的分布

切削温度场是指工件、切屑和刀具上的温度分布。它对研究刀具的磨损规律、工件材料的性能变化和加工表面质量意义重大。图 1-17 所示为切削钢料时正交平面内的温度分布图。

由此可归纳出切削温度的分布规律:剪切区内沿剪切面方向上各点温度几乎相同,垂直于剪切面上的温度梯度很大;前、后刀面上的最高温度都不在切削刃上,而是在离切削刃有一定距离的地方;靠近前刀面的切屑底层上温度梯度大,离前刀面 0.1~0.2mm 处温度就可能下降一半;刀面的接触长度较小,工件加工表面上温度的升降是在极短的时间内完成的。

3. 影响切削温度的主要因素

(1) 切削用量的影响　切削温度的经验公式为

$$\theta = C_\theta v_c^{z_\theta} f^{y_\theta} a_p^{x_\theta}$$

式中　　θ——刀屑接触区平均温度 (℃);

C_θ——切削温度系数;

z_θ、y_θ、x_θ——切削用量三要素对应的指数。

切削温度的系数和指数可查切削用量手册。

在切削用量三要素中,切削速度对切削温度影响最大;进给量对切削温度的影响比切削速度的影响小;背吃刀量对切削温度的影响很小。

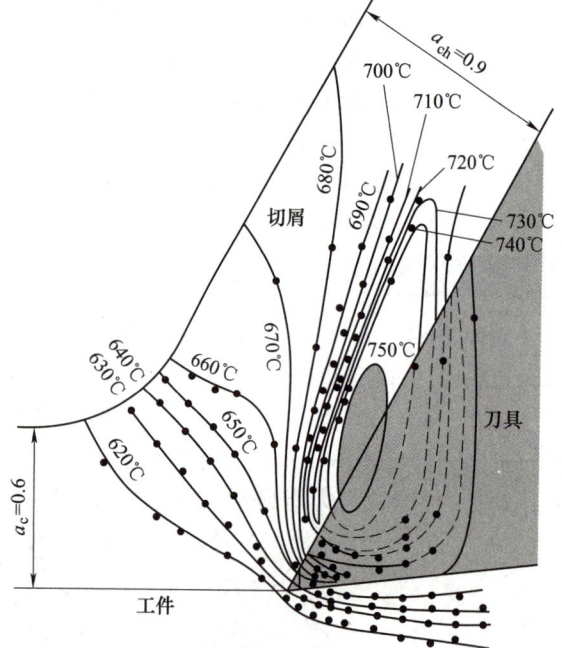

图 1-17　切削钢料时正交平面内的温度分布图

(2) 刀具几何参数的影响　前角和主偏角对切削温度影响较大。前角增大,切削温度降低，但前角过大，对切削温度的影响减小；主偏角减小将使切削刃工作长度增加，散热条件改善，因而切削温度降低。

（3）工件材料的影响　工件材料的强度、硬度提高，切削温度升高；工件材料的导热系数越大，切削温度下降越快。

（4）刀具磨损的影响　刀具磨损增加，切削温度升高；磨损量达到一定值后，对切削温度影响加剧；切削速度越高，刀具磨损对切削温度的影响就越显著。

（5）切削液的影响　浇注切削液对降低切削温度、减少刀具磨损和提高已加工表面质量有明显的效果。

【任务实施】

【案例1-5】　比较车削加工和钻削加工的传热途径。

【解】　车削时，切屑带走50%~86%的切削热；车刀传出10%~40%的切削热；工件传出3%~9%的切削热；周围介质传出1%的切削热。钻削时，切屑带走28%的切削热；刀具传出14.5%的切削热；工件传出52.5%的切削热；周围介质传出5%的切削热。

三、刀具的磨损和寿命

1. 刀具的磨损形态

刀具的磨损发生在与切屑和工件接触的前刀面和后刀面上，如图1-18所示。

（1）前刀面磨损　切削塑性材料时，如果刀具材料耐热和耐磨性较差，切削速度和切削厚度较大时，则在前刀面上形成月牙洼磨损。前刀面月牙洼磨损值以其最大深度KT表示。

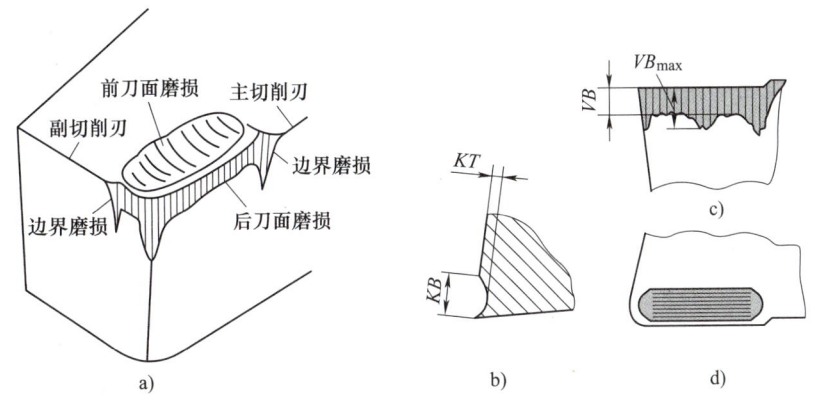

图1-18　刀具的磨损形态和测量位置

（2）后刀面磨损　后刀面与工件表面的接触压力很大，存在弹、塑性变形。后刀面靠近切削刃的部位会逐渐地被磨成后角为零的小棱面，这种磨损形式称为后刀面磨损。切削铸铁和以较小的切削厚度、较低的切削速度切削塑性材料时会产生后刀面磨损。后刀面磨损带往往不均匀，在后刀面磨损带的中间位置，其平均宽度以VB表示，最大宽度以VB_{max}表示。

（3）边界磨损　切削钢料时，常在主切削刃靠近工件外皮处和副切削刃靠近刀尖处的后刀面上，磨出较深的沟纹，称为边界磨损。边界磨损是由于工件在边界处的加工硬化层、硬质点和刀具在边界处的较大应力梯度和温度梯度造成的。

2. 刀具磨损的原因

（1）磨料磨损　工件材料中的杂质、材料基体组织中的碳化物、氮化物、氧化物等硬质点在刀具表面刻划出沟纹而形成的机械磨损。磨料磨损在任何情况下都存在，它是低速刀具磨损的主要原因。

（2）黏结磨损　黏结是指刀具与工件材料接触达到原子间距离时所产生的现象，又称为冷焊。在切削过程中，由于刀具与工件材料的摩擦面上具备高温高压和新鲜表面的条件，极易发生黏结。在中、高切削速度下，切削温度为600~700℃时，黏结磨损最为严重。

（3）扩散磨损　在切削过程中，由于高温高压作用，刀具与工件表面接触，刀具材料和工件材料中的化学元素相互扩散，改变了刀具和工件材料的化学成分，削弱刀具材料的性能，加速磨损过程。切削速度越高，刀具的扩散磨损越严重。

（4）化学磨损　化学磨损是在一定温度下，刀具材料与某些周围介质起化学作用，在刀具表面形成一层硬度较低的化合物并被切屑带走，加速刀具磨损。化学磨损主要发生于较高的切削速度条件下。

3. 刀具磨损过程

刀具磨损实验结果表明，刀具磨损过程分为三个阶段，如图1-19所示。

（1）初期磨损阶段　这个阶段磨损速度较快，磨损量的大小与刀具刃磨质量直接相关，研磨过的刀具初期磨损量较小。

（2）正常磨损阶段　这个阶段磨损比较缓慢、均匀，后刀面磨损量随切削时间延长而近似地成比例增加，正常切削时，这个阶段时间较长。

（3）急剧磨损阶段　当刀具的磨损带增加到一定限度后，切削力与切削温度均迅速增大，磨损速度急剧增加。生产中为了合理使用刀具，保证加工质量，应该在发生急剧磨损之前及时换刀。

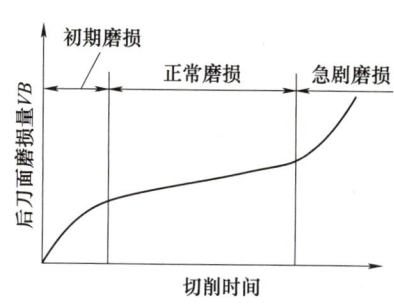

图1-19　刀具的磨损过程

4. 刀具的磨钝标准

刀具磨损到一定限度就不能继续使用，这个磨损限度称为磨钝标准。在实际生产中，根据切削中出现的异常火花、剧烈振动、尖锐噪声等现象，结合加工表面质量恶化（如表面粗糙度值增大）、切削力突变等特征，综合判断刀具是否已经磨钝。在评定刀具材料的切削性能和试验研究时，都是以刀具表面的磨损量作为衡量刀具的磨钝标准。ISO统一规定以1/2背吃刀量处后刀面上测量的磨损带宽度VB作为刀具的磨钝标准。

制定刀具的磨钝标准既要考虑充分发挥刀具的切削能力，又要考虑保证工件的加工质量。精加工时磨钝标准取小值，粗加工时磨钝标准取大值；工艺系统刚性差时磨钝标准取小值；切削难加工材料时，磨钝标准取较小值。磨钝标准的具体数值可参考相关手册。

5. 刀具的破损

在切削加工中，刀具没有经过正常磨损阶段而在很短时间内突然损坏的情况，称为刀具的破损。刀具的破损形式分为脆性破损和塑性破损。

（1）脆性破损　主要包括崩刃、碎断、剥落和裂纹破损等几种形式。

（2）塑性破损　刀具表面材料因发生塑性流动而丧失切削能力的现象称为塑性破损。刀具的抗塑性破损能力取决于刀具材料的硬度和耐热性。

防止刀具破损的措施：合理选择刀具材料；合理选择刀具几何参数；保证刀具的刃磨质量；合理选择切削用量；工艺系统应有较好的刚性。

6. 刀具寿命

（1）刀具寿命和刀具总寿命　一把新刀或重新刃磨过的刀具从开始使用直到达到磨钝标准所经历的实际切削时间，称为刀具寿命。从第一次投入使用直至完全报废时所经历的实际切削时间，称为刀具总寿命。对于不重磨刀具，刀具总寿命等于刀具寿命；对于重磨刀具，刀具总寿命等于刀具寿命乘以刃磨次数。应当明确，刀具寿命和刀具总寿命是两个不同的概念。

（2）刀具寿命的经验公式　试验结果表明，切削速度是影响刀具寿命的最主要因素。提高切削速度，刀具寿命降低，对刀具磨损影响最大。固定其他切削条件，在常用的切削速度范围内，取不同的切削速度进行刀具磨损试验，得到如图 1-20 所示的一组磨损曲线，处理后得到刀具寿命方程式，即泰勒公式：

$$vT^m = C$$

式中　v——切削速度（m/min）；

T——刀具寿命（min）；

m——v 对 T 影响程度的指数；

C——系数，与刀具工件材料和切削条件有关。

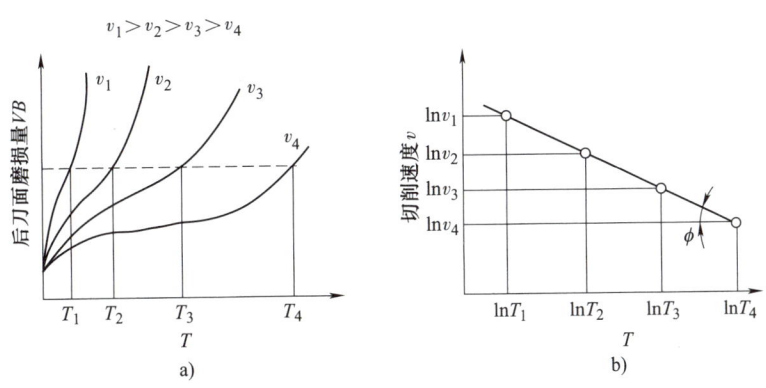

图 1-20　切削速度对刀具寿命的影响曲线

同样按照求 T-v 关系式的方法，固定其他切削条件，分别改变进给量和背吃刀量，求得 T-f 和 T-a_p 的关系式：

$$fT^{m_1} = C_1$$
$$a_p T^{m_2} = C_2$$

综合整理后，得刀具使用寿命的实验公式：

$$T = \frac{C_T}{v^{1/m} f^{1/m_1} a_p^{1/m_2}}$$

令 $x = 1/m$，$y = 1/m_1$，$z = 1/m_2$，则有：

$$T = \frac{C_T}{v^x f^y a_p^z}$$

式中　C_T——与工件、刀具材料和其他切削条件有关的系数。

用硬质合金车刀车削 $R_m = 0.75\text{GPa}$ 的碳钢，在进给量 $f > 0.75\text{mm/r}$ 时，切削用量和刀具使用寿命之间的关系式为

$$T = \frac{C_T}{v^5 f^{2.25} a_p^{0.75}}$$

由上式可见，切削速度对刀具使用寿命影响最大，进给量次之，背吃刀量最小。这与它们对切削温度的影响顺序一致，说明切削温度对刀具使用寿命有重要影响。在保证刀具使用寿命的前提下，为提高生产率，应首先选取大的背吃刀量，其次选取较大的进给量，最后计算或根据手册选择合适的切削速度。

（3）刀具寿命的制订　刀具结构复杂、制造和刃磨费用高时，刀具寿命规定得高些；多刀车床上的车刀，组合机床上的钻头、丝锥和铣刀，自动线上的刀具，因为调整复杂，刀具寿命应规定得高些；某工序的生产属于生产线上的瓶颈时，刀具寿命应规定得低些；某工序单位时间的生产成本较高时刀具寿命应规定得低些；精加工大型工件时，刀具寿命应规定高些。

任务五　选择合理的切削条件

【知识准备】

一、工件材料的切削加工性

1. 工件材料切削加工性的衡量指标

工件材料的切削加工性是指在一定的切削条件下，对工件材料进行切削加工的难易程度。衡量材料切削加工性的指标很多，可归纳为如下几种情况：

（1）以刀具使用寿命衡量切削加工性　在相同的切削条件下加工不同材料时，刀具使用寿命长，工件材料的切削加工性好。

（2）以工件材料允许的切削速度来衡量切削加工性　在刀具使用寿命相同的条件下，切削某种材料允许的切削速度高，切削加工性好；反之，切削加工性差。在切削普通金属材料时，常用刀具使用寿命达到 60min 时允许的切削速度高低来比较材料加工性的好坏，记作 v_{60}。

生产中常用相对切削加工性 K_r 来作为衡量指标。即以切削正火状态 45 钢的 v_{60} 作为基准，写作 $(v_{60})_j$，而把其他被切削材料的 v_{60} 与之相比，这个比值 K_r 称为该材料的相对加工性，即

$$K_r = v_{60}/(v_{60})_j$$

根据 K_r 的值，可将常用材料的相对加工性分为八级，见表 1-5。当 $K_r > 1$ 时，材料比 45 钢容易切削；当 $K_r < 1$ 时，材料比 45 钢难切削。

表 1-5　材料切削加工性等级

加工性等级	工件材料分类		相对切削加工性 K_r	代表性材料
1	很容易切削的材料	一般有色金属	>3.0	铜铅合金，铝镁合金，铝铜合金
2	容易切削的材料	易切削钢	2.5~3.0	退火 15Cr，自动机钢
3		较易切削钢	1.6~2.5	正火 30 钢
4	普通材料	一般钢和铸铁	1.0~1.6	45 钢，灰铸铁
5		稍难切削的材料	0.65~1.0	2Cr13，85 钢
6	难切削材料	较难切削的材料	0.5~0.65	45Cr 调质，65Mn 调质
7		难切削的材料	0.15~0.5	50CrV 调质，1Cr18Ni9Ti
8		很难切削的材料	<0.15	部分钛合金，铸造镍基高温合金

（3）以切削力和切削温度衡量切削加工性　在相同的切削条件下，凡是使切削力增大、切削温度升高的工件材料，其切削加工性就差；反之，其切削加工性就好。在粗加工或机床动力不足时，常以此指标来评定材料的切削加工性。

（4）以加工表面质量衡量切削加工性　易获得好的加工表面质量，则切削加工性好。精加工时常用此指标。

（5）以断屑性能衡量切削加工性　在相同切削条件下，凡切屑易于控制或断屑性能良好的材料，其切削加工性能好，反之，切削加工性差。自动机床、组合机床和自动化程度较高的生产线上常用此指标。

2. 影响工件材料切削加工性的因素

一般情况下，材料的硬度和强度高，切削力大，切削温度高，切削加工性变差；材料的塑性和韧性好，材料切削加工性也变差。材料的导热系数越大，由切屑带走和由工件传导出的热量就越多，越有利于降低切削区温度，切削加工性变好。材料的化学成分是通过影响材料的物理力学性能而影响切削加工性的。金相组织的形状和大小也影响切削加工性，成分相同的材料，金相组织不同，其切削加工性也不同。

3. 改善工件材料切削加工性的途径

在不影响材料使用性能的前提下，可在钢中适当添加一种或几种可以明显改进材料切削加工性的化学元素，如 S、Pb、Ga、P 等，获得易切削钢。

生产中常对工件材料进行预先热处理，通过改变工件材料的硬度和塑性等来改善切削加工性。例如，低碳钢经正火处理或冷拔处理，使塑性减少，硬度略有提高，从而改善切削加工性；中碳钢常采用退火处理，以降低硬度来改善切削加工性；高碳钢通过球化退火使硬度降低，从而改善切削加工性。

二、刀具几何参数的选择

1. 前角的选择

前角是刀具上最重要的几何参数之一，前角主要解决切削刃强度与锋利性的矛盾。工件材料的强度和硬度高，前角取小值，反之取大值；粗加工时为保证切削刃强度，前角取小值，精加工时为提高表面质量，前角取大值；加工塑性材料时宜取较大前角，加工脆性材料宜取较小前角；刀具材料韧性好时宜取较大前角，反之应取较小前角；工艺系统刚性差时，应取较大前角。

2. 后角的选择

后角的主要功用是减小刀具后刀面与工件过渡表面之间的摩擦，因此后角不能为0°或负值，一般在6°~12°之间选取。精加工时，后角取大值，粗加工时，后角取小值；工件材料强度和硬度高时，后角取小值，以增强切削刃的强度，反之，后角取大值。工艺系统刚性差时，后角取小值；对于尺寸精度要求较高的刀具，后角取小值，以增加刀具的重磨次数。

3. 主偏角和副偏角的选择

减小主、副偏角，可以减小已加工表面粗糙度值，同时提高刀尖强度，改善散热条件，提高刀具寿命；主偏角的取值还影响各切削分力的大小和比例分配。工件材料强度和硬度高时，宜取较小主偏角以提高刀具寿命；工艺系统刚性差时，宜取较大主偏角，反之取较小主偏角以提高刀具寿命；主偏角一般在30°~90°之间选取。工件材料强度和硬度高以及刀具做断续切削时，宜取较小副偏角；精加工时取较小的副偏角，以减小表面粗糙度值，副偏角一般为正值。

4. 刃倾角的选择

改变刃倾角可以改变切屑的流向，达到控制排屑方向的目的（图1-21）。

负刃倾角车刀刀头强度好，散热条件好，工艺系统刚性差时，不宜采用负的刃倾角。增大刃倾角绝对值，刀具切削刃实际钝圆半径减小，切削刃锋利，可以减小刀具受到的冲击。刃倾角不为0°时，切削过程比较平稳。刃倾角大于0°时，切屑流向待加工表面；刃倾角小于0°时，切屑流向已加工表面，破坏已加工表面质量。

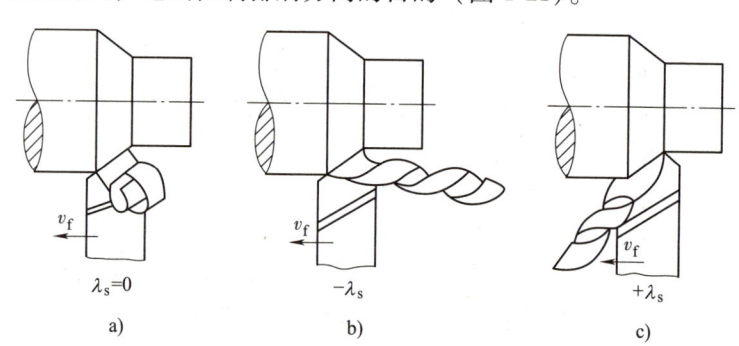

图1-21 刃倾角对切屑流向的影响

三、切削用量的选择

切削用量的选择就是确定具体工序的背吃刀量、进给量和切削速度。切削用量的选择是否合理，直接影响到生产效率、加工成本、加工精度和表面质量。合理的切削用量是指在保证加工质量的条件下，获得高生产率和低生产成本的切削用量。

1. 切削用量的选用原则

（1）粗加工时切削用量的选择原则　粗加工时以提高生产效率和保证刀具的使用寿命为主，选择切削用量时，应首先选取尽可能大的背吃刀量，其次在机床动力和刚度允许的情况下，选用较大的进给量，最后根据公式计算或查表确定合理的切削速度。粗加工的切削速度一般选取中等或更低的数值。

（2）精加工时切削用量的选择原则　精加工时切削用量的选择首先要保证加工精度和表面质量，同时兼顾刀具的寿命和生产效率。精加工时往往采取逐渐减小背吃刀量的方法来提高加工精度，进给量的大小主要根据表面粗糙度的要求选取。选择切削速度时要避开产生积屑瘤的区域。一般情况下，精加工常选用较小的背吃刀量、进给量和较高的切削速度，这样既可以保证加工质量，又可以提高生产效率。

2. 切削用量要素的选用

（1）背吃刀量的选用　背吃刀量 a_p 应根据加工性质和加工余量确定。粗加工时，在保留精加工余量的前提下，尽可能一次走刀切除全部余量，以减少走刀次数。在中等功率的机床上，粗车时 a_p 可达 8～10mm；半精车时，a_p 可取为 0.5～2mm；精车时，a_p 可取为 0.1～0.4mm。

在加工余量过大、工艺系统刚度不足或刀具强度不够等情况下，应分成两次或多次走刀。采用两次走刀时，第一次走刀的 a_p 取大些，可占全部余量的 2/3～3/4；第二次走刀的 a_p 取小些，可占全部余量的 1/3～1/4，以获得较小的表面粗糙度值及较高的加工精度。

切削表层有硬皮的铸锻件或不锈钢等冷硬倾向较严重的材料时，应使 a_p 超过硬皮或冷硬层深度，以免刀具过快磨损。

（2）进给量的选用　a_p 选定之后，应尽量选择较大的进给量。进给量的合理选择应保证机床、刀具不因切削力太大而损坏，切削力所引起的工件挠度不超出工件精度允许的数值，表面粗糙度值不致太大。粗加工时，进给量的选用主要受切削力的限制；半精加工和精加工时，进给量的选用主要受表面粗糙度和加工精度的限制。

实际生产中，经常采用查表法确定进给量。粗加工时，根据工件材料、车刀刀杆尺寸、工件直径及已确定的背吃刀量等条件，由切削用量手册查得进给量 f 的数值（表1-6）。半精加工和精加工时，主要根据加工表面粗糙度要求选择进给量（表1-7）。

表1-6　硬质合金车刀粗车外圆及端面的进给量

工件材料	车刀刀杆尺寸 $\left(\dfrac{B}{mm}\times\dfrac{H}{mm}\right)$	工件直径 /mm	背吃刀量 a_p/mm				
			≤3	3～5	5～8	8～12	12以上
			进给量 f/(mm/r)				
碳素结构钢、合金结构钢、耐热钢	16×25	20	0.3～0.4	—	—	—	—
		40	0.4～0.5	0.3～0.4	—	—	—
		60	0.5～0.7	0.4～0.6	0.3～0.5	—	—
		100	0.6～0.9	0.5～0.7	0.5～0.6	0.4～0.5	—
		400	0.8～1.2	0.7～1.0	0.6～0.8	0.5～0.6	—
	20×30 25×25	20	0.3～0.4	—	—	—	—
		40	0.4～0.5	0.3～0.4	—	—	—
		60	0.6～0.7	0.5～0.7	0.4～0.6	—	—
		100	0.8～1.0	0.7～0.9	0.5～0.7	0.4～0.7	—
		600	1.2～1.4	1.0～1.2	0.8～1.0	0.6～0.9	0.4～0.6
	25×40	60	0.6～0.9	0.5～0.8	0.4～0.7	—	—
		100	0.8～1.2	0.7～1.1	0.6～0.9	0.5～0.8	—
		1000	1.2～1.5	1.1～1.5	0.9～1.2	0.8～1.0	0.7～0.8
	30×45	500	1.1～1.4	1.1～1.4	1.0～1.2	0.8～1.2	0.7～1.1
	40×60	2500	1.3～2.0	1.3～1.8	1.2～1.6	1.1～1.5	1.0～1.5

（续）

工件材料	车刀刀杆尺寸 ($\frac{B}{mm} \times \frac{H}{mm}$)	工件直径 /mm	背吃刀量 a_p/mm ≤3	3~5	5~8	8~12	12以上
			进给量 f/(mm/r)				
铸铁及铜合金	16×25	40	0.4~0.5	—	—	—	—
		60	0.6~0.8	0.5~0.8	0.4~0.6	—	—
		100	0.8~1.2	0.7~1.0	0.6~0.8	0.5~0.7	—
		400	1.0~1.4	1.0~1.2	0.8~1.0	0.6~0.8	—
	20×30 25×25	40	0.4~0.5	—	—	—	—
		60	0.6~0.9	0.5~0.8	0.4~0.7	—	—
		100	0.9~1.3	0.8~1.2	0.7~1.0	0.5~0.8	—
		600	1.2~1.8	1.2~1.6	1.0~1.3	0.9~1.1	0.7~0.9
	25×40	60	0.6~0.8	0.5~0.8	0.4~0.7	—	—
		100	1.0~1.4	0.9~1.2	0.8~1.0	0.6~0.9	—
		1000	1.5~2.0	1.2~1.8	1.0~1.4	1.0~1.2	0.8~1.0
	30×45 40×60	500	1.4~1.8	1.2~1.6	1.0~1.4	1.0~1.3	0.9~1.2
	30×45 40×60	2500	1.6~2.4	1.6~2.0	1.4~1.8	1.3~1.7	1.2~1.7

注：1. 加工断续表面和有冲击的工件时，表内的进给量应乘系数 0.75~0.85；在无外皮加工时，表内进给量应乘系数 1.1。

2. 加工耐热钢及合金时，进给量不大于 1.0mm/r。

3. 加工淬硬钢时，进给量应减小。当材料硬度为 44~56HRC 时，表内进给量应乘系数 0.8；当材料硬度为 57~62HRC 时，表内进给量应乘系数 0.5。

4. 可转位刀片允许的最大进给量不应超过其刀尖圆弧半径数值的 80%。

表 1-7　按表面粗糙度选择进给量的参考值

工件材料	表面粗糙度 Ra/μm	切削速度 /(m/min)	刀尖圆弧半径/mm 0.5	1.0	2.0
			进给量 f/(mm/r)		
铸铁 青铜 铝合金	10~5	不限	0.25~0.40	0.40~0.50	0.50~0.60
	5~2.5		0.15~0.25	0.25~0.40	0.40~0.60
	2.5~1.25		0.10~0.15	0.15~0.20	0.20~0.35
碳钢 合金钢	10~5	<50	0.30~0.50	0.45~0.60	0.55~0.70
		>50	0.40~0.55	0.55~0.65	0.65~0.70
	5~2.5	<50	0.18~0.25	0.25~0.30	0.30~0.40
		>50	0.25~0.30	0.30~0.35	0.35~0.50
	2.5~1.25	<50	0.10	0.11~0.15	0.15~0.22
		50~100	0.11~0.16	0.16~0.25	0.25~0.35
		>100	0.16~0.20	0.20~0.25	0.25~0.35

（3）切削速度的选用　当背吃刀量 a_p 与进给量 f 选定后，可以根据公式计算或手册查表确定切削速度 v_c。表 1-8 列出了车削加工切削速度的参考值。

表1-8 车削加工的切削速度参考值

加工材料		硬度(HBW)	背吃刀量 a_p/mm	高速钢刀具 v_c/(m/min)	高速钢刀具 f/(mm/r)	硬质合金刀具 未涂层 焊接式 v_c/(m/min)	硬质合金刀具 未涂层 可转位 v_c/(m/min)	硬质合金刀具 未涂层 f/(mm/r)	硬质合金刀具 涂层 材料	硬质合金刀具 涂层 v_c/(m/min)	硬质合金刀具 涂层 f/(mm/r)	陶瓷(超硬材料)刀具 v_c/(m/min)	陶瓷(超硬材料)刀具 f/(mm/r)	说明
易切碳钢	低碳	100~200	1	55~90	0.18~0.2	185~240	220~275	0.18	YT15	320~410	0.18	550~700	0.13	切削条件较好时可用冷压 Al_2O_3 陶瓷,切削条件较差时宜用 Al_2O_3+TiC 热压混合陶瓷
			4	41~70	0.40	135~185	160~215	0.50	YT14	215~275	0.40	425~580	0.25	
			8	34~55	0.50	110~145	130~170	0.75	YT5	170~220	0.50	335~490	0.40	
	中碳	175~225	1	52	0.2	165	200	0.18	YT15	305	0.18	520	0.13	
			4	40	0.40	125	150	0.50	YT14	200	0.40	395	0.25	
			8	30	0.50	100	120	0.75	YT5	160	0.50	305	0.40	
碳钢	低碳	125~225	1	43~45	0.18	140~150	170~195	0.18	YT15	260~290	0.18	520~580	0.13	
			4	34~38	0.40	115~125	135~150	0.50	YT14	170~190	0.40	365~425	0.25	
			8	27~30	0.50	88~100	105~120	0.75	YT5	135~150	0.50	275~365	0.40	
	中碳	175~275	1	34~40	0.18	115~130	150~160	0.18	YT15	220~240	0.18	460~520	0.13	
			4	23~30	0.40	90~100	115~125	0.50	YT14	145~160	0.40	290~350	0.25	
			8	20~26	0.50	70~78	90~100	0.75	YT5	115~125	0.50	200~260	0.40	
	高碳	175~275	1	30~37	0.18	115~130	140~155	0.18	YT15	215~230	0.18	160~520	0.13	
			4	24~27	0.40	88~95	105~120	0.50	YT14	145~150	0.40	275~335	0.25	
			8	18~21	0.50	69~76	84~95	0.75	YT5	115~120	0.50	185~245	0.40	
合金钢	低碳	125~225	1	41~46	0.18	135~150	170~185	0.18	YT15	220~235	0.18	520~580	0.13	>300HBW 时宜用 W12Cr4V5Co5 及 W2MoCr4VCo8
			4	32~37	0.40	105~120	135~145	0.50	YT14	175~190	0.40	365~395	0.25	
			8	24~27	0.50	84~95	105~115	0.75	YT5	135~145	0.50	275~335	0.40	
	中碳	175~275	1	34~41	0.18	105~115	130~150	0.18	YT15	175~200	0.18	460~520	0.13	
			4	26~32	0.40	85~90	105~120	0.40~0.50	YT14	135~160	0.40	280~360	0.25	
			8	20~24	0.50	67~73	82~95	0.50~0.75	YT5	105~120	0.50	220~265	0.40	
	高碳	175~275	1	30~37	0.18	105~115	115~135	0.18	YT15	175~190	0.18	460~520	0.13	
			4	24~27	0.40	84~90	105~115	0.40	YT14	135~150	0.40	215~245	0.25	
			8	18~21	0.50	66~72	82~90	0.60	YT5	105~120	0.50	215~245	0.40	
高强度钢		225~350	1	20~26	0.18	90~105	115~135	0.18	YT15	150~185	0.18	380~440	0.13	
			4	15~20	0.40	69~84	90~105	0.40	YT14	120~135	0.40	205~265	0.25	
			8	12~15	0.50	53~66	69~84	0.60	YT5	90~105	0.50	145~205	0.40	

【任务实施】

【案例 1-6】 在 CA6140 型卧式车床上车削外圆，已知条件：工件的毛坯尺寸为 $\phi 68$mm，加工长度为 420mm；加工后工件的尺寸要求为 $\phi 60_{-0.1}^{0}$mm，表面粗糙度为 $Ra3.2\mu m$；工件材料为 45 钢（$R_m = 637$MPa）；采用焊接式硬质合金车刀 YT15；刀杆截面尺寸为 16mm×25mm，刀具切削部分几何参数为 $\gamma_o = 10°$，$\alpha_o = 6°$，$\lambda_s = 0°$，$\kappa_r = 45°$，$\kappa_r' = 10°$，$\gamma_{o1} = -10°$，$b_{\gamma 1} = 0.2$mm，$r_\varepsilon = 0.5$mm。试为该工序确定切削用量（CA6140 型卧式车床纵向进给机构允许的最大作用力为 3500N）。

【解】 为达到工序的加工要求，本工序安排粗车和半精车两次走刀，粗车将外圆从 $\phi 68$mm 车至 $\phi 62$mm，半精车将外圆从 $\phi 62$mm 车至 $\phi 60_{-0.1}^{0}$mm。

（1）确定粗车的切削用量

1）背吃刀量。
$$a_p = \frac{d_w - d_m}{2} = \frac{68-62}{2}\text{mm} = 3\text{mm}$$

2）进给量。根据已知条件，从表 1-6 中查得 $f = 0.5 \sim 0.7$mm/r，根据 CA6140 型卧式车床的技术参数，实际取 $f = 0.56$mm/r。

3）切削速度。切削速度可以根据公式计算，也可以查表确定。根据表 1-8 查得：$v_c = 100$m/min。由切削速度的公式，推导出机床的主轴转速为

$$n = \frac{1000v}{\pi d} = \frac{1000 \times 100}{3.14 \times 68}\text{r/min} = 468\text{r/min}$$

根据 CA6140 型卧式车床的主轴转速数列，取 $n = 500$r/min。实际切削速度为

$$v_c = \frac{\pi d n}{1000} = \frac{3.14 \times 68 \times 500}{1000}\text{m/min} = 106.8\text{m/min}$$

4）校核机床功率。根据切削力和切削功率的计算案例，计算出的切削功率 $P_c = 4.3$kW。由机床的说明书得知，CA6140 型卧式车床的电动机功率 $P_E = 7.5$kW，取机床传动效率 $\eta_m = 0.8$，则有：

$$P_c / \eta_m = \frac{4.3}{0.8}\text{kW} = 5.38\text{kW} < P_E$$

校核结果说明机床功率是足够的。

5）校核机床进给机构的强度。由切削力和切削功率的计算案例，得知 $F_c = 2406$N，$F_p = 594$N，$F_f = 942$N。考虑机床导轨和溜板之间由 F_c 和 F_p 产生的摩擦力，取摩擦系数 $\mu_s = 0.1$，则机床进给机构承受的力为

$$F_{jg} = F_f + \mu_s(F_c + F_p) = 942\text{N} + 0.1 \times (2406 + 594)\text{N} = 1242\text{N} < 3500\text{N}$$

校核结果表明机床进给机构的强度是足够的。

（2）确定半精车的切削用量

1）背吃刀量。
$$a_p = \frac{d_w - d_m}{2} = \frac{62-60}{2}\text{mm} = 1\text{mm}$$

2）进给量。根据表面质量的要求，查表 1-7 得 $f = 0.25 \sim 0.30$mm/r，根据 CA6140 型卧

式车床进给量数列，取 $f=0.26\text{mm/r}$。

3）切削速度。查表 1-8 得 $v_c=130\text{m/min}$。由切削速度的公式，推导出机床的主轴转速为

$$n=\frac{1000v}{\pi d}=\frac{1000\times 130}{3.14\times 62}\text{r/min}=668\text{r/min}$$

根据 CA6140 型卧式车床的主轴转速数列，取 $n=710\text{r/min}$。实际切削速度为

$$v_c=\frac{\pi dn}{1000}=\frac{3.14\times 62\times 710}{1000}\text{m/min}=138\text{m/min}$$

在通常条件下，半精车可不校核机床功率和进给机构的强度。

四、切削液的选择

1. 切削液的作用

（1）冷却作用　把切削过程产生的热量最大限度地带走，从而降低切削区温度，减少工件和刀具的热变形，保持刀具硬度，提高加工精度和刀具使用寿命。

（2）润滑作用　减小前刀面与切屑、后刀面与已加工表面间的摩擦，从而减小切削力和功率消耗，降低刀具与工件摩擦部位的表面温度和刀具磨损，改善工件材料的切削加工性能。

（3）清洗作用　在金属切削过程中，要求切削液有良好的清洗作用，以去除生成的切屑、磨屑以及铁粉、油污和砂粒，减少刀具和砂轮的磨损，防止划伤工件已加工表面和机床导轨面。

（4）防锈作用　切削液应具备一定的防锈性能，以减小周围介质对机床、刀具、工件的腐蚀。在气候潮湿地区，这一性能尤为重要。

2. 切削液的种类

（1）水溶液　水溶液是以水为主要成分并加入防锈剂的切削液，主要起冷却、清洗等作用。广泛应用于粗加工和磨削工序中。

（2）乳化液　乳化液是由 95%~98% 的水加入适量的乳化油形成的乳白色或半透明的切削液，具有良好的冷却性能。按乳化油的含量不同，可配制成不同浓度的乳化液。

（3）切削油　切削油的主要成分是矿物油，特殊情况下采用动植物油和复合油，这类切削液的润滑性能较好。

3. 切削液的选用

合理选用切削液，可以有效地减小切削过程中的摩擦，改善散热条件，降低切削力、切削温度和刀具磨损，提高刀具寿命和切削效率，保证已加工表面质量和降低产品的加工成本。随着难加工材料的广泛应用，除合理选择刀具材料、刀具几何参数、切削用量等切削条件外，合理选用切削液也尤为重要。

水溶液的冷却效果最好，极压切削液的润滑效果最好。一般的切削液在 200℃ 左右就失去润滑能力，但在切削液中添加极压添加剂（如氯化石蜡、四氯化碳、硫代磷酸盐、二烷基二硫、代磷酸锌）后，就成为润滑性能良好的极压切削液，可以在 600~1000℃ 高温和

1470~1960MPa 高压条件下起润滑作用。所以含硫、氯、磷等极压添加剂的乳化液和切削油，特别适合于难切削材料加工过程的冷却与润滑。

一般在下列情况下应选用水基切削液：

1) 对油基切削液存在潜在火灾危险的场所。

2) 高速和大进给量的切削，使切削区超高温，有火灾危险的场合。

3) 从前后工序的流程上考虑，要求使用水基切削液的场合。

4) 希望减轻由于油的飞溅和扩散而引起机床周围污染和肮脏，从而保持操作环境清洁的场合。

5) 从价格上考虑，对一些易加工材料工件表面质量要求不高的切削加工，采用一般水基切削液已能满足使用要求，又可大幅度降低切削液成本的场合。

当刀具的寿命对切削的经济性占有较大比重时（如刀具价格昂贵，刃磨刀具困难，装卸辅助时间长等）；机床精密度高，绝对不允许有水混入（以免造成腐蚀）的场合；机床的润滑系统和冷却系统容易串通的场合以及不具备废液处理设备和条件的场合，均应考虑选用油基切削液。

4. 切削液的使用方法和评定指标

切削液的使用方法有浇注法、喷雾法和内冷却法。

切削液性能的评定指标包括刀具寿命、表面粗糙度、冷却性能、润滑效率、生物毒性。

【案例 1-7】 试根据常用的刀具材料来合理选择切削液。

【解】 不同刀具材料选用切削液如下：

1) 工具钢刀具：这种刀具耐热性能差，要求切削液的冷却效果要好，一般采用乳化液为宜。

2) 高速钢刀具：使用高速钢刀具进行低速和中速切削时，建议采用油基切削液或乳化液；高速切削时，由于发热量大，以采用水基切削液为宜，若使用油基切削液会产生较多油雾，污染环境，而且容易造成工件烧伤，加工质量下降，刀具磨损增大。

3) 硬质合金刀具：在加工一般材料时，可以采用干式切削。但在干式切削时，由于工件温升较高，工件易产生热变形，影响工件加工精度，而且在没有润滑的条件下进行切削，切削阻力大，功率消耗大，刀具磨损也快；加上硬质合金刀具价格较贵，所以从经济性考虑，干式切削也不经济。在选用切削液时，因油基切削液的热传导性能较差，使刀具产生骤冷的危险性要比水基切削液小，所以宜选用含有抗磨添加剂的油基切削液。在使用切削液进行切削时，要注意均匀地冷却刀具，在开始切削之前，最好预先用切削液冷却刀具。对于高速切削，要用大流量切削液喷淋切削区，以免造成刀具受热不均而产生崩刃，也可减少由于温度过高产生蒸发而形成的油烟污染。

4) 陶瓷刀具一般采用干式切削，考虑到均匀冷却和避免温度过高，常使用水基切削液。

5) 金刚石刀具一般使用干式切削。为避免温度过高，多数情况下也采用水基切削液。

【项目小结】

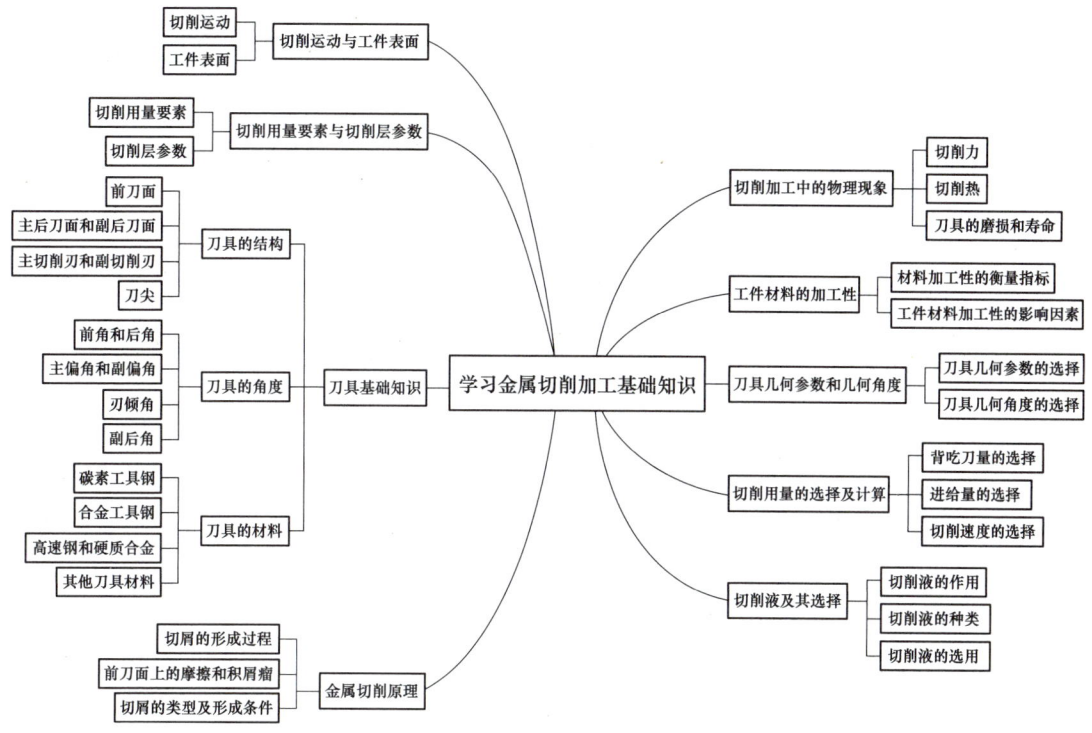

图 1-22　项目小结

【思考与练习题】

一、填空题

1. 在金属切削过程中，切削运动可分为＿＿＿＿和＿＿＿＿。其中＿＿＿＿消耗功率最大，速度最高。

2. 车削加工中，切削用量三要素是指＿＿＿＿、＿＿＿＿和＿＿＿＿；它们的单位分别是＿＿＿＿、＿＿＿＿和＿＿＿＿。

3. 确定刀具标注角度参考系的三个主要基准平面是指＿＿＿＿、＿＿＿＿和＿＿＿＿，它的符号分别是＿＿＿＿、＿＿＿＿和＿＿＿＿。

4. 在基面中测量的刀具角度有＿＿＿＿和＿＿＿＿，它们的符号分别是＿＿＿＿和＿＿＿＿。

5. 在主切削平面中测量的刀具角度有＿＿＿＿，它的符号是＿＿＿＿。

6. 在正交平面中测量的刀具角度有＿＿＿＿和＿＿＿＿，它们的符号分别是＿＿＿＿和＿＿＿＿。

7. 总切削力可分解为＿＿＿＿、＿＿＿＿和＿＿＿＿三个切削分力。

8. 切削热传出的四条途径是＿＿＿＿、＿＿＿＿、＿＿＿＿和＿＿＿＿。

9. 刀具磨损的三个阶段是＿＿＿＿、＿＿＿＿和＿＿＿＿；刀具重磨和换刀应安排在_____。

10. 在切削用量要素中，对切削力影响最显著的是_____，对切削温度影响最显著的是_____。

二、选择题

1. 车外圆时，切削速度计算公式中的直径是指（　　）的直径。
   A. 待加工表面　　　B. 加工表面　　　C. 已加工表面

2. 对铸铁材料进行粗车，宜选用的刀具材料是（　　）。
   A. YT30　　　B. YG3　　　C. YG6　　　D. YG8

3. 下列刀具材料中，强度和韧性最好的材料是（　　）。
   A. 高速工具钢　　　B. P类（相当于钨钛钴类）硬质合金
   C. 合金工具钢　　　D. K类（相当于钨钴类）硬质合金

4. 下列刀具材料中，综合性能最好且适宜制造形状复杂的刀具材料是（　　）。
   A. 碳素工具钢　　　B. 合金工具钢　　　C. 高速工具钢　　　D. 硬质合金

5. 高速精车铝合金应选用的刀具材料是（　　）。
   A. 高速工具钢　　　B. P类（相当于钨钛钴类）硬质合金
   C. 金刚石刀具　　　D. K类（相当于钨钴类）硬质合金

6. 确定刀具标注角度参考系选用的三个基准平面是（　　）。
   A. 加工表面、已加工表面和待加工表面
   B. 前刀面、主后刀面和副后刀面
   C. 基面、切削平面和正交平面

7. 通过切削刃选定点的基面是（　　）。
   A. 垂直于假定主运动方向的平面
   B. 与切削速度相平行的平面
   C. 与加工表面相切的表面

8. 通过切削刃上某选定点，垂直于该点假定主运动方向的平面称为（　　）。
   A. 切削平面　　　B. 基面　　　C. 正交平面

9. 通过切削刃选定点，与切削刃相切并垂直于基面的平面称为（　　）。
   A. 切削平面　　　B. 基面　　　C. 正交平面

10. 在切削平面内测量的角度有（　　）。
    A. 前角和后角　　　B. 主偏角和副偏角　　　C. 刃倾角

11. 在基面内测量的角度有（　　）。
    A. 前角和后角　　　B. 主偏角和副偏角　　　C. 刃倾角

12. 在正交平面（主剖面）内测量的角度有（　　）。
    A. 前角和后角　　　B. 主偏角和副偏角　　　C. 刃倾角

13. 刀具的主偏角是（　　）。
    A. 主切削刃在基面上的投影与进给方向的夹角，在基面中测量
    B. 主切削刃与工件回转轴线间的夹角，在基面中测量
    C. 主切削刃与刀杆中轴线间的夹角，在基面中测量

14. 刀具的后角是后刀面与（　　）之间的夹角。

A. 前刀面　　　　　B. 基面　　　　　C. 切削平面
15. 刀具的刃倾角是（　　）与基面之间的夹角。
A. 前刀面　　　　　B. 主后刀面　　　　C. 主切削刃
16. 刃倾角的功用之一是控制切屑流向，若刃倾角为负，则切屑流向为（　　）。
A. 流向已加工表面　B. 流向待加工表面　C. 沿切削刃的法线方向流出
17. 影响刀具的锋利程度、减少切屑变形、减小切削力的刀具角度是（　　）。
A. 主偏角　　　　　B. 前角　　　　　C. 副偏角
D. 刃倾角　　　　　E. 后角
18. 影响切削层参数、切削分力的分配、刀尖强度及散热情况的刀具角度是（　　）。
A. 主偏角　　　　　B. 前角　　　　　C. 副偏角
D. 刃倾角　　　　　E. 后角
19. 切削加工时，切削用量要素中对切屑变形影响最大的是（　　）。
A. 切削速度　　　　B. 进给量　　　　C. 背吃刀量
20. 纵车外圆时，不消耗功率但影响工件精度的切削分力是（　　）。
A. 进给力　　　　　B. 背向力　　　　C. 主切削力
21. 切削用量要素对切削力的影响程度由大到小排列（　　）。
A. $v_c \to a_p \to f$　　B. $a_p \to f \to v_c$　　C. $f \to a_p \to v_c$
22. 切削用量要素对切削温度的影响程度由小到大排列是（　　）。
A. $v_c \to a_p \to f$　　B. $a_p \to f \to v_c$　　C. $f \to a_p \to v_c$
23. 切削用量要素对刀具使用寿命影响程度由大到小排列是（　　）。
A. $v_c \to f \to a_p$　　B. $a_p \to f \to v_c$　　C. $f \to a_p \to v_c$
24. 车削时，切削热传出的途径中所占比例最大的是（　　）。
A. 刀具　　　　B. 工件　　　　C. 切屑　　　　D. 空气介质
25. 钻削时，切削热传出的途径中所占比例最大的是（　　）。
A. 刀具　　　　B. 工件　　　　C. 切屑　　　　D. 空气介质
26. 当工件的强度、硬度、塑性越大时，刀具使用寿命（　　）。
A. 不变　　　　B. 有时长有时短　　C. 越长　　　　D. 越短
27. 刀具磨钝的标准是规定控制（　　）。
A. 刀尖磨损量　　　　　　　　　B. 后刀面磨损的宽度
C. 前刀面月牙洼的深度　　　　　D. 后刀面磨损的深度
28. 切削铸铁工件时，刀具的磨损部位主要发生在（　　）。
A. 前刀面　　　　B. 后刀面　　　　C. 前刀面和后刀面
29. 粗车碳钢工件时，刀具的磨损部位主要发生在（　　）。
A. 前刀面　　　　B. 后刀面　　　　C. 前刀面和后刀面
30. 对下述材料进行相应的热处理时，可改善其切削加工性的方法是（　　）。
A. 对铸件进行时效处理　　　　　B. 对高碳钢进行球化退火处理
C. 对中碳钢进行调质处理　　　　D. 对低碳钢进行过冷处理
31. 在我国，工件的切削加工性作为比较标准所采用的参数是（　　）。
A. 标准切削速度 60m/min 条件下刀具的使用寿命

B. 标准情况下刀具切削 60min 的磨损量

C. 刀具使用寿命为 60min 的切削速度

D. 刀具使用寿命为 60min 的材料切除率

32. 在我国，判别工件材料切削加工性的优劣所采用的基准是（　　）。

　　A. 正火状态下的 45 钢，在保证刀具使用寿命为 60min 时的切削速度值

　　B. 正火状态下的 45 钢，标准刀具切削 60min 的磨损量

　　C. 退火状态下的 45 钢，切削速度为 60m/min 时的刀具使用寿命

　　D. Q235 钢在保证刀具使用寿命为 60min 时的切削速度值。

33. 某种材料的相对切削加工性是指（　　）。

　　A. 45 钢的 v_{c60} 与该材料的 v_{c60} 之比值

　　B. 该材料的 v_{c60} 与 Q235 钢 v_{c60} 之比值

　　C. 该材料的 v_{c60} 与 45 钢的 v_{c60} 之比值

　　D. Q235 钢 v_{c60} 与该材料的 v_{c60} 之比值

34. 当某种材料的切削加工性比较好时，其相对加工性 K 的值（　　）。

　　A. 大于 1　　　　B. 小于 1　　　　C. 等于 1

35. 磨削一般采用低浓度的乳化液，这主要是因为（　　）。

　　A. 润滑作用强　　B. 冷却、清洗作用强　　C. 防锈作用好　　D. 成本低

三、判断题

1. 计算车外圆的切削速度时，应按照已加工表面的直径数值，而不应按照待加工表面的直径数值进行计算。（　）

2. 积屑瘤在精加工时要设法避免，但对粗加工有一定的好处。（　）

3. 为避免积屑瘤的产生，切削塑性材料时应采用中速切削。（　）

4. 高速加工塑性材料时易产生积屑瘤，它将对切削过程带来一定的影响。（　）

5. 硬质合金是一种耐磨性好、耐热性高、抗弯强度和冲击韧性都较高的刀具材料。（　）

6. 高速工具钢并不是现代高速切削的刀具材料，虽然它的韧性比硬质合金好。（　）

7. 硬质合金受制造方法的限制，目前主要用于制造形状比较简单的切削刀具。（　）

8. 金刚石刀具不宜加工铁系金属，主要用于精加工有色金属。（　）

9. 刀具切削部位材料的硬度必须大于工件材料的硬度。（　）

10. 前角大，切削刃锋利；后角越大，刀具后刀面与工件摩擦越小，因而在选择前角和后角时，应采用最大前角和后角。（　）

11. 刀具前角越大，切屑变形程度就越大。（　）

12. 刀具前角的大小，可根据加工条件有所改变，可以是正值，也可以是负值，而后角不能是负值。（　）

13. 加工塑性材料与加工脆性材料相比，应选用较小的前角和后角。（　）

14. 精加工与粗加工相比，刀具应选用较大的前角和后角。（　）

15. 高速钢刀具与硬质合金刀具相比，应选用较小的前角和后角。（　）

16. 车削工艺系统刚度较差的细长轴时，刀具应选用较大的主偏角。（　）

17. 当用较低的切削速度，切削中等硬度的塑性材料时，常形成挤裂切屑。（　）

18. 带状切屑容易刮伤工件表面，所以不是理想的加工状态，精车时应避免产生带状切屑，而希望产生挤裂切屑。（　）

19. 刀具角度对切削力影响最大的是前角和后角。（　）

20. 刀具角度对切削温度有较大影响的是前角和主偏角。（　）

21. 车削有硬皮的毛坯件时，为保护切削刃，第一次走刀时背吃刀量应小些。（　）

22. 切削脆性材料，最容易出现后刀面磨损。（　）

23. 切削用量、刀具材料、刀具几何角度、工件材料和切削液等因素对刀具使用寿命都有影响，其中切削速度影响最大。（　）

24. 对低碳钢进行正火处理、对高碳钢进行球化退火处理、对铸铁进行退火处理等可改善材料的切削加工性。（　）

25. 切削用量要素对切削力的影响程度是不同的，背吃刀量影响最大，进给量次之，切削速度影响最小。（　）

26. 在切削用量要素中，对切削热影响最大的是背吃刀量，其次是进给量。（　）

27. 在切削用量要素中，对切削温度影响最大的因素是切削速度。（　）

28. 切削液的主要作用是降低温度和减少摩擦。（　）

29. 粗加工时，加工余量和切削用量均较大，所以应选用以润滑为主的切削液。（　）

30. 切削铸铁一般不用切削液。（　）

四、综合练习题

1. 车削直径为 100mm、长度为 200mm 的 45 钢棒料，已知 $a_p = 4$mm，$f = 0.5$mm/r，$n = 240$r/min。试回答以下问题：

（1）如何合理选用刀具材料？说明原因。

（2）计算车削工件的速度。

（3）假设采用 75°的偏刀车削工件，计算其切削层参数。

2. 车外圆时，已知工件转速 $n = 320$r/min，车刀移动速度 $v_f = 64$mm/min。其他条件如图 1-23 所示，求以下切削参数：

（1）切削速度 v_c、进给量 f、切削深度 a_p。

（2）切削厚度 a_c、切削宽度 a_w、切削面积 A_c。

3. 已知铣刀直径 $D = 100$mm，齿数 $z = 12$，铣削速度 $v = 26$m/min，进给量为 0.06mm/z，求铣床的主轴转速。

4. 钻 $\phi 20$mm 的孔，根据切削条件，确定切削速度 $v = 20$m/min，求钻削时应选择的转速。

5. 在正交平面内画图表示 $\gamma_o = 16°$，$\alpha_o = 8°$，$\alpha_o' = 6°$，$\kappa_r = 90°$，$\kappa_r' = 15°$，$\lambda_s = -5°$的外圆车刀。

6. 在正交平面内画图表示 $\gamma_o = 10°$，$\alpha_o = 8°$，$\alpha_o' = 0°$，$\kappa_r = 90°$，$\kappa_r' = 2°$，$\lambda_s = 0°$的切断刀。

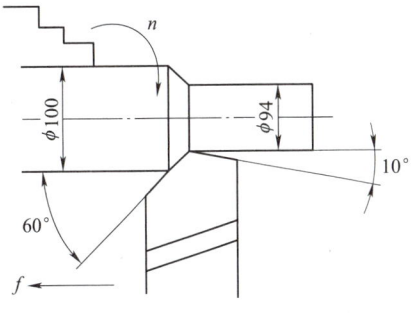

图 1-23　切削用量因素和切削层参数的计算

五、简答题

1. 简述切削用量要素和切削层参数的定义。
2. 简述刀具标注角度参考系及参考平面的定义。
3. 刀具切削部分材料应具备哪些基本性能？
4. 常用的高速钢刀具材料有哪些？如何选用？
5. 常用的硬质合金刀具材料有哪些？如何选用？
6. 金属切削过程的本质是什么？三个变形区如何划分？各变形区有何特征？
7. 什么是积屑瘤？它对切削过程有何影响？如何控制积屑瘤？
8. 常见的切屑形态有哪些？简述其形成条件及控制措施。
9. 影响切削变形的因素有哪些？它们是如何影响切削变形的？
10. 影响切削力的因素有哪些？简述其影响规律。
11. 切削热是如何产生和传出的？影响热传导的因素有哪些？
12. 影响切削温度的因素有哪些？简述其影响规律。
13. 刀具的磨损形态有几种？各有何特征？
14. 刀具磨损的原因有哪些？它们在什么条件下产生？
15. 什么是刀具的磨钝标准？如何制订磨钝标准？
16. 简述切削用量要素对刀具寿命的影响规律。
17. 简述影响工件材料切削加工性的因素及其影响规律。
18. 简述前角和后角的作用及选择原则。
19. 简述主偏角和副偏角的作用及选择原则。
20. 常用的切削液有哪些？如何在加工时合理选用切削液？

大国工匠——夏立

夏立是中国电子科技集团公司第五十四研究所钳工，高级技师，担任航空、航天通信天线装配责任人。作为一名钳工，在博士扎堆儿的研究所里毫不显眼，但是博士工程师设计出来的图样能不能落到实处，都要听听他的意见。几十年的时间里，夏立天天和半成品通信设备打交道，在生产、组装工艺方面，夏立攻克了一个又一个难关，创造了一个又一个奇迹。

上海65m射电望远镜要求灵敏度高、指向精确，其核心部件方位俯仰控制装置的齿轮间隙要达到0.004mm以内。完成这个"不可能的任务"的，就是有着几十年钳工经验的夏立。作为通信天线装配责任人，夏立还先后承担了"天眼"射电望远镜、嫦娥四号卫星、索马里护航军舰、"9·3"阅兵参阅方阵上通信设施的卫星天线预研与装配、校准任务。

"工匠精神就是坚持把一件事做到最好。"夏立是这么说的，也是如此坚持的。脚踏实地，知行合一，大国工匠，实至名归！

项目二

认识金属切削加工设备

【学习目标】

知识目标

1）掌握机床的分类方法和型号编制。

2）掌握零件表面的成形方法和运动。

3）掌握机床的传动联系和传动原理图。

4）掌握车削加工的工艺特征及应用范围。

5）掌握铣削加工的工艺特征及应用范围。

6）掌握钻削加工的工艺特征及应用范围。

7）掌握镗削加工的工艺特征及应用范围。

8）掌握磨削加工的工艺特征及应用范围。

9）掌握滚齿和插齿的工艺特征及应用范围。

能力目标

1）机床传动系统分析和计算能力。

2）常用机床典型结构的分析能力。

3）合理选择机床设备及刀具的能力。

素质目标

1）培养学生优良的职业道德修养，遵守职业道德规范。

2）培养学生的安全操作意识，遵守机床操作安全规程。

3）培养学生吃苦耐劳、团结协作以及勇于创新的精神。

【项目描述】

认识金属切削加工设备，掌握典型金属切削加工设备的工作原理、传动系统计算以及典型结构的分析和调整，完成金属切削加工过程中设备选型和刀具的选择，培养家国情怀和社会责任感、良好的职业道德以及精益求精的工匠精神。

任务一 学习金属切削机床基础知识

【知识准备】

金属切削机床是用金属切削的方法将金属毛坯加工成机器零件的机器。因为它是制造机器的机器，所以又称为工具机或工作母机，通常简称为机床。

一、机床的分类

机床的分类方法很多,最基本的是按照机床的加工方法和所用刀具及其用途进行分类。国家标准 GB/T 15375—2008《金属切削机床 型号编制方法》将机床分为 11 大类:车床、钻床、镗床、磨床、齿轮加工机床、螺纹加工机床、铣床、刨插床、拉床、锯床和其他机床。在每一类机床中,又按工艺特点、布局型式和结构特性分为若干组,每一组又分为若干系列。除此之外,还可以根据机床的万能程度、加工精度、尺寸重量以及自动化程度等方法进行分类。随着机床的发展,其分类方法也在不断发展,如镗铣加工中心集中了镗、铣和钻多种机床的功能,某些加工中心的主轴集中了立式和卧式加工中心的功能等。

二、机床的型号编制

金属切削机床的型号是根据 GB/T 15375—2008《金属切削机床 型号编制方法》编制的。国家标准规定,机床的型号由汉语拼音字母和数字按一定规律组合而成,它适用于新设计的各类通用及专用金属切削机床、自动线,不包括组合机床和特种加工机床。

1. 通用机床型号

通用机床的型号由基本部分和辅助部分组成,中间用"/"(读作"之")隔开。前者需统一管理,后者纳入型号与否由企业自定。型号构成如图 2-1 所示。

(1)机床的类别代号
机床的类别代号用大写的汉语拼音字母表示,按其相对应的汉字字意读音。例如,铣床类别代号为"X",读作"铣"。必要

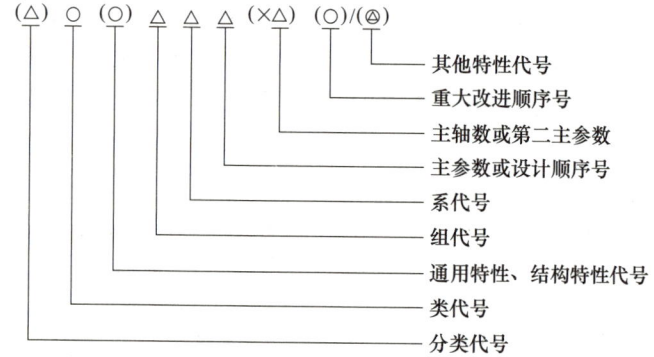

注:1.有"( )"的代号或数字,当无内容时,则不表示。若有内容则不带括号。
2.有"○"符号的,为大写的汉语拼音字母。
3.有"△"符号的,为阿拉伯数字。
4.有"⊚"符号的,为大写的汉语拼音字母,或阿拉伯数字,或两者兼有之。

图 2-1 机床的型号

时,每一类又可分为若干分类,分类代号用数字表示,放在类代号之前,第一分类不予表示。如磨床类又分为 M、2M、3M 三个分类。机床的类别代号见表 2-1。

表 2-1 机床的类别代号

类别	车床	钻床	镗床	磨床			齿轮加工机床	螺纹加工机床	铣床	刨插床	拉床	锯床	其他机床
代号	C	Z	T	M	2M	3M	Y	S	X	B	L	G	Q
读音	车	钻	镗	磨	二磨	三磨	牙	丝	铣	刨	拉	割	其

(2)机床的特性代号 当某种类型机床除有普通型外,还有表 2-2 所列的某种通用特性时,则在类代号之后加上相应的通用特性代号。如"CK"表示数控车床;如果同时具有两

种通用特性，则可按重要程度排列，用两个代号表示，如"MBG"表示半自动高精度磨床。通用特性代号位于类代号之后，用大写汉语拼音字母表示。

表 2-2　机床的通用特性代号

通用特性	高精度	精密	自动	半自动	数控	加工中心（自动换刀）	仿形	轻型	加重型	柔性加工单元	数显	高速
代号	G	M	Z	B	K	H	F	Q	C	R	X	S
读音	高	密	自	半	控	换	仿	轻	重	柔	显	速

对于主参数相同而结构和性能不同的机床，在型号中用结构特性区分。结构特性代号在型号中无统一含义，它只是在同类型机床中起到区分结构和性能不同的作用。当机床具有通用特性代号时，结构特性代号位于通用特性代号之后，用大写汉语拼音字母表示。如"CA6140"中的"A"和"CY6140"中的"Y"，均为结构特性代号，可理解为在结构上有别于"C6140"。为了避免混淆，通用特性代号已用的字母和"I""O"都不能作为结构特性代号使用。当单个字母不够用时，可将两个字母组合起来使用，如 AD、AE、DA、EA 等。

（3）机床的组、系代号　机床的组、系代号用两位阿拉伯数字表示，前一位表示组别，后一位表示系别。每类机床按其结构性能及使用范围分为 10 组，在同一组机床中，又按主参数相同、主要结构及布局型式相同分为 10 个系，分别用数字 0~9 表示。机床的组、系代号见表 2-3。

表 2-3　金属切削机床组、系代号

组别		0	1	2	3	4	5	6	7	8	9
车床 C		仪表小型车床	单轴自动车床	多轴自动、半自动车床	回轮、转塔车床	曲轴及凸轮轴车床	立式车床	落地及卧式车床	仿形及多刀车床	轮、轴、辊、锭及铲齿车床	其他车床
钻床 Z		—	坐标镗钻床	深孔钻床	摇臂钻床	台式钻床	立式钻床	卧式钻床	铣钻床	中心孔钻床	—
镗床 T		—	—	深孔镗床	—	坐标镗床	立式镗床	卧式铣镗床	精镗床	汽车、拖拉机修理用镗床	—
磨床	M	仪表磨床	外圆磨床	内圆磨床	砂轮机	坐标磨床	导轨磨床	刀具刃磨床	平面及端面磨床	曲轴、凸轮轴、花键轴及轧辊磨床	工具磨床
	2M	—	超精机	内圆研磨机	外圆及其他研磨机	抛光机	砂带抛光及磨削机床	刀具刃磨及磨削机床	可转位刀片磨削机床	研磨机	其他磨床
	3M	—	球轴承套圈沟磨床	滚子轴承套圈滚道磨床	轴承套圈超精机床	—	叶片磨削机床	滚子加工机床	钢球加工机床	气门、活塞及活塞环磨削机床	汽车、拖拉机修磨机床

(续)

组别	0	1	2	3	4	5	6	7	8	9
齿轮加工机床 Y	仪表齿轮加工机	—	锥齿轮加工机	滚齿及铣齿机	剃齿及研齿机	插齿机	花键轴铣床	齿轮磨齿机	其他齿轮加工机	齿轮倒角及检查机
螺纹加工机床 S	—	—	套丝机	攻丝机	—	—	螺纹铣床	螺纹磨床	螺纹车床	—
铣床 X	仪表铣床	悬臂及滑枕铣床	龙门铣床	平面铣床	仿形铣床	立式升降台铣床	卧式升降台铣床	床身铣床	工具铣床	其他铣床
刨插床 B	—	悬臂刨床	龙门刨床	—	—	插床	牛头刨床	—	边缘及模具刨床	其他刨床
拉床 L	—	—	侧拉床	卧式外拉床	连续拉床	立式内拉床	卧式内拉床	立式外拉床	键槽及螺纹拉床	其他拉床
锯床 G	—	—	砂轮片锯床	—	卧式带锯床	立式带锯床	圆锯床	弓锯床	锉锯床	—
其他机床 Q	其他仪表机床	管子加工机床	木螺钉加工机	—	刻线机	切断机	—	—	—	—

（4）机床主参数、设计顺序号和第二主参数　机床主参数是表示机床规格大小的一种尺寸参数。在机床型号中，用阿拉伯数字给出主参数的折算值，位于机床组、系代号之后。折算系数一般是 1/10 或 1/100，也有少数是 1。例如，CA6140 型卧式机床中主参数的折算值为 40（折算系数是 1/10），其主参数表示在床身导轨面上能车削工件的最大回转直径为 400mm。某些通用机床，当无法用一个主参数表示时，则用设计顺序号来表示。第二主参数是对主参数的补充，如最大工件长度、最大跨距、工作台工作面长度等，第二主参数一般不予给出。主要机床的主参数及折算系数见表 2-4。

表 2-4　主要机床的主参数及折算系数

机床	主参数名称	折算系数
卧式车床	床身上最大回转直径	1/10
立式车床	最大车削直径	1/100
摇臂钻床	最大钻孔直径	1/1
卧式镗床	镗轴直径	1/10
坐标镗床	工作台面宽度	1/10
外圆磨床	最大磨削直径	1/10
内圆磨床	最大磨削孔径	1/10
矩台平面磨床	工作台面宽度	1/10
齿轮加工机床	最大工件直径	1/10
龙门铣床	工作台面宽度	1/100
升降台铣床	工作台面宽度	1/10
龙门刨床	最大刨削宽度	1/100
插床及牛头刨床	最大插削及刨削长度	1/10
拉床	额定拉力（t）	1/1

(5) 机床的最大改进顺序号 当机床的性能及结构有重大改进,并按新产品重新设计、试制和鉴定时,在原机床型号尾部加重大改进顺序号,按汉语拼音字母 A、B、C、…的字母顺序选用。

(6) 其他特性代号 其他特性代号用以反映各类机床的特性,如对数控机床,可用来反映不同的数控系统;对于一般机床可用以反映同一型号机床的变型等。其他特性代号可用汉语拼音字母或阿拉伯数字或二者的组合来表示。

【任务实施】

【案例 2-1】 介绍下列机床型号字母和数字的含义:MG1432A;Z3040×16。

【解】 机床型号字母和数字代表含义如下:

MG1432A:表示高精度万能外圆磨床,最大磨削直径为 320mm,经过第一次重大改进。

Z3040×16:表示摇臂钻床,最大钻孔直径为 40mm,最大跨距为 1600mm。

2. 专用机床型号

专用机床型号一般由设计单位代号和设计顺序号组成,其表示方法如图 2-2 所示。设计单位代号包括机床生产厂和机床研究单位代号(位于型号之首);设计顺序号从"001"起始排列位于设计单位代号之后,并用"-"隔开,读作"至"。例如,某设计单位设计制造的第 100 种专用机床为专用铣床,其型号为×××-100。

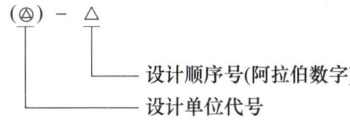

图 2-2 专用机床型号

三、零件表面的成形方法

1. 零件表面的形状

机床在切削加工过程中,利用刀具和工件按一定规律做相对运动,通过刀具切除毛坯上多余的金属,从而得到所要求的零件表面形状。图 2-3 所示为机械零件上常见的各种表面。

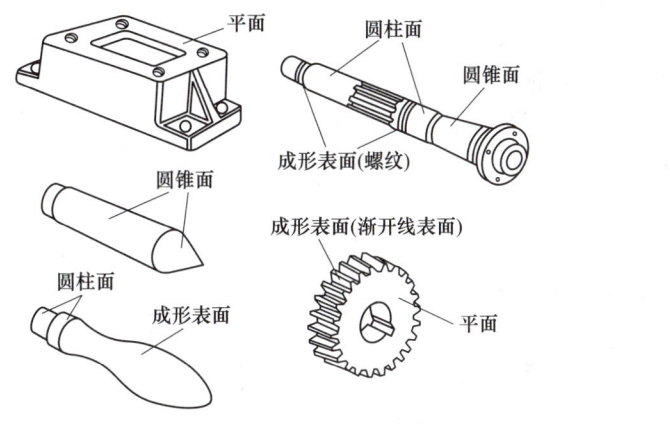

图 2-3 机械零件的常见表面

机械零件的任何表面都可以看作是一条线(称为母线)沿另一条线(称为导线)运动的轨迹。如图 2-4 所示,平面是由一条直线(母线)沿另一条直线(导线)运动而形成的;圆柱面和圆锥面是由一条直线(母线)沿着一个圆(导线)运动而形成的;普通螺纹的螺旋面是由"∧"形线（母线）沿螺旋线（导线）运动而形成的；直齿圆柱齿轮的渐开线齿廓表面是渐开线（母线）沿直线（导线）运动而形成的等。

母线和导线统称为发生线，切削加工中发生线是由刀具的切削刃与工件间的相对运动得到的。一般情况下，由切削刃本身或与工件相对运动配合形成一条发生线（一般是母线），而另一条发生线则完全是由刀具和工件之间的相对运动得到的。这里，刀具和工件之间的相对运动都由机床提供。

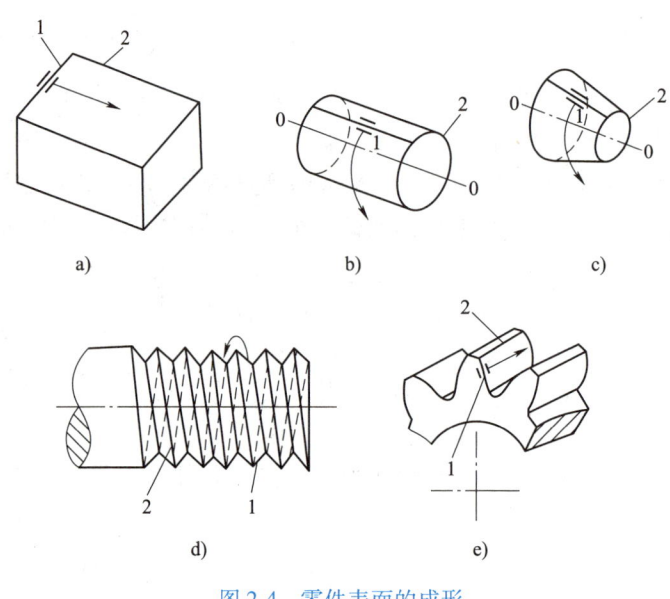

图 2-4 零件表面的成形
1—母线　2—导线

2. 零件表面的成形方法

轨迹法：它是利用刀具做一定规律的轨迹运动对工件进行加工的方法。切削刃与被加工表面为点接触，发生线为接触点的轨迹线。如图 2-5a 所示，母线 A_1（直线）和导线 A_2，曲线均由刨刀的轨迹运动形成。采用轨迹法形成发生线需要一个独立的成形运动。

成形法：它是利用成形刀具对工件进行加工的方法。切削刃的形状和长度与所需形成的发生线（母线）完全重合。如图 2-5b 所示，曲线形母线由成形刨刀的切削刃直接形成，直线形的导线则由轨迹法形成。

相切法：它是利用刀具边旋转边做轨迹运动对工件进行加工的方法。如图 2-5c 所示，采用铣刀、砂轮等旋转刀具加工时，在垂直于刀具旋转轴线的截面内，切削刃可看作是点，当切削点绕着刀具轴线做旋转运动 B_1，同时刀具轴线沿着发生线的等距线做轨迹运动 A_2 时，切削点运动轨迹的包络线便是所需的发生线。为了用相切法得到发生线，需要两个独立的成形运动，即刀具的旋转运动和刀具中心按一定规律运动。

展成法：它是利用工件和刀具做展成切削运动进行加工的方法。切削加工时，刀具与工件按确定的运动关系做相对运动（展成运动），切削刃与被加工表面相切（点接触），切削刃各瞬时位置的包络线便是所需的发生线。如图 2-5d 所示，用齿条形插齿刀加工圆柱齿轮，刀具沿箭头 A_1 方向所做的直线运动，形成直线形母线（轨迹法），而工件的旋转运动 B_{21} 和

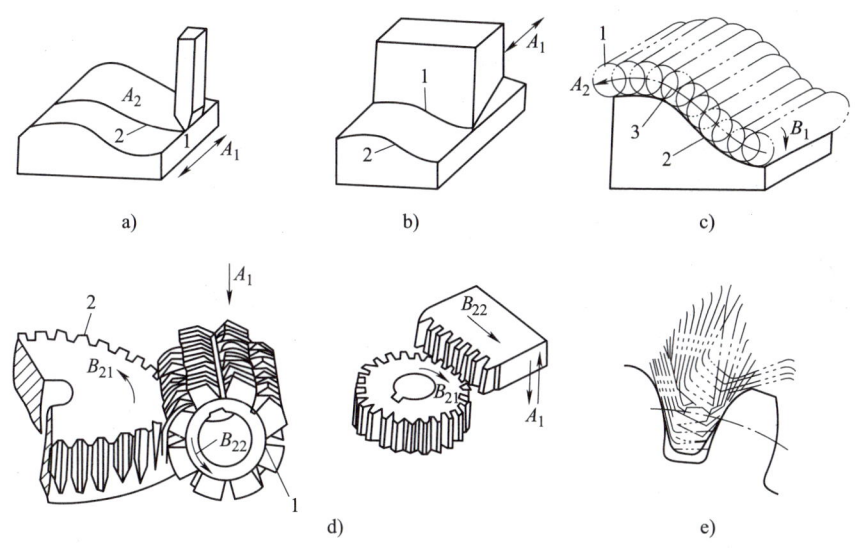

图 2-5 形成发生线的四种方法

直线运动 B_{22}，使刀具能不断地对工件进行切削，其切削刃的一系列瞬时位置的包络线，便是所需要渐开线形导线，如图 2-5e 所示。用展成法形成发生线需要一个独立的复合成形运动即展成运动。

四、表面成形运动和辅助运动

1. 表面成形运动

表面成形运动是刀具和工件为形成发生线而做的相对运动。在机床上，就其性质而言，有直线运动和旋转运动两种，通常用符号 A 表示直线运动，用符号 B 表示旋转运动。表面成形运动按组成情况不同，可分为简单成形运动和复合成形运动。如果一个独立的成形运动是由独立的旋转运动或直线运动构成的，则此成形运动称为简单成形运动；如果一个独立的成形运动是由两个或两个以上旋转运动或直线运动按照某种确定的运动关系组合而成的，则称此成形运动为复合成形运动。

【任务实施】

【案例 2-2】 分析用普通车刀车削外圆时的成形运动（图 2-6a）。

【解】 工件的旋转运动 B_1 形成母线，刀具的直线运动 A_1 形成导线。它们是两个独立的成形运动。

【案例 2-3】 分析用螺纹车刀车削螺纹时的成形运动（图 2-6b）。

【解】 车削螺纹时，形成螺旋线所需的是刀具和工件之间的相对运动。通常将其分解为工件

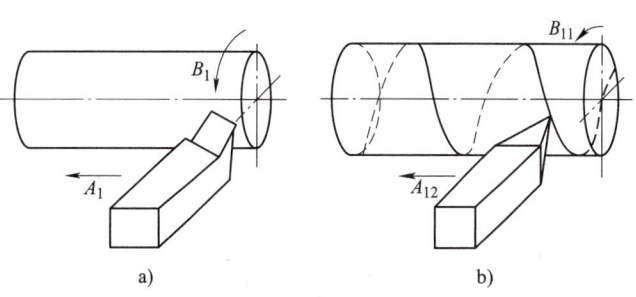

图 2-6 表面成形运动分析

的等速旋转运动 B_{11} 和刀具的等速直线移动 A_{12}。B_{11} 和 A_{12} 不能彼此独立,它们之间必须保持严格的运动关系,即工件每转一转时,刀具就均匀地移动一个螺旋线导程。表面成形运动的总数为 1 个($B_{11}A_{12}$),是复合成形运动。复合运动标注符号的下标含义为第一位数字表示成形运动的序号;第二位数字表示构成同一个复合运动的单独运动的序号。

【案例2-4】 分析用齿轮滚刀加工直齿圆柱齿轮时的成形运动(图2-7)。

【解】 母线为渐开线,由展成法形成,需要一个复合成形运动,可分解为滚刀旋转 B_{11} 和工件旋转 B_{12}。B_{11} 和 B_{12} 之间必须保持严格的相对运动关系。导线为直线,由相切法形成,需要两个简单的成形运动,滚刀旋转和滚刀沿工件的轴向移动 A_2。表面成形运动的总数为两个,即一个复合成形运动 $B_{11}B_{12}$ 和一个简单的成形运动 A_2。

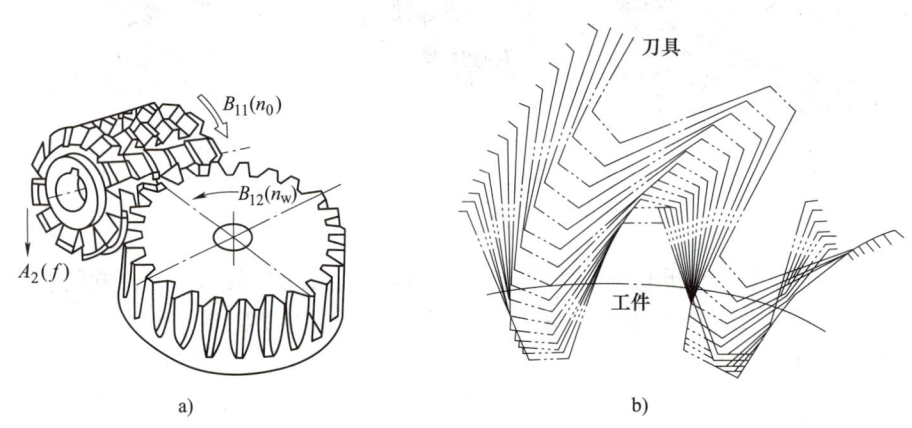

图 2-7 表面成形运动分析

2. 辅助运动

机床的运动除表面成形运动外,还需要一些辅助运动,以实现机床的各种辅助动作,完成零件的切削加工。机床的辅助运动主要有空行程运动、切入运动、分度运动、操纵及控制运动、校正运动等。

五、机床的传动链

为了实现加工过程中的各种运动,机床必须具有执行件、动力源和传动装置三个基本部分。执行件是机床上最终实现所需运动的部件,如主轴、刀架及工作台等,其主要任务是带动工件或刀具完成相应的运动并保持准确的运动轨迹。动力源是为执行件提供运动和动力的装置,如交流异步电动机、直流或交流调速电动机或伺服电动机。传动装置是传递运动和动力的装置,通过传动装置可以把动力和运动传递给执行件,也可以把有关的执行件联系起来,使执行件之间保持某种确定的相对运动关系。

为得到所需的运动,通常把动力源和执行件或把执行件和执行件联系起来,构成传动联系。构成传动联系的一系列按顺序排列的传动件称为传动链。传动链分为外联系传动链和内联系传动链两种。

(1)外联系传动链 动力源和执行件之间的传动联系称为外联系传动链。外联系传动链的作用是使执行件按预定的速度运动,并传递一定的动力。外联系传动链传动比的变化只影响执行件的速度,不影响发生线的性质,所以,外联系传动链不要求动力源和执行件之间保持严格的比例关系。

（2）内联系传动链　执行件和执行件之间的传动联系称为内联系传动链。内联系传动链的作用是将两个或两个以上的独立运动组成复合成形运动，它决定着复合成形运动的轨迹，影响发生线的形状。所以，内联系传动链要求执行件和执行件之间保持严格的比例关系。

六、机床的传动原理和传动系统

1. 机床的传动原理

在传动链中通常包含两类传动机构，一类是定比传动机构，如定比齿轮副、蜗杆副、丝杠副等，其传动比大小和传动方向不变；另一类是换置机构，如滑移齿轮机构、交换齿轮机构和离合器换向机构等，它可以根据加工要求改变传动比大小和传动方向。

为便于研究机床的传动联系，通常采用简明符号把传动原理和传动路线表示出来，这就是传动原理图。传动原理图仅表示形成某一表面所需的成形运动和与表面成形运动有直接关系的运动及其传动联系。图 2-8 所示为常用的传动元件符号，图 2-9 所示为卧式车床的传动原理图。

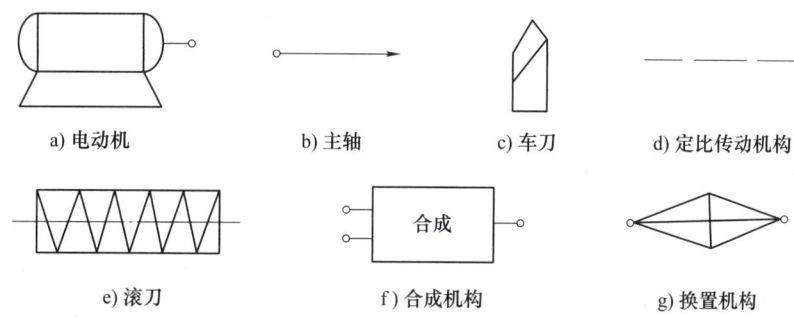

图 2-8　常用传动元件符号

【任务实施】

【案例 2-5】　分析图 2-9 所示卧式车床的传动原理图。

【解】　图 2-9 所示中的外联系传动链为 $n_{电动机}-1-2-u_v-3-4-n_{主轴}$，$u_v$ 为主轴变速和换向的换置机构；内联系传动链为 $n_{主轴}-4-5-u_f-6-7-丝杠-刀具$，调整 u_f 可以得到不同的螺纹导程。

2. 机床的传动系统

（1）机床的传动系统图　机床的

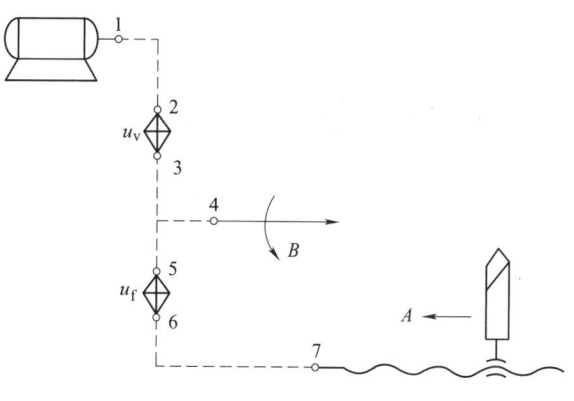

图 2-9　卧式车床的传动原理图

传动系统图是表示机床全部运动传动关系的示意图，它比传动原理图更准确、更清楚、更全面地反映了机床的传动关系。在图中用国家标准 GB/T 4460—2013《机械制图　机构运动简图符号》规定的符号代表各种传动元件。机床的传动系统画在一个能反映机床外形和各主要部件相互位置的投影面上,并尽可能绘制在机床外形的轮廓线内。图中的各传动元件是按照运动传递的先后顺序,以展开图的形式画出来的。该图只表示传动关系,并不代表各传动元件的实际尺寸和空间位置。在图中通常注明齿轮及蜗轮的齿数、带轮直径、丝杠的导程和线数、电动机功率和转速、传动轴的编号等。传动轴的编号通常从动力源开始,按运动传递顺序,依次用罗马数字Ⅰ、Ⅱ、Ⅲ、Ⅳ、…表示。图 2-10 所示为某卧式车床主传动系统图和转速图。

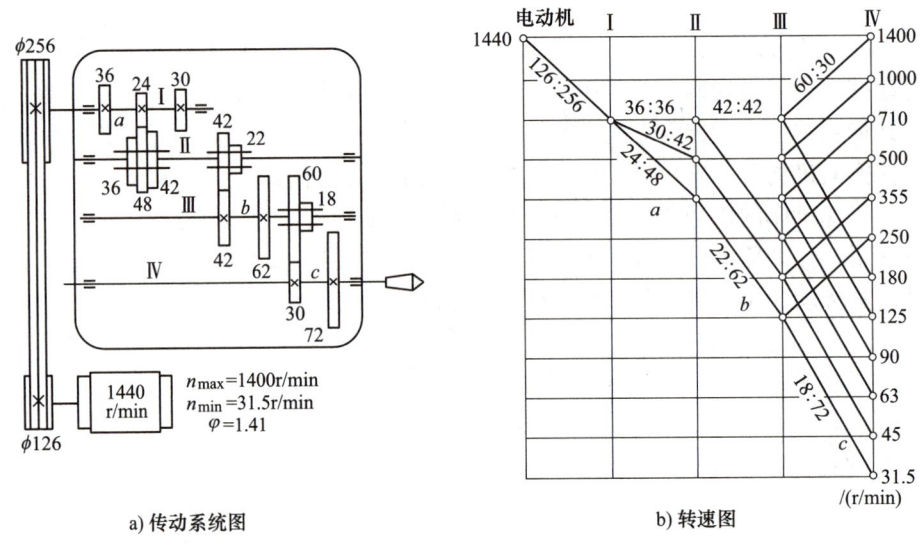

图 2-10　某卧式车床的主传动系统图和转速图

(2) 机床转速图　机床转速图用来表达传动系统中各轴的转速变化规律及传动副的速比关系。图 2-10b 所示为车床主传动系统转速图,主轴转速(单位为 r/min)有 31.5、45、63、90、125、180、250、355、500、710、1000、1400,转速级数为 12,公比 $\varphi=1.41$。转速图解析如下:

1) 距离相等的一组竖线代表各轴,轴号写在竖线上面,从左往右依次标注电动机、Ⅰ、Ⅱ、Ⅲ、Ⅳ轴。

2) 距离相等的一组横线代表各级转速,相交点代表各轴的转速。由于分级变速机构的转速一般按等比数列排列的,所以转速采取对数坐标,相邻横线之间的距离为 $\lg\varphi$,φ 为公比。

3) 各轴之间的连线的倾斜方式表示传动副的传动比,向上倾斜表示升速传动,向下倾斜表示降速传动,水平表示等速传动。

4) 倾斜的格数代表公比的指数。例如,轴Ⅰ和轴Ⅱ间的传动比 $24/48=1/2\approx\varphi^{-2}$,表现在转速图上为降两格;轴Ⅰ和轴Ⅱ间的传动比 $30/42\approx1/1.41=\varphi^{-1}$,表现在转速图上为降一格;轴Ⅲ和轴Ⅳ间的传动比 $60/30=2/1\approx\varphi^2$,表现在转速图上为升两格。

【任务实施】

【案例 2-6】　根据图 2-10 所示的传动系统图,回答以下问题:

1) 列出传动路线表达式。

2) 计算主轴转速的级数。

3) 计算主轴的最大转速和最小转速值。

【解】 1) 传动路线为

$$n_{电动机} - \frac{\phi 126}{\phi 256} - \text{I} - \begin{bmatrix} 36/36 \\ 24/48 \\ 30/42 \end{bmatrix} - \text{II} - \begin{bmatrix} 42/42 \\ 22/62 \end{bmatrix} - \text{III} - \begin{bmatrix} 60/30 \\ 18/72 \end{bmatrix} - \text{IV}(n_{主轴})$$

2) 主轴转速的级数为 3×2×2 = 12 级，通过电动机实现主轴的正反转。

3) 主轴转速的最大和最小值分别为

$$n_{\max} = 1440 \text{r/min} \times \frac{\phi 126}{\phi 256} \times \frac{36}{36} \times \frac{42}{42} \times \frac{60}{30} = 1417.5 \text{r/min}$$

$$n_{\min} = 1440 \text{r/min} \times \frac{\phi 126}{\phi 256} \times \frac{24}{48} \times \frac{22}{62} \times \frac{18}{72} = 31.4 \text{r/min}$$

任务二　学习车削加工工艺

【知识准备】

一、CA6140型卧式车床概述

1. CA6140型卧式车床的工艺范围

CA6140型卧式车床工艺范围很广，它适用于加工各种轴类、套筒类和盘类零件上的回转表面，如车削内外圆柱面、圆锥面、环槽及成形回转面；车削端面及各种常用螺纹；还可以进行钻孔、扩孔、铰孔、滚花、攻螺纹和套螺纹等，图2-11所示为CA6140型卧式车床的工艺范围。CA6140型卧式车床结构复杂、自动化程度低，加工形状复杂的工件时，辅助时间较长，生产率低，适用于单件小批量生产。

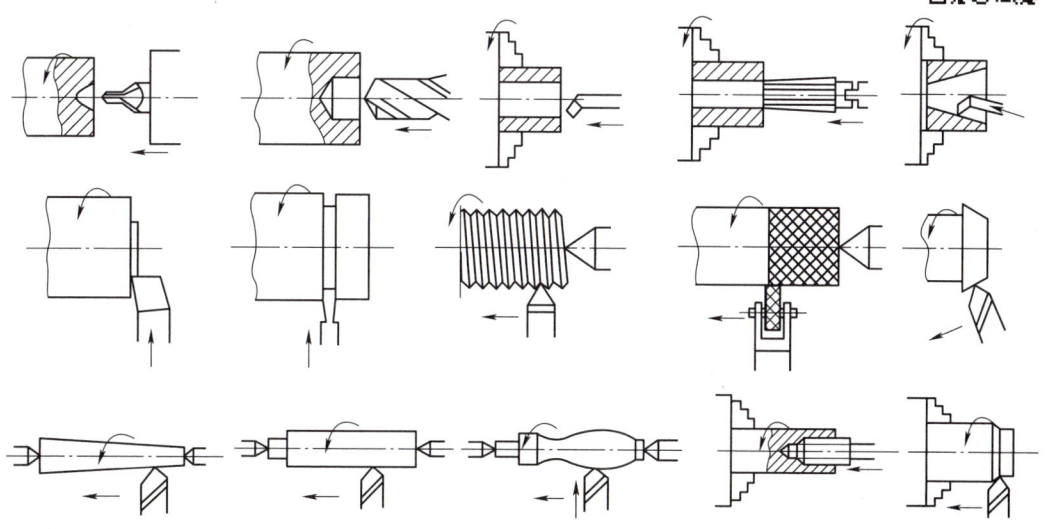

图 2-11　CA6140型卧式车床的工艺范围

2. CA6140型卧式车床的主要部件及功用（图2-12）

主轴箱：主轴箱1固定在床身6的左端，内部装有主轴和传动轴，变速、换向和润滑等机构。电动机经变速机构带动主轴旋转，实现主运动，并获得需要的转速及转向。主轴前端可安装自定心卡盘、单动卡盘等附件，用以装夹工件。

进给箱：进给箱11固定在床身6的左前侧面，进给箱11内装有进给运动的变速机构。进给箱的功用是改变被加工螺纹的导程或机床的进给量。

溜板箱：溜板箱9固定在床鞍的底部，其功用是将进给箱通过光杠7或丝杠8传来的运动传递给刀架3，使刀架3进行纵向进给、横向进给或车螺纹运动。另外，通过操纵溜板箱9上的手柄和按钮，可起动装在溜板箱9中的快速电动机，实现刀架3的纵、横向快速移动。

床鞍：床鞍位于床身6的上部，并可沿床身6上的导轨做纵向移动，其上装有中溜板、回转盘、小溜板和刀架3，可使刀具做纵、横向或斜向进给运动。

尾座：尾座5安装于床身的尾座导轨上，可沿导轨做纵向调整移动，然后固定在需要的位置，以适应不同长度的工件。尾座上的套筒可安装后顶尖4以及各种孔加工刀具，用来支承工件或对工件进行孔加工，摇动手轮使套筒移动可实现刀具的纵向进给。

床身：床身6固定在床腿上。床身是车床的基本支承件，车床的各主要部件均安装于床身上，它保证了各部件间具有准确的相对位置，并且承受了切削力和各部件的重量。

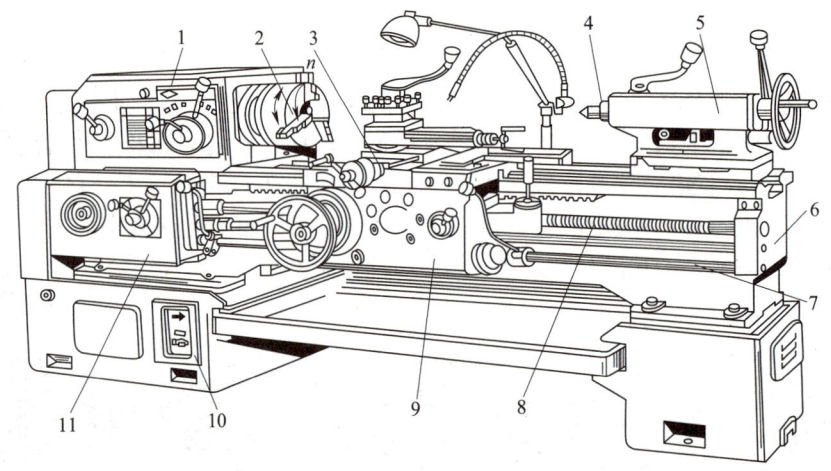

图2-12　CA6140型卧式车床的组成部分

1—主轴箱　2—卡盘　3—刀架　4—后顶尖　5—尾座　6—床身　7—光杠　8—丝杠
9—溜板箱　10—底座　11—进给箱

3. CA6140型卧式车床的技术参数（表2-5）

表2-5　CA6140型卧式车床的技术参数

名　称		技术参数
工件最大直径	床身上/mm	400
	工件上/mm	210
顶尖间最大距离/mm		650、900、1400、1900

(续)

名称		技术参数
加工螺纹范围	米制螺纹	1~12（20种）
	寸制螺纹	2~24（20种）
	模数螺纹	0.25~3（11种）
	径节螺纹	7~96（24种）
主轴	通孔直径/mm	48
	孔锥度	莫氏 6#
	正转转速级数	24
	正转转速范围/(r/min)	10~1400
	反转转速级数	12
	反转转速范围/(r/min)	14~1580

二、CA6140 型卧式车床的传动系统

为了完成工件所需表面的加工，车床的传动系统必须具备以下传动链：实现主轴旋转的主运动传动链；实现纵向和横向进给运动的进给传动链；实现螺纹进给运动的螺纹进给传动链；实现快速空行程运动的快速移动传动链。图 2-13 所示为 CA6140 型卧式车床的传动系统。

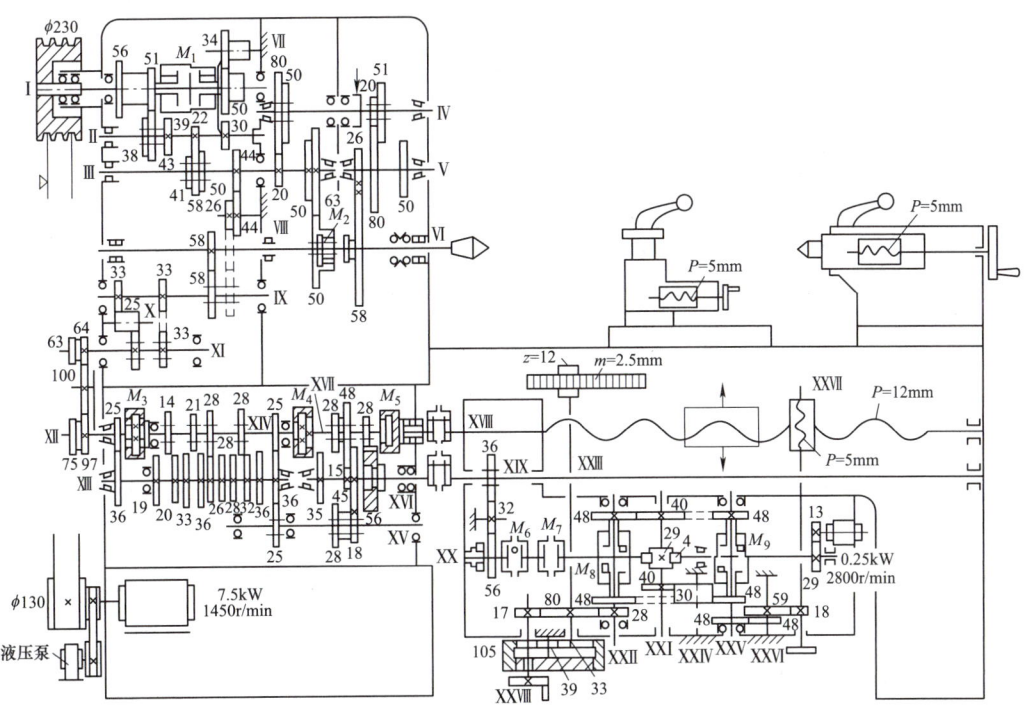

图 2-13　CA6140 型卧式车床的传动系统

1. 主运动传动链

CA6140 型卧式车床主运动传动链的两端元件是主电动机和主轴，它的功用是把动力源的运动或动力传递给主轴，使主轴带动工件旋转实现主运动。电动机的旋转运动经 V 带传动传到主轴箱的 I 轴；通过 I 轴上的双向多片摩擦离合器 M_1 实现主轴的正、反转或停止。主运动传动链的传动路线为

$$n_{电动机} - \frac{\phi 130}{\phi 230} - \left\{ \begin{array}{l} M_{1左} - \begin{bmatrix} \frac{56}{38} \\ \frac{51}{43} \end{bmatrix} \\ M_{1右} - \frac{50}{34} - \text{VII} - \frac{34}{30} \end{array} \right\} - \text{II} - \begin{bmatrix} \frac{39}{41} \\ \frac{22}{58} \\ \frac{30}{50} \end{bmatrix} - \text{III} - \left\{ \begin{array}{l} \begin{bmatrix} \frac{20}{80} \\ \frac{50}{50} \end{bmatrix} - \text{IV} - \begin{bmatrix} \frac{20}{80} \\ \frac{51}{50} \end{bmatrix} - \text{V} - \frac{26}{58} - M_2 \\ -63/50- \end{array} \right\} - \text{VI}$$

【任务实施】

【案例 2-7】 根据图 2-13 所示的 CA6140 型卧式车床主运动传动链，回答以下问题：

1) 计算该传动链主轴的转速级数。
2) 指出其高速传动路线和低速传动路线。
3) 计算主传动链的最高转速和最低转速。
4) 说明摩擦离合器 M_1、齿式离合器 M_2 和齿轮 34 的作用。
5) 为什么反转的转速要高于正转转速？

【解】 1) CA6140 型卧式车床主轴的转速级数共 36 级，其中正转为 $2 \times 3 \times [(2 \times 2 - 1) + 1] = 24$ 级，反转为 $1 \times 3 \times [(2 \times 2 - 1) + 1] = 12$ 级。

2) 高速传动路线：主轴上的滑移齿轮 50 左移，与轴Ⅲ上的齿轮 63 啮合，轴Ⅲ的运动经齿轮副 63/50 直接传给主轴，得到 450~1400r/min 的高转速。

低速传动路线：主轴上的滑移齿轮 50 右移，与主轴上齿式离合器 M_2 啮合，轴Ⅲ的运动经双联滑移齿轮副 20/80 和 50/50 传给轴Ⅳ，再经双联齿轮副 20/80 和 51/50 传给轴Ⅴ，最后通过齿轮副 26/58 和齿式离合器 M_2 传给主轴，获得 10~500r/min 的中低转速。

3) 取传动带的滑动系数为 0.02，主轴正转时的最高和最低转速为

$$n_{max} = 1450 \text{r/min} \times \frac{\phi 130}{\phi 230} \times \frac{56}{38} \times \frac{39}{41} \times \frac{63}{50} \times 0.98 \approx 1400 \text{r/min}$$

$$n_{min} = 1450 \text{r/min} \times \frac{\phi 130}{\phi 230} \times \frac{51}{43} \times \frac{22}{58} \times \frac{20}{80} \times \frac{20}{80} \times \frac{26}{58} \times 0.98 \approx 10 \text{r/min}$$

4) 摩擦离合器 M_1 用来实现主轴的正、反转和停止；齿式离合器 M_2 用来实现变速；齿轮 34 用来实现换向。

5) 主轴的反转通常不是用于切削，而是用于车螺纹时，使刀架以较高的转速退至起始位置，以节约辅助时间。

CA6140 型卧式车床的转速图如图 2-14 所示。

2. 螺纹进给传动链

螺纹进给传动链的两端元件为主轴和刀架，其作用是实现车削米制、寸制、模数、径节四种标准螺纹以及大导程、非标准和精密螺纹。因螺纹进给传动链为内联系传动链，所以要

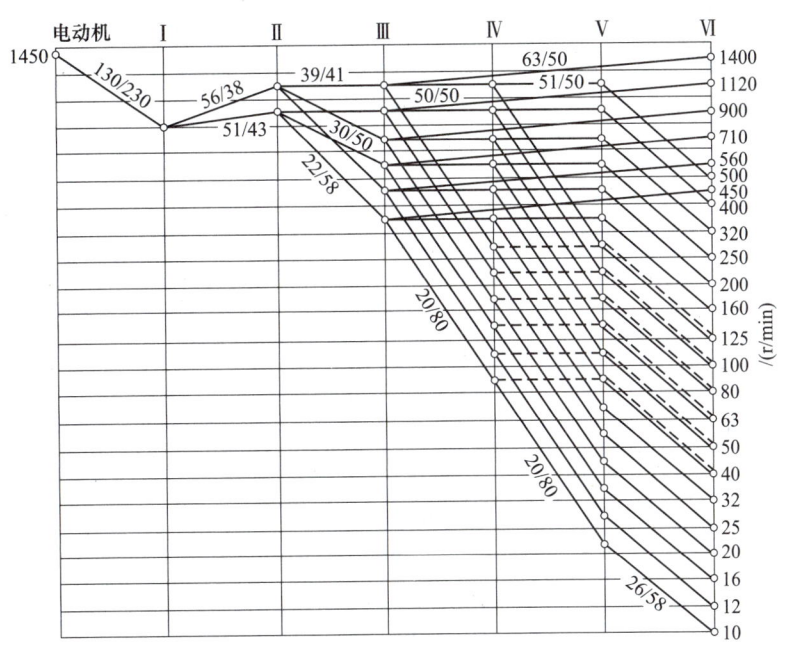

图 2-14 CA6140 型卧式车床的转速图

求主轴每转 1 转，刀架准确地移动一个导程 P 的距离。

CA6140 型卧式车床通过改变交换齿轮机构、基本组、增倍组以及轴Ⅻ和轴ⅩⅤ之间移换机构的传动比，可以车削四种不同的标准螺纹。

如果需要车削非标准螺纹，只要给出被加工螺纹的导程和适当选择交换齿轮的齿数即可。同时，由于螺纹传动链不经过进给箱中的任何齿轮传动，减少了传动件制造误差和装配误差对非标准螺纹导程的影响，如果提高交换齿轮的制造精度，则可加工精密螺纹。

【案例 2-8】 列出 CA6140 型卧式车床车削四种标准螺纹的传动特征。

【解】 CA6140 型卧式车床车削四种标准螺纹的传动特征见表 2-6。

表 2-6 CA6140 型卧式车床车削四种标准螺纹的传动特征

螺纹种类	螺距/mm	交换齿轮机构	离合器状态	移换机构	基本组传动方向
米制螺纹	$L_{工件}$	$\dfrac{63}{100} \times \dfrac{100}{75}$	M_3、M_4 脱开 M_5 结合	轴ⅩⅤ 齿轮 25 右移	轴ⅩⅢ-轴ⅩⅣ
模数螺纹	$L_m = k\pi m$	$\dfrac{64}{100} \times \dfrac{100}{97}$		轴ⅩⅤ 齿轮 25 右移	轴ⅩⅢ-轴ⅩⅣ
寸制螺纹	$L_a = \dfrac{25.4}{a}$	$\dfrac{63}{100} \times \dfrac{100}{75}$	M_3、M_5 结合 M_4 脱开	轴ⅩⅤ 齿轮 25 左移	轴ⅩⅣ-轴ⅩⅢ
径节螺纹	$L_{DP} = \dfrac{k\pi}{DP}$	$\dfrac{64}{100} \times \dfrac{100}{97}$		轴ⅩⅤ 齿轮 25 左移	轴ⅩⅣ-轴ⅩⅢ

3. 纵向和横向进给传动链

为了减少丝杠的磨损和便于操纵，在一般车削时，刀架的机动进给是由光杠经溜板箱传动的。传动路线由主轴Ⅵ到进给箱ⅩⅦ的路线和车削米制、寸制螺纹的传动路线相同,将离合器M_5脱开,再经齿轮副 28/56 传动至光杠,最后经溜板箱中的传动机构传至齿轮齿条机构和横向进给丝杠,实现刀架的纵向和横向机动进给。

纵向进给传动链为

$$主轴Ⅵ - \begin{bmatrix} 米制螺纹路线 \\ 寸制螺纹路线 \end{bmatrix} - ⅩⅦ - \frac{28}{56} - ⅩⅨ - \frac{36}{32} \times \frac{32}{56} - M_6 - M_7 - ⅩⅩ - \frac{4}{29} -$$

$$ⅩⅪ - \begin{bmatrix} \frac{40}{48} - M_8 \\ \frac{40}{30} \times \frac{30}{48} - M_8 \end{bmatrix} - ⅩⅫ - \frac{28}{80} - ⅩⅩⅢ - 齿轮齿条机构(z_{12}) - 刀架$$

横向进给传动链为

$$主轴Ⅵ - \begin{bmatrix} 米制螺纹路线 \\ 寸制螺纹路线 \end{bmatrix} - ⅩⅦ - \frac{28}{56} - ⅩⅨ - \frac{36}{32} \times \frac{32}{56} - M_6 - M_7 - ⅩⅩ - \frac{4}{29} -$$

$$ⅩⅪ - \begin{bmatrix} \frac{40}{48} - M_9 \\ \frac{40}{30} \times \frac{30}{48} - M_9 \end{bmatrix} - ⅩⅩⅤ - \frac{48}{48} \times \frac{59}{18} - ⅩⅩⅦ(丝杠) - 刀架$$

4. 刀架的快速移动

刀架的纵向和横向快速移动是由快速移动电动机带动实现的。其传动路线为

$$n_{快移电动机} - \frac{13}{29} - ⅩⅩ - \frac{4}{29} - ⅩⅪ - \begin{bmatrix} \frac{40}{48} - M_8 \\ \frac{40}{30} \times \frac{30}{48} - M_8 \end{bmatrix} - ⅩⅫ - \frac{28}{80} -$$

$$ⅩⅩⅢ - 齿轮齿条机构(z_{12}) - 刀架$$

刀架快速纵向右移的速度为

$$v_{纵右} = 2800 \text{m/min} \times \frac{13}{29} \times \frac{4}{29} \times \frac{40}{30} \times \frac{30}{48} \times \frac{28}{80} \times 12 \times \pi \times 2.5 = 4.76 \text{m/min}$$

三、CA6140型卧式车床的主要机构

1. 主轴箱展开图

图 2-15 所示为 CA6140 型卧式车床主轴箱的展开图。

展开图是按照传动轴的传动顺序,沿其轴线剖切,并展开在一个平面上的装配图。展开图主要表示各传动件的传动关系,各传动轴及主轴上相关零件的结构形状、装配关系和尺寸,和箱体有关部分的轴向尺寸和结构。要完整地表达主轴箱的全部结构,仅有展开图是不够的,还需要加上若干剖视图、向视图和外形图。图 2-16 所示为 CA6140 型卧式车床主轴箱展开图的剖切面。

2. 主轴组件

图 2-17 所示为 CA6140 型卧式车床的主轴组件结构图,主轴前端锥孔用于安装顶尖或心轴。主轴采用前、后双支承结构,前支承为双列圆柱滚子轴承,用于承受径向力。该轴承内

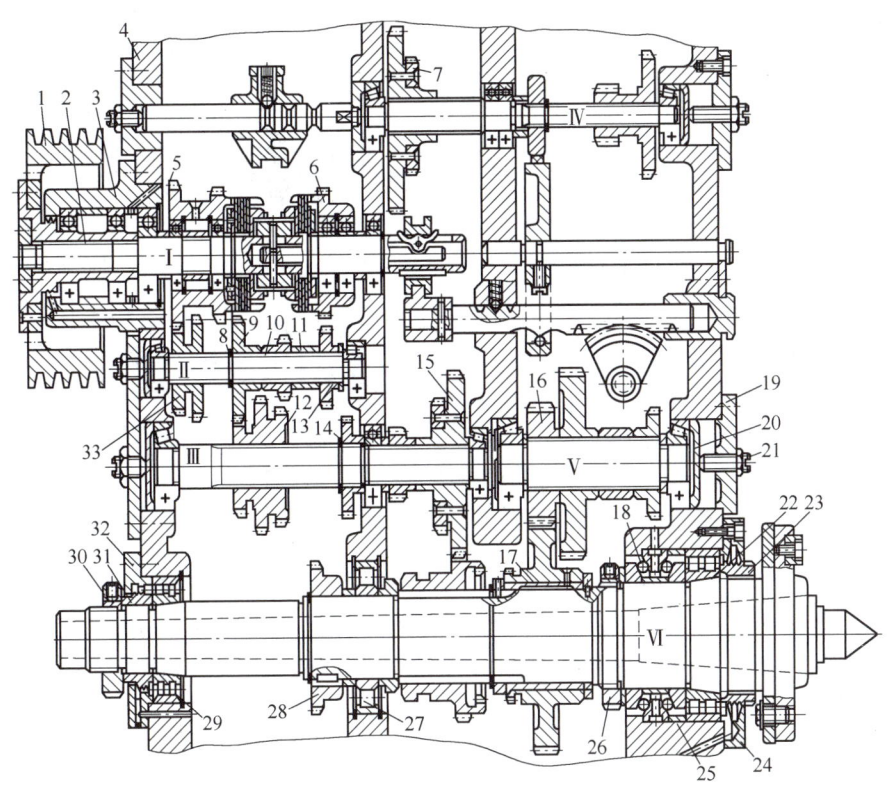

图 2-15 CA6140 型卧式车床主轴箱展开图

1—带轮　2—花键套　3—法兰　4—主轴箱体　5—双联空套齿轮　6—空套齿轮　7、33—双联滑移齿轮　8—半圆环　9、10、13、14、28—固定齿轮　11、25—隔套　12—三联滑移齿轮　15—双联固定齿轮　16、17—斜齿轮　18—双向推力角接触球轴承　19—盖板　20—轴承压盖　21—调整螺钉　22、29—双列圆柱滚子轴承　23、26、30—螺母　24、32—轴承端盖　27—圆柱滚子轴承　31—套筒

圈与主轴的配合面带有 1∶12 的锥度，锁紧螺母 5 通过套筒 4 推动圆柱滚子轴承 3 在主轴锥面上从左向右移动，使轴承内圈在径向膨胀从而减小轴承间隙，轴承间隙调整好后须将锁紧螺母 5 锁紧。主轴的后支承由推力球轴承 7 和角接触球轴承 8 组成，推力球轴承 7 承受自右向左的轴向力，角接触球轴承 8 承受自左向右的轴向力，还同时承受径向力。轴承 7 和 8 的间隙和预紧通过主轴后端的锁紧螺母 10 调整，调整好后须将锁紧螺母 10 锁紧。

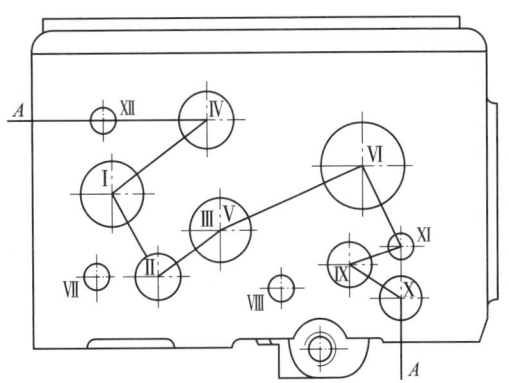

图 2-16 CA6140 型卧式车床主轴箱展开图的剖切面

主轴前端采用短圆锥和法兰结构，用来安装卡盘或拨盘。图 2-18 所示为卡盘与主轴前端的连接图。安装时，先让卡盘座 4 在主轴 3 的短圆锥面上定位，将四个螺栓 5 通过主轴轴肩及锁紧盘 2 上的孔拧入卡盘座 4 的螺纹孔中，再将锁紧盘 2 沿顺时针方向相对主轴转过一个角度，使螺栓 5 进入锁紧盘 2 的沟槽内，

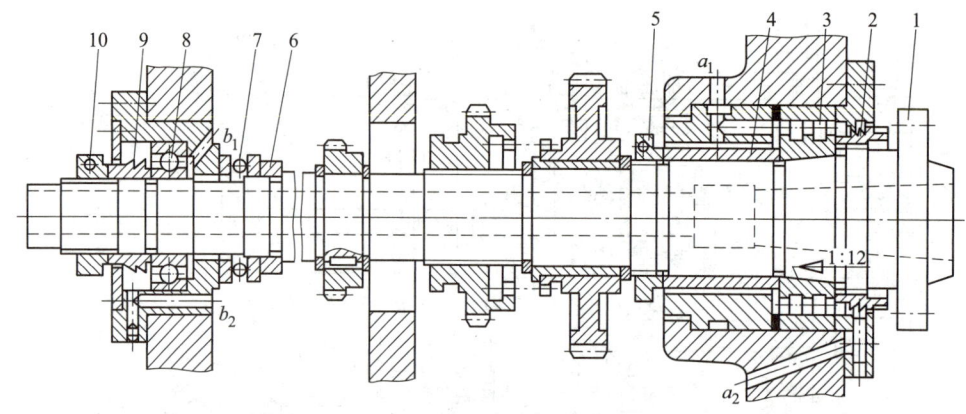

图 2-17 CA6140型卧式车床主轴组件

1—主轴 2、9—调整螺母 3—圆柱滚子轴承 4、6—套筒 5、10—锁紧螺母 7—推力球轴承 8—角接触球轴承

然后拧紧螺钉1和螺母6，即可将卡盘牢牢地安装在主轴的前端，主轴法兰前端面上的圆形拨块将主轴的转矩传递给卡盘。这种结构因装卸卡盘方便、工作可靠、定心精度高，而且主轴前端悬伸长度较短，有利于提高主轴组件的刚度，故目前应用较广泛。

3. 卸荷带轮

电动机的运动经V带传至轴Ⅰ左端的带轮1（图2-15），带轮1与花键套2用螺钉固定在一起，由两个深沟球轴承支承在法兰3的内孔中，法兰3固定在主轴箱箱体上。带轮1通过花键套1带动轴Ⅰ旋转时，V带拉力产生的径向载荷通过轴承和法兰3直接传给箱体，轴Ⅰ不承受传动带拉力，只传递转矩。故称带轮1为卸荷带轮。

4. 双向多片摩擦离合器

图2-19a所示为双向多片摩擦离合器的结构。摩擦离合器装在轴Ⅰ上，其作用是控制主轴的正、反转或停止，它由内摩擦片2、外摩擦片3、压套5及双联齿轮1等组成。离合器的左、右部分结构相同，左离合器用来控制主轴正转，切削时传递转矩较大，因此片数较多；右离合器用来控制主轴反转，主要用于退刀，故片数较少。内摩擦片2以花键和轴Ⅰ相连，外摩擦片3以四个凸齿与双联齿轮1相连，外片空套在轴Ⅰ上，内、外摩擦片相间排列安装。

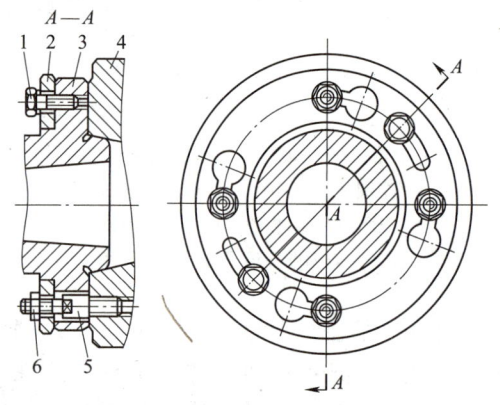

图 2-18 卡盘与主轴前端的连接图

1—螺钉 2—锁紧盘 3—主轴
4—卡盘座 5—螺栓 6—螺母

当拨叉13拨动滑套10右移时，元宝形摆块12顺时针方向转动，其尾部推动拉杆9向左移动；拉杆9通过固定在其上的长销6，带动压套5和螺母4将左离合器的内、外摩擦片压紧，从而将轴Ⅰ的运动传给双联齿轮1，使主轴正转。

当拨叉13拨动滑套10左移时，元宝形摆块12逆时针方向转动，其尾部推动拉杆9向右移动；拉杆9通过固定在其上的长销6，带动压套5和螺母7将右离合器的内、外摩擦片压紧，从而将轴Ⅰ的运动传给空套齿轮8，使主轴反转。

当滑套10处于中间位置时，左、右离合器的内、外摩擦片均松开，主轴停止转动。

制动器安装在轴Ⅳ上，其作用是在离合器脱开时能制动主轴，使主轴迅速停止转动，以缩短辅助时间并保证操作安全。图2-19b所示为离合器和制动器的操纵机构，制动轮16是一钢制圆盘，它与轴Ⅳ用花键连接；制动带15是一条钢带，内侧有一层酚醛石棉以增加摩擦。制动带的一端与杠杆14连接，另一端通过调节螺钉23与箱体相连。

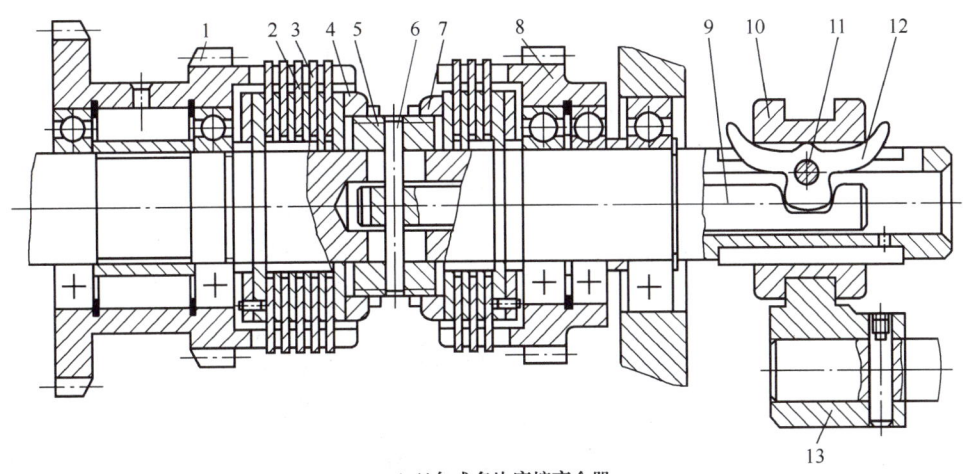

a) 双向式多片摩擦离合器

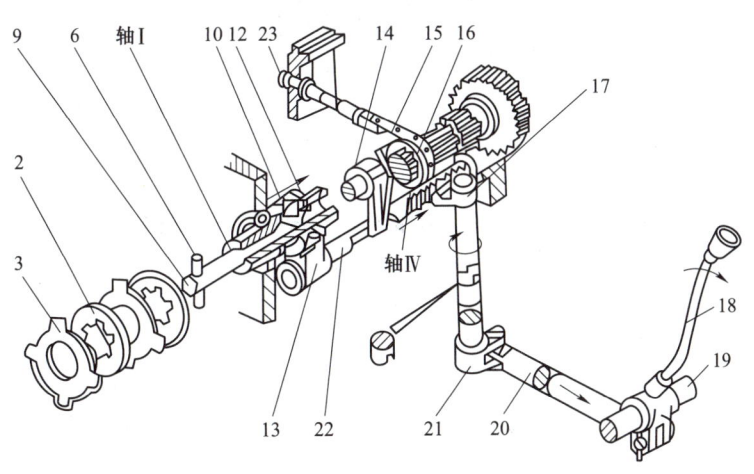

b) 离合器和制动器的操纵机构

图2-19 离合器和制动器

1—双联齿轮 2—内摩擦片 3—外摩擦片 4、7—螺母 5—压套 6—长销 8—空套齿轮 9、20—拉杆 10—滑套 11—圆柱销 12—元宝形摆块 13—拨叉 14—杠杆 15—制动带 16—制动轮 17—扇形齿轮 18—手柄 19—转轴 21—曲柄 22—齿条轴 23—调节螺钉

当离合器接通，主轴正、反转时，制动轮16随轴Ⅳ一起转动；当离合器脱开时，齿条轴22的凸起部分使杠杆14逆时针方向摆动，制动带15被拉紧，制动器工作，轴Ⅳ迅速停止转动，主轴也就迅速停止转动。

为操纵方便和避免出错，摩擦离合器和制动器共用一套操纵机构，由手柄18联合操纵。向上扳动手柄18，通过拉杆20、曲柄21、扇形齿轮17使齿条轴22右移；齿条轴22左端有拨叉13，它卡在滑套10的环槽内，齿条轴22右移，滑套10也随之右移，从而带动元宝形摆块12顺时针方向转动，元宝形摆块12下端的凸缘拨动装在轴Ⅰ内孔中的拉杆9向左移动，主轴正转；与此同时，齿条轴22左面的凹槽正对杠杆14，制动带15松开。同理，向下扳动手柄18，齿条轴22左移，主轴反转，制动带15松开。当手柄处于中间位置时，离合器脱开，制动带拉紧，主轴停止转动。

5. 变速操纵机构

根据传动系统可知，主轴的24级转速是通过四个滑移齿轮变速组和离合器 M_2 组合实现的。图2-20所示为轴Ⅱ和轴Ⅲ上滑移齿轮的操纵机构。

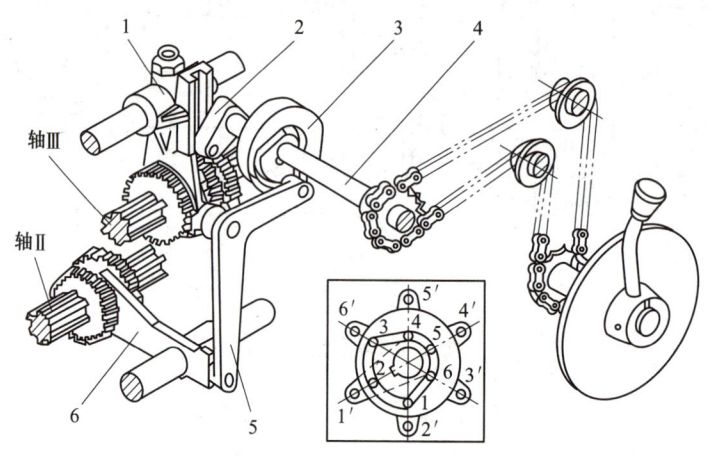

图2-20 变速操纵机构

1、6—拨叉 2—曲柄 3—盘形凸轮 4—传动轴 5—杠杆

变速手柄装在主轴箱前壁上，通过链条带动传动轴4，传动轴4上装有盘形凸轮3和曲柄2。盘形凸轮3上有一条封闭的曲线槽，由两段不同半径的圆弧和直线组成，凸轮上有1~6个变速位置。位置1、2、3使杠杆5上端的滚子处于凸轮槽曲线的大半径圆弧处，杠杆经拨叉6将轴Ⅰ上的双联齿轮移向左端位置；位置4、5、6则将双联齿轮移向右端位置。曲柄2随传动轴4转动，带动拨叉1拨动轴Ⅲ上的三联齿轮，使其处于左、中、右三个位置。依次转动手柄，就可使两个滑移齿轮的位置实现6种组合，使轴Ⅲ得到6种转速。滑移齿轮到位后，通过拨叉的定位钢球实现定位。

6. 开合螺母机构

图2-21所示为溜板箱中的开合螺母机构。开合螺母机构由上、下两半螺母1和2组成，装在箱壁的燕尾形导轨中，螺母导轨底面各装有一个圆柱销3，圆柱销3的另一端嵌在槽盘4的曲线槽，槽盘4经轴7与手柄6相连。扳动手柄6，经轴7使槽盘4逆时针方向转动时，槽盘4上的曲线将迫使两圆柱销3靠近，带动上、下两半螺母合上，与丝杠啮合，从而实现加工螺纹的进给运动；反向扳动手柄6时，上、下两半螺母分开，与丝杠分离。

开合螺母与燕尾导轨的配合间隙要调整合适，否则会影响螺纹的加工精度，通常利用螺钉8支紧或放松镶条5来调节其配合间隙，调整后用螺母9锁紧。

7. 纵、横向机动进给操纵机构

图2-22所示为CA6140型卧式车床的纵、横向机动进给操纵机构。它是利用溜板箱右侧

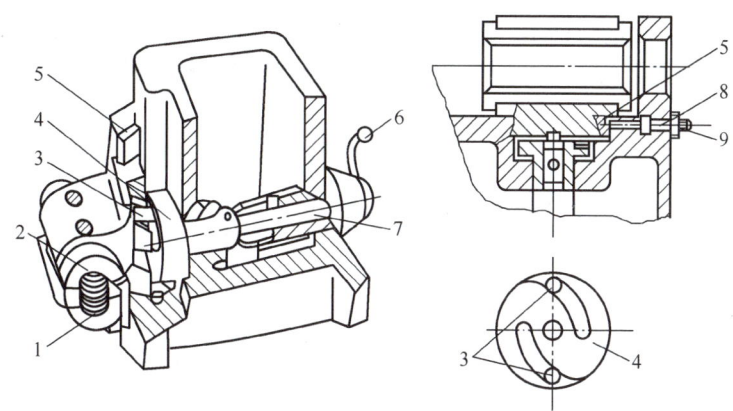

图 2-21　开合螺母机构

1、2—半螺母　3—圆柱销　4—槽盘　5—镶条　6—手柄　7—轴　8—螺钉　9—螺母

的集中操纵手柄 1 来控制纵、横向机动进给运动的接通、断开和换向，而且手柄 1 的扳动方向和刀架的运动方向一致，操作直观方便。

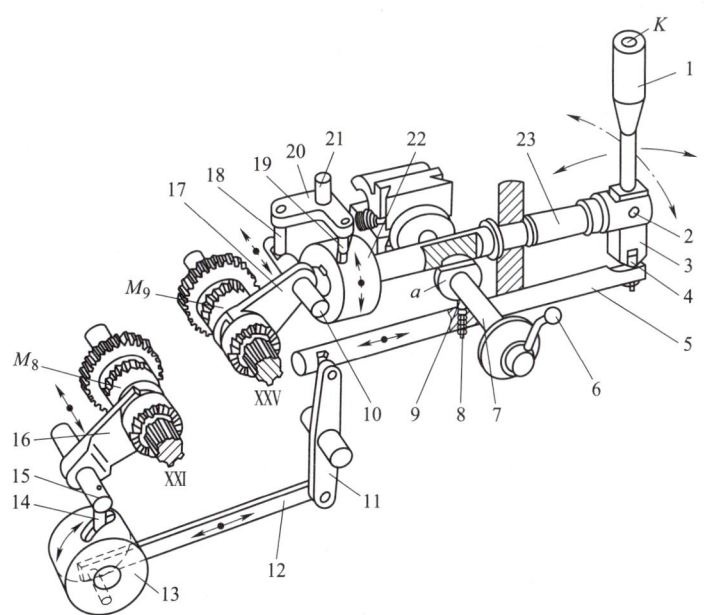

图 2-22　CA6140 型卧式车床纵、横向机动进给操纵机构

1、6—手柄　2、21—销轴　3—手柄座　4、9—球头销　5、7、23—轴　8—弹簧销　10、15—拨叉轴
11、20—杠杆　12—连杆　13—圆柱形凸轮　14、18、19—圆销　16、17—拨叉　22—凸轮
K—按钮　M_8、M_9—牙嵌离合器　a—凸肩

当手柄 1 向左或向右扳动时，手柄 1 下端的缺口带动轴 5、杠杆 11、连杆 12 使圆柱形凸轮 13 转动，凸轮上的螺旋槽通过圆销 14 带动拨叉轴 15 和拨叉 16 移动，拨叉 16 带动控制纵向进给运动的牙嵌离合器 M_8 结合，从而使刀架实现向左或向右的纵向机动进给运动。

当手柄 1 向前或向后扳动时，手柄 1 的方块嵌在轴 23 的右端缺口，于是轴 23 向前或向后转动一个角度，带动凸轮 22 也转动一个角度，凸轮 22 上的螺旋槽通过圆销 19 带动杠杆

20 绕销轴 21 摆动，再通过圆销 18 带动拨叉轴 10 拨动拨叉 17 向前或向后移动，拨叉 17 带动控制横向进给运动的牙嵌离合器 M_9 结合，从而使刀架实现向前或向后的横向机动进给运动。

手柄 1 的顶端装有快速移动按钮，当手柄 1 扳到左、右或前、后任一位置时，点动快速电动机，刀架即在相应方向实现快速移动。

当手柄 1 处在中间位置时，离合器 M_8、M_9 脱开，此时机动进给运动和快速移动断开。

8. 互锁机构

CA6140 型卧式车床的纵、横向机动进给运动是互锁的，也就是说离合器 M_8、M_9 不能同时接合。手柄 1 上开有十字形槽，手柄 1 每次只能处于一个位置，因此，手柄 1 的结构能够保证纵、横向机动进给运动互锁。机床工作时，纵、横向机动进给机构和丝杠传动不能同时接通。丝杠传动是由溜板箱的开合螺母机构来控制的，溜板箱中的互锁机构保证车螺纹开合螺母合上时，机动进给运动不能接通；反之，当机动进给运动接通时，车螺纹的开合螺母不能合上。

图 2-23 所示为互锁机构的工作原理图。当互锁机构处于中间位置时（图 2-23a），纵、横向机动进给和丝杠传动均未接通，此时操纵手柄可扳至左、右、前、后任意位置，以接通纵、横向机动进给，或者扳动开合螺母手柄使开合螺母合上，实现丝杠进给。

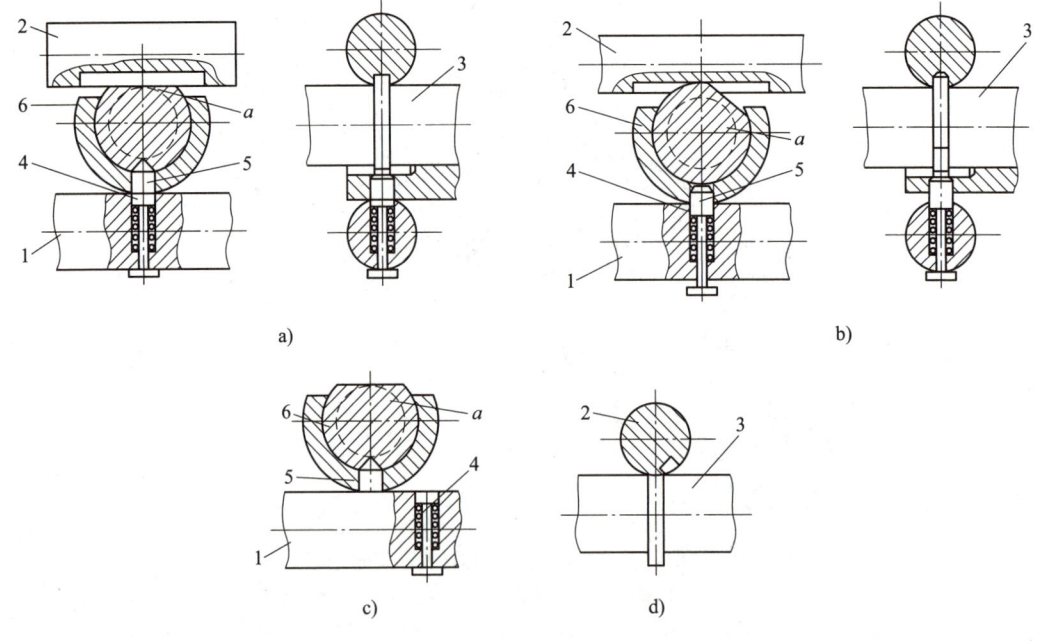

图 2-23 互锁机构的工作原理图
1、2—轴 3—手柄轴 4—弹簧销 5—球头销 6—支承套

当向下扳动手柄使开合螺母合上时，则手柄轴 3 顺时针方向转过一个角度，其上面的凸肩 a 嵌入轴 2 的槽中，将轴 2 卡住使其不能转动；同时凸肩又将装在支承套 6 横向孔中的球头销 5 压下，使其下端插入轴 1 的孔中，将轴 1 锁住使其不能左、右移动（图 2-23b），这时，纵、横向机动进给均不能接通。

当接通纵向机动进给时,因轴1沿轴线方向移动一定距离,其上的横孔与球头销5错位,球头销5不能向下移动,因而手柄轴3被锁住无法转动(图2-23c)。当接通横向进给机构时,因轴2转动了位置,其上面的沟槽不再对准手柄轴3的凸肩a,故手柄轴3无法转动(图2-23d)。

因此,纵向或横向机动进给运动接通时,开合螺母不能合上,互锁是能保证的。

9. 安全离合器

为避免因进给力过大或刀架移动受阻导致机床损坏,CA6140型卧式车床安装了起过载保护作用的安全离合器,如图2-24所示。当过载消失后,车床可自动恢复正常工作。

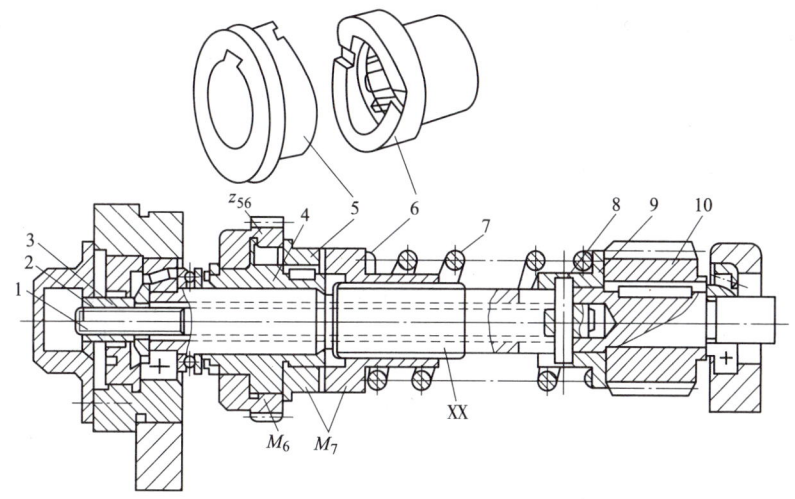

图2-24 安全离合器工作原理图

1—拉杆 2—螺杆 3—螺母 4—星形轮 5—左半部 6—右半部 7—压缩弹簧 8—圆销
9—弹簧座 10—蜗杆 z_{56}—齿轮 M_6—超越离合器 M_7—安全离合器

安全离合器由端面带螺旋形齿爪的左、右两半部组成,其左半部5用键装在超越离合器M_6的星形轮4上,与轴XX空套;右半部6与轴XX用花键连接。正常情况下,在弹簧7的压力作用下,离合器左、右两半部相互啮合,由光杠传来的运动,经齿轮z_{56}、超越离合器M_6和安全离合器M_7,传至轴XX和蜗杆10。

当进给系统过载时,离合器右半部6将压缩弹簧7向右移动,与左半部5脱开,导致安全离合器M_7打滑,于是机动进给运动传动链断开,刀架停止进给。过载现象消除后,压缩弹簧7使安全离合器重新自动接合,机床恢复正常工作。机床允许的最大进给力由压缩弹簧7的调定压力决定。通过调整螺母3,带动装在轴XX内孔中的拉杆1和圆销8来调整弹簧座9的轴向位置,从而改变压缩弹簧7的压缩量来调整安全离合器传递的转矩大小。调整完毕,用锁紧螺母锁紧。

四、车刀

图2-25所示为按加工表面分类的车刀类型,可分为外圆车刀、端面车刀、切断车刀、螺纹车刀和内孔车刀等。

图2-26所示为按照车刀的结构分类的车刀类型,可分为整体式车刀、焊接式车刀、机夹式车刀和可转位车刀。

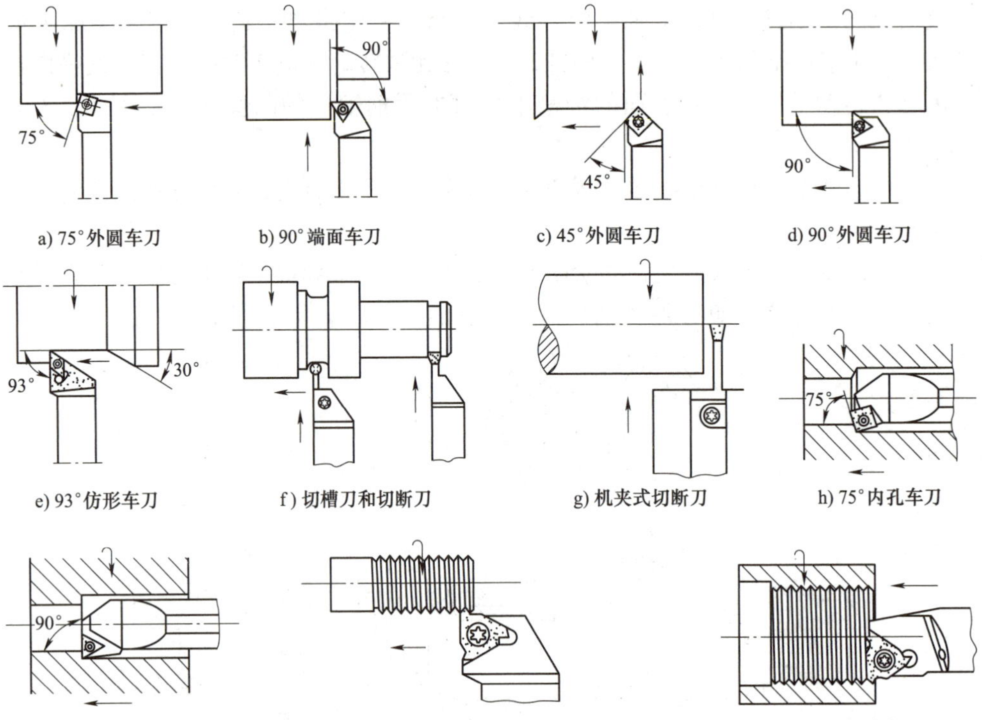

a) 75°外圆车刀　　b) 90°端面车刀　　c) 45°外圆车刀　　d) 90°外圆车刀

e) 93°仿形车刀　　f) 切槽刀和切断刀　　g) 机夹式切断刀　　h) 75°内孔车刀

i) 90°内孔车刀　　j) 外螺纹车刀　　k) 内螺纹车刀

图 2-25　按加工表面分类的车刀类型

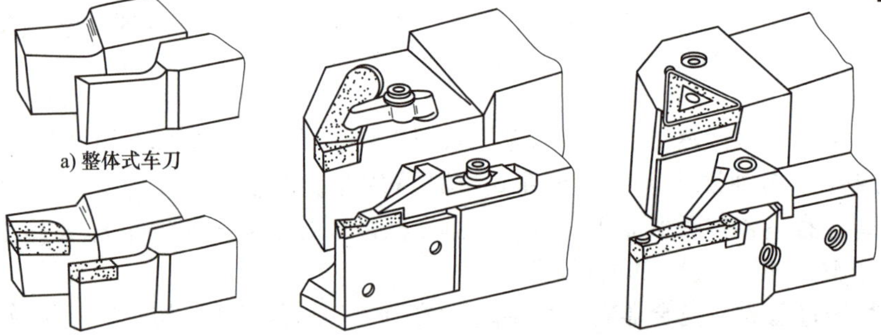

a) 整体式车刀　　b) 焊接式车刀　　c) 机夹式车刀　　d) 可转位车刀

图 2-26　按车刀结构分类的车刀类型

任务三　学习铣削加工工艺

【知识准备】

一、铣削加工工艺

铣削加工是将工件用机用虎钳或夹具固定在铣床工作台上，将铣刀安装在主轴前端刀杆或主轴上，通过铣刀的旋转与工件或铣刀的进给运动相配合，实现平面或成形面加工的方法。铣床的加工范围很广，使用不同规格的铣刀可以加工平面、键槽、V形槽、T形槽、燕尾形槽、螺旋槽、齿轮、成形表面及切断工件等。铣削加工的工艺范围如图2-27所示。

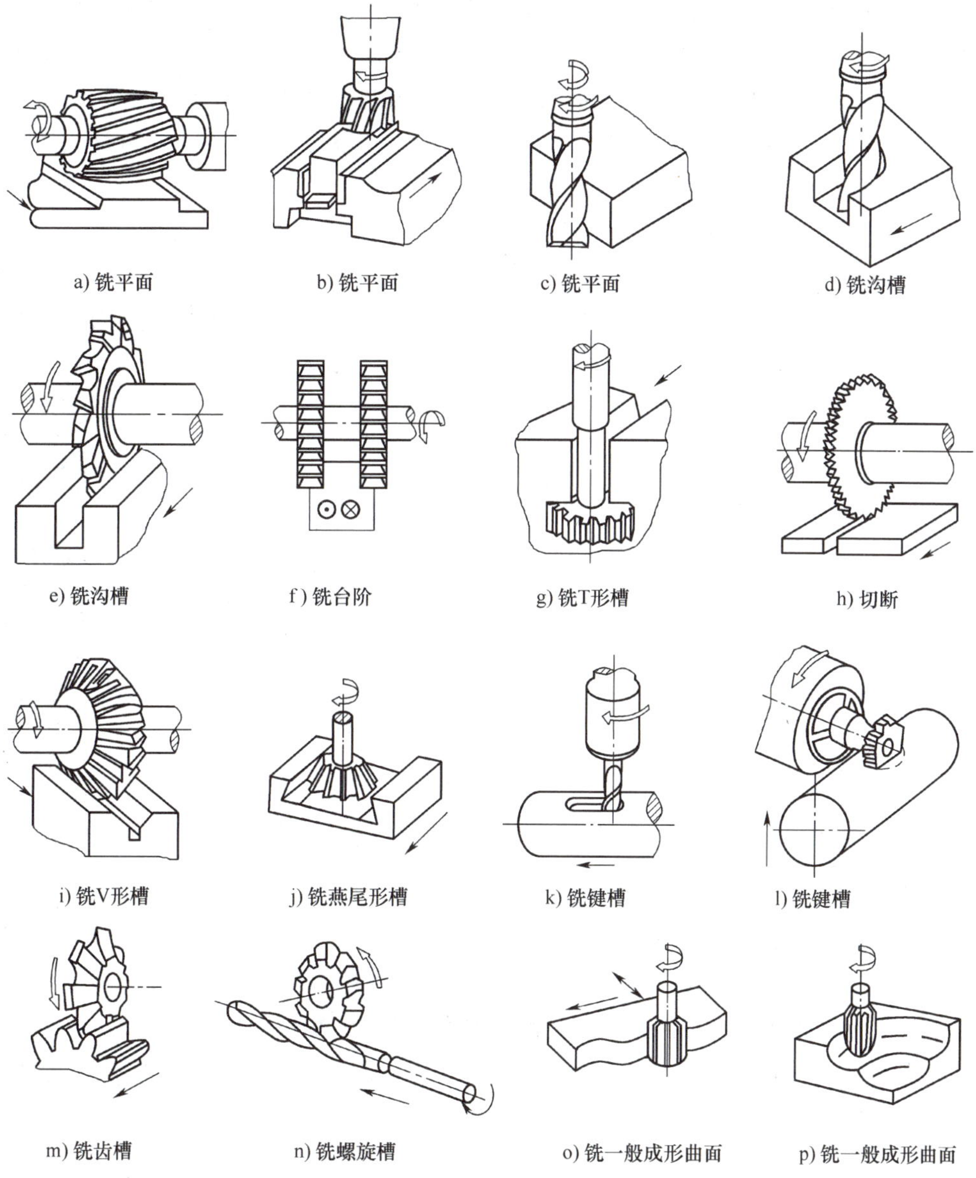

a) 铣平面　　b) 铣平面　　c) 铣平面　　d) 铣沟槽

e) 铣沟槽　　f) 铣台阶　　g) 铣T形槽　　h) 切断

i) 铣V形槽　　j) 铣燕尾形槽　　k) 铣键槽　　l) 铣键槽

m) 铣齿槽　　n) 铣螺旋槽　　o) 铣一般成形曲面　　p) 铣一般成形曲面

图2-27　铣削加工范围

二、铣削加工运动

铣削加工的运动主要由主运动、进给运动和辅助运动组成。铣削加工的主运动是铣床主轴带动刀具的旋转运动。铣削加工的进给运动是铣床工作台带动工件的直线运动和铣床工作台带动工件的平面回转运动或曲线运动。铣削加工的辅助运动是指铣床工作台带动工件快速接近铣刀的运动;对有螺旋槽和齿轮表面的零件的加工,还要将零件装夹在分度头等附件上实现螺旋进给和分齿运动。

三、铣削运动方式

铣削运动方式分为圆周铣削和端面铣削两种方式(图2-28)。利用铣刀圆周齿进行切削的铣削方式称为周铣,利用铣刀端部齿进行铣削的方式称为端铣。

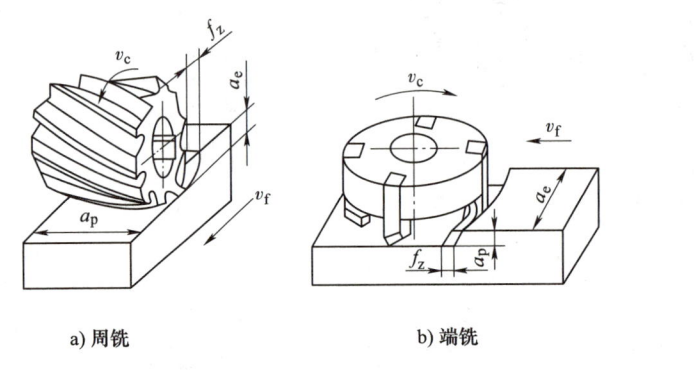

a) 周铣　　　　　　b) 端铣

图 2-28　周铣和端铣

1. 圆周铣削

圆周铣削包括逆铣和顺铣两种方式(图2-29)。铣刀的旋转方向和工件的进给方向相反的称为逆铣,反之则称为顺铣。

(1) 逆铣　每齿切削厚度由零到最大;切削刃开始时不易切入工件,会在工件已加工表面上滑行一小段距离,故工件表面冷硬程度加重,表面粗糙度值变大,刀具磨损加剧;铣削力作用在垂直方向的分力向上,不利于工件的夹紧;但水平分力的方向与进给方向相反,有利于工作台的平稳运动。

(2) 顺铣　每齿切削厚度由最大到零,刀齿和工件间无相对滑动,故加工面上没有因摩擦造成的硬化层,工件切削容易,表面粗糙度值小,刀具寿命长;顺铣时,铣削力在垂直方向的分力始终向下,有利于工件夹紧;但铣削力作用在水平方向的分力与进给方向相同,当其大于工作台和导轨之间的摩擦力时,就会把工作台连同丝杠向前拉动一段距离,这段距离等于丝杠和螺母间的间隙,因而将影响工件的表面质量,严重时还会损坏刀具,造成事故。

综上所述,尽管顺铣较逆铣有很多优点,但因其容易引起振动,仅能对表面无硬皮的工件进行加工,并且要求铣床装有调整丝杠和螺母间隙的顺铣装置,所以只在铣削余量较小,产生的切削力不超过工作台和导轨间的摩擦力时,才采用顺铣;如果机床上有顺铣装置,在

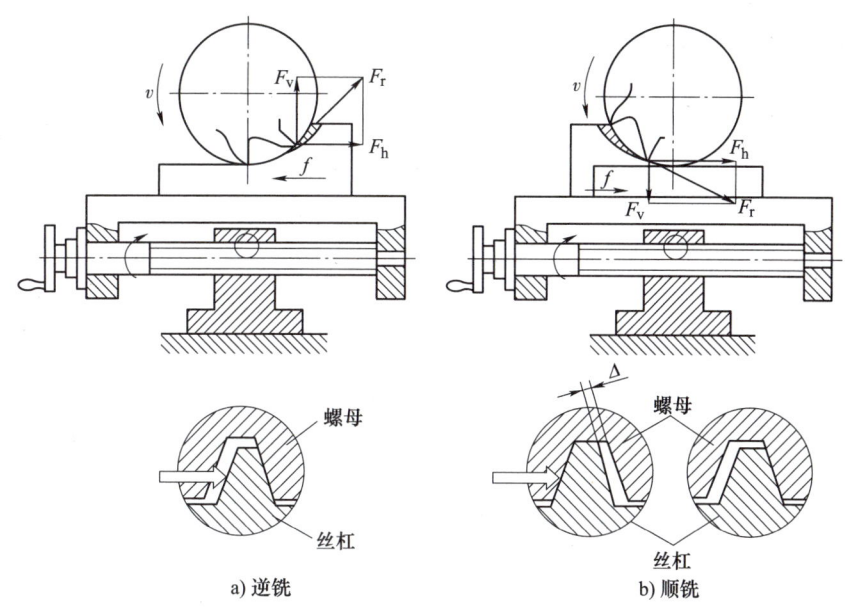

a) 逆铣　　　　　　　　　b) 顺铣

图 2-29　圆周铣削

消除间隙之后，也可以采用顺铣。在其他情况下，尤其加工具有硬皮的铸件、锻件毛坯时和使用没有间隙调整装置的铣床时，一般采用逆铣方式。

2. 端面铣削

端面铣削有对称铣削、不对称逆铣和不对称顺铣三种方式（图 2-30）。

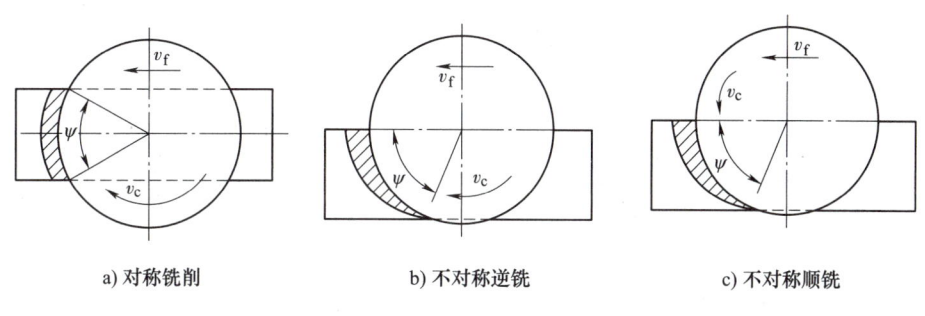

a) 对称铣削　　　　　　b) 不对称逆铣　　　　　　c) 不对称顺铣

图 2-30　端面铣削

（1）对称铣削　铣刀处于工件对称位置的铣削。对称铣削时，铣刀切入和切出的厚度相同，平均厚度较大，工件的前半部分为顺铣，后半部分为逆铣。对称铣削适用于工件宽度接近铣刀直径且铣刀齿数较多的情况，铣削淬硬钢时常采用对称铣削方式。

（2）不对称逆铣　工件的铣削宽度偏于铣刀回转轴线一侧的铣削方式称为不对称铣削。不对称逆铣时，切入厚度较小，切出厚度较大。铣削碳钢和合金钢时，采用这种方式可减小切入冲击，提高刀具使用寿命。

（3）不对称顺铣　不对称顺铣时，切入厚度较大，切出厚度较小，这种切削方式一般很少采用。但不对称顺铣用于铣削不锈钢和耐热合金钢时，可减少硬质合金刀具剥落破损，切削速度可提高 40%~60%。

四、铣削加工特点

铣刀是多刃刀具，铣削时每个刀齿周期性地断续切削，刀齿散热条件好，铣削效率高。

铣削加工范围广，可以加工某些其他切削方法无法加工或难以加工的表面。例如四周封闭的凹平面、圆弧形沟槽、具有分度要求的小平面和沟槽等。

铣削加工中，每个刀齿是周期性地切入切出，形成断续切削，铣削过程不平稳；加工中会产生冲击和振动，影响刀具的使用寿命和工件表面质量。

铣刀结构复杂，铣刀的制造与刃磨较困难，所以铣削成本高。

铣削加工可以对工件进行粗加工和半精加工，加工公差等级可达 IT7~IT9，精铣表面粗糙度为 $Ra1.6$~$3.2\mu m$。

铣削加工适用于单件小批量生产，也适用于大批量生产。

五、铣削加工设备

1. X6132 型万能升降台铣床

万能升降台铣床与一般升降台铣床的主要区别在于工作台除了具有纵向、横向和垂直方向的进给运动外，还能绕垂直轴线在±45°范围内回转，从而扩大了铣床的工艺范围。X6132 型万能升降台铣床的结构主要包括以下部分，如图 2-31 所示。

底座 1：用来支承铣床的全部重量和盛放切削液，底座上装有切削液电动机。

床身 2：用来安装和连接机床其他部件，床身的前面有燕尾形垂直导轨，供升降台上下移动，床身后装有电动机。

悬梁 3：用来支承安装铣刀和心轴，以加强刀杆的刚度。悬梁可以在床身顶部水平导轨中移动，调整其伸出长度。

主轴 4：用来安装铣刀，由主轴带动铣刀刀杆旋转。

刀轴支架 5：增加刀轴的刚度。

工作台 6：用来安装机床附件或工件，并带动它们做纵向移动。台面上有 3 个 T 形槽，用来安装 T 形螺钉或定位键。

回转盘 7：使纵向工作台绕回转盘轴线做±45°转动，用来铣削螺旋表面。

床鞍 8：装在升降台的水平导轨上，带动工作台一起做横向移动。

升降台 9：支承工作台，并带动工作台垂直移动。

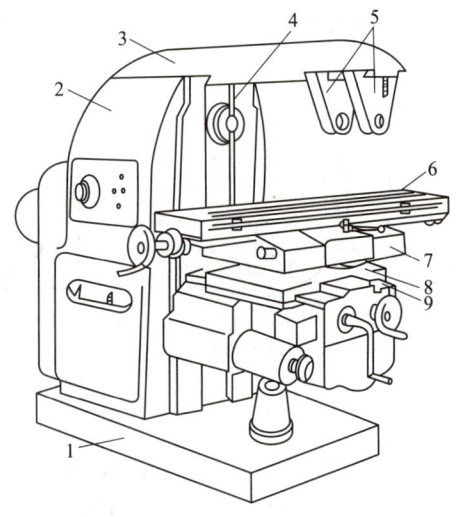

图 2-31 X6132 型万能升降台铣床
1—底座 2—床身 3—悬梁 4—主轴
5—刀轴支架 6—工作台 7—回转盘
8—床鞍 9—升降台

2. X6132型万能升降台铣床的技术参数（表2-7）

表2-7　X6132型万能升降台铣床的技术参数

名　　称		技　术　参　数
工作台尺寸（宽×长）		320mm×1250mm
主轴	转速级数	18
	转速范围/(r/min)	30~1 500
	锥孔锥度	7∶24
工作台最大行程	纵向/mm	800
	横向/mm	300
	垂直/mm	400
进给量（21级）	纵向/(mm/min)	10~1000
	横向/(mm/min)	10~1000
	垂直/(mm/min)	3.3~333
快速进给量	纵向与横向/(mm/min)	2300
	垂直/(mm/min)	766.6
电动机功率	主电动机	7.5kW，1450r/min

3. X6132型万能升降台铣床的传动系统

X6132型万能升降台铣床的传动系统如图2-32所示。

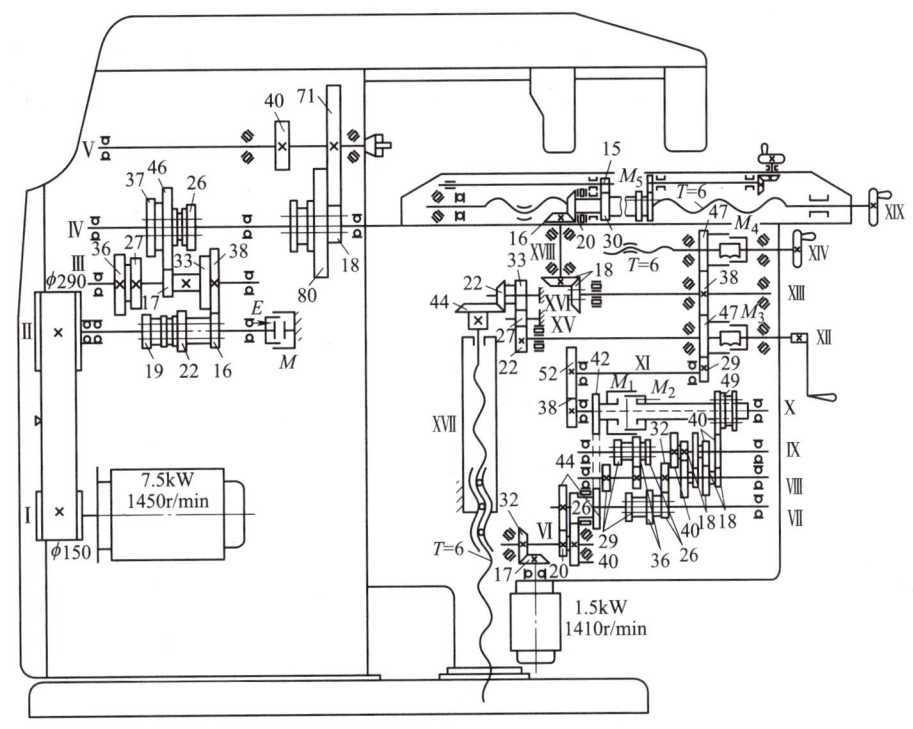

图2-32　X6132型万能升降台铣床的传动系统

其主运动传动路线表达式为

$$n_{主电动机} - \text{I} - \frac{\phi 150}{\phi 290} - \text{II} - \begin{bmatrix} 19/36 \\ 22/33 \\ 16/38 \end{bmatrix} - \text{III} - \begin{bmatrix} 27/37 \\ 17/46 \\ 38/26 \end{bmatrix} - \text{IV} - \begin{bmatrix} 80/40 \\ 18/71 \end{bmatrix} - 主轴 \text{V}$$

主传动系统共获得18级转速，主轴的旋转方向由电动机改变正、反转实现变向，主轴的制动是通过安装在轴Ⅱ上的电磁离合器 M 进行控制。

X6132型万能升降台铣床的工作台可以实现纵向、横向和垂直三个方向的进给运动和快速移动，进给运动由进给电动机驱动。其传动路线表达式为

$$n_{进给电动机} - \frac{17}{32} - \text{VI} - \begin{bmatrix} \dfrac{20}{44} - \text{VII} - \begin{bmatrix} 29/29 \\ 36/22 \\ 26/32 \end{bmatrix} - \text{VIII} - \begin{bmatrix} 32/26 \\ 22/36 \\ 29/29 \end{bmatrix} - \text{IX} - u_{曲回机构} - M_{2合} \\ - \dfrac{40}{26} \times \dfrac{44}{42} - M_{1合}(快速进给路线) - \end{bmatrix} - \text{X} - \frac{38}{52}$$

$$- \text{XI} - \frac{29}{47} - \text{XII} - \begin{bmatrix} \dfrac{47}{38} - \text{XIII} - \begin{bmatrix} 18/18 - \text{XVIII} - 16/20 - M_{5合} - \text{XIX}(纵向进给) \\ - 38/47 - M_{4合} - \text{XIV}(横向进给) \end{bmatrix} \\ M_{3合} - \text{XII} - 22/27 - \text{XV} - 27/33 - \text{XVI} - 22/44 - \text{XVII}(垂直进给) \end{bmatrix}$$

理论上，铣床在三个进给方向上均可获得 $3×3×3=27$ 种不同的进给量，但实际上一共可以获得21种不同的进给量，其中纵向和横向进给速度范围为 10~1000mm/min，垂直方向进给速度范围为 3.3~333mm/min。

4. X6132型万能升降台铣床的典型结构

（1）铣床主轴部件　铣床的主轴部件如图2-33所示。X6132型铣床的主轴用于安装铣刀并带动其旋转，主轴采用三支承结构提高其刚性以减少振动；前支承采用D级精度的圆锥滚子轴承，承受径向力和向左的轴向力，中间支承采用E级圆锥滚子轴承，承受径向力和向右的轴向力，后支承采用G级的单列深沟球轴承，只承受径向力，主轴的回转精度由前支承和中间支承保证；主轴轴承间隙的调整是通过调整螺母10和旋紧螺钉3完成的。

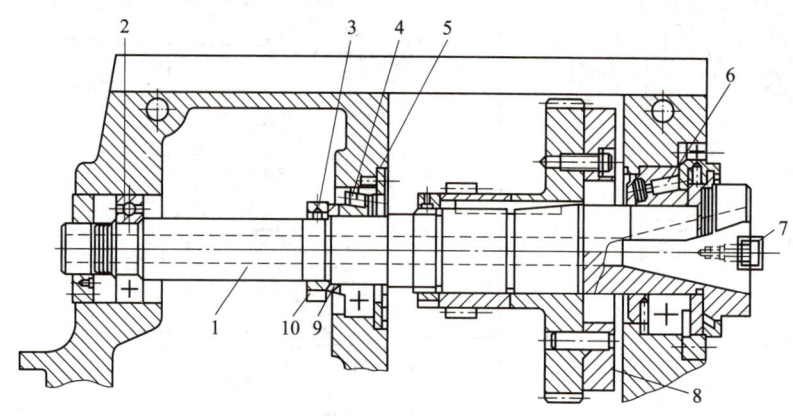

图 2-33　X6132型铣床的主轴部件

1—主轴　2—后支承　3—旋紧螺钉　4—中间支承　5—轴承盖
6—前支承　7—端面键　8—飞轮　9—隔套　10—调整螺母

在靠近主轴前端安装的齿轮上连接有一个大飞轮，以增加主轴旋转的平稳性和抗振性；空心主轴前端有 7∶24 精密锥孔和精密定心外圆柱面，用于安装铣刀刀杆或带尾柄的铣刀，并可通过拉杆将铣刀或刀杆拉紧；主轴前端镶有两个端面键 7，铣刀锥柄上开有与端面键 7 相配的缺口，使端面键 7 嵌入铣刀柄部传递转矩。

（2）孔盘变速机构　X6132 型铣床的主运动和进给运动的变速都采用孔盘变速操纵机构进行控制，图 2-34 所示为孔盘变速操纵机构原理图。孔盘变速操纵机构主要由孔盘 4、齿条轴 2 和 2′、齿轮 3 和拨叉 1 等组成，如图 2-34a 所示。

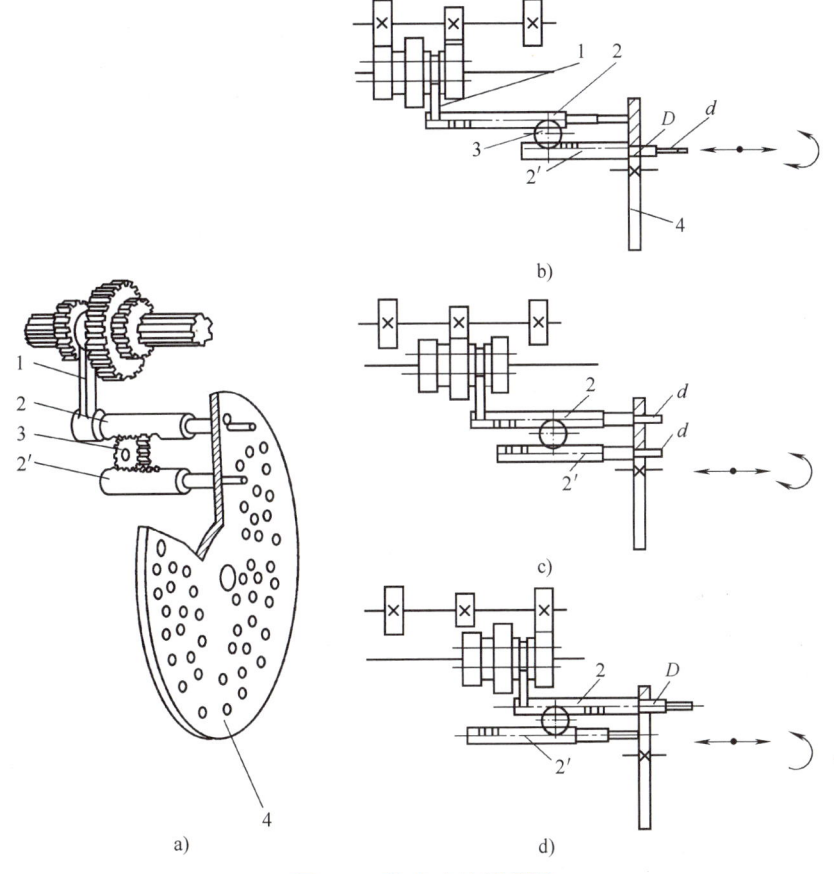

图 2-34　孔盘变速原理图
1—拨叉　2、2′—齿条轴　3—齿轮　4—孔盘

孔盘 4 上划分了几组直径不同的圆周，每个圆周又划分为相互错开的 18 等分，这 18 个位置分为钻有大孔、小孔或无孔三种状态。在齿条轴 2 和 2′ 上加工出直径分别为 D 和 d 的两段台肩，直径为 d 的台肩只穿过孔盘上的小孔，直径为 D 的台肩只穿过孔盘上的大孔。

变速时，先将孔盘右移，使其退离齿条轴，然后根据变速要求，孔盘转动一定角度，最后将孔盘左移复位。孔盘在复位时，可通过孔盘上对应齿条轴之处为大孔、小孔或无孔的不同状态，使滑移齿轮获得三种不同位置，得到三种不同速度，从而达到变速的目的。三种工作状态分别如下：

1）孔盘上对应齿条轴 2 的位置无孔，齿条轴 2′ 的位置为大孔：孔盘复位时，左顶齿条轴 2，并通过拨叉 1 将三联滑移齿轮推到左位；齿条轴 2′ 则在齿条轴 2 和齿轮 3 的作用下右移，台肩 D 穿过孔盘上的大孔，如图 2-34b 所示。

2）孔盘上对应齿条轴 2 和 2′的位置均为小孔：两齿条轴上的台肩 d 均穿过孔盘上小孔，齿条轴 2 和 2′处于中间位置，从而带动拨叉使滑移齿轮处于中间位置，如图 2-34c 所示。

3）孔盘上对应齿条轴 2 的位置为大孔，齿条轴 2′的位置为无孔：孔盘复位时，左顶齿条轴 2′，通过齿轮 3 使齿条轴 2 的台肩穿过大孔右移，并将三联滑移齿轮推到右位，如图 2-34d 所示。

（3）顺铣机构 X6132 型铣床设有顺铣机构，其工作原理如图 2-35 所示。齿条 5 在弹簧 6 作用下右移，使冠状齿轮 4 按图示箭头方向旋转，并通过左、右螺母外圆的齿轮使二者做相反方向转动，从而使螺母 1 的螺纹左侧与丝杠 3 的螺纹右侧靠紧，螺母 2 的螺纹右侧与丝杠 3 的螺纹左侧靠紧。

顺铣时，丝杠 3 的轴向力由螺母 1 承受，由于丝杠 3 和螺母 1 之间摩擦力的作用，使螺母 1 有随丝杠 3 转动的趋势，并通过冠状齿轮 4 使螺母 2 产生与丝杠 3 反向旋转的趋势，从而消除了螺母 2 与丝杠 3 间的间隙，不会产生轴向窜动。

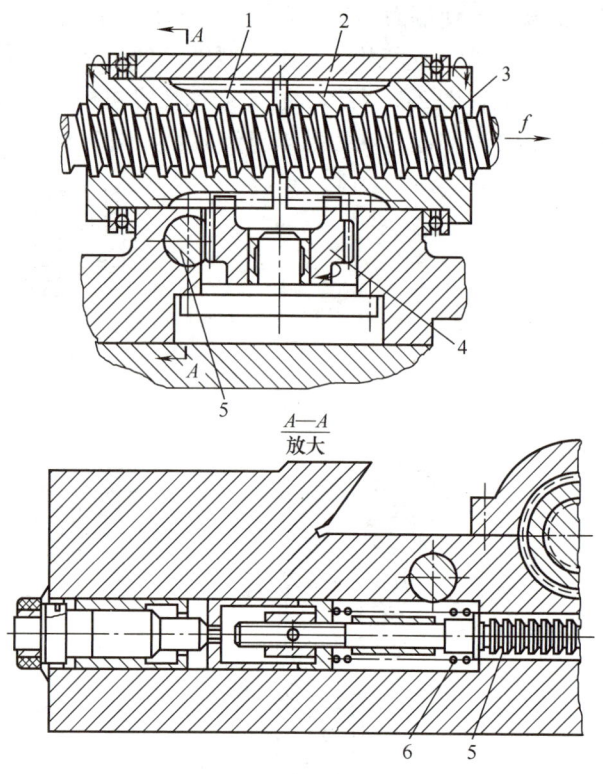

图 2-35 顺铣机构的工作原理图

1、2—螺母 3—丝杠 4—冠状齿轮 5—齿条 6—弹簧

逆铣时，丝杠 3 的轴向力由螺母 2 承受，由于二者之间产生较大的摩擦力，因而使螺母 2 随丝杠 3 一起转动，并通过冠状齿轮 4 使螺母 1 产生与丝杠 3 反向旋转的趋势，使螺母 1 螺纹左侧与丝杠 3 螺纹右侧间产生间隙，从而减少丝杠 3 的磨损。

六、万能分度头

1. 万能分度头的结构

万能分度头是铣床附件之一，它安装在铣床工作台上，用来支承工件，并利用分度头完成工件的分度、回转等一系列动作，从而在工件上加工出方头、六角头、花键、齿轮、斜面、螺旋槽、凸轮等多种表面，扩大了铣床的工艺范围。目前常用的万能分度头型号有 FW125、FW250 等。

图 2-36 所示为 FW250 型万能分度头的结构，其中"F""W"分别为万能分度头"分""万"的汉语拼音首字母，"250"为夹持工件的最大直径毫米数。

主轴 9 是空心的，两端均为莫氏 4 号内锥孔，前锥孔可装入顶尖或锥柄心轴，后锥孔用来装交换齿轮心轴，作为差动分度及加工螺旋槽时安装交换齿轮；主轴前端外部有螺纹，用

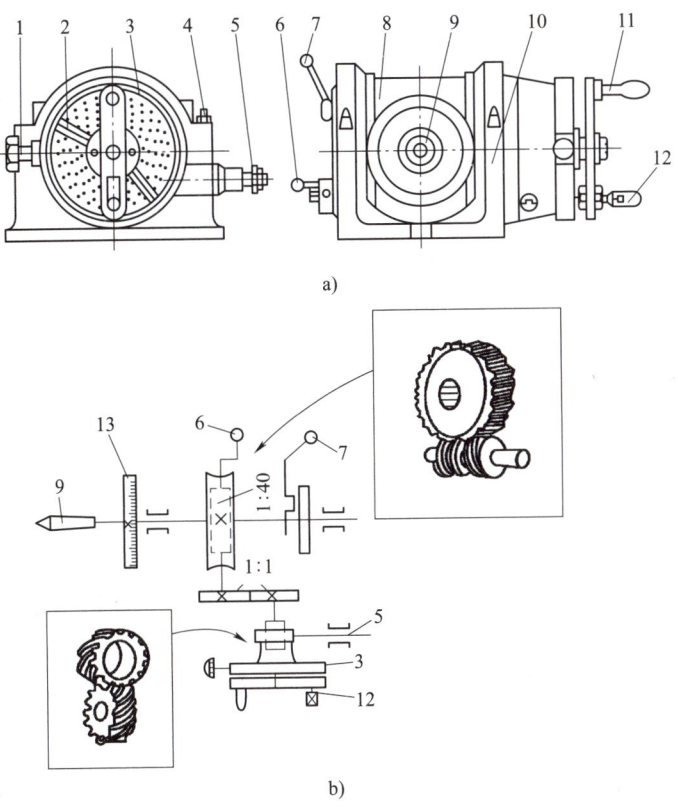

图 2-36 万能分度头的外形和传动系统

1—紧固螺钉 2—分度叉 3—分度盘 4—螺母 5—交换齿轮轴 6—蜗杆脱落手柄 7—主轴锁紧手柄
8—壳体 9—主轴 10—基座 11—分度手柄 K 12—分度定位销 J 13—刻度盘

来安装自定心卡盘。主轴的运动传给交换齿轮轴5，带动分度盘3旋转。

松开壳体8上部的两个螺母4，主轴9可以随回转体在壳体8的环形导轨内转动，因此主轴除安装成水平外，还可在-6°~90°范围内任意倾斜（向下倾斜最大至6°，向上倾斜最大至90°），主轴倾斜的角度可以从刻度上看出，调整后将螺母4紧固。在壳体8下面固定有两个定位块，以便与铣床工作台面的T形槽相配合，用来保证主轴轴线准确地平行于工作台的纵向进给方向。

分度盘3上面有若干圈圆周均布的定位孔，分度盘左侧有紧固螺钉1，用来紧固或微量调整分度盘。分度头左侧有两个手柄，主轴锁紧手柄7用于紧固或松开主轴，分度时松开，分度后紧固，以防在铣削时主轴松动；蜗杆脱落手柄6是控制蜗杆的手柄，可以使蜗杆和蜗轮啮合或脱开，蜗轮与蜗杆之间的间隙可用螺母调整。在切断传动时，可用手转动分度头的主轴。

2. 万能分度头的分度方法

（1）直接分度法 在加工分度数目不多（如2、4、6等分）或分度精度要求不高时可采用直接分度法。分度时，松开蜗杆脱落手柄6，蜗轮蜗杆脱离啮合，用手直接转动主轴，所需转角由刻度盘13读出。分度完毕后，锁紧蜗杆脱落手柄6，以免加工时转动。

（2）简单分度法 分度数较多时，可用简单分度法。分度前，使蜗轮蜗杆啮合，并用紧固螺钉 1 锁紧分度盘 3；选择分度盘的孔圈，调整分度定位销 12 对准所选孔圈；顺时针方向转动分度手柄至所需位置，然后重新将定位销插入对应孔中。

如图 2-36b 所示，设工件每次所需分度数为 z，则每次分度时主轴应转 $1/z$ 转，分度手柄应转 n_K 转，根据传动系统图可知分度时分度手柄转数 n_K 为

$$n = \frac{1}{z} = n_K \times \frac{1}{1} \times \frac{1}{1} \times \frac{1}{40}$$

$$n_K = \frac{40}{z} = a + \frac{p}{q}$$

式中　n_K——分度手柄的转数；

　　　a——每次分度时，分度手柄 K 应转的整转数；

　　　q——所选用孔盘的孔圈数；

　　　p——分度定位销 J 在 q 个孔的孔圈上应转过的孔距数。

【任务实施】

【案例 2-9】　在 FW125 型分度头上铣削六角形螺母，求每铣完一面以后，如果用简单分度法分度，分度手柄应摇多少转再铣下一个表面？

【解】　分度手柄的转数为

$$n_K = \frac{40}{6} = 6\frac{2}{3} = 6 + \frac{16}{24}$$

即每铣完一面后，分度手柄应在 24 孔圈上转过 6 转又 16 个孔距（分度叉之间包含 17 个孔）。由上例可知，当分度手柄转数带分数时，可使分子分母同时缩小或扩大一个整数倍，使最后得到的分母值为分度盘上所具有的孔圈数。

FW125 型万能分度盘的共有三块分度盘，其孔数分别为：

第一块 16、24、30、36、41、47、57、59；

第二块 23、25、28、33、39、43、51、61；

第三块 22、27、29、31、37、49、53、63。

【案例 2-10】　在铣床上用 FW125 型万能分度头加工齿数为 33 的直齿圆柱齿轮，求分度手柄的转数。

【解】　分度手柄的转数为

$$n_K = \frac{40}{33} = 1 + \frac{7}{33}$$

本例可选择第二块分度盘的孔数为 33 的孔圈，使分度手柄转过 1 圈又 7 个孔距。为使分度正确，分度叉 2 可事先调整至在所选孔圈 33 上包含所需孔距数 7，即包含 7+1＝8 个孔。分度开始时，定位销紧靠其左叉，然后转动分度手柄一整转，再继续转动分度手柄，使定位销正好靠紧其右叉插入即可。最后，顺时针方向转动分度叉，使其左叉紧靠定位销，为下次分度做好准备。

（3）差动分度法　由于分度盘孔圈有限，有些分度数如 61、73、87、113 等不能与 40 约分，选不到合适的孔圈，就需采用差动分度法。

差动分度法就是在万能分度头主轴后面装上交换齿轮轴Ⅰ，用交换齿轮 a、b、c、d 把

主轴和侧轴Ⅱ联系起来，如图2-37a所示。

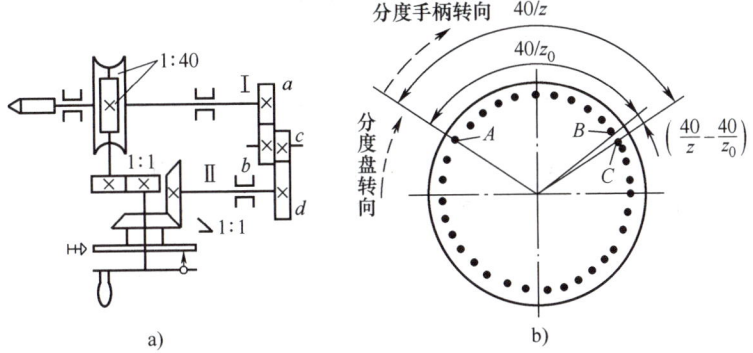

图2-37 差动分度法

差动分度的原理：设工件要求的分度数z，且$z>40$，则分度手柄每次应转过$40/z$转，即插销J应由A点转到C点，用C点定位，如图2-37b所示。但C点没有相应的孔位可供定位，故不能由简单分度实现。

为借用分度盘上的孔圈，选取与z接近的z_0，使z_0能从分度盘上直接选到孔圈，或能在约简后选到相应的孔圈。z_0选定后分度手柄的转数为$40/z_0$转，即定位销从A点转到B点，用B点定位。这时，如果分度盘固定不动，分度手柄转数就会产生误差。为补偿这一误差，在分度盘尾端插入一根心轴，并配一组交换齿轮，使分度手柄在转动的同时，通过交换齿轮和1：1的螺旋齿轮（或锥齿轮）带动分度盘做相应转动，使B点的小孔在分度的同时转到C点，供插销J插入定位，补偿上述误差。当插销J自A点转$40/z$至C点时，分度盘应转动$(40/z-40/z_0)$转，使孔恰好与插销J对准。

此时，手柄与分度盘之间的运动关系为分度手柄转$40/z$转，分度盘转$40/z-40/z_0$转。

差动分度的运动平衡方程式为

$$\frac{40}{z} \times \frac{1}{1} \times \frac{1}{40} \times \frac{a}{b} \times \frac{c}{d} \times \frac{1}{1} = \frac{40(z_0-z)}{z_0 z}$$

化简后的换置公式为

$$\frac{a}{b} \times \frac{c}{d} = \frac{40(z_0-z)}{z_0}$$

差动分度法的应用如下：

1）选取一个能用简单分度法实现的假定齿数z_0，z_0应与分度数z接近。

2）尽量选$z_0<z$，这样可使分度盘与分度手柄转向相反，避免传动中的间隙影响分度精度。

3）FW250型分度头备有交换齿轮12个，齿数是20、25、30、35、40、50、55、60、70、80、90、100。

4）确定交换齿轮齿数的根本依据是交换齿轮组的传动比，常用的方法有因子分解法和直接查表法。

5）分度盘的旋转方向与z_0的大小有关。当$z_0>z$时，分度手柄与分度盘的转动方向相同；当$z_0<z$时，分度手柄与分度盘的转动方向相反；换向可通过增加中间齿轮完成。

差动分度时应注意事项：

1) 使用差动分度时，必须将分度盘紧固螺钉松开。
2) 差动分度不能用来铣削主轴倾斜的工件。
3) 考虑齿轮的应力情况，交换齿轮传动比 $\frac{ac}{bd} = \frac{1}{6} \sim 6$。
4) 保证因交换齿轮传动比误差引起的工件误差在允许范围内。
5) 考虑交换齿轮架结构限制，交换齿轮齿数应符合以下条件：

$$z_1 + z_2 > z_3 + 15$$
$$z_3 + z_4 > z_2 + 15$$

【任务实施】

【案例2-11】 在铣床上利用FW125型分度头加工 $z=103$ 的直齿圆柱齿轮，试确定分度方法并进行适当的调整计算。

【解】 $z=103$ 无法进行简单分度，所以采用差动分度。取 $z_0=100$，分度手柄应转的圈数为

$$n_K = \frac{40}{100} = \frac{10}{25}$$

分度手柄 K 应转过的整圈数 0，即每次分度，分度手柄带动插销 J 在孔盘孔数为 25 的孔圈上转过 10 个孔距。

根据化简后的换置公式计算交换齿轮齿数，即

$$\frac{a}{b} \times \frac{c}{d} = \frac{40 \times (z_0 - z)}{z_0} = \frac{40 \times (100 - 103)}{100}$$
$$= -\frac{120}{100} = -\frac{6}{5} = -\frac{6}{4} \times \frac{4}{5} = -\frac{40}{50} \times \frac{60}{40}$$

因此，交换齿轮的齿数为 $a=40$，$b=50$，$c=60$，$d=40$。由于 $z_0<z$，分度手柄应与分度盘旋转方向相反；交换齿轮的总传动比为负值，应在中间增加一交换齿轮。

七、铣刀的种类和几何角度

1. 铣刀的种类

铣刀的种类很多，分类方法也很多。按用途可将铣刀分为圆柱铣刀、面铣刀、盘形铣刀、锯片铣刀、立铣刀、键槽铣刀、角度铣刀和成形铣刀等（图2-38）；按齿背形式，可将铣刀分为尖齿铣刀和铲齿铣刀（图2-39）。

2. 铣刀的几何角度

（1）圆柱形铣刀的几何角度　如图2-40所示。

1) 螺旋角：螺旋切削刃展开成直线后与铣刀轴线间的夹角即螺旋角 β，等于刀具的刃倾角 λ_s。螺旋角起到增大刀具前角的作用，使切削轻快平稳；形成螺旋形切屑，排屑容易；细齿取 $\beta=30°\sim35°$，粗齿取 $\beta=40°\sim45°$。

2) 前角：通常图样上标注法前角 γ_n 以便于制造，在检验时测量正交平面前角 γ_o；法前角和正交平面前角的公式为 $\tan\gamma_n = \tan\gamma_o \cos\beta$。前角 γ_n 按被加工材料来选择，铣削钢时取

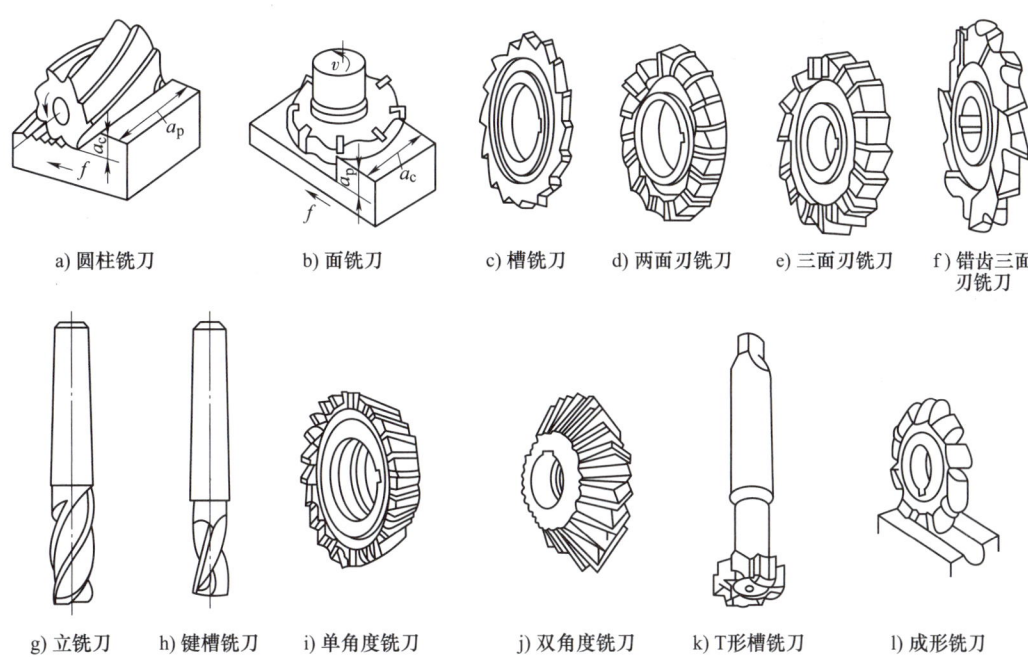

图 2-38 铣刀的类型

$\gamma_n = 10° \sim 20°$;铣削铸铁时取 $\gamma_n = 5° \sim 15°$。

3)后角:圆柱铣刀后角规定在正交平面内测量。铣削时,适当增大铣刀后角可以减少磨损,通常取 $\alpha_o = 12° \sim 16°$,粗铣时取小值,精铣时取大值。

(2)面铣刀的几何角度 面铣刀的几何角度除规定在正交平面内测量外,还规定在背平面和假定工作平面内表示,便于面铣刀的刀体设计和制造。面铣刀的刀齿相当于普通外圆车刀,其角度标注方法与车刀相同,面铣刀的几何角度如图 2-41 所示。

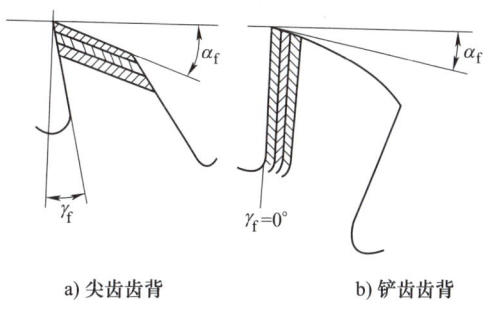

图 2-39 刀齿的齿背形式

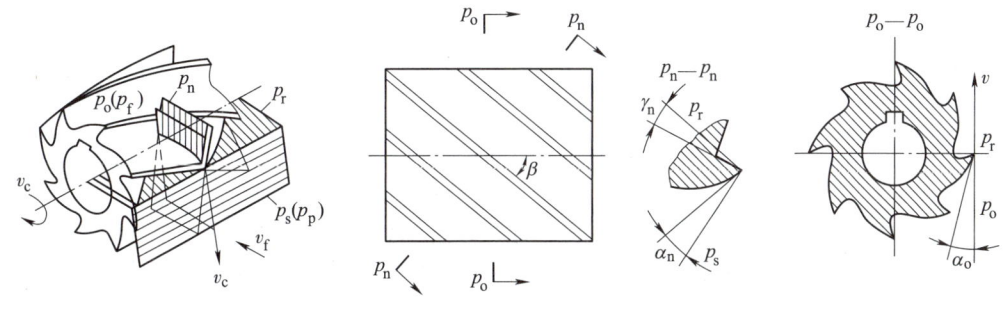

图 2-40 圆柱形铣刀的几何角度

由于铣削时冲击较大，为保证切削刃强度，面铣刀前角一般小于车刀，硬质合金铣刀前角小于高速钢铣刀前角；当冲击较大时，前角应取更小值或负值，或磨负倒棱，负倒棱宽度应小于每齿进给量；铣刀后角主要根据进给量大小选择，后角一般比车刀大；硬质合金面铣刀的刃倾角对刀尖强度影响较大，通常取负值。

通常面铣刀的几何角度可取为前角 $\gamma_o = -10° \sim 5°$；后角 $\alpha_o = 6° \sim 12°$；刃倾角 $\lambda_s = -15° \sim -7°$；主偏角 $\kappa_r = 45° \sim 75°$；副偏角 $\kappa_r' = 5° \sim 15°$；副后角 $\alpha_o' = 8° \sim 10°$。

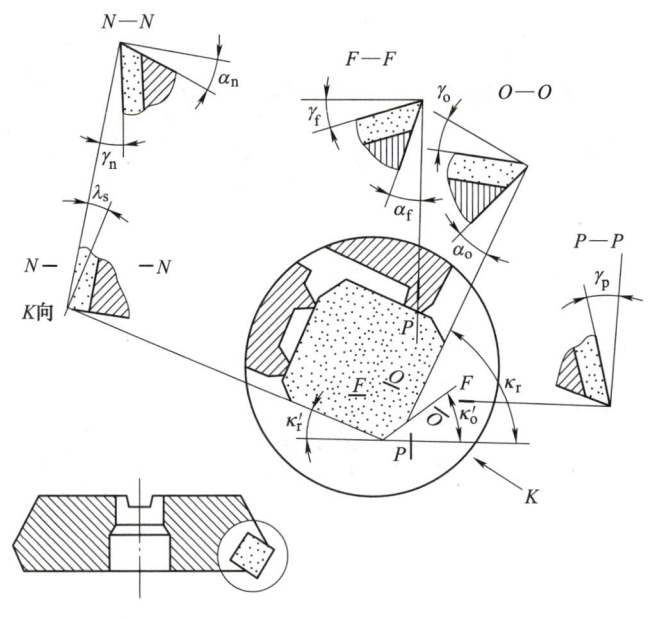

图 2-41　面铣刀的几何角度

任务四　学习钻削和镗削加工工艺

【知识准备】

一、钻削加工工艺

钻削加工是指在钻床上利用钻削刀具在实心材料上加工孔的方法。钻削加工主要用来加工形状复杂、无对称回转轴线的工件上的孔，如箱体和机架上的孔。除钻孔、扩孔和铰孔外，钻削加工还可攻螺纹、锪孔和刮平面等，如图 2-42 所示。

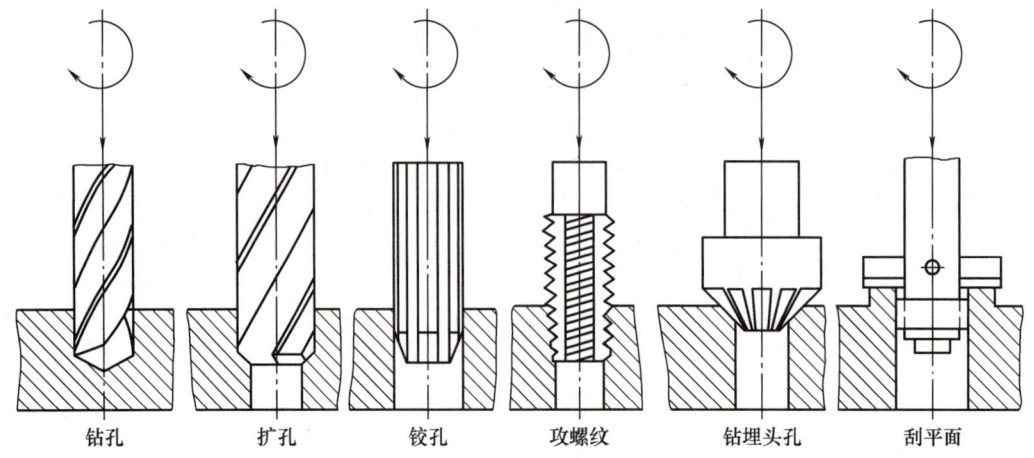

图 2-42　钻削加工方法

钻削加工时，刀具绕轴线的旋转运动为主运动，刀具沿轴线的直线运动为进给运动，工件一般不动，如图 2-43 所示。

由于钻削刀具的主切削刃对称分布，所以钻削时径向力相互抵消；钻心处切削刃前角为负值，特别是横刃区切削时产生挤压，切屑呈粒状并被压碎；钻心区域直径几乎为零，但仍有进给运动，使得钻心横刃区域工作后角为负，导致钻削轴向力增大。

主切削刃各点前角、刃倾角不同，使切屑变形、卷曲和流向也不同；又因排屑受到螺旋槽的影响，切削塑性材料时，切屑卷成圆锥螺旋型，断屑困难。被加工孔精度低，表面质量差；钻孔的公差等级一般为 IT11～IT12，表面粗糙度 Ra 为 12.5～50μm。

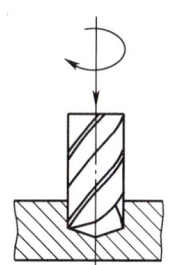

图 2-43　钻削加工的运动

钻头刃带无后角，与孔壁产生摩擦；加工塑性材料时易产生积屑瘤，黏在刃带上影响钻孔质量。金属切除率高，背吃刀量为孔径的一半。

二、钻削加工设备

1. 台式钻床

台式钻床简称台钻，是安装在专用工作台上使用的小型孔加工机床（图 2-44）。台式钻床钻孔直径一般在 13mm 以下，最大不超过 16mm。其主轴变速一般通过改变 V 带在塔轮上的位置来实现，主轴进给靠手动操作。

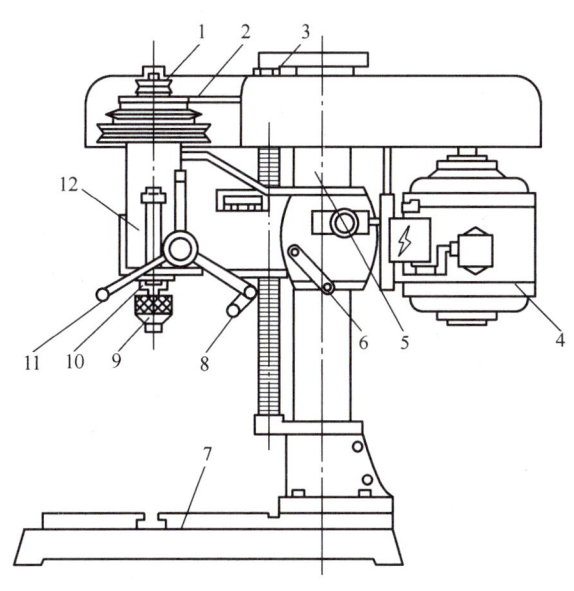

图 2-44　台式钻床

1—塔轮　2—V 带　3—丝杠架　4—电动机　5—立柱　6—锁紧手柄　7—工作台
8—升降手柄　9—钻夹头　10—主轴　11—进给手柄　12—主轴架

2. 立式钻床

立式钻床简称立钻，是主轴竖直布置且中心位置固定的钻床，它主要分为方柱立钻和圆柱立钻两种（图 2-45）。

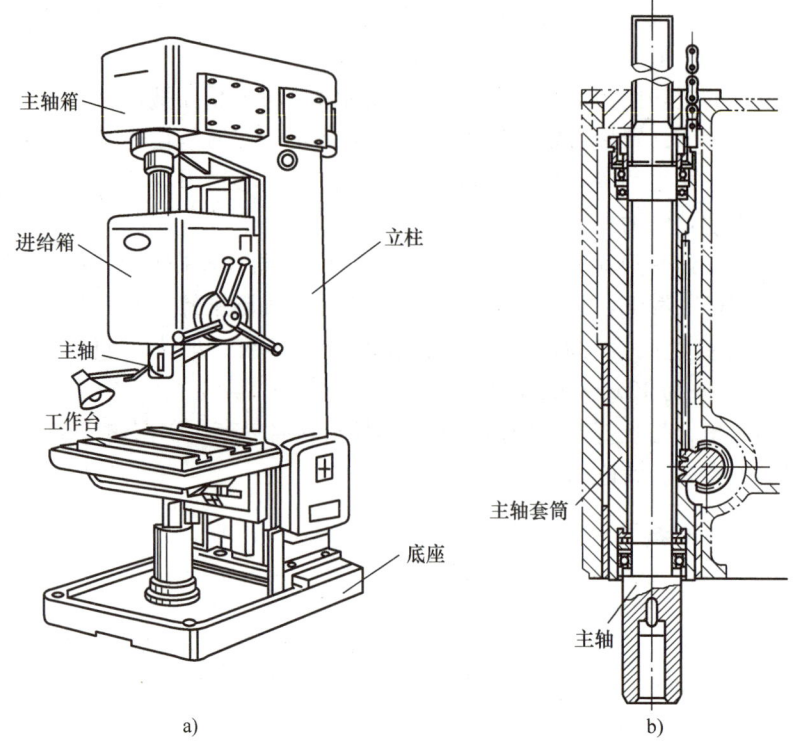

图 2-45 立式钻床

立式钻床的工作台和主轴箱可沿立柱导轨调整位置，以适应不同高度的工件。在加工工件前要调整工件在工作台上的位置，使被加工孔中心线对准刀具轴线。加工时，工件固定不动，主轴在套筒中旋转并与套筒一起做轴向进给。由于立式钻床的主轴不能在垂直于其轴线的平面内移动，钻孔时要使钻头轴线与工件孔的中心线重合，就必须移动工件。因此，立式钻床只适用于单件、小批生产中加工中小型零件。

3. 摇臂钻床

摇臂钻床也称为摇臂钻（图 2-46）。主轴箱 5 可在摇臂 4 上左右移动，并随摇臂绕立柱回转±180°；摇臂 4 还可沿外立柱 3 上下升降，以适应加工不同高度的工件。摇臂钻床广泛应用于单件和中小批生产中加工大而重的工件孔。

摇臂钻床总共有五个运动：摇臂钻床的主运动为主轴的旋转运动；进给运动为主轴

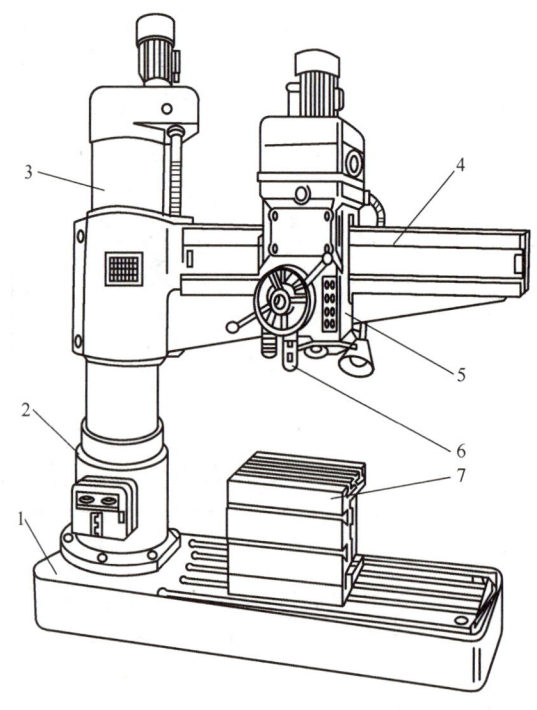

图 2-46 摇臂钻床
1—底座 2—内立柱 3—外立柱 4—摇臂
5—主轴箱 6—主轴 7—工作台

的纵向进给；辅助运动为摇臂沿外立柱的垂直移动、主轴箱沿摇臂水平方向的移动和摇臂与外立柱一起绕内立柱的回转运动。图 2-47 所示为 Z3040 型摇臂钻床传动系统图。

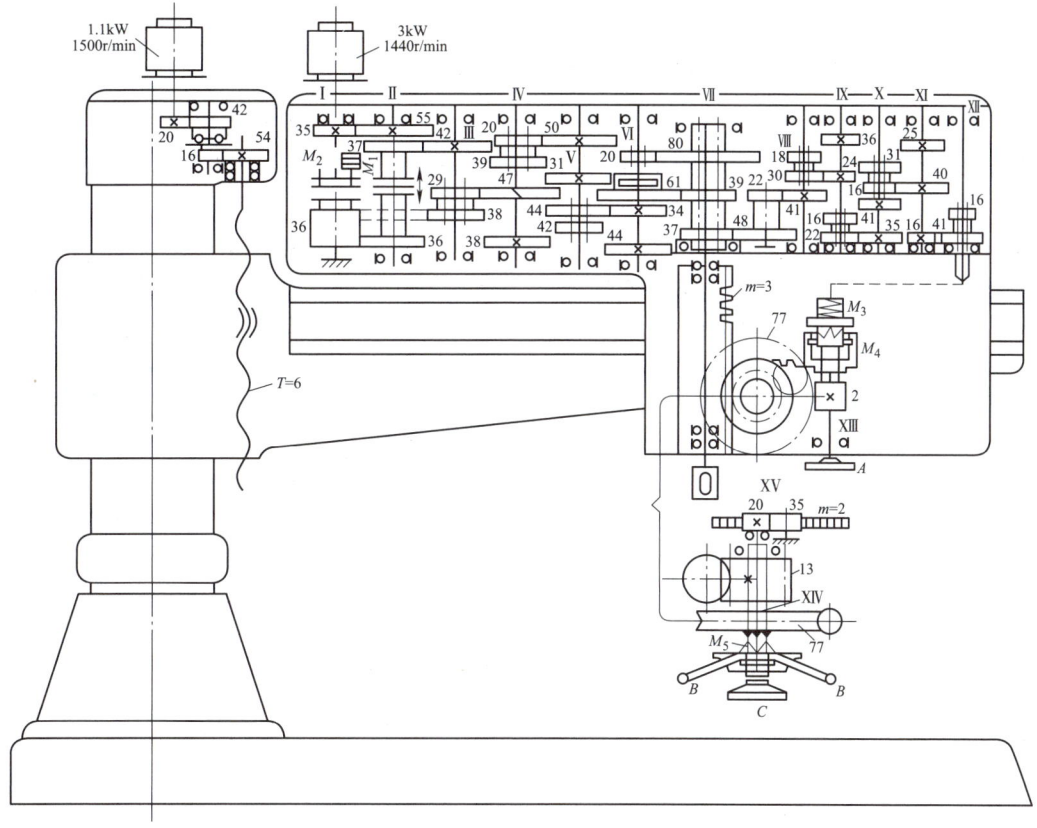

图 2-47 Z3040 型摇臂钻床传动系统图

M_1、M_2、M_3、M_4、M_5—离合器 A、B、C—手轮 T—导程

（1）主运动传动系统 主运动从电动机（3kW，1440r/min）开始，经过三组双联滑移齿轮变速和Ⅵ轴上的齿式离合器（齿数为 20 和 61）变速机构驱动主轴旋转。利用双向片式摩擦离合器 M_1 控制主轴的开停和正、反转；当 M_1 断开时，M_2 使主轴实现制动。主轴共获得 16 级转速，变速范围为 25～2000r/min。主运动传动路线表达式为

$$n_{电动机} - \text{I} - \frac{35}{55} - \text{II} - \begin{bmatrix} \frac{37}{42}(M_1 \uparrow) \\ \frac{36}{36} \times \frac{36}{38}(M_1 \downarrow) \end{bmatrix} - \text{III} - \begin{bmatrix} 29/47 \\ 38/38 \end{bmatrix} - \text{IV} - \begin{bmatrix} 20/50 \\ 39/31 \end{bmatrix}$$

$$- \text{V} - \begin{bmatrix} 44/34 \\ 42/44 \end{bmatrix} - \text{VI} - \begin{bmatrix} 20/80 \\ 61/39 \end{bmatrix} - \text{VII}$$

（2）进给运动传动系统 进给运动从轴Ⅶ上的齿轮 37 开始，经过四组双联滑移齿轮变速及离合器 M_3、M_4，蜗杆副 2/77、齿轮 13 到齿条套筒止，带动主轴做轴向进给运动。进

给运动传动路线表达式为

$$\text{VII} - \frac{37}{48} \times \frac{22}{41} - \text{VIII} - \begin{bmatrix} 18/36 \\ 30/24 \end{bmatrix} - \text{IX} - \begin{bmatrix} 16/41 \\ 22/35 \end{bmatrix} - \text{X} - \begin{bmatrix} 16/40 \\ 31/25 \end{bmatrix} - \text{XI} - \begin{bmatrix} 40/16 \\ 16/41 \end{bmatrix} - \text{XII} -$$

$$M_3(合) - M_4 - \text{XIII} - \frac{2}{77} - M_5(合) - \text{XIV} - z_{13} - 齿条(m=3) - 轴向进给$$

主轴轴向进给量共 16 级，范围为 0.04~3.2mm/r。推动手柄 B 可操纵离合器 M_5 结合或脱开机动进给运动传动链，转动手柄 B 可使主轴快速升降。脱开离合器 M_3，即可用手轮 A 经蜗杆副（2/77）使主轴做低速升降，用于手动微量进给。

（3）辅助运动传动系统　主轴箱沿摇臂上的导轨做径向移动和外立柱绕内立柱在±180°范围内的回转运动都是通过手动实现的辅助运动；摇臂沿外立柱的上下移动是利用电动机（1.1kW，1500r/min）经齿轮副传动至丝杠而得到的辅助运动。

4. Z3040 型摇臂钻床的技术参数（表 2-8）

表 2-8　Z3040 型摇臂钻床的技术参数

项　　目	规　　格
主轴锥孔	莫氏 4 号
主轴转速级数	16
主轴转速范围	25~2000r/min
工作台尺寸	500mm×630mm
主轴行程	315mm
主轴进给量范围	0.04~3.20mm/r
主轴进给量级数	16
主轴箱水平移动距离	900mm
最大钻孔直径	40mm
主轴轴线至立柱素线最大距离	1250mm
主轴轴线至立柱素线最小距离	350mm
主轴端面至底座工作面最大距离	1250mm
主轴端面至底座工作面最小距离	350mm
主电动机功率	3kW

三、钻削刀具

1. 麻花钻

麻花钻是常见的孔加工刀具，它主要用于加工低精度的孔或扩孔。标准高速钢麻花钻由工作部分、颈部及柄部三部分组成，其结构如图 2-48 所示。

装夹部分：用于连接机床并传递动力，包括钻柄和颈部。小直径钻头用圆柱柄，直径在 12mm 以上的均做成莫氏锥柄；颈部直径略小，用于标记厂标和规格等。

工作部分：用于导向和排屑，也作为切削部分的后备。外圆柱上两条螺旋形棱边称为刃带，用于保持孔形尺寸和导向；钻体中心部分称为钻芯。

切削部分：切削部分是钻头前端有切削刃的区域。它由两前刀面、两后刀面、两副后刀

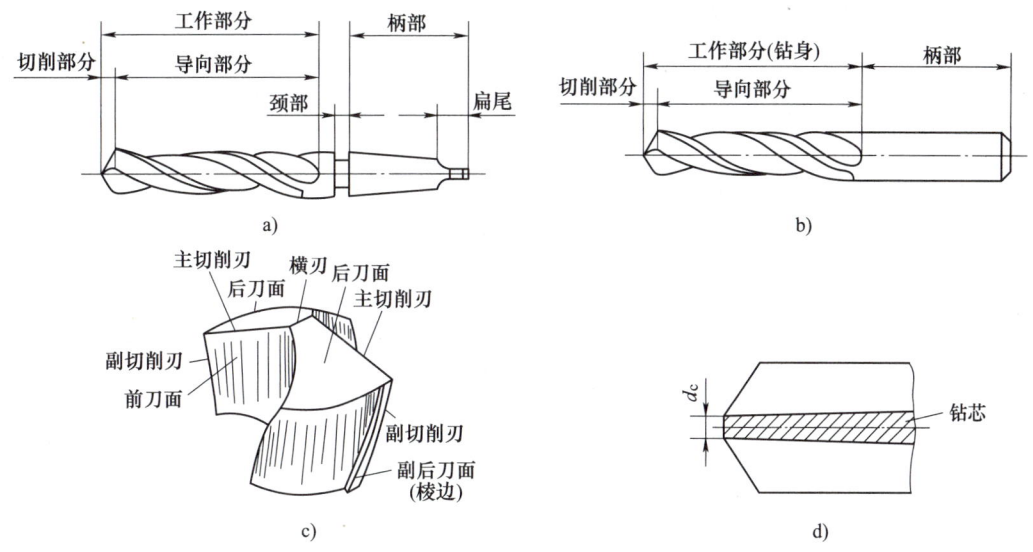

图 2-48 麻花钻的结构组成

面、两主切削刃、两副切削刃和一条横刃组成。

2. 麻花钻的结构参数

麻花钻的结构参数是指钻头在制造中控制的尺寸或角度，它们是确定钻头几何形状的独立参数。麻花钻的结构参数包括以下几项：

（1）直径 d　在切削部分测量的两刃带间距离，选用标准系列尺寸。

（2）直径倒锥　倒锥指远离切削部分的直径逐渐减小，以减少刃带孔壁，相当于副偏角。钻头直径大，倒锥也大；中等直径钻头的倒锥量为 0.03～0.12mm/100mm。

（3）钻芯直径 d_c　钻芯直径是与两刃沟底相切圆的直径。它影响钻头的刚性与容屑截面。钻芯通常做成 1.4～2mm/100mm 的正锥度，以提高钻头的刚性，对直径大于 13mm 的钻头，通常 $d_c=(0.125～0.15)d$。

（4）螺旋角 β　螺旋槽上最外缘的螺旋线展开成直线后与钻头轴线之间的夹角（图 2-49）。麻花钻上的螺旋角在制造钻头时就已经固定了，标准麻花钻的螺旋角为 18°～30°。麻花钻上外径处螺旋角最大，越靠近钻头中心处，螺旋角越小。增大螺旋角可使前角增大，切削轻快，便于排屑，但钻头刚性会变差。刃带处螺旋角可取 25°～30°；小直径钻头为提高刚性，一般螺旋角取小值。

3. 钻头的刃磨角度

普通麻花钻只需刃磨两个后刀面，控制顶角、外缘后角和横刃斜角三个角度（图 2-49）。

（1）顶角 2ϕ　两主切削刃在中剖面投影中的夹角。锋角越小，主切削刃越长，钻孔中钻头容易切入工件，有利于散热和提高刀具寿命；若锋角过小，则钻头强度减弱，钻头易折断。普通麻花钻顶角 $2\phi=116°～118°$。

（2）外缘后角 α_f　主切削刃靠近刃带转角处在柱剖面中测量的后角。中等直径钻头外缘后角 $\alpha_f=8°～20°$；钻头直径越小，其外缘后角越大，以利于改善横刃的锋利程度。

（3）横刃斜角 ψ　在端平面测量的中剖面与横刃所夹的角。普通麻花钻的横刃斜角 $\psi=$

$50°\sim55°$。正确选择合适的横刃斜角，不仅可以提高钻孔的效率和质量，还可以延长钻头的使用寿命。一般来说，较小的横刃斜角适用于钻孔深较大、硬度较高的材料，如钢铁、铸铁等；而较大的横刃斜角适用于钻孔深度较浅、硬度较低的材料，如铜、铝、木材等。

4. 群钻

群钻包括标准群钻、铸铁群钻、不锈钢群钻、薄板群钻等一系列钻型（图2-50）。

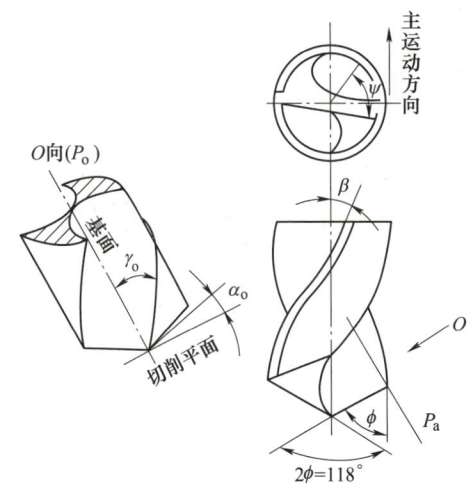

图2-49 麻花钻的刃磨角度

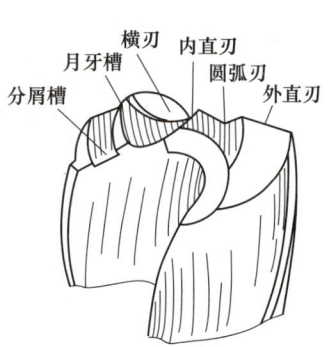

图2-50 标准型群钻结构

群钻横刃缩短、各段切削刃切削角度合理，刃口锋利，切削变形较小；加工钢材时的轴向力比标准麻花钻降低 35%~50%，转矩降低 10%~30%，使用寿命提高 3~5 倍。群钻钻孔精度提高，几何误差与加工表面粗糙度值减小；圆弧刃切出的过渡表面有凸起的圆环筋，可以防止钻孔偏斜，减少了孔径的扩大，加强了定心和导向作用。

群钻的结构特点可概括为三尖七刃锐当先，月牙弧槽分两边，一侧外刃再开槽，横刃磨低窄又尖。

5. 扩孔钻和锪钻

（1）扩孔钻 扩孔钻是用于扩大孔径和提高孔加工质量的刀具，它用于孔的最终加工或铰孔和磨孔前的预加工。扩孔钻的加工公差等级为IT9~IT10，表面粗糙度为 $Ra3.2\sim6.3\mu m$。扩孔钻与麻花钻结构相似，扩孔钻一般有3~4齿，导向性好；扩孔余量小且无横刃，切削条件得到改善；扩孔钻容屑槽浅，钻芯较厚，故强度和刚度较高。扩孔钻的结构如图2-51所示。

（2）锪钻 锪钻是用于加工各种埋头螺钉沉孔、锥孔和凸台的刀具。锪钻的结构如图2-52所示。

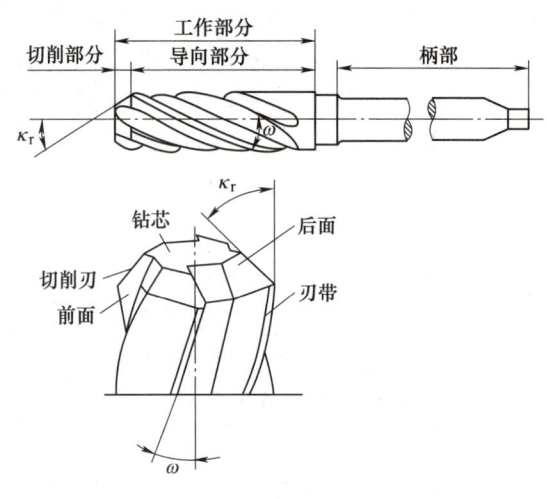

图2-51 扩孔钻的结构

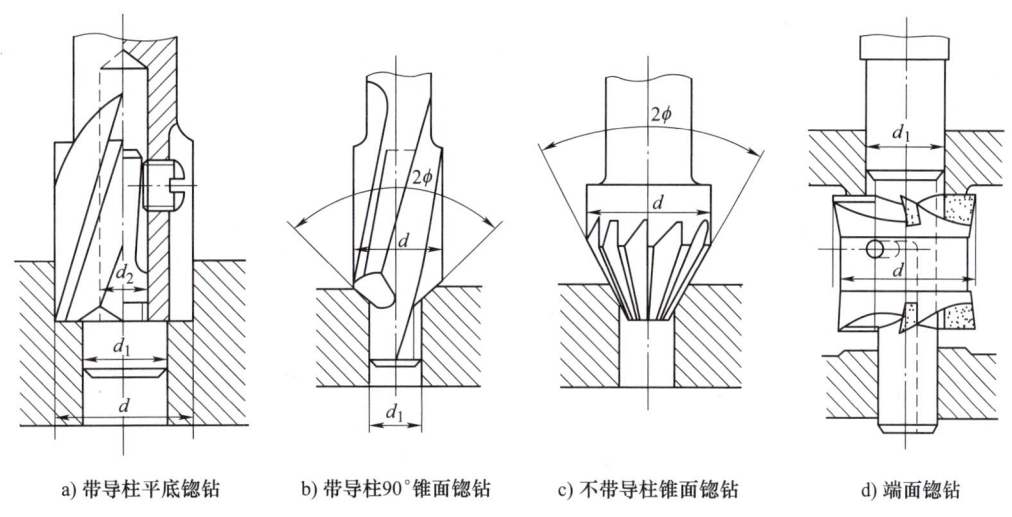

| a) 带导柱平底锪钻 | b) 带导柱90°锥面锪钻 | c) 不带导柱锥面锪钻 | d) 端面锪钻 |

图 2-52 锪钻

6. 铰刀

铰刀是用于孔的半精加工和精加工的刀具,加工公差等级可达 IT6~IT8,表面粗糙度为 $Ra0.4~1.6\mu m$。铰刀有 6~12 个切削刃,排屑槽更浅,刚性好;铰刀有修光刃,可校准孔径和修光孔壁;铰削加工余量小,工作平稳。图 2-53 所示为圆柱铰刀的结构。铰刀由工作部分、柄部和颈部组成,其中工作部分包括引导锥、切削部分和校正部分,校准部分又包括圆柱部分和倒锥部分。

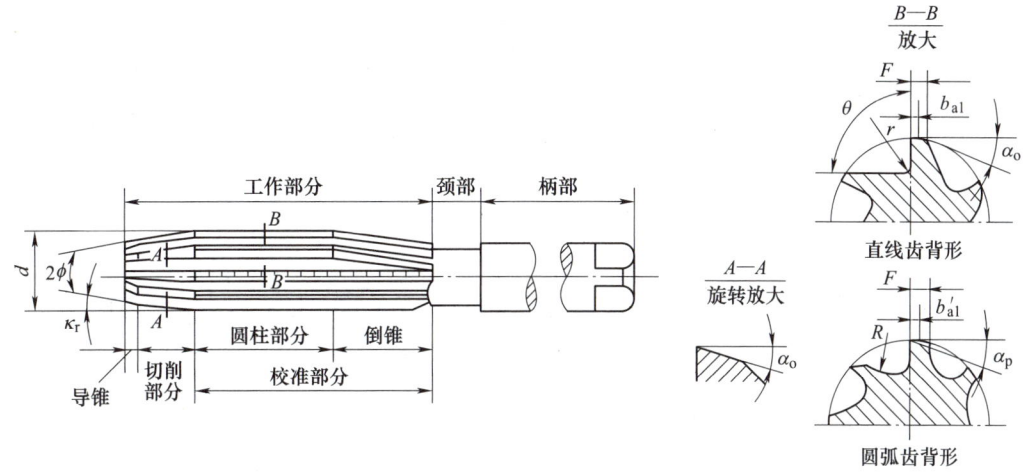

图 2-53 圆柱铰刀的结构

铰刀按用途可分为手用铰刀和机用铰刀,按孔的加工形状可分为圆柱铰刀和圆锥铰刀。铰刀已标准化,常用铰刀类型如图 2-54 所示。

四、镗削加工工艺

镗削加工是在镗床上用镗刀对工件上较大的孔进行半精加工和精加工的方法。镗削加工

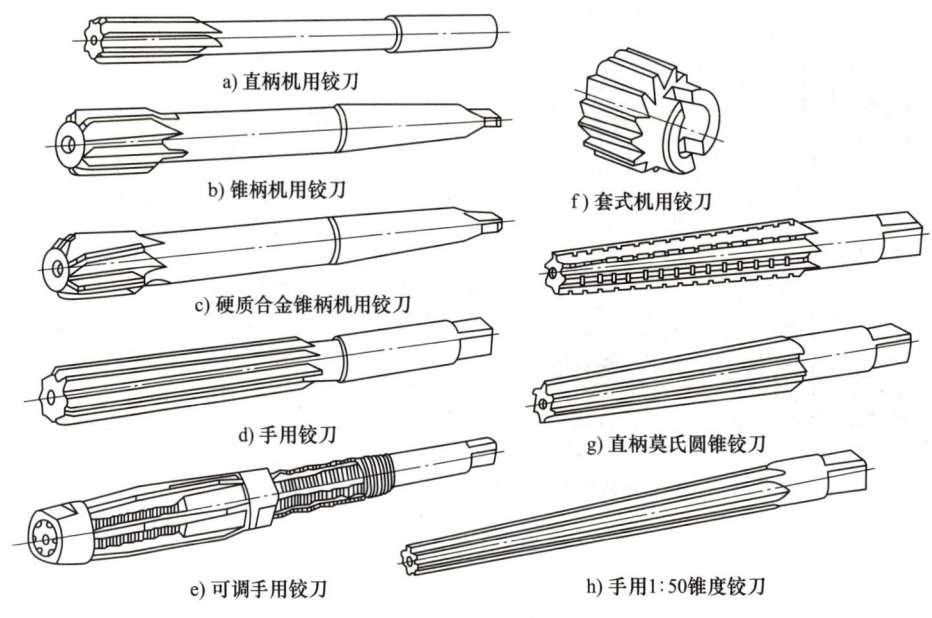

图 2-54 铰刀的类型

的工艺范围较广，通常用于加工尺寸较大且精度要求较高的孔，特别适合加工分布在不同表面上且孔距和位置精度要求很高的孔系，如箱体和大型工件上的孔和孔系加工。除镗孔外，镗床还可以完成钻孔、扩孔、铰孔、铣平面、镗不通孔、镗孔的端面等加工，也可以车端面和螺纹。镗削加工的工艺范围如图 2-55 所示。

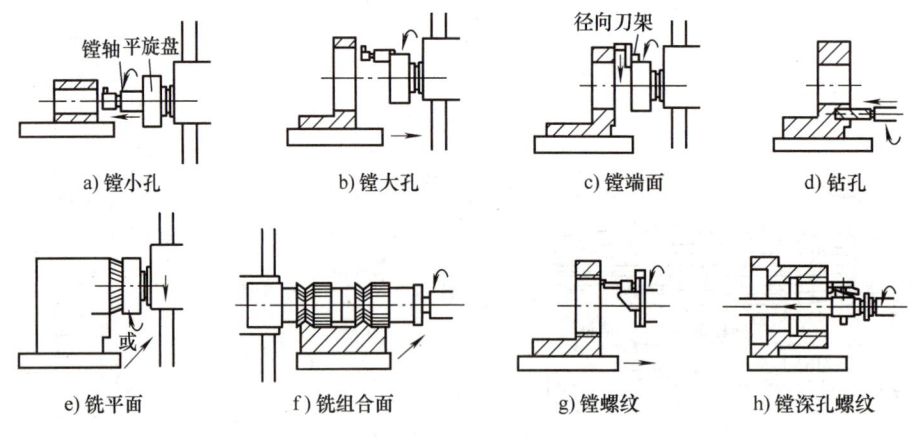

图 2-55 镗削加工的工艺范围

镗削加工工艺灵活，适应性强；操作技术要求高；镗刀结构简单，成本低；镗孔的公差等级为 IT6~IT7，孔距精度可达 0.0015mm，表面粗糙度为 $Ra0.8~1.6\mu m$。

五、镗削加工设备

卧式镗床是镗床中应用最广泛的一种（图 2-56），主要用于孔加工。卧式镗床镗孔公差等级可达 IT7，表面粗糙度 Ra 为 $0.8~1.6\mu m$，其主参数为主轴直径；镗轴水平布置并做轴向进给，主轴箱沿前立柱导轨垂直移动，工作台做纵向或横向移动。

镗削加工时，刀具的旋转运动为主运动，进给运动则根据机床类型和加工情况由刀具或工件完成。

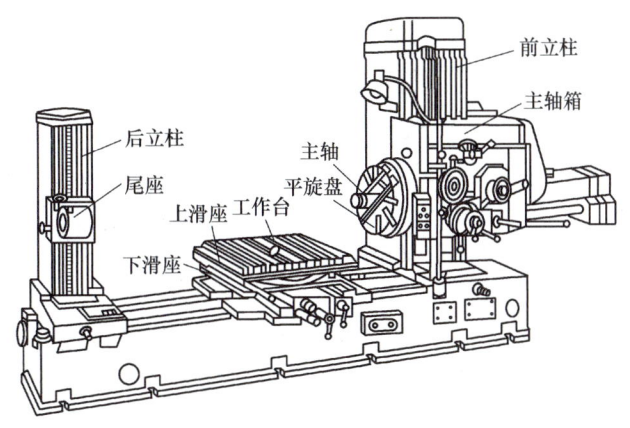

图 2-56　卧式镗床

坐标镗床是一种用于加工精密孔系的高精度机床，其主要特点是具有坐标位置的精密测量装置，依靠坐标测量装置能精确地确定工作台、主轴箱等移动部件的位移量，实现工件和刀具的精确定位。

坐标镗床除镗孔外，还可进行钻孔、扩孔、铰孔、锪端面以及铣平面和沟槽等加工。镗孔公差等级可达 IT5 以上，坐标位置精度可达 $0.002\sim0.001$mm，因其具有较高的定位精度，还可用于精密刻线、划线、孔距以及直线尺寸的精密测量等。坐标镗床的类型如图 2-57 所示。

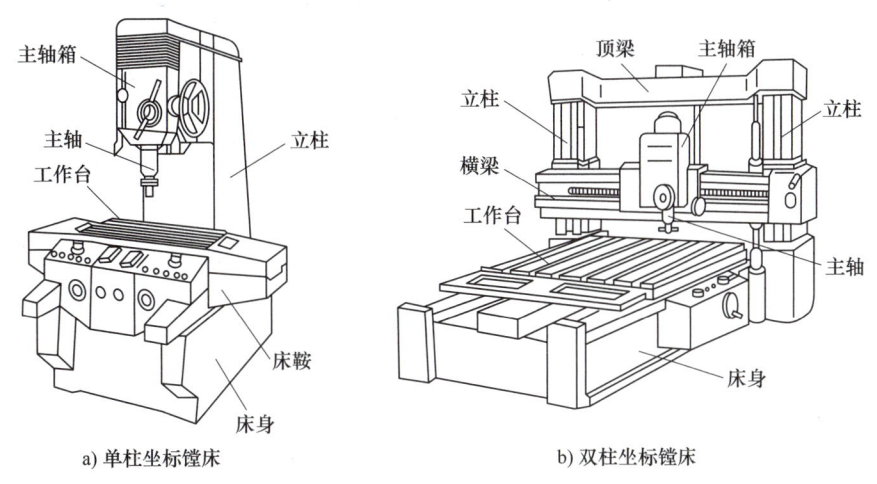

a) 单柱坐标镗床　　b) 双柱坐标镗床

图 2-57　坐标镗床

六、镗刀

镗刀是在车床、铣床、镗床、组合机床上对工件已有孔进行再加工的刀具。特别是在加工大直径孔时，镗刀几乎是唯一的刀具。镗孔公差等级可达 IT6~IT7，表面粗糙度为 $Ra0.8~1.6\mu m$。

镗刀分为单刃镗刀和双刃镗刀。图 2-58 所示为单刃镗刀，图 2-59 所示为双刃镗刀。

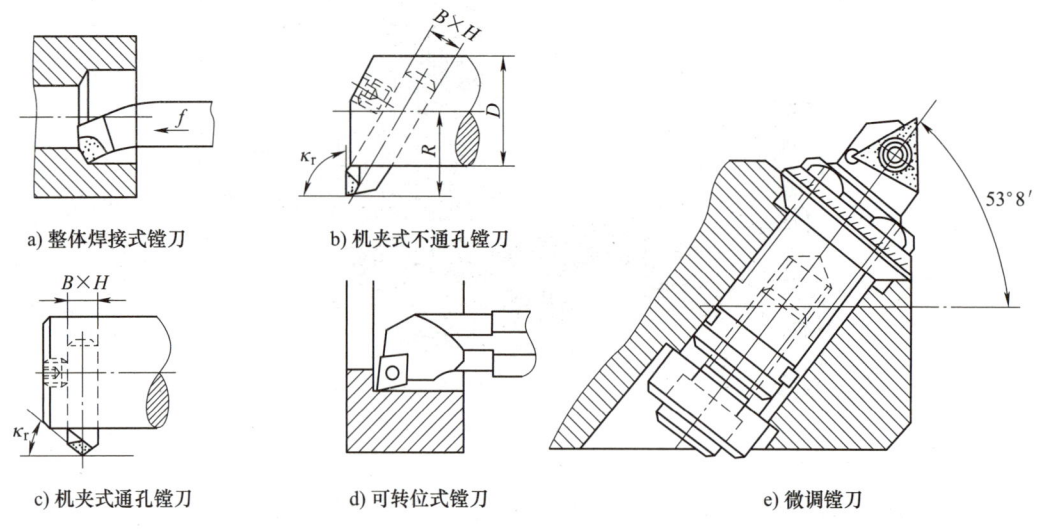

图 2-58　单刃镗刀

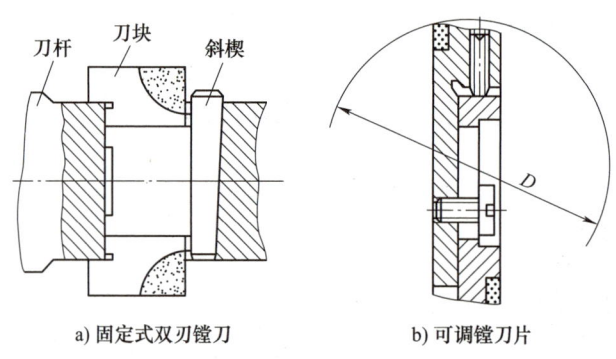

图 2-59　双刃镗刀

任务五　学习磨削加工工艺

一、磨削加工工艺

磨削加工是指利用砂轮、砂带、油石等磨料磨具对工件进行加工的方法。磨削加工应用范围很广，可以对内外圆、平面、成形面和组合面进行加工，还可以进行刃磨刀具和切断等任务。典型的磨削加工范围如图 2-60 所示。

因磨削加工余量较小，加上砂轮磨粒的修光作用，故磨削加工精度较高，表面质量好，

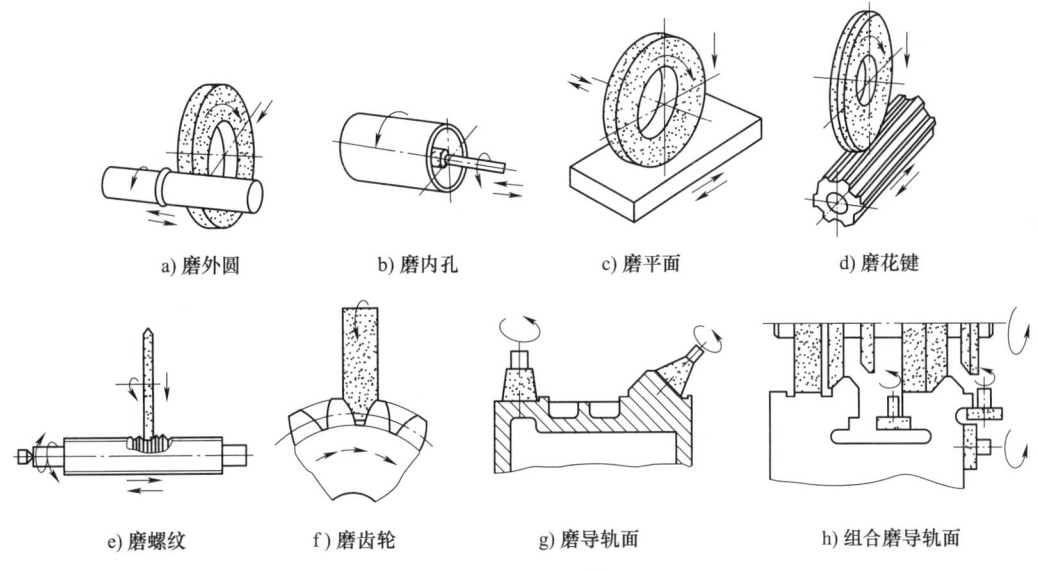

图 2-60 磨削加工范围

加工公差等级可达 IT6~IT7，表面粗糙度为 $Ra0.05~1.25\mu m$。如采用高精度磨削，则加工公差等级可达 IT5，表面粗糙度为 $Ra0.012~0.1\mu m$。

由于磨削速度高，砂轮和工件间产生大量热量，而且砂轮的导热性差，不易散热，磨削区域的温度可达 1000℃ 以上，磨削时会产生磨削烧伤。因此，磨削时应加大量切削液。

磨削加工可以加工普通刀具难以加工甚至无法加工的硬质材料，如淬硬钢、硬质合金和陶瓷等。

二、M1432B 型万能外圆磨床

1. M1432B 型万能外圆磨床的工作方式和运动

M1432B 型万能外圆磨床是应用最普遍的外圆磨床之一，主要用于磨削内外圆柱面、内外圆锥面，还可磨削阶梯轴轴肩及端面和简单的成形回转体表面等。图 2-61 所示为 M1432B 型万能外圆磨床的用途。

按照砂轮的进给方式不同，磨外圆的工作方式分为纵向磨削和横向磨削两种（图 2-62）。

（1）纵磨法 磨削时，工件低速旋转做圆周进给运动，工作台往返做纵向进给运动。每一次纵向行程结束，砂轮做一次横向进给，逐步磨去加工余量。这种方法生产率低，表面质量好，精度高，应用广泛。纵磨法主要用于单件、小批生产或精磨的场合。

（2）横磨法 砂轮宽度大于工件被磨长度，磨削时无需纵向进给。砂轮以慢速连续或断续做横向进给运动，直至磨去全部余量。这种方法磨削效率高，磨削力大，磨削温度高，加工精度低，表面粗糙度值大。横磨法主要用于批量大、精度不太高的工件或不能做纵向进给的场合。

M1432B 型万能外圆磨床的运动有：磨外圆或内孔时砂轮的旋转运动；工件的圆周进给运动；工件（工作台）的往复纵向进给运动；砂轮横向进给运动（往复纵磨时，为周期间

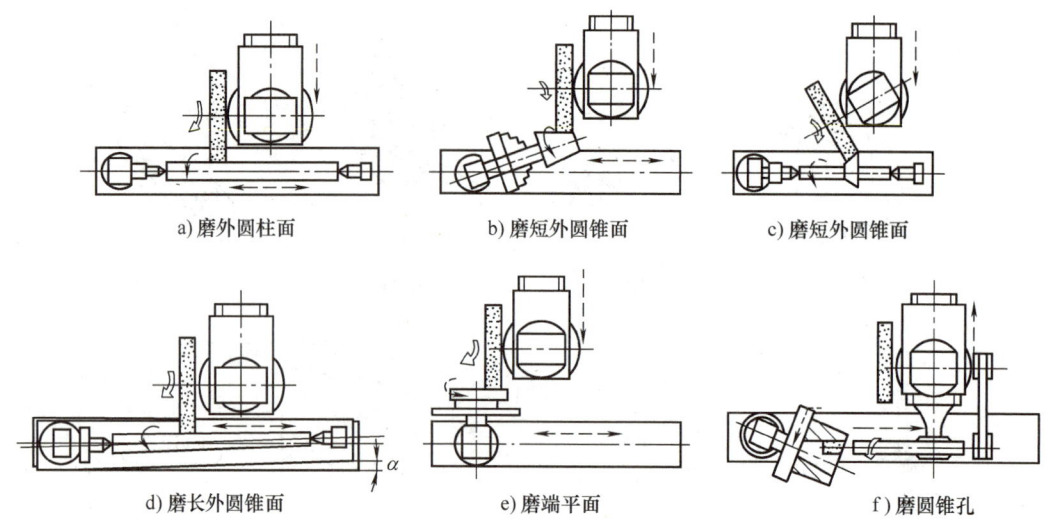

图 2-61 M1432B 型万能外圆磨床的用途

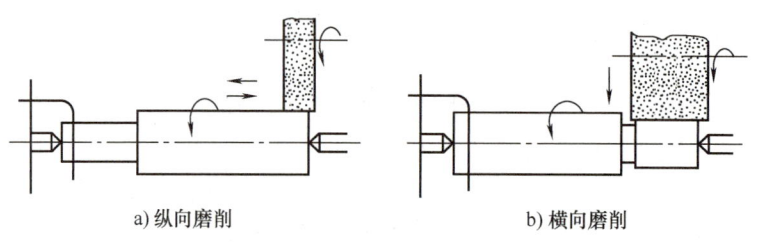

图 2-62 M1432B 型万能外圆磨床的工作方式

歇进给；切入磨削时，为连续进给）；砂轮架横向快速进退运动；尾座套筒的伸缩移动。

2. M1432B 型万能外圆磨床的结构

M1432B 型万能外圆磨床的结构如图 2-63 所示。

3. M1432B 型万能外圆磨床的技术参数（表 2-9）

表 2-9 M1432B 型万能外圆磨床的技术参数

名　　称	技 术 参 数
外圆磨削直径/mm	$\phi8 \sim \phi320$
最大外圆磨削长度/mm	1000；1500；2000
内孔磨削直径/mm	$\phi13 \sim \phi100$
最大内孔磨削直径/mm	125
工作台纵向移动速度（液压无级调速）/(m/min)	0.05～4
机床外形尺寸（长度）/mm	3200；4200；5200
机床外形尺寸（宽度）/mm	1500～1800
机床外形尺寸（高度）/mm	1420
头架主轴转速（共 6 级）/(r/min)	25；50；80；112；160；224
外圆砂轮速度/(r/min)	1670
内圆砂轮速度/(r/min)	10000；15000

项目二 认识金属切削加工设备

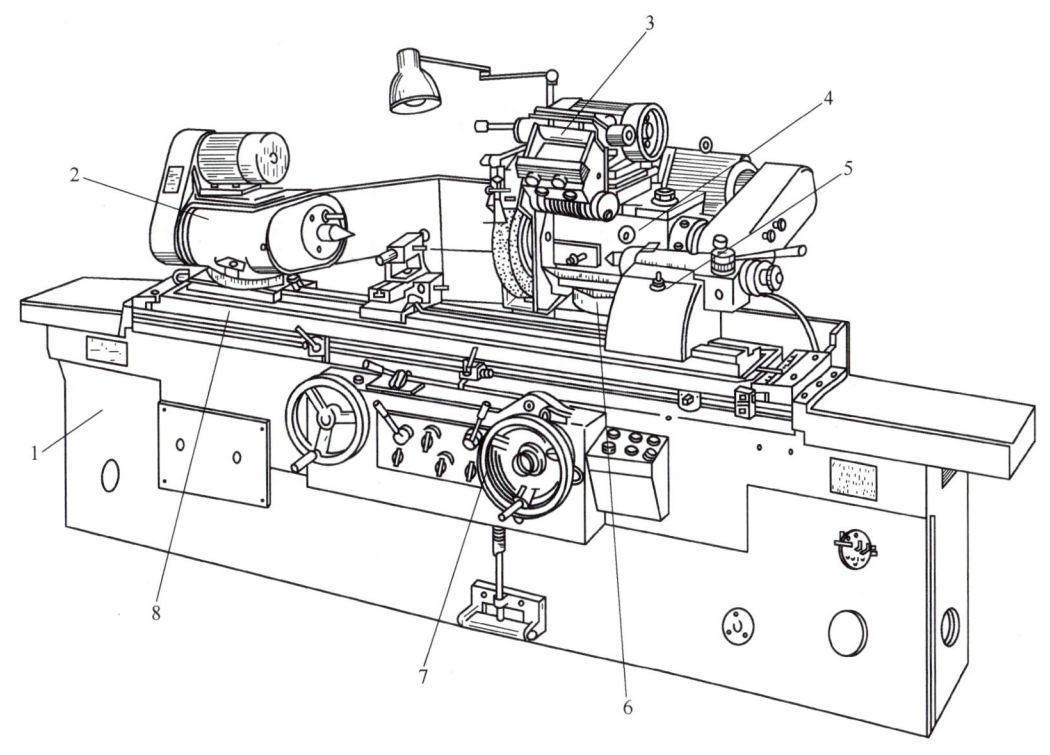

图 2-63 M1432B 型万能外圆磨床的结构

1—床身 2—头架 3—内圆磨具 4—砂轮架 5—尾座 6—滑鞍 7—横向进给手轮 8—工作台

4. M1432B 型万能外圆磨床的传动系统

M1432B 型万能外圆磨床的运动是通过机械传动和液压传动联合实现的。在该机床的传动系统中，除工作台的纵向往复运动、砂轮架的快速进退和周期自动切入进给以及尾座顶尖套筒的伸缩是液压传动外，其余均为机械传动。图 2-64 所示为 M1432B 型万能外圆磨床传动系统图。

（1）砂轮主轴的传动链　外圆磨削时，砂轮主轴的运动由砂轮架电动机（1440r/min，4kW）经 4 根 V 带直接传动，砂轮主轴转速高达 1670r/min。传动路线为

主电动机(1440r/min, 4kW) - 传动带轮(ϕ126/ϕ112) - 砂轮

（2）内圆磨具的传动链　内圆磨削时，砂轮主轴由内圆砂轮电动机（2840r/min，1.1kW）经平带直接传动。更换传动带轮可使内圆砂轮主轴得到两种转速。传动路线为

主电动机(2840r/min, 1.1kW) - 传动带轮 - 内圆砂轮

（3）头架拨盘传动链　拨盘的运动是由双速电动机（700/1350r/min，0.55/1.1kW）驱动，经 V 带塔轮及两级 V 带传动，使头架的拨盘或卡盘带动工件，实现圆周运动。传动路线为

$$n_{头架电动机} - \text{I} - \begin{bmatrix} \phi130/\phi90 \\ \phi111/\phi109 \\ \phi48/\phi164 \end{bmatrix} - \text{II} - \frac{\phi61}{\phi184} - \text{III} - \frac{\phi68}{\phi177} - 拨盘或卡盘$$

（4）工作台的手动驱动　调整机床及磨削阶梯轴的台阶时，工作台还可由手轮 A 驱动。

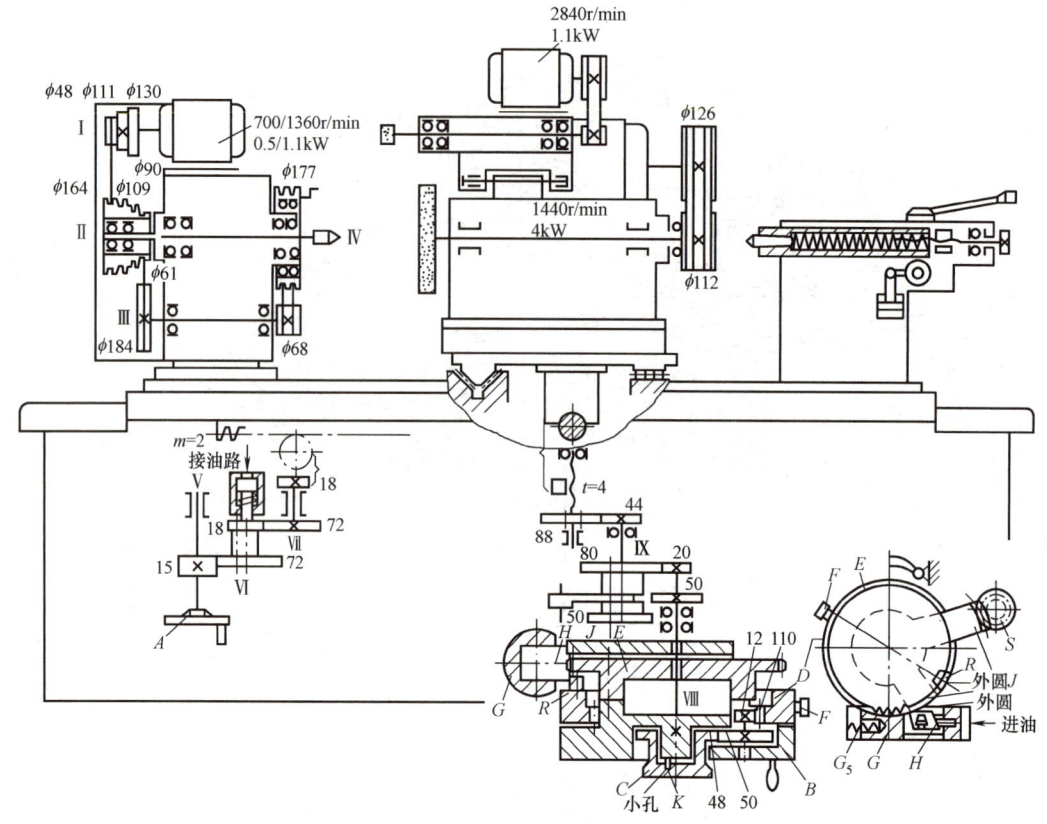

图 2-64 M1432B 型万能外圆磨床传动系统图

A、B—手轮　C—补偿旋钮　D—刻度盘　E—棘轮　F—挡块　G—活塞　G_5—液压缸
H—棘爪　R—调整块　K—销子　J—扇形齿轮板　S—齿轮

其传动路线为

$$手轮A - 轴V - 15/72 - 轴VI - 18/72 - 轴VII - 齿轮z_{18} -$$
$$齿条(m = 2mm) - 工作台纵向移动$$

为避免工作台纵向运动时带动手轮 A 快速转动碰伤操作者,在液压系统和手轮 A 之间采用了互锁液压缸。轴 VI 上的互锁液压缸与液压系统相通,工作台纵向往复运动时,液压油推动轴 VI 上的双联齿轮移动,使齿轮 z_{18} 和 z_{72} 脱开。因此,液压油驱动工作台纵向移动时,手轮 A 不转动。

5. 无心外圆磨床

图 2-65 所示为无心外圆磨削的加工示意图。磨削时,工件不用顶尖定心和支承,而是以工件的被磨削外圆面定位。

工件 2 放在磨削砂轮 1 和导轮 3 之间,由托板 4 支承进行磨削加工。导轮是用树脂或橡胶为结合剂制成的刚玉砂轮,它与工件之间的摩擦系数大,所以工件由导轮的摩擦力带动做圆周进给。导轮的线速度通常为 10~50m/min,工件的线速度基本上等于导轮的线速度,磨削砂轮的线速度很高,因此在磨削砂轮和工件之间有较大的相对速度,即磨削速度。

磨削时,工件的中心应高于磨削砂轮和导轮的中心连线,为工件直径的 15%~25%,使

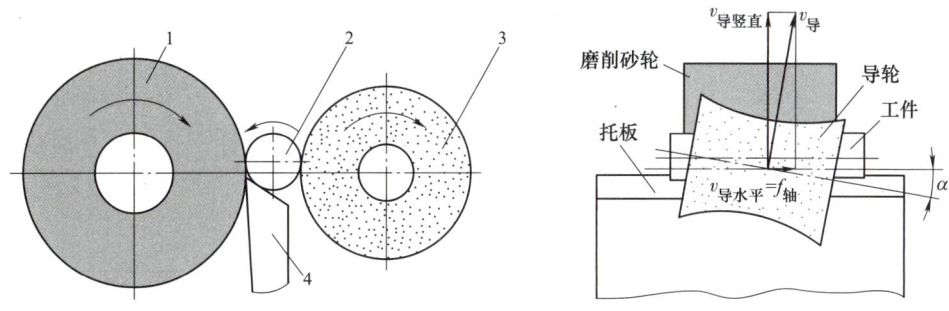

图 2-65 无心外圆磨削
1—磨削砂轮 2—工件 3—导轮 4—托板

工件和导轮、砂轮的接触相当于在假想的 V 形槽内转动,以避免磨削出棱圆形工件。托板的顶面实际上是向导轮一边倾斜 20°~30°,以使工件能更好地贴紧导轮。

无心外圆磨床生产率高,能磨削刚度较差的细长工件,磨削用量较大;工件表面的精度高,表面粗糙度值小;能实现生产自动化。

三、砂轮

1. 砂轮的特性

砂轮是由磨粒和结合剂以适当的比例混合,经压坯、干燥、焙烧及车整而成。它的特性决定于磨粒、粒度、结合剂、硬度、组织及形状尺寸等。

(1) 磨料 磨料是砂轮的主要成分,常用的磨料有氧化物系、碳化物系等。常用磨料的特性及适用范围见表 2-10。

表 2-10 常用磨料的特性及适用范围

系列	磨料名称	代号	显微硬度(HV)	特性	适用范围
氧化物系	棕刚玉	A	2200~2280	棕褐色;硬度高,韧性好;价格便宜	磨削碳钢、合金钢、可锻铸铁、硬青铜
	白刚玉	WA	2200~2300	白色;硬度高于棕刚玉,韧性差	磨削淬火钢、高速工具钢、耐火材料及薄壁零件
碳化物系	黑碳化硅	C	2840~3320	黑色;硬度高于刚玉,性脆而锋利;导热性和导电性良好	磨削铸铁、黄铜、铝、耐火材料及非金属材料
	绿碳化硅	GC	3280~3400	绿色;硬度和脆性高于黑碳化硅;导电性和导热性良好	磨削硬质合金、宝石、陶瓷、玉石玻璃等难加工材料

(2) 粒度 磨料粒度,准确地说应该是"粒度组成"。粒度指的是一个粒度范围(粒群),包含了最粗粒、粗粒、基本粒、细粒、最细粒。磨料行业"粒度组成"的定义是:某一名义粒度号磨粒中各不同尺寸颗粒的质量分数。国家标准 GB/T 6406—2016《超硬材料粒度检验》对超硬磨料粒度组成有明确规定。

在实际生产中用到的粒度号是通过筛分法检验磨料粒度粗细的一种标记。例如,粒度号 80/100 表示的公称尺寸范围是 150~180μm,指的是落在特定筛孔尺寸间的超硬磨料。粗加工时选用颗粒较粗的砂轮,以提高生产率;精加工时选用颗粒较细的砂轮,以减小加工表面的表面粗糙度值;砂轮速度较高或砂轮与工件接触面积较大时,选用颗粒较粗的砂轮,以免引起工件表面烧伤；磨削较软材料和塑性较大的材料时，选用颗粒较粗的砂轮，以免砂轮堵塞；磨削较硬材料和脆性较大的材料时，选用颗粒较细的砂轮，以提高生产效率。

（3）结合剂　结合剂的作用是将磨粒黏结在一起，形成具有一定形状和强度的砂轮。结合剂的性能决定了砂轮的强度、抗冲击性、耐热性和耐蚀性等性能。常用结合剂及适用范围见表 2-11。

表 2-11　常用结合剂及适用范围

结合剂	代号	特　性	适用范围
陶瓷	V	耐热性、耐蚀性好；气孔率大、易保持轮廓；弹性差	应用广泛，适用于 $v<35\text{m/s}$ 的各类磨削加工
树脂	B	强度高、弹性好、耐冲击；坚固性和耐热性差；气孔率小	适用于 $v>50\text{m/s}$ 的高速磨削，可制成薄片砂轮，用于磨槽、切割等
橡胶	R	强度和弹性更高；气孔率小；耐热性差、磨粒易脱落	适用于无心磨的砂轮和导轮；开槽和切割的薄片砂轮、抛光砂轮等
金属	M	韧性和成形性好；强度高；但自锐性差	可制造各种金刚石磨具

（4）硬度　砂轮的硬度是指砂轮上的磨粒受力后从砂轮表层脱落的难易程度。它反映了磨料与结合剂的黏结强度。硬度高，磨料不易脱落，硬度低，磨粒容易脱落。磨削时，砂轮硬度太高，磨粒不易脱落，磨削温度升高会造成工件磨削烧伤；反之，若砂轮硬度太低，则磨粒脱落速度过快而不能充分发挥磨料的磨削性能。

工件硬度高时应选用较软的砂轮；工件硬度低时应选用较硬的砂轮；砂轮与工件接触面积较大时，选用较软的砂轮；磨削薄壁及导热性差的工件时应选用较软的砂轮；精磨和成形磨时，应选用较硬的砂轮。砂轮硬度的等级和代号参考国家标准 GB/T 2484—2023《固结磨具　形状类型、标记和标志》。

（5）组织　砂轮组织表示磨料、结合剂和气孔之间的比例关系。磨粒在砂轮体积中所占的比例越大，组织越紧密；反之，组织越疏松。砂轮的组织分为紧密、中等和疏松三大类。紧密组织砂轮适用于重压下的磨削；中等组织砂轮适用于一般磨削；疏松组织砂轮适用于磨削薄壁和细长工件以及接触面积大的工件。

2. 砂轮的形状

砂轮的特性和尺寸，用代号标注在砂轮的端面上。砂轮标志的顺序为磨料、粒度、硬度、结合剂、形状代号、尺寸（外径×宽度×孔径）。

组织号一般不标出，有些砂轮上还标有安全速度的数字，如"25～30m/s"代表允许的最大磨削速度。根据磨床结构和加工的需要，砂轮通常会制成各种不同的形状。

任务六　了解刨削、插削和拉削加工工艺

【知识准备】

一、刨削加工工艺

刨削加工是指在刨床上用刨刀对工件上的平面或沟槽进行加工的方法。刨削时，刨刀或

工件的往复直线运动为主运动，工件或刨刀的间歇移动为进给运动。刨削主要用于加工各种平面、沟槽及成形面，如图 2-66 所示。

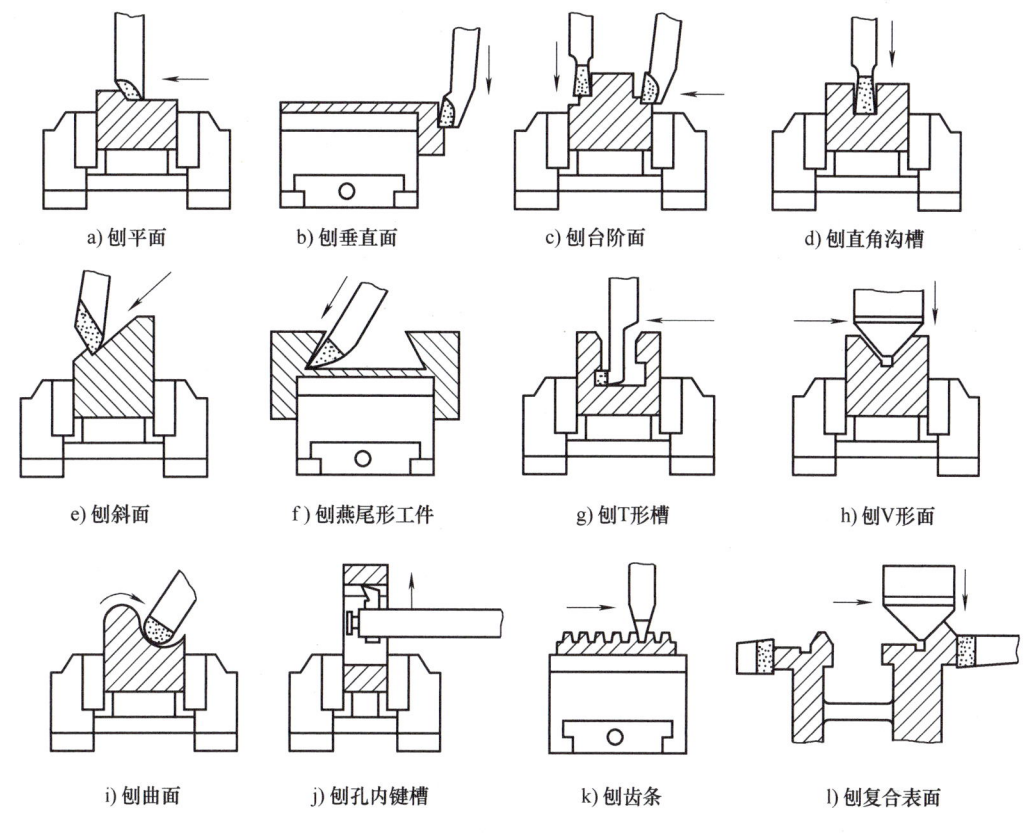

图 2-66 刨削加工的工艺范围

刨削加工是断续切削，因切削过程有振动和冲击，刨削加工公差等级不高，通常为 IT7~IT9，表面粗糙度为 $Ra3.2 \sim 12.5 \mu m$。刨削加工通常用于单件、小批生产以及修配的场合。

二、插削加工工艺

插削加工可以理解为立式刨削加工，插床的主参数是最大插削长度。插床的主运动为滑枕带动插刀沿垂直方向的往复直线运动，向下为工作行程，向上为空行程。工作台带动工件沿纵向、横向及圆周三个方向所做的间歇运动是进给运动。

插床的生产率和精度都较低，加工表面的表面粗糙度为 $Ra1.6 \sim 6.3 \mu m$，加工面的垂直度为 0.025mm/300mm。多用于单件或小批量生产中加工内孔键槽或内花键，也可以加工平面、方孔或多边形孔等，在批量生产中常被铣床或拉床代替。但在加工不通孔或有障碍台肩的内孔键槽时，宜选用插床。

三、拉削加工工艺

拉削加工是指在拉床上加工各种内、外成形表面的方法。拉削加工是在拉床上完成的，拉床只有主运动，无进给运动，拉削加工的主要参数是额定拉力。图 2-67 所示为拉削加工原理图，加工时拉刀做低速直线运动，进给由拉刀刀齿的齿升量 f_z 来完成。拉削时，拉刀要承受很大的切削力，为获得平稳的主运动，通常采用液压驱动。

拉削时，拉刀同时工作的刀齿数多、切削刃总长度长，在一次工作行程中就能完成粗、半精及精加工，机动时间短，因此生产率很高。拉刀为定尺寸刀具，有校准齿对孔壁进行校准、修光；拉孔切削速度低（$v_c = 2 \sim 8\text{m/min}$），拉削过程平稳，因此可获得较高的加工质量。一般拉孔公差等级可达 IT7~IT8，表面粗糙度为 $Ra0.1 \sim 1.6\mu\text{m}$。

由于拉削速度低，切削厚度小，每次拉削过程中，每个刀齿工作时间短，拉刀磨损慢，因此拉刀使用寿命长。拉床结构简单，操作方便，但拉刀结构较复杂，制造成本高。拉削加工多用于大批大量或成批生产中。

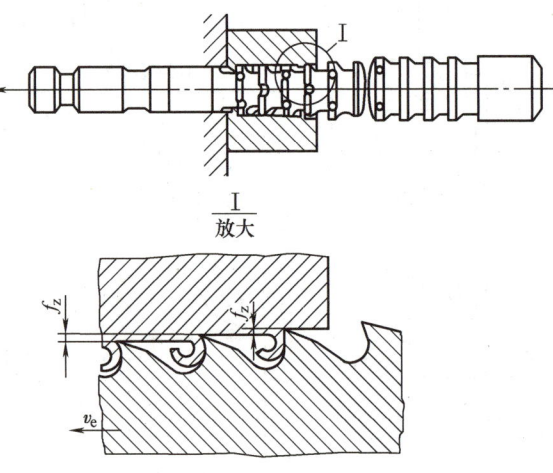

图 2-67 拉削加工原理图

拉削可加工各种形状贯通的内、外成形表面；拉削力通常以几十或几百 kN 计算，其他切削方法均无如此大的切削力，但拉削时排屑困难。因此，设计和使用拉刀时必须重视排屑问题。图 2-68 所示为拉削加工的典型表面。

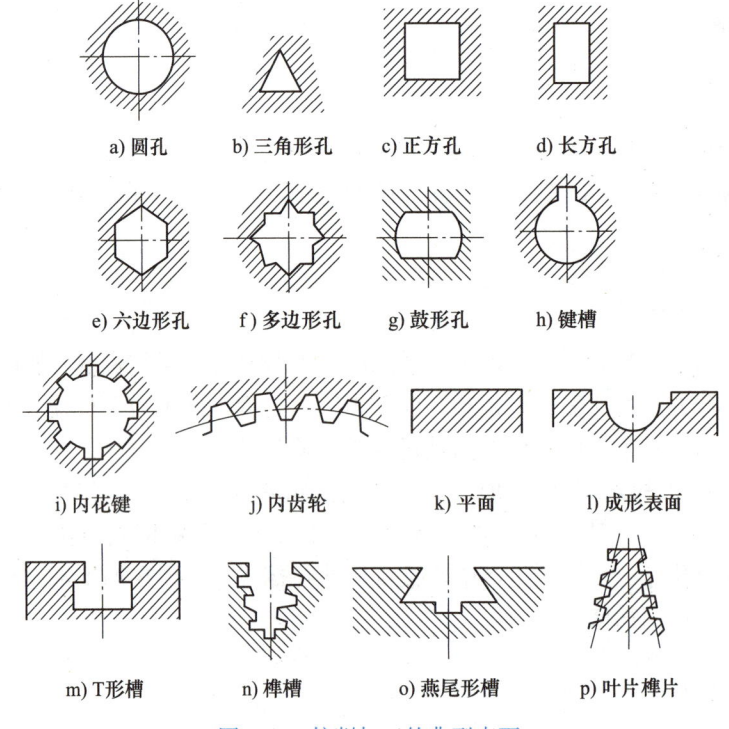

图 2-68 拉削加工的典型表面

四、刨削、插削和拉削刀具

常用的刨刀如图 2-69 所示，有平面刨刀、偏刀、角度刨刀以及成形刀等。刨刀切入和切出工件时，冲击很大，容易发生"崩刃"和"扎刀"现象，因而刨刀刀杆截面比较粗大，以增加刀杆的刚性，而且往往做成弯头，使刨刀在碰到硬质点时可适当产生弯曲变形而缓和冲击，以保护切削刃。

图 2-70 所示为常用插刀的形状，为避免插刀刀杆与工件相碰，插刀切削刃应凸出于刀杆。

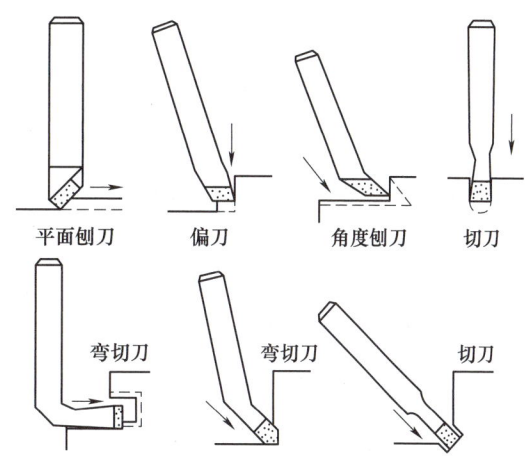

图 2-69　常用刨刀及其运动

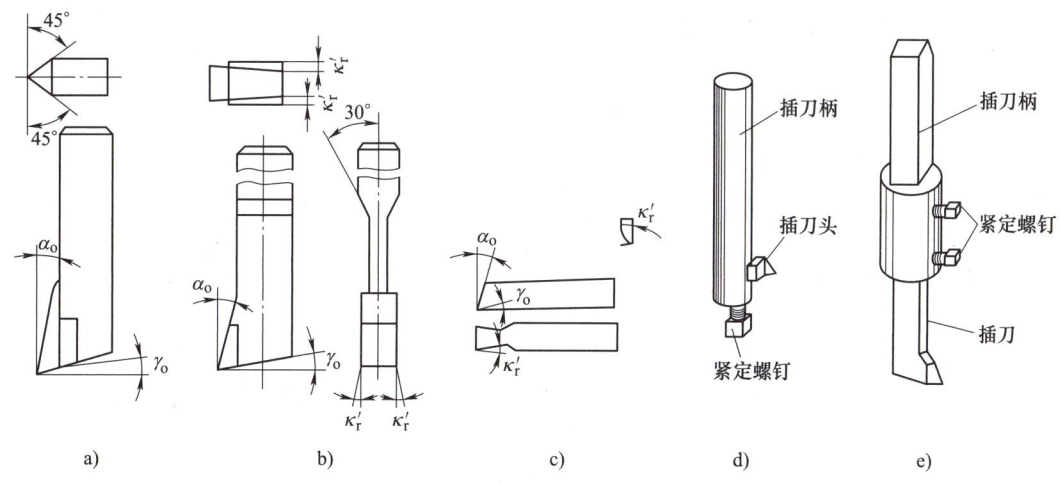

图 2-70　常用插刀的形状

拉刀的种类很多，按结构不同可分为整体拉刀和组合拉刀，前者主要用于中小型高速钢拉刀，后者用于大尺寸和硬质合金拉刀；按加工表面不同可分为内拉刀（图 2-71）和外拉刀（图 2-72）；按受力方式不同可分为拉刀和推刀。

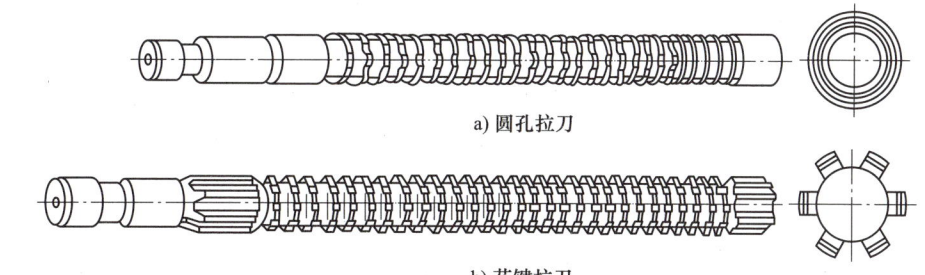

图 2-71　内拉刀

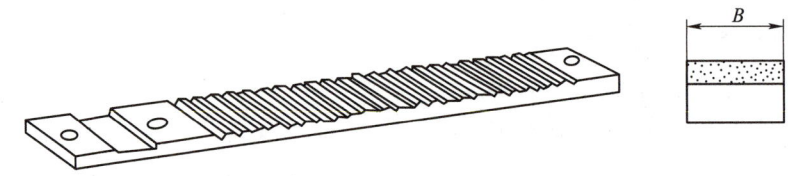

图 2-72 外拉刀

普通圆孔拉刀的结构如图 2-73 所示,它由头部、颈部、过渡锥部、前导部、切削部、校准部和后导部组成,如果拉刀太长,还可在后导部后面加一个尾部,以便支承拉刀。

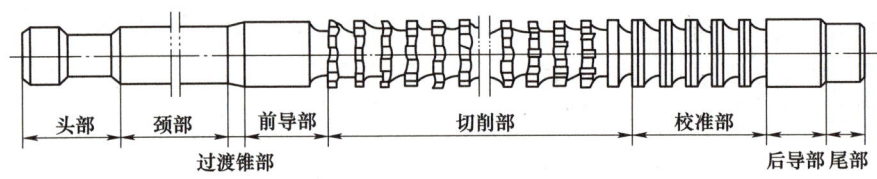

图 2-73 普通圆孔拉刀的结构

(1) 头部 用于装夹拉刀、传递拉力和带动拉刀运动。

(2) 颈部 头部与过渡锥部之间的连接部分,其长度与机床结构有关,也可供拉刀标记用。

(3) 过渡锥部 可使拉刀顺利进入工件孔中。

(4) 前导部 主要用于导向,防止拉刀发生歪斜,并可检查拉前预制孔尺寸是否符合要求。

(5) 切削部 主要担负切削任务,由粗切齿、过渡齿和精切齿组成。

(6) 校准部 由直径相同的刀齿组成,起校准和修光作用,提高工件的加工精度和表面质量。

(7) 后导部 用于支承工件,保证拉削即将结束时拉刀与工件的正确位置,防止工件下垂而损坏已加工表面的刀齿。

(8) 尾部 用于长而重的拉刀,利用尾部和支架的配合,防止拉刀因自重下垂,并可减轻装卸拉刀的劳动强度。

任务七 学习齿轮加工工艺

【知识准备】

一、齿轮加工方法

根据齿形形成原理,齿轮加工方法可以分为成形法和展成法两类。

1. 成形法

成形法是用与被加工齿轮齿槽形状相同的成形刀具加工齿形的方法。图 2-74 所示为成形法加工齿轮。

成形法加工齿轮，齿轮的加工精度低，一般只能达到IT9~IT10，生产率低。主要用于单件及修配生产中加工低转速和低精度齿轮。

2. 展成法

展成法是利用齿轮的啮合原理进行齿形加工的方法。利用齿轮副的啮合运动，把其中一个齿轮制成具有切削刃的刀具，另一个作为工件来完成齿形的加工。图2-75所示为展成法加工齿形。

a) 用盘状模数铣刀铣齿

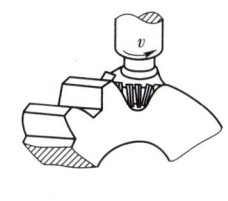
b) 用指状模数铣刀铣齿

图2-74　成形法加工齿轮

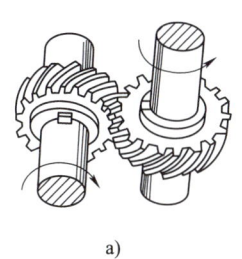
a)

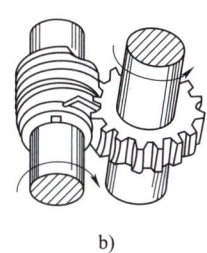
b)

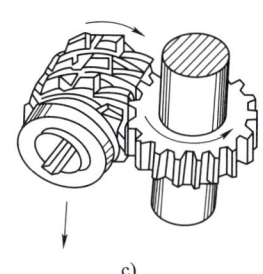
c)

图2-75　展成法加工齿形

展成法加工齿轮，加工精度高，生产效率高，但需要专用设备，生产成本高。主要用于成批生产中加工精度高的齿轮。

二、滚齿加工

1. 滚齿加工原理

滚齿加工相当于螺旋齿轮的啮合过程，其中滚刀可看成是齿数很少、齿很长的螺旋齿轮，类似于螺旋升角很小的蜗杆。在蜗杆上沿轴线开出容屑槽，形成前刀面和前角；经铲齿和磨削，形成后刀面和后角，再经热处理后就形成了滚刀。图2-76所示为滚齿加工原理。

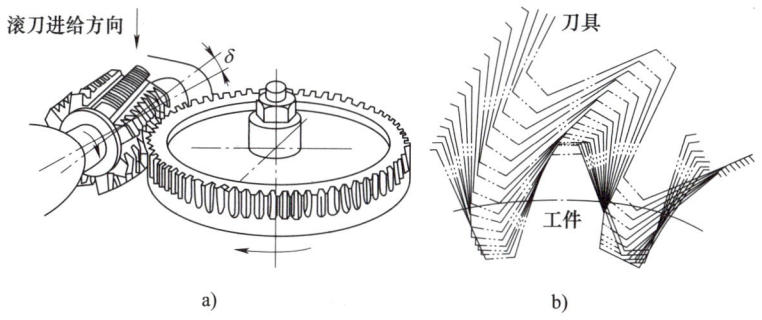

图2-76　滚齿加工原理

2. Y3150E型滚齿机

Y3150E型滚齿机用于加工直齿圆柱齿轮和螺旋齿轮，是齿轮加工中应用广泛的机床。Y3150E型滚齿机主要由床身、立柱、刀具滑板、滚刀架、后立柱和工作台等部件组成。

图 2-77 所示为 Y3150E 型滚齿机的结构。

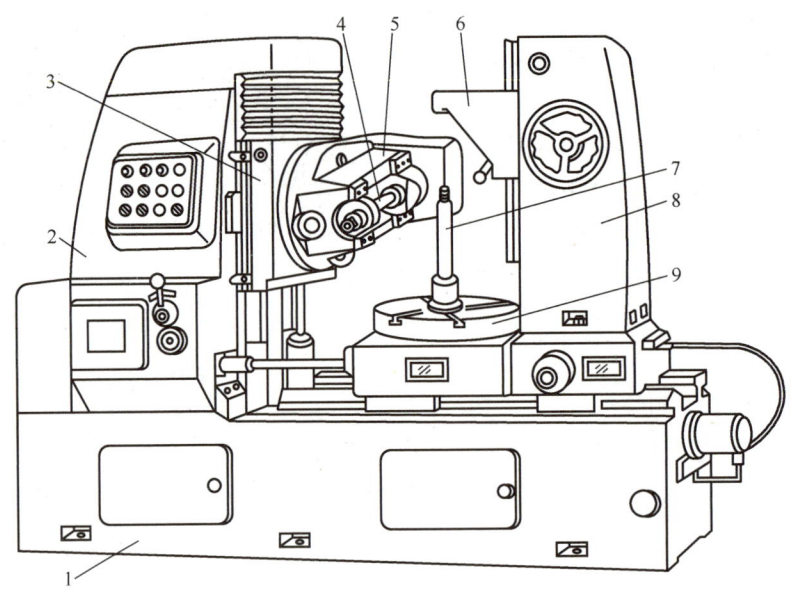

图 2-77　Y3150E 型滚齿机的结构

1—床身　2—立柱　3—刀具滑板　4—滚刀杆　5—滚刀架　6—后支架　7—工件心轴　8—后立柱　9—工作台

Y3150E 型滚齿机的技术参数见表 2-12。

表 2-12　Y3150E 型滚齿机的技术参数

最大加工直径	500mm
最大加工模数	8mm
最大加工齿宽	250mm
工件最少齿数	$z_{min}=5k$（滚齿头数）
主轴锥度	莫氏 5 号
允许安装的最大滚刀尺寸（直径×长度）	160mm×160mm
滚刀最大轴向移动距离	55mm
滚刀可换心轴直径规格	22mm、27mm、32mm
滚刀主轴转速（9 级）	40～250r/min
刀架轴向进给量（12 级）	0.4～4/工作台每转
主电动机功率	4kW
转速	1430r/min

3. Y3150E 型滚齿机的传动系统

（1）加工直齿圆柱齿轮时的传动原理图　如图 2-78 所示。

（2）加工直齿轮时滚齿机的运动

1）主运动：滚刀的旋转运动，传动链的两端为电动机-滚刀（电动机-1-2-u_v-3-4-滚刀）。

2）展成运动：滚刀与工件之间的啮合运动，滚刀和工件之间应保持严格的比例关系。

传动链的两端为滚刀-工件（滚刀-4-5-u_x-6-7-工件）。

$$\frac{n_\text{工}}{n_\text{刀}} = \frac{k_{\text{滚刀头数}}}{z_{\text{工件齿数}}}$$

3）垂直进给运动：滚刀沿工件轴线方向的连续进给运动，以保证切除整个齿宽。传动链的两端为工件-滚刀（工件-7-8-u_f-9-10-丝杠-滚刀）。

（3）滚齿加工的传动系统 如图2-79所示。

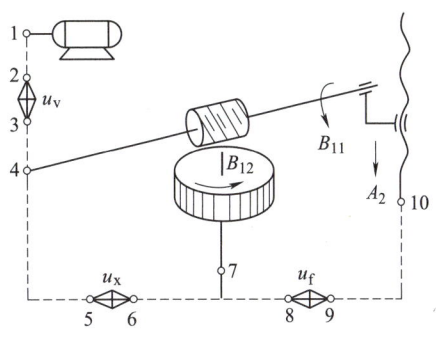

图2-78 加工直齿圆柱齿轮的传动原理图

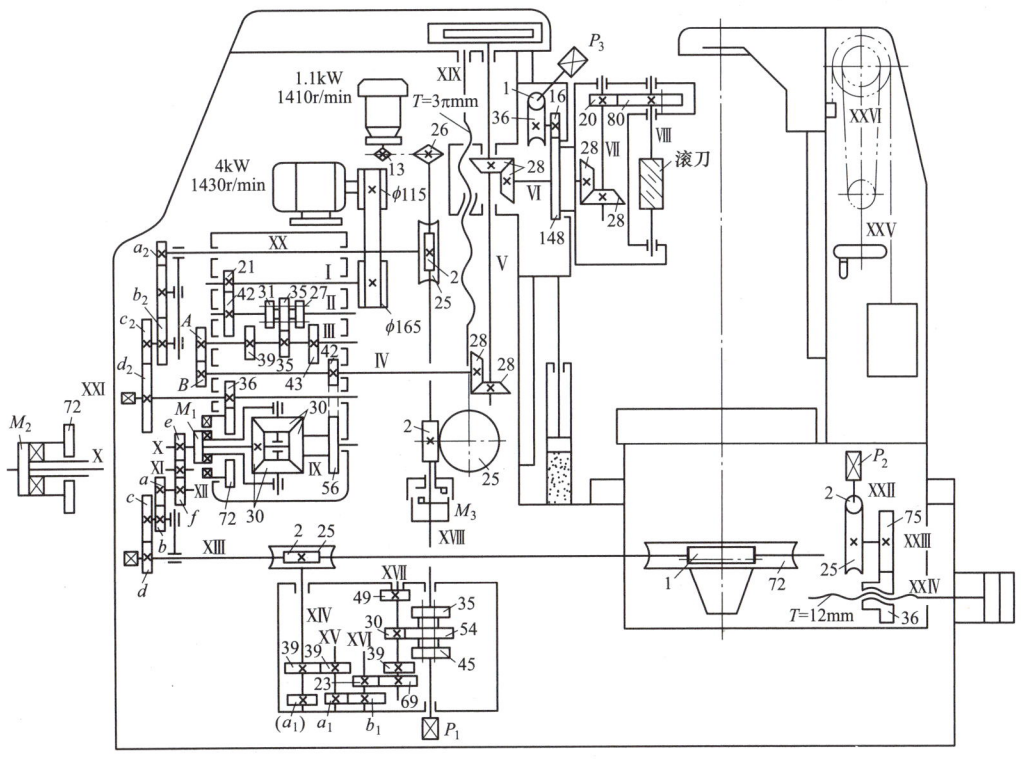

图2-79 Y3150E型滚齿机的传动系统

主运动传动链为

$$n_{\text{主电动机}} - \frac{\phi 115}{\phi 165} - \text{I} - \frac{21}{42} - \text{II} - \begin{bmatrix} 31/39 \\ 35/35 \\ 27/43 \end{bmatrix} - \text{III} - \frac{A}{B} - \text{IV} - \frac{28}{28} -$$

$$\text{V} - \frac{28}{28} - \text{VI} - \frac{28}{28} - \text{VII} - \frac{20}{80} - \text{VIII}(\text{滚刀主轴})$$

运动平衡方程式为

$$1430 \times \frac{115}{165} \times \frac{21}{42} \times u_{\text{II-III}} \times \frac{A}{B} \times \frac{28}{28} \times \frac{28}{28} \times \frac{28}{28} \times \frac{20}{80} = n_\text{刀}$$

根据运动平衡方程式，可得主运动变速交换齿轮的计算公式为

$$\frac{A}{B} = \frac{n_{刀}}{124.583 u_{\text{II-III}}}$$

机床上备有 A、B 交换齿轮，其传动比共三种。因此，滚刀可获得表 2-13 所列的 9 级转速。

表 2-13 滚刀的转速

A/B	22/44			33/33			44/22		
$u_{\text{II-III}}$	27/43	31/39	35/35	27/43	31/39	35/35	27/43	31/39	35/35
$n_{刀}$	40	50	63	80	100	125	160	200	250

展成运动传动链为

$$\text{IV} - \frac{28}{28} - \text{V} - \frac{28}{28} - \text{VI} - \frac{28}{28} - \text{VII} - \frac{20}{80} - \text{VIII} - 滚刀$$

$$\downarrow \to \frac{42}{56} - \text{IX} - u'_{合} - \text{X} - \frac{e}{f} - \text{XII} - \frac{a}{b} \times \frac{c}{d} - \text{XIII} - \frac{1}{72} - 工件$$

运动平衡方程式为

$$1 \times \frac{80}{20} \times \frac{28}{28} \times \frac{28}{28} \times \frac{28}{28} \times \frac{42}{56} \times u'_{合} \times \frac{e}{f} \times \frac{a}{b} \times \frac{c}{d} \times \frac{1}{72} \times \frac{k}{z}$$

整理后有

$$\frac{a}{b} \times \frac{c}{d} = \frac{f}{e} \times \frac{24k}{z}$$

上式中，f/e 的值根据 z/k 的比值而定，以便于交换齿轮的选取和安装。共有三种情况选择：当 $5 \leqslant z/k \leqslant 20$ 时，取 $e=48$，$f=24$；当 $21 \leqslant z/k \leqslant 142$ 时，取 $e=36$，$f=36$；当 $143 \leqslant z/k$ 时，取 $e=24$，$f=48$。这样选择后，可使用的数值适中，便于交换齿轮的选取和安装。

垂直进给传动链为

$$\text{XIII} - \frac{1}{72} - 工作台（工件）$$

$$\downarrow \to \frac{2}{25} - \text{XVI} - \frac{39}{39} - \text{XV} - \frac{a_1}{b_1} - \text{XVI} - \frac{23}{69} - \text{XVII} - - \begin{bmatrix} 49/35 \\ 30/54 \\ 39/45 \end{bmatrix} -$$

$$\text{XVIII} - M_3 - \frac{2}{25} - \text{XIX}（刀架垂直进给丝杠）$$

运动平衡方程式为

$$1 \times \frac{72}{1} \times \frac{2}{25} \times \frac{39}{39} \times \frac{a_1}{b_1} \times \frac{23}{69} \times u_{\text{XVII-XVIII}} \times \frac{2}{25} \times 3\pi = f$$

化简后，可得垂直进给运动交换齿轮的计算公式为

$$\frac{a_1}{b_1} = \frac{f}{0.46\pi u_{\text{XVII-XVIII}}}$$

当垂直进给量确定后，可以从表 2-14 中查出交换齿轮的齿数。

表 2-14　垂直进给量及交换齿轮齿数

a_1/b_1	26/52			32/46			46/32			52/26		
$u_{XVII-XVIII}$	30/54	39/45	49/35	30/54	39/45	49/35	30/54	39/45	49/35	30/54	39/45	49/35
$f/(mm/r)$	0.4	0.63	1	0.56	0.87	1.41	1.16	1.8	2.9	1.6	2.5	4

加工斜齿圆柱齿轮时，除需要加工直齿圆柱齿轮的三个运动外，还必须给工件一个附加运动以形成螺旋形的齿轮，即刀具沿工件轴线方向进给一个螺旋线导程时，工件应附加转动一转。因此，为避免展成运动和附加运动之间发生干涉而将轴损坏，在滚齿机上设有把两个任意方向和大小的转动进行合成的机构，即运动合成机构。滚齿机的运动合成机构通常为圆柱齿轮或锥齿轮行星机构。关于斜齿轮加工的知识，可参考相关专业书籍。

三、插齿加工

1. 插齿加工原理

插齿加工相当于一对直齿圆柱齿轮的啮合运动。图 2-80 所示为插齿加工原理。

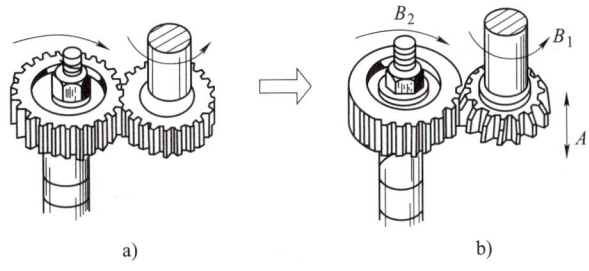

图 2-80　插齿加工原理

2. 插齿加工的运动（图 2-81）

（1）主运动　插齿刀的上下往复运动，以每分钟的往复次数表示。

（2）圆周进给运动　插齿刀绕自身轴线的旋转运动。其转动的快慢决定了工件转动的快慢、插齿刀的切削负荷、工件的表面质量、加工生产率和刀具的寿命等。圆周进给量用插齿刀每往复一次，刀具在分度圆圆周上所转过的弧长表示。

（3）径向切入运动　为避免插齿刀负荷过大而损坏刀具和工件，工件应逐渐移向插齿刀做径向切入运动。径向进给量以插齿刀每往复行程一次，工件径向切入的距离表示。

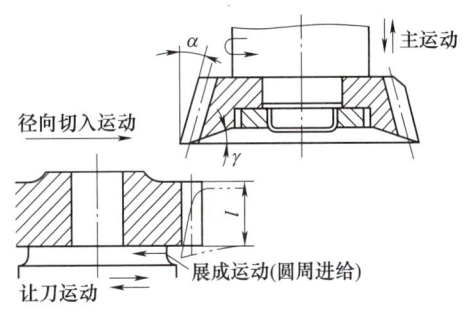

图 2-81　插齿加工的运动

（4）让刀运动　插齿刀空行程向上运动时，为避免擦伤已加工工件表面和减少刀具磨损，刀具和工件之间应该让开一定的距离；在插齿刀向下开始工作行程之前，应迅速恢复原位，便于刀具进行下一次切削。这种让开和恢复原位的运动称为让刀运动。

3. 插齿工艺特点

插齿加工的齿形误差较小，齿面的表面粗糙度值小，但公法线长度变动较大。插削大模数齿轮时，插齿的生产率比滚齿低；但插削中、小模数齿轮时，生产效率不低于滚齿。因此，插齿多用于加工中、小模数齿轮。

插齿的应用范围很广，除能加工外啮合的直齿轮外，特别适合加工齿圈轴向距离较小的多联齿轮、内齿轮、齿条和扇形齿轮等，但插齿机不能加工蜗轮。

四、其他齿轮加工方法

1. 剃齿加工

剃齿加工是利用剃齿刀对未淬火的直齿轮或斜齿轮进行精加工的方法。图 2-82 所示为剃齿加工原理。剃齿时工件和剃齿刀之间的相对运动是螺旋齿轮运动,剃齿刀类似于一个螺旋齿轮,在其表面上开有许多小槽,形成切削刃和容屑槽。当剃齿刀与被剃齿轮在轮齿双面紧密啮合做自由展成运动时,利用齿面间的相对滑动,梳形切削刃在轮齿的齿面上实现微细切削。

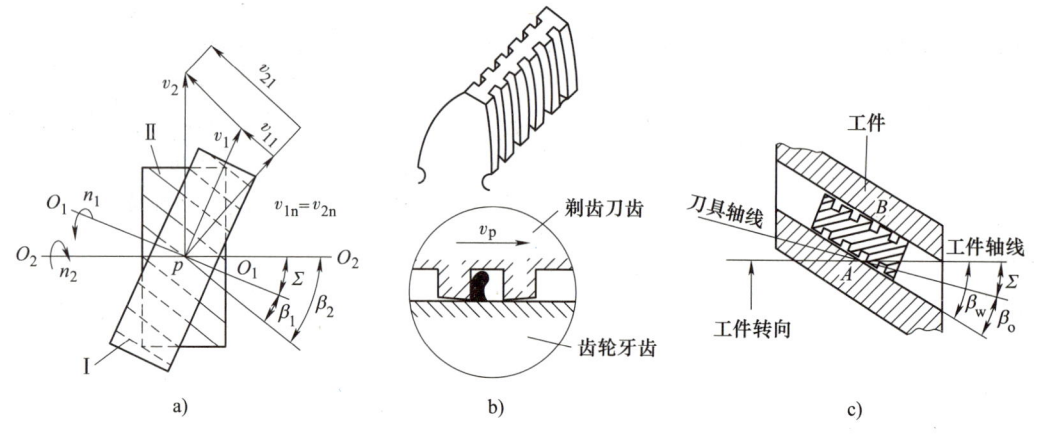

图 2-82 剃齿加工原理

剃齿的基本条件是剃齿刀与齿轮轴线必须构成轴交角 Σ,当剃齿刀和工件均有螺旋角时,则轴交角 $\Sigma=\beta_1\pm\beta_2$。式中,"+"号表示剃齿刀和工件螺旋角方向相同;"-"号表示剃齿刀和工件螺旋角方向相反。

剃齿加工的基本运动有:剃齿刀的正反转运动,同时工件也由剃齿刀带动做正反转运动;工件沿轴向的往复直线运动;剃齿刀在工件每往复运动一次后的径向进给运动。

剃齿加工的特点:

1) 效率高,成本低。通常完成一个齿轮的加工只要 2~4min,成本较磨齿低 90%。

2) 对轮齿的切向误差修正能力低。通常在剃齿前安排滚齿加工,因为滚齿加工的齿轮运动精度要比插齿加工的齿轮运动精度高。

3) 对轮齿的齿形误差修正能力高。剃齿加工对轮齿的齿形误差和基节误差有较高的修正能力。剃齿加工公差等级可达 IT6~IT7,表面粗糙度为 $Ra0.2\sim0.8\mu m$。

剃齿加工广泛用于成批和大量生产中未淬火、精度高的齿轮加工。

2. 磨齿加工

磨齿加工是对高精度齿轮或淬硬齿轮进行加工的方法(图 2-83)。按齿廓的形成原理,磨齿加工有成形法和展成法两大类。

成形法是利用成形砂轮进行磨齿的方法,这种方法生产率高,但砂轮修整费时、砂轮磨损后会产生齿形误差,应用受到限制,但成形法是磨内齿的唯一方法。生产中多采用展成法磨齿。

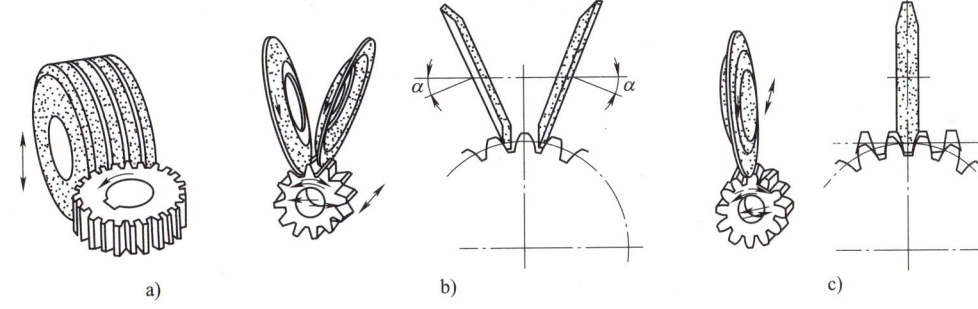

图 2-83 磨齿加工原理

图 2-83a 所示为蜗杆砂轮磨齿机，其工作原理与滚齿机相似。这种磨齿机生产效率高，但修整砂轮困难，难以达到高精度，传动件易磨损，一般用于中、小模数齿轮的成批和大量生产中。

图 2-83b 所示为双片蝶形砂轮磨齿机，其工作原理是利用齿条、齿轮的啮合原理来磨削轮齿。磨削时，双片蝶形砂轮的高速旋转是主运动，工件在做绕自身轴线旋转运动的同时，还做直线往复移动。工件每往复滚动一次，只能完成一个或两个齿面的加工，因此，必须经过多次分度和磨削加工，才能完成全部齿面的磨削。为磨削整个齿轮的宽度，工件还需进行轴线进给运动。这种磨齿方法加工公差等级最高，可达 IT4，但砂轮的刚性差，极易损坏，磨削生产率低，成本高。

图 2-83c 所示为锥形砂轮磨齿机，其工作原理也是利用齿条、齿轮的啮合原理来磨削轮齿。磨削时，锥形砂轮的高速旋转是主运动，同时锥形砂轮还沿工件的轴线做直线往复运动，以便磨削工件的整个齿面；工件在做绕自身轴线旋转运动的同时，还做直线往复运动。工件每往复滚动一次，完成一个齿槽的两侧面加工后，需进行分度磨削下一个齿槽。锥形砂轮的刚性好，可选用较大的磨削用量，磨削生产率高；但锥形砂轮形状不易修整，磨损快且不均，磨削的轮齿精度较低。

磨齿加工的主要特点是能磨削高精度的轮齿表面，通常磨齿加工公差等级可达 IT6，表面粗糙度值为 $Ra0.2\sim0.8\mu m$；磨齿加工对磨前齿轮的误差或变形有较强的修整能力，而且特别适合磨削齿面硬度高的轮齿。但磨齿加工效率普遍较低，设备结构复杂，调整困难，加工成本较高。磨齿加工主要用于高精度和高硬度的齿轮加工。

3. 珩齿加工

珩齿加工是对热处理后的淬硬齿形进行光整加工的方法（图 2-84）。珩齿的运动关系及所用机床和剃齿相同，不同的是珩齿所用的刀具（珩轮）是含有磨料的塑料螺旋齿轮。

珩齿加工时，珩轮与工件自由啮合，靠齿面间的压力和相对滑动由磨料进行切削。珩齿的切削速度远低于磨削速度，但

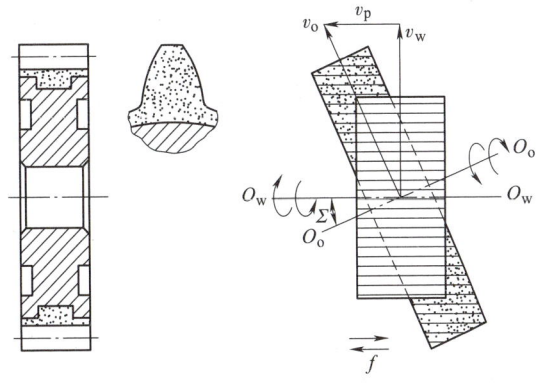

图 2-84 珩齿加工原理

高于剃齿速度，珩齿过程实际上是一个低速磨削、研磨和抛光的综合过程。

珩齿加工的特点：因珩轮齿面上均匀分布着磨粒，磨粒的粒度较细，珩齿后齿面切痕很细，齿面表面粗糙度值小，珩齿后轮齿的表面质量好。因珩轮本身具有一定的弹性，珩齿的齿形误差修正能力不如剃齿，珩齿加工前多采用剃齿。

珩齿速度一般在 1~3m/s，齿面不会产生烧伤和裂纹。珩齿生产率和珩轮的使用寿命高，珩齿的加工效率一般为磨齿的 10~20 倍；珩轮的使用寿命很高，每修磨一次可珩齿 60~80 件。

常用齿形加工方法及应用范围见表 2-15。

表 2-15 常用齿形加工方法及应用范围

齿形加工方法		刀具	机床	加工精度及适用范围
成形法	成形铣齿	模数铣刀	铣床	加工精度及生产率均较低，一般精度为 9 级以下
	拉齿	齿轮拉刀	拉床	精度和生产率均较高，但拉刀多为专用，制造困难，价格高，故只在大量生产时使用，宜用于拉内齿轮
展成法	滚齿	齿轮滚刀	滚齿机	通常加工 6~10 级精度齿轮，最高能达 4 级，生产率较高，通用性大，通用于加工直齿、斜齿的外啮合圆柱齿轮和蜗轮
	插齿	插齿刀	插齿机	通常能加工 7~9 级精度齿轮，最高达 6 级，生产率较高，通用性大，适于加工内外啮合齿轮（包括阶梯齿轮）、扇形齿轮、齿条等
	剃齿	剃齿刀	剃齿机	能加工 5~7 级精度齿轮，生产率高，主要用于齿轮滚插预加工后、淬火前的精加工
	冷挤齿轮	挤轮	挤齿机	能加工 6~8 级精度齿轮，生产率比剃齿高，成本低，多用于齿形淬硬前的精加工，以代替剃齿，属于无切屑加工
	珩齿	珩磨轮	珩齿机剃齿机	能加工 6~7 级精度齿轮，多用于经过剃齿和高频感应淬火后，齿形的精加工
	磨齿	砂轮	磨齿机	能加工 3~7 级精度齿轮，生产率较低，加工成本较高，多用于齿形淬硬后的精密加工

五、齿轮加工刀具

1. 齿轮铣刀

齿轮铣刀一般做成盘形或指状铣刀（图 2-85），主要用于加工模数 $m = 0.3 \sim 16$mm 的直齿或斜齿圆柱齿轮。

齿轮铣刀的廓形由齿轮的模数、齿数和压力角决定，齿数越少，则基圆越小，渐开线的曲率半径就越小，即渐开线弯曲得越厉害，当齿数无穷多时，渐开线

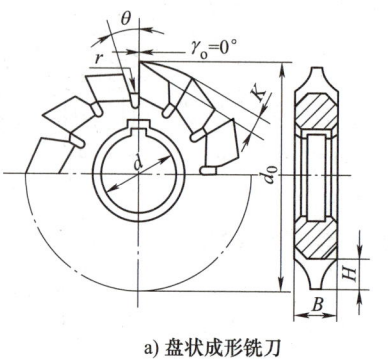

a) 盘状成形铣刀　　b) 指状成形铣刀

图 2-85 成形法切齿刀具

为一直线。因此，从理论上讲，加工不同齿数的齿轮就应采用不同齿形的铣刀。

生产中为减少铣刀的规格和数量，常用一把铣刀加工模数和压力角相同、而具有一定齿数范围的齿轮。标准模数盘形铣刀的模数在 0.3~8mm 时，每套由 8 把铣刀组成；模数在 9~16mm 时，每套由 15 把铣刀组成。每把铣刀所能加工的齿轮齿数范围见表 2-16。每把铣刀的齿形均按所加工齿轮齿数范围内最少齿数的齿形设计。

表 2-16 齿轮铣刀的刀号及其加工的齿数

铣刀号码		1	1.5	2	2.5	3	3.5	4	4.5	5	5.5	6	6.5	7	7.5	8
加工齿数	8把一套	12~13	—	14~16	—	17~20	—	21~25	—	26~34	—	35~54	—	55~134	—	135~∞
	15把一套	12	13	14	15~16	17~18	19~20	21~22	23~25	26~29	30~34	35~41	42~54	55~79	80~134	135~∞

加工斜齿轮时，铣刀刀号的选择应根据斜齿轮的法向模数 m_n 和法剖面中的当量齿数 z_v 选择。法向模数 m_n 和当量齿数 z_v 的计算公式为

$$m_n = m\cos\beta$$
$$z_v = z/\cos^3\beta$$

2. 插齿刀

插齿刀的外形像齿轮，直齿插齿刀像直齿轮，斜齿插齿刀像斜齿轮；在其齿顶、齿侧开出后角，端面开出前角就形成了切削刃。直齿插齿刀的规格和应用范围见表 2-17。

表 2-17 直齿插齿刀的规格和应用范围 （单位：mm）

序号	类型	简图	应用范围	规格		d_1 或莫氏锥度
				d_0	m	
1	盘形直齿锥齿刀		加工普通直齿外齿轮和大直径齿轮	φ63	0.3~1	31.743
				φ75	1~4	
				φ100	1~6	
				φ125	4~8	
				φ160	6~10	88.90
				φ200	8~12	101.60
2	碗形直齿锥齿刀		加工塔形双联直齿轮	φ50	1~3.5	20
				φ75	1~4	31.743
				φ100	1~6	
				φ125	4~8	
3	锥柄直齿插齿刀		加工直齿内齿轮	φ25	0.3~1	莫氏2号
				φ25	1~2.75	
				φ38	1~3.75	莫氏3号

插齿刀的精度分为 AA、A、B 三级，根据被加工齿轮的平稳性精度来选用，分别用于加工 6、7、8 级精度的圆柱齿轮。

3. 齿轮滚刀

齿轮滚刀相当于一个或多个齿、螺旋角很大且齿很长的斜齿圆柱齿轮。由于齿很长，使滚刀的外形不像齿轮，而呈蜗杆状，滚刀的头数即螺旋齿轮的齿数。为使蜗杆能起切削作用，在蜗杆轴向开出容屑槽形成前刀面和前角，齿背铲磨形成后刀面和后角，再加上淬火和刃磨前刀面，就形成了齿轮滚刀（图 2-86）。

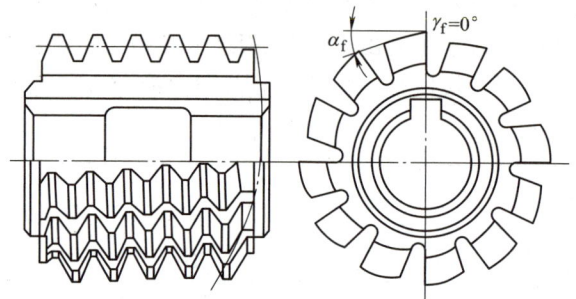

图 2-86　齿轮滚刀

标准齿轮滚刀多采用高速工具钢整体制造。大模数的标准齿轮滚刀为了节约材料和便于热处理，一般采用镶齿式，这种滚刀切削性能好，使用寿命高。目前，硬质合金齿轮滚刀得到了广泛应用，它不仅可采用较高的切削速度，而且还可以直接滚切淬火齿轮。

齿轮滚刀的精度分为 AA、A、B、C 四级，滚刀精度等级与被加工齿轮精度等级的关系见表 2-18。

表 2-18　滚刀精度等级与齿轮精度等级

滚刀精度等级	AA 级	A 级	B 级	C 级
齿轮精度等级	IT6~IT7	IT7~IT8	IT8~IT9	IT10~IT12

齿轮滚刀的结构分为两大类，中小模数（$m \leq 10mm$）的滚刀一般做成整体式，图 2-87 所示为阿基米德高速钢整体齿轮滚刀。模数较大的齿轮滚刀一般做成镶齿结构，如图 2-88 所示。

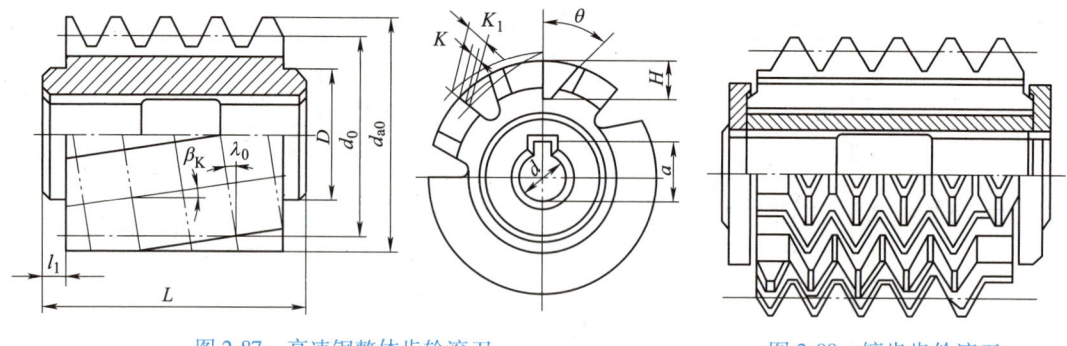

图 2-87　高速钢整体齿轮滚刀　　　　　　图 2-88　镶齿齿轮滚刀

精加工齿轮滚刀一般做成单头，为提高生产率，粗加工滚刀也可做成多头。齿轮滚刀的结构已经标准化，具体参数可查相关手册。

4. 蜗轮滚刀与飞刀

蜗轮滚刀是加工蜗轮的专用刀具，它是利用蜗轮与蜗杆的啮合原理来工作的。蜗轮滚刀在外形、工作原理上与齿轮滚刀相似，但二者也有不同之处。蜗轮滚刀的参数应与工作蜗杆的参数相同。加工时蜗轮滚刀与蜗轮的轴交角、中心距也应与蜗杆副工作状态相同。蜗轮滚刀的基本蜗杆应与工作蜗杆相同。加工蜗轮时，蜗轮滚刀的安装位置应处于工作蜗杆与蜗轮相啮合的位置上。一种蜗轮滚刀只能加工一种类型与尺寸的蜗轮。

由于蜗轮滚刀的外径应与工作蜗杆基本一致，因而蜗轮滚刀的外径不能任意选取。图 2-89 所示为常用蜗轮滚刀的结构。外径大于 30mm 的滚刀制成套装式；外径小于 30mm 的滚刀制成带柄式。

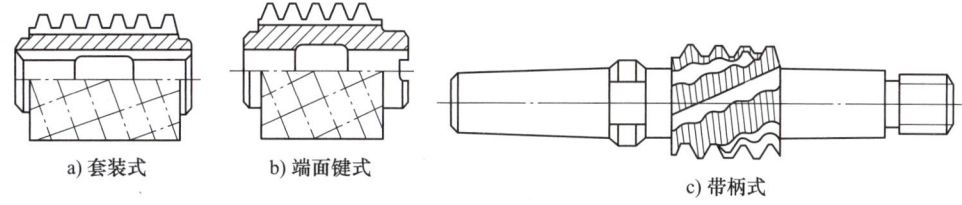

a) 套装式　　　b) 端面键式　　　c) 带柄式

图 2-89　常用蜗轮滚刀的结构

蜗轮滚刀切削蜗轮时，有径向进给和切向进给两种方式（图 2-90）。径向进给时，滚刀每转一转，被加工蜗轮转过的齿数应等于滚刀的头数，以形成展成运动；同时，滚刀还沿被加工蜗轮半径方向进给，逐渐切出全齿深。切向进给时，事先调整好滚刀与蜗轮的中心距，在滚刀与被加工蜗轮做展成运动的同时，还沿滚刀轴线方向进给切入蜗轮。因此，滚刀转一转，被切蜗轮还需有附加转动。

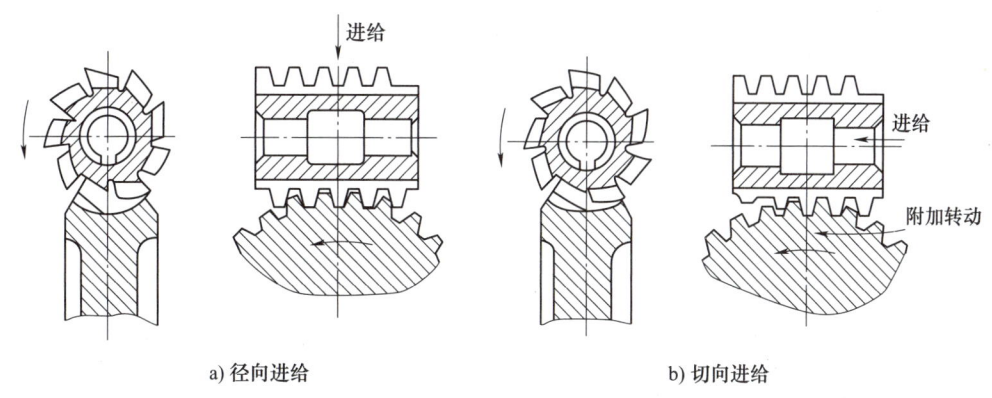

a) 径向进给　　　b) 切向进给

图 2-90　蜗轮滚刀的进给方式

由于一把蜗轮滚刀只能加工一定尺寸的蜗轮，因此，当单件和小批生产时，通常用蜗轮飞刀代替蜗轮滚刀加工蜗轮。图 2-91 所示为蜗轮飞刀。

蜗轮飞刀相当于切向进给蜗轮滚刀的一个刀齿，属于切向进给加工蜗轮的刀具。蜗轮飞刀的工作原理和蜗轮滚刀相同，蜗轮飞刀只能用非常小的进给量加工蜗轮，切削效率较低，但结构简单，刀具成本低。

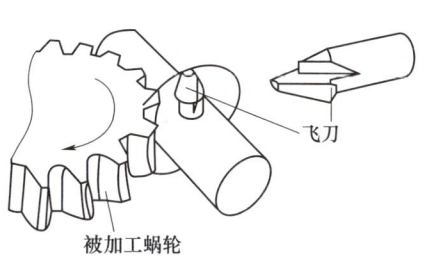

图 2-91　蜗轮飞刀

六、滚刀的安装

滚齿时,为了切出准确的齿形,应使滚刀和工件处于正确的"啮合"位置,即滚刀在切削点处的螺旋线方向应与被加工齿轮齿槽的方向一致。为此,需将滚刀轴线与工件顶面安装成一定的角度,这个安装角度称为安装角。

图 2-92 所示为滚刀加工直齿轮时的安装角。安装角 δ 等于滚刀的螺旋升角 λ,倾斜方向与滚刀的螺旋方向有关。滚刀扳动方向取决于滚刀螺旋线方向,滚刀右旋时,顺时针方向扳动滚刀;滚刀左旋时,逆时针方向扳动滚刀。

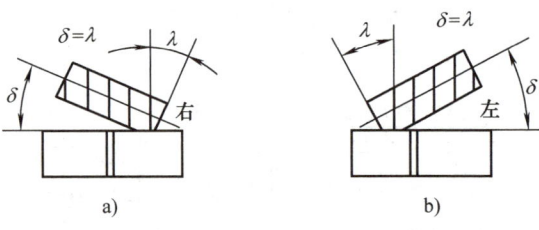

用滚刀加工斜齿轮时,由于滚刀和工件的螺旋方向都有左、右之分,因此共有四种组合,如图 2-93 所示。安装角 δ 等于工件的螺旋角 β 和滚刀的螺旋角 λ 两者的代数和,即

$$\delta = \beta \pm \lambda$$

图 2-92 滚刀加工直齿轮时的安装角

式中的"+""-"号取决于工件螺旋线方向和滚刀螺旋线方向,方向相反时,取"+"号;方向相同时,取"-"号。

滚刀的扳动方向:当工件螺旋线为右旋时,逆时针方向扳动滚刀;当工件螺旋线为左旋时,顺时针方向扳动滚刀。

加工斜齿轮时,应尽量采用与工件螺旋线旋向相同的滚刀,这样可减小安装角,有利于提高机床的运动平稳性和加工精度。

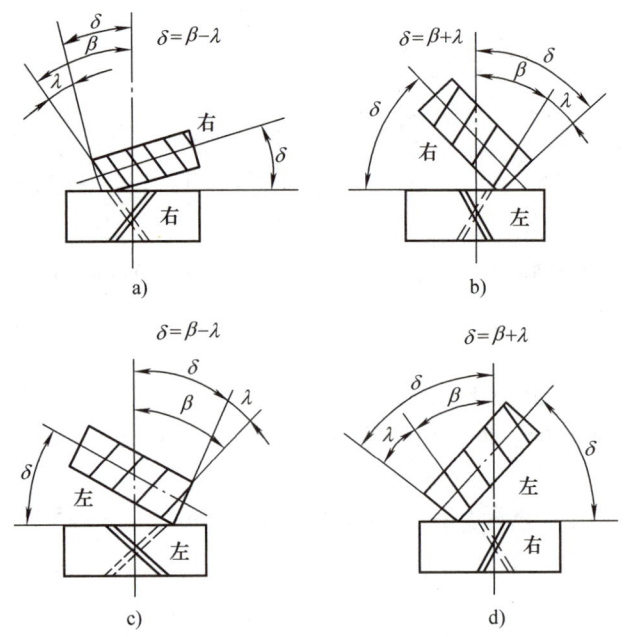

图 2-93 滚刀加工斜齿轮时的安装角

项目二 认识金属切削加工设备

【项目小结】

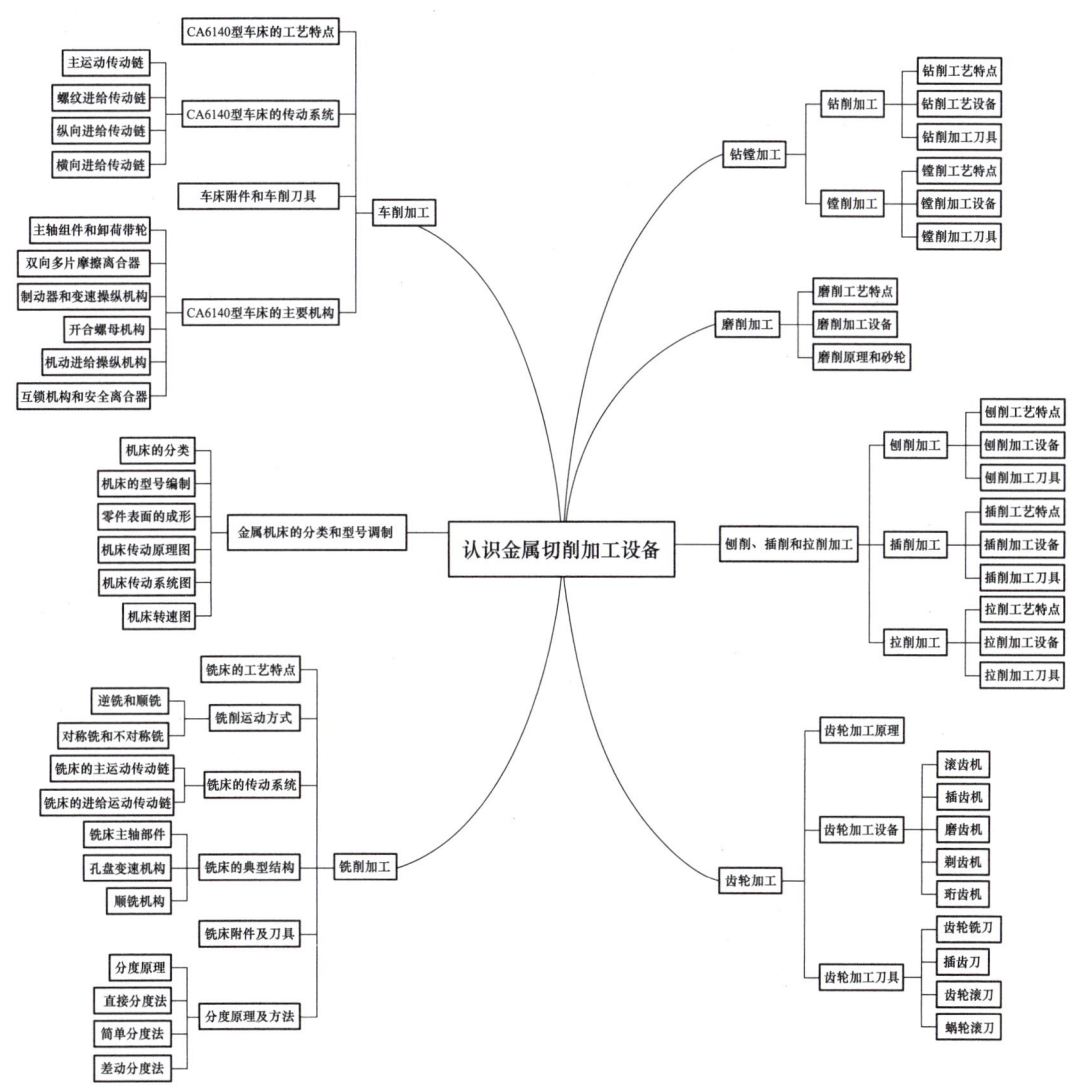

图 2-94　项目小结

【思考与练习题】

一、填空题

1. 在型号 CA6140 中，C 表示_____，40 表示_____。
2. 在车床上钻孔时，主运动是_____，进给运动是_____；在钻床上钻孔时，主运动是_____，进给运动是_____。
3. 在铣削加工中，主运动是_____，进给运动是_____。
4. CA6140 型卧式车床可加工_____、_____、_____和_____四种螺纹。

5. 为实现切削运动，机床必须具有_____、_____和_____三个基本部分。

6. 机床的传动链包括_____和_____两种，其中_____要求执行件之间必须保持严格的比例关系。

7. 铣削运动分为_____和_____两种方式；圆周铣削包括_____和_____两种方式。

8. 分度头型号 FW250 中的 F 表示_____；W 表示_____；250 表示_____。

9. 粗磨时，应选择_____（软、硬）的砂轮，精磨时应选择组织_____（紧密、疏松）的砂轮。

10. 滚斜齿与滚直齿的区别在于多了一条_____（展成运动、附加运动）传动链；滚齿时，刀具与工件之间的相对运动称为_____（成形运动、辅助运动）。

二、选择题

1. 根据我国机床型号编制方法，最大磨削直径为 320mm、经过第一次重大改进的高精度万能外圆磨床的型号为（　　）。
   A. MG1432A   B. M1432B   C. MG1432   D. MA14321

2. 下列描述正确的是（　　）。
   A. 为实现一个复合运动，必须有多个外联系传动链和多条内联系传动链
   B. 为实现一个复合运动，必须有一个外联系传动链和一条或几条内联系传动链
   C. 为实现一个复合运动，必须有多个外联系传动链和一条内联系传动链
   D. 为实现一个复合运动，只需多个内联系传动链，不需外联系传动链

3. 普通车床主轴前端的锥孔为（　　）锥度。
   A. 米制   B. 寸制   C. 莫氏

4. 车床的开合螺母机构主要是用来（　　）。
   A. 防止过载   B. 自动断开走刀运动
   C. 接通或断开螺纹运动   D. 自锁

5. 型号 CM1632 中的 M 表示（　　）。
   A. 磨床   B. 精密   C. 机床类别的代号

6. 在车床上安装工件时，能自动定心并夹紧工件的夹具是（　　）。
   A. 自定心卡盘   B. 单动卡盘   C. 中心架

7. 用一把车刀车削外圆、端面和倒角，主偏角应选用（　　）。
   A. 45°   B. 60°   C. 75°   D. 90°

8. C6140A 型车床表示床身上最大工件回转直径为（　　）mm 的卧式车床。
   A. 140   B. 400   C. 200

9. 铣削加工的主运动是（　　）运动。
   A. 铣刀的旋转   B. 工件的位移
   C. 工作台的进给   D. 铣刀的位移

10. 铣刀在切削区切削速度的方向与进给速度方向相同的铣削方式是（　　）。
    A. 顺铣   B. 逆铣   C. 对称铣削   D. 不对称铣削

11. 加工平面常用的铣刀有面铣刀和（   ）。
     A. 立铣刀　　　B. 圆柱铣刀　　　C. 三面刃铣刀　　　D. 成形铣刀
12. 立铣刀常用于加工（   ）。
     A. 平面　　　B. 沟槽和台阶面　　C. 成形表面　　　D. 回转表面
13. 铣削加工生产率高的原因是（   ）。
     A. 多齿同时切削　　B. 多齿连续切削　　C. 每个齿连续切削
14. 精加工时常用顺铣而不用逆铣的原因是（   ）。
     A. 逆铣会使工作台窜动　　　B. 顺铣刀具散热好　　　C. 顺铣加工质量好
15. 分度头的主要功能是（   ）。
     A. 分度　　　B. 装夹轴类零件　　C. 装夹套类零件　　　D. 装夹矩形工件
16. 大型箱体零件上的孔系加工，最适宜的机床是（   ）。
     A. 钻床　　　B. 拉床　　　C. 镗床　　　D. 立式车床
17. 淬硬工件表面的精加工，一般采用（   ）。
     A. 车削　　　B. 铣削　　　C. 刨削　　　D. 磨削
18. 加工内花键常用的加工方法是（   ）。
     A. 车削　　　B. 钻削　　　C. 拉削　　　D. 铣削
19. 钻孔时，钻头直径为 10mm，背吃刀量应为（   ）mm。
     A. 10　　　B. 5　　　C. 2.5　　　D. 5/sinϕ
20. 加工工件上直径较大的孔，（   ）几乎是唯一的刀具。
     A. 麻花钻　　　B. 深孔钻　　　C. 铰刀　　　D. 镗刀
21. 钻头安装不正，会导致将孔（   ）。
     A. 钻大　　　B. 钻偏　　　C. 钻扁　　　D. 钻小
22. 双刃镗刀的好处是（   ）得到平衡。
     A. 轴向力　　　B. 径向力　　　C. 转矩　　　D. 切削力
23. 麻花钻切削部分的切削刃共有（   ）个。
     A. 6　　　B. 5　　　C. 4　　　D. 3
24. 钻头的螺旋角越大，前角（   ）。
     A. 越大　　　B. 越小　　　C. 不变
25. 用钻头钻孔时，产生很大轴向力的主要原因是（   ）。
     A. 横刃的作用　　B. 主切削刃的作用　　C. 切屑的摩擦和挤压
26. 麻花钻横刃太长，钻削时会使（   ）增大。
     A. 切向力　　　B. 轴向力　　　C. 径向力
27. 标准麻花钻的顶角 2ϕ 一般在（   ）左右。
     A. 100°　　　B. 118°　　　C. 140°　　　D. 60°
28. 铰孔的表面粗糙度 Ra 可达（   ）μm。
     A. 0.8~3.2　　　B. 6.3~12.5　　　C. 3.2~6.3
29. 钻孔的公差等级一般可达（   ）。
     A. IT7~IT9　　　B. IT11~IT12　　　C. IT14~IT15
30. 砂轮的硬度是指（   ）。

A. 砂轮磨料的硬度 　　　　　　　B. 结合剂的硬度
C. 磨粒在外力作用下脱落的难易程度

31. 每一号齿轮铣刀可以加工（　　　）。
A. 一种齿数的齿轮 　　　　　　　B. 同一模数不同齿数的齿轮
C. 同组内各种齿数的齿轮

32. 磨削时的主运动是（　　　）。
A. 砂轮旋转运动 　　　　　　　　B. 工件旋转运动
C. 砂轮直线运动 　　　　　　　　D. 工件直线运动

33. 下列四种齿轮刀具中，用展成法加工齿轮的刀具是（　　　）。
A. 盘形齿轮铣刀 　　　　　　　　B. 指形齿轮铣刀
C. 齿轮拉刀 　　　　　　　　　　D. 齿轮滚刀

34. 下列四种齿轮刀具中，可以加工内齿轮的是（　　　）。
A. 盘形齿轮铣刀　B. 插齿刀　　C. 滚齿刀　　　D. 指状铣刀

35. 标准齿轮滚刀采用阿基米德滚刀原因是（　　　）。
A. 理论要求使用这种滚刀 　　　　B. 便于制造和测量其齿形
C. 可以减少加工齿面的表面粗糙度　D. 修正齿形误差

36. 齿轮铣刀所加工的齿轮精度较低原因是（　　　）。
A. 机床精度低　B. 分度精度低　C. 铣刀采用刀号制　D. 制造公差大

37. 同一模数的齿轮铣刀，一般分为（　　　）个刀号。
A. 20　　　　　B. 10　　　　　C. 8　　　　　D. 5

38. 四号齿轮铣刀用以铣削21~25齿数范围的齿轮，该号铣刀的齿形是按下列（　　　）齿数齿轮的齿槽轮廓制作。
A. 21　　　　　B. 22　　　　　C. 23
D. 24　　　　　E. 25

39. 用螺旋升角为 ϕ 的右旋滚刀，滚切螺旋角为 β 的左旋螺旋齿圆柱齿轮时，滚刀的刀轴应扳转（　　　）。
A. ϕ　　　　B. β　　　　C. $\beta-\phi$　　　　D. $\beta+\phi$

三、判断题

1. CA6140型卧式车床加工螺纹时，应保证主轴转一转，刀具移动一个螺纹导程。（　　）
2. M1432B型万能外圆磨床只能加工外圆柱面，不能加工内孔。（　　）
3. CA6140型卧式车床是最大工件回转直径为140mm的卧式车床。（　　）
4. 主运动和进给运动可由刀具和工件分别完成，也可由刀具单独完成。（　　）
5. 机床加工某一具体表面时，至少有一个主运动和一个进给运动。（　　）
6. 自动机床只能用于大批量生产，普通机床只能用于单件小批量生产。（　　）
7. C6140B表示第二次改进的床身上最大工件回转直径为400mm的卧式车床。（　　）
8. 车床的主运动是工件的旋转运动，进给运动是刀具的移动。（　　）
9. X6132型立式升降台铣床的工作台面宽度为320mm。（　　）
10. 在铣削过程中，逆铣较顺铣最大的优点是工作台无窜动现象。（　　）

11. 铣床的主运动是刀具的旋转运动，进给运动是工件的移动。（ ）
12. 高精度的齿轮通常在铣床上铣削加工。（ ）
13. 在装夹稳定性、工作台运动平稳性、刀具使用寿命等方面，顺铣均优于逆铣。
（ ）
14. 一般说来，顺铣比逆铣优越，顺铣尤其适用于对有硬皮工件的加工。（ ）
15. 万能分度头的蜗轮齿数称为定数，通常是 40。（ ）
16. 顺铣和逆铣的区别在于铣床主轴的旋转方向不同。（ ）
17. 在普通铣床上周铣时，因顺铣有窜动现象，所以一般采用逆铣。（ ）
18. 圆柱铣刀逆铣时工件的切削厚度由零变到最大；顺铣时则相反。（ ）
19. 钻床的主运动是钻头的旋转运动，进给运动是钻头的轴向运动。（ ）
20. 麻花钻前角随螺旋角的变化而变化，螺旋角越大，前角也越大。（ ）
21. 麻花钻的横刃是两个主切削刃的交线。（ ）
22. 钻孔时，因横刃处钻削条件恶劣，所以磨损最严重。（ ）
23. 钻孔时的背吃刀量等于钻头的半径。（ ）
24. 麻花钻两主切削刃之间的夹角称为顶角。（ ）
25. 在车床上钻孔易出现轴线偏斜现象，而在钻床上钻孔则易出现孔径扩大现象。
（ ）
26. 铰孔的精度主要不取决于机床的精度，而取决于铰刀的精度和安装方式以及加工余量、切削用量和切削液等条件。（ ）
27. 扩孔可校正钻孔的轴线偏斜。（ ）
28. 适宜镗削的孔有通孔、不通孔、台阶孔和带内回转槽的孔。（ ）
29. 牛头刨床只能加工平面，而不能加工曲面。（ ）
30. 刨刀常做成弯头的，其目的是增大刀杆刚度。（ ）
31. 大批量加工齿轮内孔键槽时，宜采用插削加工键槽。（ ）
32. 拉削加工由于主运动速度较低，故不适于大量生产。（ ）
33. 拉削相当于多刀刨削，粗加工和精加工一次完成，因而生产率高。（ ）
34. 砂轮的硬度是指组成砂轮的磨料的硬度。（ ）
35. 万能外圆磨床只能磨削外圆，不能磨削内圆。（ ）
36. 砂轮的组织表示磨具中磨料、结合剂和气孔三者之间不同体积的比例关系。（ ）
37. 磨齿是齿形精加工的主要方法，它既可加工未经淬硬的轮齿，又可加工淬硬的轮齿。
（ ）
38. 齿轮滚刀是加工外啮合直齿和斜齿圆柱齿轮最常用的刀具。（ ）
39. 插齿刀是用成形法加工齿轮的。（ ）
40. 滚齿机可以加工内齿轮、双联或多联齿轮。（ ）

四、综合练习题

1. 图 2-95 所示为某机床的传动系统图，根据该图完成以下问题：
（1）列出传动系统的传动路线表达式。
（2）该传动系统的级数为多少？如何实现主轴的换向操作？
（3）计算传动系统的最高和最低转速（不考虑效率损失）。

2. 图 2-96 所示为某钻床的传动系统图，根据该图完成以下问题：

（1）传动系统图的作用是什么？

（2）根据图示的传动系统图，列出传动路线表达式。

（3）根据传动路线表达式，计算其最高和最低转速。

（4）该传动系统共有几级转速？如何实现主轴的正反转？

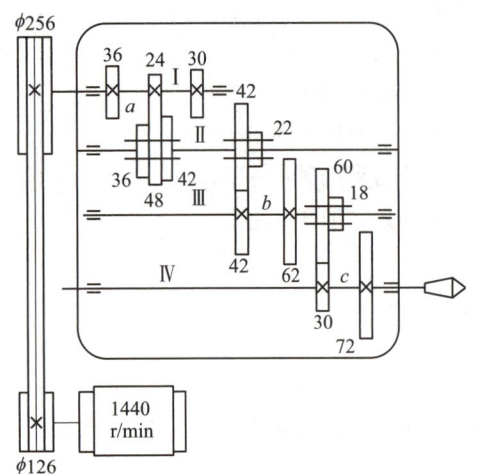

图 2-95　机床传动系统图　　　　图 2-96　钻床传动系统图

3. 图 2-97 所示为某铣床的传动系统图，根据该图完成以下问题：

（1）列出传动系统的传动路线表达式。

（2）该传动系统的级数为多少？如何实现主轴的换向操作？

（3）计算传动系统的最高和最低转速（不考虑效率损失）。

4. 在 X6132 型铣床上利用 FW250 型分度头加工齿数为 24 的直齿轮，根据所学知识完成下列任务（已知 FW250 型分度盘的孔数为 16、24、30、36、41、47、57、59）：

（1）解释 FW250 中字母和数字的含义。

（2）该直齿轮应采取何种分度方法？有何特点？

（3）计算手柄的转数和转过的孔距数。

5. 在 X6132W 型铣床上利用 FW125 型分度头加工齿数为 33 的直齿轮，完成下列任务：

（1）解释 FW125 中字母和数字的含义。

（2）该直齿轮应采取何种分度方法？有何特点？

（3）计算手柄的转数和转过的孔距数。

FW125 型万能分度盘的共有三块分度盘，其孔数分别为：

第一块 16、24、30、36、41、47、57、59；

第二块 23、25、28、33、39、43、51、61；

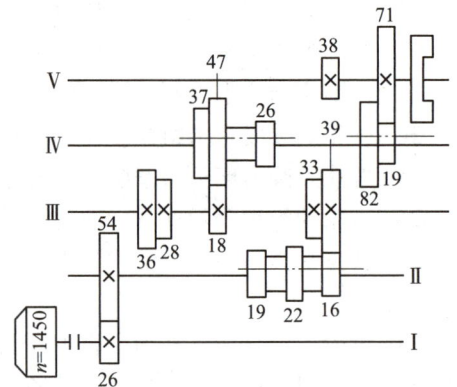

图 2-97　铣床传动系统图

第三块 22、27、29、31、37、49、53、63。

6. 在 Y3150E 型滚齿机上加工 $z=52$、$m=2\text{mm}$ 的直齿轮和 $z=46$、$m_n=2\text{mm}$、$\beta=18°24'$ 的右旋斜齿轮，试分别配换各组交换齿轮。已知数据：

(1) 切削用量 $v=25\text{m/min}$；$f=0.87\text{mm/r}$。

(2) 滚刀参数 $\phi70\text{mm}$；$\lambda=3°6'$；$m_n=2\text{mm}$；单头右旋。

7. 在 Y3150E 型滚齿机上加工 $z=47$、$m=4\text{mm}$ 的 45 钢制直齿轮，试列出加工时各传动链的运动平衡方程式，并确定其滑移齿轮及交换齿轮齿数。已知数据：

(1) 切削用量 $v=20\text{m/min}$；$f=1\text{mm/r}$。

(2) 滚刀参数 $\phi100\text{mm}$；$\lambda=2°45'$；单头右旋。

五、分析题

1. 图 2-98 所示为双向多片式摩擦离合器，分析并回答以下问题：

(1) 该摩擦离合器在机床中的作用是什么？

(2) 为什么外摩擦片 3 比内摩擦片 2 的数量多？

(3) 根据离合器的结构图，将正确的内容填在横线上。

当拨叉 13 右移时，滑套 10 _____ 移动（"向左"或"向右"），元宝形摆块 12 _____ 转动（"逆时针方向"或"顺时针方向"），拉杆 9 _____ 移动（"向左"或"向右"），拉杆 9 通过长销 6 带动压套 5 和螺母 4 压紧内外摩擦片 2 和 3，从而将运动传给 _____（填零件的名称和序号），使主轴 _____ 转（"正"或"反"）。

(4) 当摩擦离合器的间隙过大或过小时会出现什么问题？如何调整其间隙？

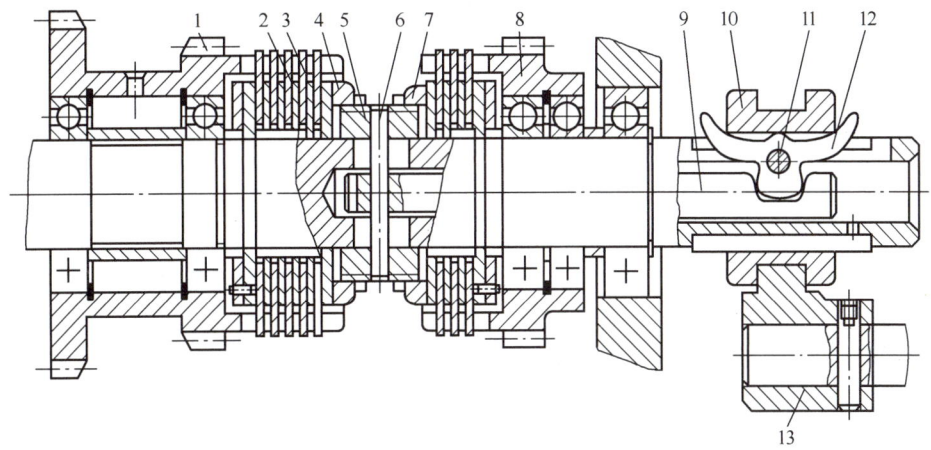

图 2-98 双向多片式摩擦离合器

1—双联齿轮 2—内摩擦片 3—外摩擦片 4、7—螺母 5—压套 6—长销 8—齿轮 9—拉杆 10—滑套 11—圆柱销 12—元宝形摆块 13—拨叉

2. 图 2-99 所示为某机床离合器和制动器的操纵机构图，根据该图完成以下问题：

(1) 说明摩擦离合器在机床中的作用。

(2) 在图示情况下，机床主轴处于什么状态？

(3) 如果操作中手柄扳到停车位置时，主轴仍不能停止转动，这是什么原因？

(4) 如何调节制动装置的松紧程度？

（5）当手柄 7 向上提起时，写出离合器和制动器的工作路线图。

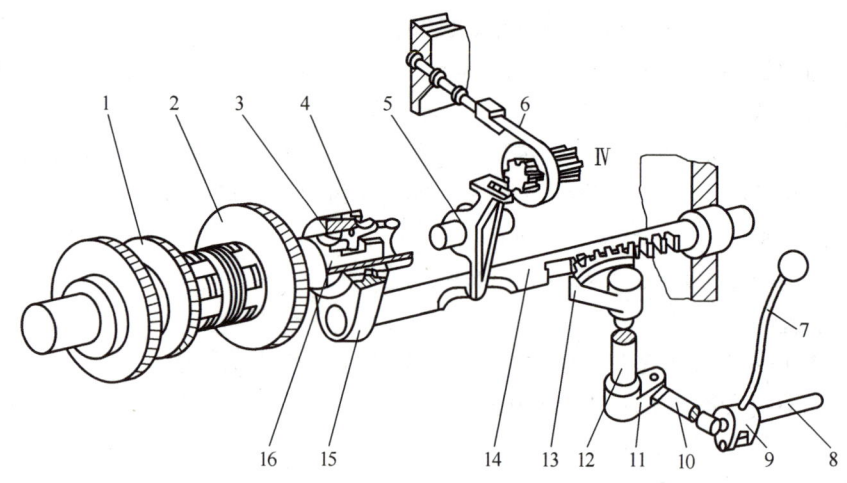

图 2-99　某机床的操作机构示意图

1—双联齿轮　2—齿轮　3—元宝形摆块　4—滑套　5—杠杆
6—制动带　7—手柄　8—操纵杆　9、11—曲柄　10、16—拉杆
12—轴　13—扇形齿轮　14—齿条轴　15—拨叉

六、简答题

1. 解释机床型号的含义：CK7520、CG6125B、X6132、XK5040、Z3040、Y3150E。

2. 什么是传动链？外联系传动链和内联系传动链有何不同？

3. 什么是传动原理图、传动系统图和转速图？各有何作用？

4. 简述车削加工的特点及应用范围。

5. 车削加工时，如把多片式摩擦离合器的操纵手柄扳到中间位置后，车床主轴要转一段时间后才能停止，试分析原因并说明解决的方法。

6. 如果 CA6140 型卧式车床的安全离合器在正常车削时出现打滑现象，试分析原因并说明解决办法。

7. 简述铣削加工的特点及应用范围。

8. 比较顺铣和逆铣的特点。

9. 简述常用的分度方法及工作原理。

10. 简述钻削加工的特点及应用范围。

11. 简述镗削加工的特点及应用范围。

12. 简述磨削加工的特点及其应用。

13. 简述拉削加工的特点及其应用。

14. 简述磨齿加工的特点及其应用。

15. 简述展成法滚齿时所需的运动形式。

16. 简述插齿加工的原理及其运动形式。

大国工匠——顾秋亮

顾秋亮在中国船舶重工集团公司第七〇二研究所从事钳工工作四十多年，先后参加和主持过数十项机械加工和大型工程项目的安装调试工作，是一名安装经验丰富、技术水平过硬的钳工技师。在蛟龙号载人潜水器的总装及调试过程中，顾秋亮同志作为潜水器装配保障组组长，工作兢兢业业，刻苦钻研，对每个细节进行精细操作，任劳任怨，以严肃的科学态度和踏实的工作作风，凭借扎实的技术技能和实践经验，主动勇挑重担，解决了一个又一个难题，保证了潜水器按时完成总装联调。诚如顾秋亮所说，每个人都应该去寻找适合自己的人生之路。知识重要，手上的技艺同样重要，人生的价值体现其实不必拘泥于书本，接受大国工匠的人生故事感召，成为各种高精尖技艺的接班人，幸甚至哉！

项目三

学习零件的机械加工工艺规程

【学习目标】

知识目标

1）掌握机械加工工艺规程的基本概念。
2）掌握机械加工工艺规程的内容和制订步骤。
3）掌握粗基准和精基准的选择原则。
4）掌握安排工序顺序的一般原则。
5）掌握用极值法和统计法解算工艺尺寸链。
6）掌握提高生产率的途径。

能力目标

1）理解工艺规程基本概念。
2）选择机械加工粗基准和精基准的能力。
3）拟定零件机械加工工艺路线的能力。
4）理解尺寸链概念，掌握计算工艺尺寸链的能力。

素质目标

良好的团队合作意识和创新思维能力。

【项目描述】

学习机械加工工艺规程设计，掌握机械加工工艺规程的基本概念，能够合理选择定位基准以及拟定零件的机械加工工艺路线，能够完成工艺路线编制过程中的相关计算，培养工程素养和职业能力。

任务一 理解机械加工工艺规程的基本概念

一、生产过程和工艺过程

生产过程是指从原材料（或半成品）制成产品的全部过程。对机器生产而言包括原材料的运输和保存，生产的准备，毛坯的制造，零件的加工和热处理，产品的装配及调试，油漆和包装等内容。生产过程的内容十分广泛，现代企业用系统工程学的原理和方法组织生产和指导生产，将生产过程看成是一个具有输入和输出的生产系统。

在生产过程中，直接改变原材料（或毛坯）形状、尺寸和性能，使之变为成品的过程，

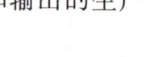

称为工艺过程。它是生产过程的主要部分。毛坯的铸造、锻造和焊接,改变材料性能的热处理,零件的机械加工等,都属于工艺过程。

二、机械加工工艺过程的组成

为便于分析机械加工的情况和制订工艺规程,通常将机械加工工艺过程分解为工序、安装、工位、工步和走刀。

1. 工序

一个或一组工人在同一工作地对同一个或同时对几个工件所连续完成的那一部分工艺过程称为工序,它是生产过程中最基本的组成单位。工序举例如下:

1) 一个工人在一台车床上完成车外圆、端面、空刀槽、螺纹、切断。
2) 一组工人刮研一台机床的导轨。
3) 一组工人对一批零件去毛刺。
4) 生产和检验原材料、零部件、整机的具体阶段。

合理划分工序有利于建立生产劳动组织,加强劳动分工与协作,制订劳动定额。表 3-1 和表 3-2 分别给出了不同批量条件下阶梯轴(图 3-1)的工艺过程。

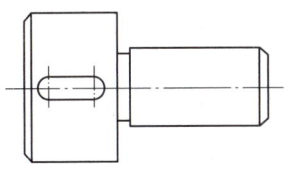
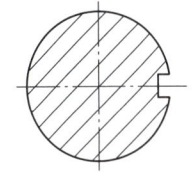

图 3-1　阶梯轴简图

表 3-1　单件小批生产时阶梯轴的加工工艺过程

工序号	工序内容	设备
1	车一端面,钻中心孔;调头,车另一端面,钻中心孔	车床
2	车大外圆及倒角;调头,车小外圆、切槽及倒角	车床
3	铣键槽、去毛刺	铣床

表 3-2　中批生产时阶梯轴的加工工艺过程

工序号	工序内容	设备
1	铣两端面,钻两端中心孔	专用机床
2	车大外圆及倒角	车床

2. 安装

工件在一次装夹中所完成的那部分工序,称为安装。在同一道工序中,工件可能要经过几次安装。零件在加工过程中应尽量减少工件的安装次数,以减少安装误差和缩短加工辅助时间。

3. 工位

通过分度或移位装置,使工件在一次安装中有不同的加工位置,把工件所占据的每个工作位置称为工位。图 3-2 所示为在一台三工位回转工作台机床上加工轴承盖螺钉孔的示意图。操作者在上下料工位Ⅰ处装上工件,当该工件依次通过钻孔工位Ⅱ、扩孔工位Ⅲ后,即可在一次装夹后把四个阶梯孔在两个位置加工完毕。这样,既减少了装夹次数,又因各工位的加工与装卸是同时进行的,从而节约安装时间,使生产率大大提高。多工位加工是生产中减少辅助时间和提高生产率的有效途径之一。

4. 工步

在加工表面、切削刀具、切削速度和进给量不变的条件下，连续完成的那一部分工序内容称为工步，生产中也常称为"进给"。为了提高生产率，用几把刀具同时加工几个加工表面的工步，称为复合工步，也可以看作一个工步。例如，带回转刀架的机床（转塔车床或加工中心），回转刀架的一次转位所完成的内容属于一个工步，若有多把刀具同时参与切削，该工步称为复合工步（图 3-3）。

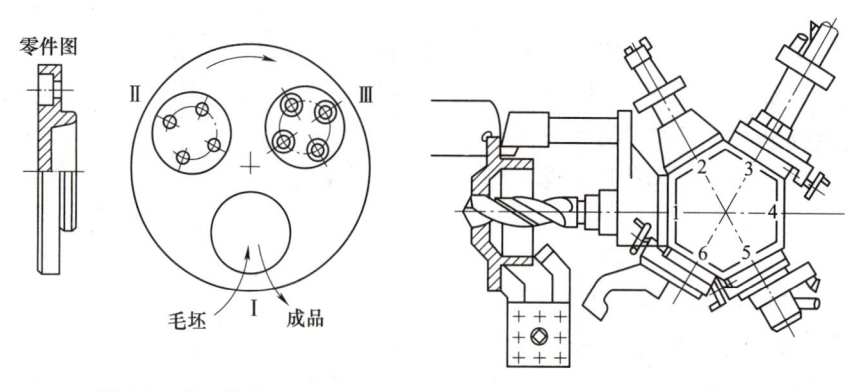

图 3-2　多工位加工　　　　　图 3-3　复合工步

5. 走刀

切削刀具在加工表面上切削一次所完成的工步内容，称为一次走刀。走刀是构成工艺过程的最小单元。一个工步可包括一次或数次走刀。当需要切去的金属层很厚，不能在一次走刀下切完时，则需分几次走刀。

机械加工工艺过程基本组成部分之间的关系如图 3-4 所示。

三、生产纲领与生产类型

1. 生产纲领

生产纲领指企业在计划期内应生产的产量和进度计划。生产纲领一般指年产量。零件的生产纲领应计入备品和废品的数量。生产纲领的计算公式为

$$N = Qn(1 + \alpha)(1 + \beta)$$

式中　N——零件的生产纲领（件/年）；

　　　Q——产品的年产量（台/年）；

　　　n——每台产品中该零件的数量（件/台）；

　　　α——备品率；

　　　β——废品率。

生产纲领的大小一定程度上决定了零件或产品的生产类型，而生产类型的工艺特征各不相同，工艺规程必须和生产类型相适应。因此，生产纲领是制订工艺规程的重要依据。

2. 生产类型

根据生产纲领的大小，机械制造企业的生产可分为三种类型（表 3-3）。

(1) 单件生产　产品品种很多，同一产品产量很少，很少重复生产，各工作加工对象经常改变。如重型机械制造、专用设备制造和新产品调试制等，均属单件生产。

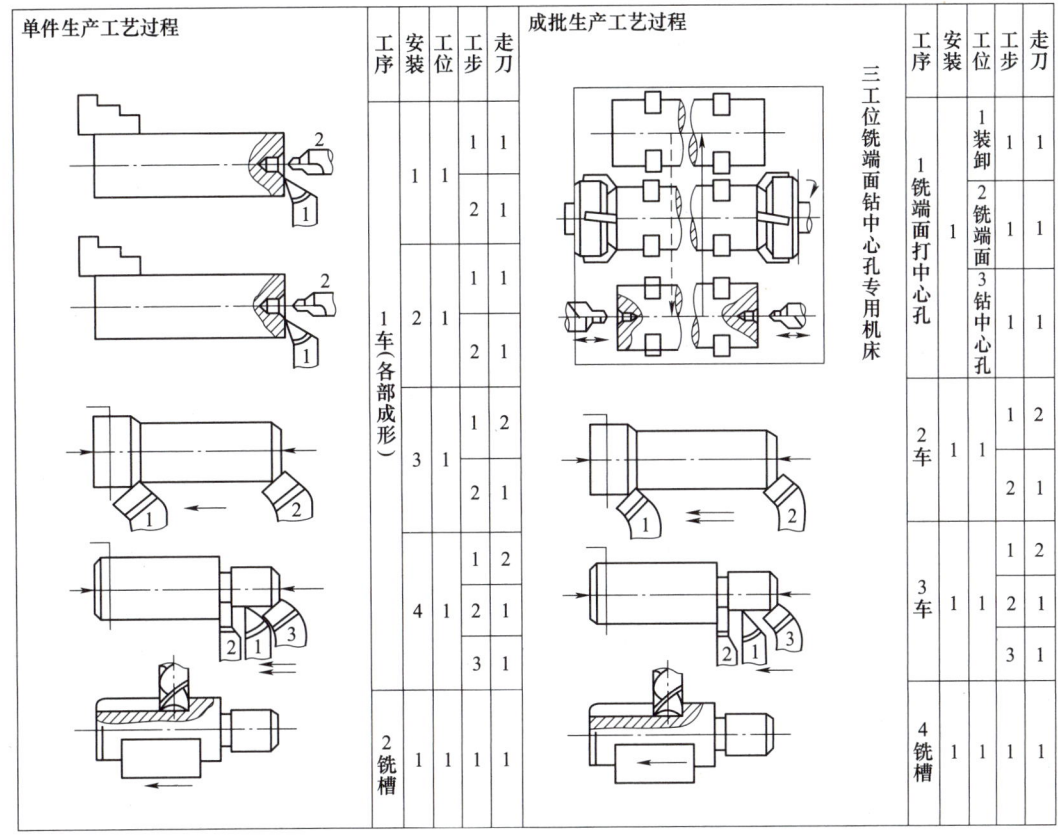

图 3-4 机械加工工艺过程基本组成部分之间的关系

（2）成批生产　一年中分批、分期地制造同一产品，工作加工对象周期性重复。如机床、机车、家电等产品制造，多属成批生产。每批生产的同一产品的数量称为批量，根据批量的大小，成批生产又可分为小批生产、中批生产和大批生产三种。

1）小批生产：生产特点与单件生产基本相同。

2）中批生产：生产特点介于小批生产和大批生产之间。

3）大批生产：生产特点与大量生产相同。

（3）大量生产　产品产量很大，大多数工作长期重复进行某一工件某一工序生产。如汽车、拖拉机、轴承和自行车等产品制造多属于大量生产。

表 3-3　不同生产类型和生产纲领

生产类型		零件的年生产纲领/(件/年)		
		重型机械	中型机械	小型机械
单件生产		≤5	≤20	≤100
成批生产	小批生产	>5~100	>20~200	>100~200
	中批生产	>100~300	>200~500	>500~5000
	大批生产	>300~1000	>500~5000	>5000~50000
大量生产		>1000	>5000	>50000

各种生产类型的工艺特征见表 3-4。

表 3-4 各种生产类型的工艺特征

工艺特征	生产类型		
	单件生产	成批生产	大批量生产
工件的互换性	没有互换性	部分互换	完全互换
毛坯和加工余量	木模铸造	金属型铸造	金属型机器造型
机床设备	通用机床；数控机床	加工中心或柔性制造单元	专用生产线、自动生产线
夹具	多用标准附件	广泛采用夹具或组合夹具	广泛采用高生产率夹具
刀具与量具	采用通用刀具和万能量具	专用刀具及专用量具	高生产率刀具和量具
工艺规程	工艺过程卡	工艺卡，重要工序详细	工艺过程卡、工序卡
对工人的要求	需要技术熟练的工人	需要一定熟练程度的工人	对操作工人的要求较低

四、机械加工工艺规程

任何零件的机械加工工艺过程都具有多样性，但其中总有一种工艺过程是在某一具体条件下最合理的。用规定的图标和文字的形式将其固定下来，并用来指导生产，这些工艺文件就是工艺规程。工艺规程是在总结工人及技术人员实践经验的基础上，依据科学理论和必要的工艺试验制订的。经审定批准的工艺规程是指导生产的工艺文件，企业人员必须严格遵守。

1. 机械加工工艺规程的作用

1）指导生产的重要技术文件。
2）组织和管理生产的重要依据。
3）新建或改、扩建工厂的主要依据。
4）工艺规程有助于技术交流和推广先进经验。

2. 制订工艺规程的原则

在一定的生产条件下，应以最少的劳动量和最低的成本，在规定的时间内，可靠地加工出符合图样及技术要求的零件。制订工艺规程应注意以下问题：

（1）技术上的先进性　在制订工艺规程时，要了解国内外本行业工艺技术的发展，通过必要的工艺试验，尽可能采用先进适用的工艺和工艺装备。

（2）经济上的合理性　在一定的生产条件下，可能会出现几种能够保证零件技术要求的工艺方案。此时应通过成本核算或相互对比，选择经济上最合理的方案，使产品生产成本最低。

（3）具有良好的劳动条件　在制订工艺规程时，要注意保证工人操作时有良好而安全的劳动条件。因此，在工艺方案上要尽量采取机械化或自动化措施，以减轻工人繁重的体力劳动。同时，要符合国家环境保护法的有关规定，避免环境污染。

产品质量、生产率和经济性这三个方面有时相互矛盾，因此，合理的工艺规程应该处理好这些矛盾，体现这三者的统一。

3. 制订工艺规程的原始资料

1）产品的装配图和零件图。

2）产品的验收质量标准。
3）产品或零件的生产纲领。
4）现场的生产条件。
5）有关的工艺手册及图册。
6）国内外工艺技术发展情况。

4. 制订工艺规程的步骤

1）计算生产纲领，确定生产类型。
2）零件的工艺分析。分析和审查零件图样；审查零件材料是否恰当；分析零件的技术要求；审查零件的结构工艺性。
3）毛坯的选择。确定毛坯种类；确定毛坯形状；绘制毛坯零件综合图。
4）拟定工艺路线。选择定位基准；确定各表面的加工方法；确定工序分散与集中程度；安排加工顺序；安排热处理及检验工序等。
5）确定各工序的设备、夹具、刀具、量具和辅助工具。
6）确定各工序加工余量，计算工序尺寸及公差。
7）确定切削用量和工时定额。
8）确定各主要工序的技术要求及检验方法。
9）填写工艺文件。

五、工艺规程的类型

生产中工艺规程的类型有以下几种：

（1）机械加工工艺过程卡片 该卡片以工序为单位，简要列出零件的加工步骤和加工内容，见表3-5。主要用于单件小批量生产，也可用于生产管理。

表3-5 机械加工工艺过程卡片

（工厂名）	机械加工工艺过程卡片	产品名称及型号		零件名称		零件图号			
		材料	名称	毛坯	种类	零件重量/kg	毛重	第 页	
			牌号		尺寸		净重	共 页	
			性能	每料件数		每台件数		每批件数	
工序号		工序内容		加工车间	设备名称及编号	工艺装备名称及编号			时间定额/min
						夹具	刀具	量具	技术等级	单件	准备终结
更改内容									
编制		抄写		校对		审核		批准	

（2）机械加工工艺卡片 该卡片以工序为单位，详细说明零件的加工过程，用以指导

生产，见表3-6。卡片中应画出零件图，不必画出各工序图，多用于不太复杂零件的批量加工。

表3-6 机械加工工艺卡片

（工厂名）	机械加工工艺卡片	产品名称及型号		零件名称		零件图号				第 页
		材料	名称	毛坯	种类	零件重量/kg	毛重			共 页
			牌号		尺寸		净重			
			性能	每料件数		每台件数		每批件数		

工序	安装	工步	工序内容	同时加工零件数	切削用量				设备名称及编号	工艺装备名称及编号			技术等级	工时定额/min	
					背吃刀量/mm	切削速度/(m/min)	切削速度/(r/min 或双行程数/min)	进给量/(mm/r 或 mm/min)		夹具	刀具	量具		单件	准备终结

更改内容							
编制		抄写		校对		审核	批准

（3）机械加工工序卡片 该卡片以工序为单位，每张卡片都画出工序简图并标注该工序加工技术要求，同时用粗实线标出加工部位，用规定符号标出定位及夹紧部位等，还应详细填写各工步内容、加工中所需设备及工装、切削用量及切削液种类等内容，见表3-7。

表3-7 机械加工工序卡片

（工厂名）	机械加工工序卡片	产品名称及编号	零件名称	零件图号	工序名称	工序号	第 页
							共 页
（画工序简图处）			车间	工段	材料名称	材料牌号	力学性能
			同时加工件数	每料件数	技术等级	单件时间/min	准备终结时间/min
			设备名称	设备编号	夹具名称	夹具编号	切削液
			更改内容				

（续）

工步号	工步内容	计算数据/mm			走刀次数	切削用量				工时定额/min			刀具量具及辅助工具			
		直径或长度	进给长度	单边余量		背吃刀量/mm	进给量/(mm/r或mm/min)	切削速度/(r/min或双行程数/min)	切削速度/(m/min)	基本时间	辅助时间	工作地点服务时间	工步号	名称	规格	编号	数量
编制		抄写				校对				审核			批准			

任务二 理解工件的安装、基准和定位

【知识准备】

一、工件的安装

在机械加工前，必须使工件在机床或夹具上相对于刀具占据某一正确的位置，这个过程称为工件的"定位"。由于在加工中受到切削力等力的作用，工件定位后还应将工件"夹紧"，保持工件在加工中的正确位置不变。工件的"安装"包括"定位"和"夹紧"两个方面。随着批量的不同，工件的大小和加工精度要求各不相同，工件的安装方法也有所不同，一般有以下三种方式：

（1）直接找正安装（图3-5） 直接找正安装是将工件直接装在机床上后，用百分表或划针盘上的划针以目测法校正工件的正确位置，一边校验一边找正，直至符合要求。直接找正法的定位精度和效率，取决于找正精度、找正方法、找正工具和工人的技术水平，仅用于单件、小批量生产中。此外，当对工件的定位精度要求较高且夹具难以达到要求时，就不得不使用精密量具，并由有较高技术水平的工人用直接找正法来定位。

（2）划线找正安装（图3-6） 划线找正安装是在机床上用划针按毛坯或半成品上所划的线来找正工件，使其获得正确位置的一种方法。由于存在划线误差和校正误差，因此该法多用于生产批量较小、毛坯精度较低以及大型工件等不宜使用夹具的粗加工中。

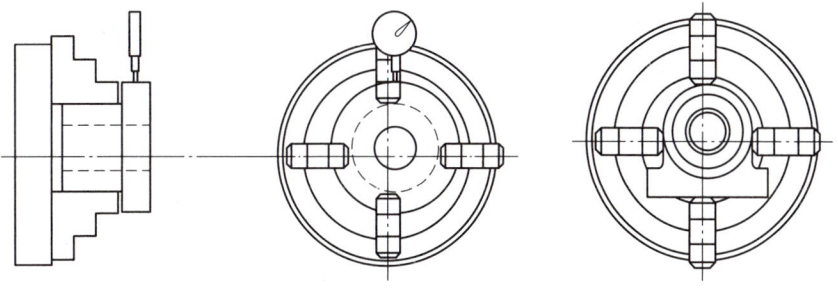

图3-5 直接找正安装　　　图3-6 划线找正安装

（3）采用夹具安装（图3-7） 夹具是机床的一种附加装置，它在机床上相对刀具的位置在工件未安装前已预先调整好，所以在加工一批工件时不必再逐个找正定位，就能保证加

工的技术要求，是高效的定位方法，在成批和大量生产中广泛应用。

二、基准及其分类

在零件的设计和制造过程中，要确定一些点、线或面的位置，必须以一些指定的点、线或面作为依据，这些作为依据的点、线或面，称为基准。根据基准的用途，基准可分为设计基准和工艺基准两大类。

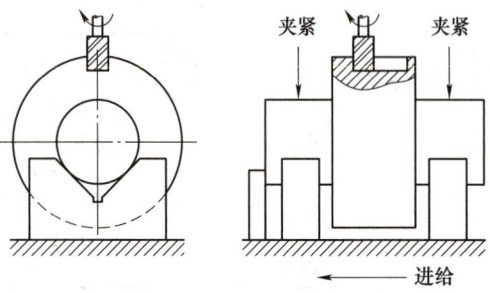

图3-7 铣键槽工序的夹具安装

1. 设计基准

设计人员在零件图上标注尺寸或相互位置关系时所依据的那些点、线、面称为设计基准。如图3-8a所示，端面 C 是端面 A、B 的设计基准；中心线 OO 是外圆柱面 ϕD 和 ϕd 的设计基准；中心 O 是 E 面的设计基准。

2. 工艺基准

零件在加工或装配过程中所使用的基准，称为工艺基准（也称制造基准）。工艺基准按用途又可分为四类。

（1）工序基准　在工序图上标注被加工表面尺寸（称为工序尺寸）和相互位置关系时，所依据的点、线、面称为工序基准。图 3-8a 所示的零件，加工端面 B 时的工序图如图 3-8b 所示，工序尺寸为 l_4，则工序基准为端面 A，而其设计基准是端面 C。

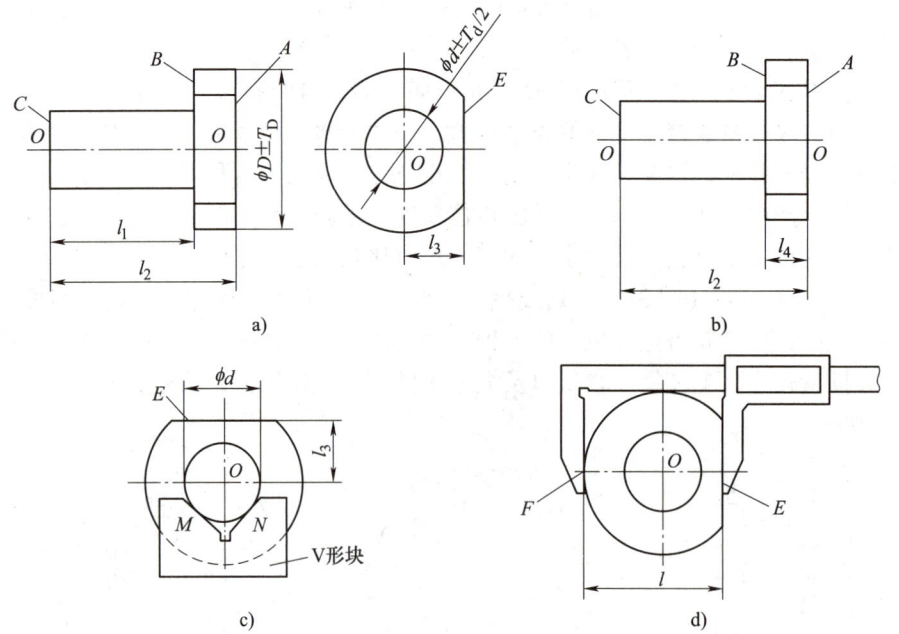

图 3-8　各种基准示例

（2）定位基准　工件在机床上加工时，在工件上用以确定被加工表面相对机床、夹具、刀具位置的点、线、面称为定位基准。如图3-8c所示，加工 E 面的工件是以外圆 ϕd 在V形块上定位，其定位基准则是外圆 ϕd 的素线。加工轴类零件时，常以顶尖孔作为定位基准。

加工齿轮外圆或切齿时，常以内孔和端面作为定位基准。

（3）测量基准　在工件上用以测量已加工表面位置时所依据的点、线、面称为测量基准。一般情况下常采用设计基准作为测量基准。如图 3-8a 所示，当加工端面 A、B，并保证尺寸 l_1、l_2 时，测量基准就是它的设计基准端面 C。但当以设计基准作为测量基准不方便或不可能时，也可采用其他表面作为测量基准。如图 3-8d 所示，表面 E 的设计基准为中心 O，而测量基准为外圆 ϕD 的素线 F，则此时的测量尺寸为 l。

（4）装配基准　在装配时，用来确定零件或部件在机器中的位置时所依据的点、线、面称为装配基准。如齿轮装在轴上，内孔是它的装配基准；轴装在箱体孔上，则轴颈是装配基准；主轴箱体装在床身上，则箱体的底面是装配基准。

三、定位基准的选择

定位基准又分为粗基准、精基准和辅助基准。工件在起始工序加工中只能选择未经加工的毛坯表面作为定位基准，这种定位基准称为粗基准。在后续工序中以已加工过的表面进行定位的基准称为精基准。为了便于零件的加工而设置的基准称为辅助基准，如轴类零件加工用的顶尖孔等。选择定位基准主要是为了保证零件加工表面之间以及加工表面与未加工表面之间的相互位置精度，因此正确选择定位基准对保证零件的加工要求、合理安排加工顺序有着至关重要的影响。

1. 粗基准的选择原则

粗基准选择正确与否，不仅与第一道工序的加工有关，还将对工件加工的整个过程产生重大影响。粗基准的选择一般应遵循以下原则。

1）保证相互位置要求原则（图 3-9）。如果必须保证工件上加工表面和不加工表面之间的位置要求，则应选择工件上的不加工表面作为粗基准。

2）余量均匀分配原则（图 3-10）。如果要求保证工件上某重要表面加工余量均匀，则应选择该表面作为粗基准。

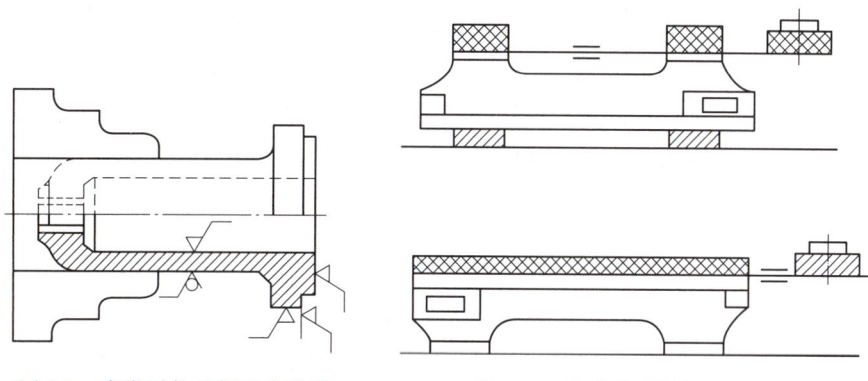

图 3-9　套类零件的粗基准选择　　图 3-10　车床床身的粗基准选择

3）对于所有表面都要加工的表面，选取余量和公差最小的表面作为粗基准，以避免余量不足而造成废品。

4）选择比较平整、光滑、有足够大面积的表面作为粗基准。该表面不允许有浇口、冒口的残迹和飞边，以确保定位准确，夹紧可靠。

5)粗基准在同一定位方向上只允许使用一次,不允许重复使用。因为粗基准的精度和表面质量都很差,如果重复使用,则不能保证工件相对刀具的位置在重复使用粗基准的工序中都一致,因而影响加工精度。

2. 精基准的选择原则

选择精基准时,应重点考虑如何减少工件的定位误差和保证加工精度,并使夹具结构简单,装夹方便。精基准的选择原则有:

1)基准重合原则(图3-11)。基准重合原则指选择的定位基准与设计基准或工序基准重合。这样可以避免因基准不重合而产生定位误差。

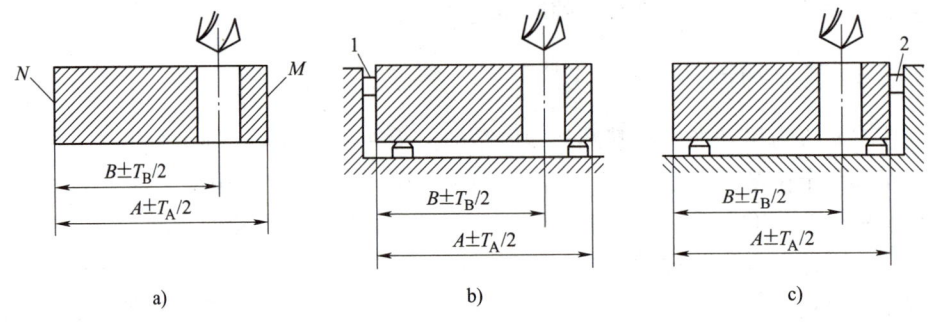

图 3-11　基准重合原则

图3-11a所示为在钻床上成批加工工件孔的工序简图,N面为尺寸B的工序基准。若选N面作为尺寸B的定位基准并与夹具1面接触,钻头相对1面位置已调整好且固定不动(图3-11b),则加工这一批工件时尺寸B不受尺寸A变化的影响,从而提高了加工尺寸B的精度。若选择M面作为定位基准并与夹具2面接触,钻头相对2面已调整好且固定不动(图3-11c),则加工的尺寸B要受到尺寸A变化的影响,使尺寸B精度下降。

定位基准和设计基准不重合产生定位误差的问题,发生在用调整法获得尺寸的场合。如果用试切法加工,就不存在基准不重合误差的问题。如果采用基准重合原则使得夹具结构复杂以及装夹不便时,就应放弃该原则而采用其他精基准的选择原则。

2)基准统一原则。基准统一原则指在整个工艺过程中,尽可能选择相同的定位基准来加工零件的多个表面。采用基准统一原则能简化夹具的设计和制造工作,还能减少因基准变换带来的误差,较好地保证各加工表面间的位置精度。如加工轴类工件时的顶尖孔定位,加工箱体类零件时的一面两孔定位等。

【任务实施】

【案例3-1】 基准重合原则和基准统一原则有何不同?

【解】 基准重合和基准统一是两个不同的概念;基准重合是针对一道工序来说的,基准统一是针对多道工序或整个工艺过程来说的;采用统一基准时,不一定要基准重合。

3)互为基准原则。当两个表面相互位置精度要求较高时,则两个表面互为基准反复加工,可以不断提高定位基准的精度,保证两个表面之间相互位置精度。如加工套筒类零件,当内、外圆柱表面的同轴度要求较高时,先以孔定位加工外圆,再以外圆定位加工孔,反复加工几次就可大大提高同轴度精度。

4）自为基准原则。当精加工或光整加工工序要求余量小且均匀时，可选择加工表面本身作为精基准，以保证加工质量和提高生产率。

【案例3-2】 试列举自为基准的例子。

【解】 精铰孔时，铰刀与主轴采用浮动连接，加工时是以孔本身为定位基准。磨削车床床身导轨面时，常在磨头上装百分表以导轨面本身为基准来找正工件，或者用观察火花的方法来找正工件。精镗连杆小头孔，以自身定位，即先在小头孔中安装活动定位销，定位夹紧后，再将定位销从孔中拔出来。应用自为基准原则加工工件时，只能提高加工表面的尺寸精度，不能提高表面间的相互位置精度，后者应由先行工序保证。

5）便于装夹的原则。应能使工件装夹稳定可靠、夹具简单。一般采用面积大、精度较高和表面粗糙度值较小的表面作为精基准。加工箱体类和支架类零件时常选用装配基准作为精基准，因为装配基准一般面积较大、装夹稳定、方便，设计夹具也较简单。

任务三　拟定工艺路线

【知识准备】

拟定零件机械加工工艺路线时，除选择定位基准外，还包括加工方法的选择、加工阶段的划分、工序顺序的安排、工序的集中与分散以及设备与工装的选择等。机械加工工艺路线的优劣不但影响零件的加工质量和生产率，而且影响企业的设备投资、生产面积和生产成本。拟定工艺路线是制订工艺规程中关键性的步骤，通常应在几种候选工艺路线方案中选择最优的方案。

一、表面加工方法的选择

零件是由多个表面组成的，每一个表面又可以用多种加工方法获得。因此，应该对零件的结构特点、形状大小、技术要求、材料性能、生产批量、设备现状以及经济性等多方面进行分析，选择合适的加工方法。

不同的加工方法，其用途各不相同，所能达到的精度和表面粗糙度也不同，即使是同一种加工方法，在不同的加工条件下所得到的精度和表面粗糙度也不一样。这是因为在加工过程中，有各种因素对精度和表面粗糙度产生影响，如工人的技术水平、切削用量、刀具的刃磨质量、机床的调整质量等。

所谓某种加工方法的经济精度，是指在正常的工作条件下（包括完好的机床设备、必要的工艺装备、标准的工人技术等级、标准的耗用时间和生产费用）所能达到的加工精度。与经济加工精度相似，各种加工方法所能达到的表面粗糙度也有一个较经济的范围。各种加工方法所能达到的经济精度、表面粗糙度以及表面形状以及位置精度可查阅相关手册。

加工方法和加工方案应根据加工表面的技术要求确定，选择加工方法时要考虑被加工材料的性质、生产率和经济性问题，还要考虑本厂（或本车间）的现有设备情况及技术条件。

表3-8～表3-10分别为常见的外圆、内孔和平面的加工方案，可供制订工艺时参考。

表 3-8　外圆的加工方案

公差等级	表面粗糙度 Ra/μm	加工方案	适用范围
IT11~IT13	12.5~50	粗车	适用于淬火钢外的各种金属
IT8~IT10	3.2~6.3	粗车—半精车	
IT7~IT8	0.8~1.6	粗车—半精车—精车	
IT5~IT6	0.2~0.8	粗车—半精车—精车—精细车	主要用于要求高的有色金属
IT7~IT8	0.4~0.8	粗车—半精车—磨削	适用于除有色金属外的各种金属，特别是淬火钢
IT6~IT7	0.1~0.4	粗车—半精车—粗磨—精磨	
IT3~IT5	0.025~0.1	粗车—半精车—粗磨—精磨—超精磨	

表 3-9　内孔的加工方案

公差等级	表面粗糙度 Ra/μm	加工方案	适用范围
IT11~IT13	12.5~50	钻	加工除淬火钢外各种金属实心毛坯上较小的孔
IT9~IT10	3.2~6.3	钻—扩	
IT7~IT8	3.2~6.3	钻—扩	
IT6~IT7	0.2~0.4	钻—扩—机铰—手铰	
IT10~IT13	6.3~12.5	粗镗	用于除淬火钢外各种金属，毛坯有铸出孔或锻出孔
IT8~IT9	1.6~3.2	粗镗—精镗	
IT7~IT8	0.8~1.6	粗镗—半精镗—精镗	
IT6~IT7	0.4~0.8	粗镗—半精镗—精镗—精细镗	
IT6~IT7	0.1~0.2	镗—半精镗—粗磨—精磨	用于淬火钢，但不宜用于有色金属

表 3-10　平面的加工方案

公差等级	表面粗糙度 Ra/μm	加工方案	适用范围
IT10~IT12	12.5~25	粗车	用于轴、套、盘类等零件未淬火的端面
IT7~IT9	0.8~6.3	粗车—半精车—精车	
IT8~IT10	1.6~6.3	粗刨（铣）—精刨（铣）	用于不淬硬的平面
IT6~IT7	0.1~0.8	粗刨（铣）—精刨（铣）—刮研	
IT6~IT7	0.05~0.4	粗刨（铣）—精刨（铣）—粗磨—精磨	用于高精度、低表面粗糙度的平面

【任务实施】

【案例 3-3】　某零件上孔的加工公差等级为 IT7，表面粗糙度为 $Ra1.6$~$3.2\mu m$，确定孔的加工方案。

【解】　查表 3-9，可有下面四种加工方案：

①钻—扩—粗铰—精铰。

②粗镗—半精镗—精镗。

③粗镗—半精镗—粗磨—精磨。

④钻（扩）—拉。

方案①用得最多，在大批、大量生产中常用在自动机床或组合机床上，在成批生产中常用在立钻、摇臂钻、六角车床等连续进行各个工步加工的机床上。该方案一般用于加工小于$\phi 80$mm 的孔径，工件材料为未淬火钢或铸铁，不适于加工大孔径，否则刀具过于笨重。

方案②用于加工毛坯本身有铸出或锻出的孔，但其直径不宜太小，否则因镗杆太细容易发生变形而影响加工精度，箱体零件的孔加工常用这种方案。

方案③适用于淬火的工件。

方案④适用于成批或大量生产的中小型零件，其材料为未淬火钢、铸铁及有色金属。

二、加工阶段的划分

1. 划分加工阶段

对于加工精度要求较高和表面粗糙度值要求较小的零件，通常将工艺过程划分为粗加工和精加工两个阶段；对于加工精度要求很高、表面粗糙度值要求很小的零件，则常划分为粗加工阶段、半精加工阶段、精加工阶段和光整加工阶段。

（1）粗加工阶段　在这个阶段尽量将零件各个被加工表面的大部分余量从毛坯上切除。这个阶段的主要任务是提高生产率。

（2）半精加工阶段　这一阶段为主要表面的精加工做好准备，切去的余量介于粗加工和精加工之间，并达到一定的精度和表面粗糙度值，为精加工留有一定的余量。在此阶段还要完成一些次要表面的加工，如钻孔、攻螺纹、铣键槽等。

（3）精加工阶段　在这个阶段将切去很少的余量，保证各主要表面达到较高的精度和较小的表面粗糙度值（IT7～IT10，Ra0.8～3.2μm）。

（4）光整加工阶段　主要是为了得到更高的尺寸精度和更小的表面粗糙度值（IT5～IT9，Ra0.32μm），只从被加工表面上切除极少的余量。

2. 划分加工阶段的目的

（1）保证加工质量　粗加工阶段容易引起工件的变形，这是由于切除余量大，一方面毛坯的内应力重新分布而引起变形，另一方面由于切削力、切削热及夹紧力都比较大，因而造成工作的受力变形和热变形。为了使这些变形充分表现，应在粗加工之后进行一定的时间时效处理，然后通过逐步减小加工余量和切削用量的办法消除上述变形。

（2）合理使用机床　粗加工阶段可以使用功率大、精度较低的机床；精加工阶段可以使用功率小、精度高的机床。这样有利于充分发挥粗加工机床的动力，又有利于长期保持精加工机床的精度。

（3）便于安排热处理工序　如粗加工之后安排时效处理；半精加工后安排淬火处理等。

（4）及时发现毛坯的缺陷　在粗加工阶段，由于切除大量的多余金属，可以及早发现夹渣、裂纹、气孔等毛坯缺陷，以决定零件的报废或修补，避免盲目加工造成的浪费。

在某些情况下，划分加工阶段也并不是绝对的，例如加工重型工件时，由于不便于多次装夹和运输，因此不必划分加工阶段，可在一次装夹中完成全部粗加工和精加工。为提高加工的精度，可在粗加工后松开工件，让其充分变形，再用较小的力夹紧工件进行精加工，以保证零件的加工质量。另外，如果工件的加工质量要求不高、工件的刚度足够、毛坯的质量较好而切除的余量不多，则可不必划分加工阶段。

三、工序集中与工序分散

1. 工序集中

工序集中是将工件的加工集中在少数几道工序内完成，每道工序的加工内容较多。工序集中的特点如下：

1）可减少工件装夹次数，易保证位置精度。
2）工序数少，减少了设备数量、操作工人和生产面积。
3）可采用高效专用设备、工艺装备，提高加工精度和生产率。
4）设备的一次性投资大、工艺装备复杂。

2. 工序分散

工序分散是将工件的加工分散到较多的工序内进行，每道工序的加工内容很少，最少时每道工序仅一个简单工步。工序分散的特点如下：

1）设备和工装比较简单，调整维护方便，生产准备工作量少。
2）每道工序的加工内容少，便于选择最合理的切削用量，对操作者的技术水平要求不高。
3）工序数多，设备数量多、操作人员多、占用生产面积大。

工序集中和工序分散各有所长，传统的流水线、自动线生产多采用工序分散；而高效自动化机床、加工中心等多采用工序集中，现代生产的发展趋于工序集中。

四、加工顺序的安排

1. 机械加工工序的安排

（1）基准先行　选作精基准的表面一般应先加工，以便为其他表面的加工提供基准。

（2）先主后次　先加工零件上的装配基面和工作表面等主要表面，后加工键槽、紧固用的光孔和螺纹孔等次要表面。

（3）先粗后精　零件上大部分加工表面的加工过程应该是粗加工工序在前，精加工工序在后。

（4）先面后孔　对于箱体、支架、连杆等类零件，由于平面的轮廓尺寸较大，用以定位比较稳定可靠，故一般是以平面为精基准来加工，先加工平面，后加工孔。

2. 热处理工序的安排

为了改善工件材料的力学性能和切削性能，在加工过程中常常需要安排热处理工序。

（1）退火和正火　目的是消除内应力和改善材料的加工性能，一般安排在毛坯制造后、粗加工前进行。

（2）时效处理　对于大而复杂的铸件，为了尽量减小由内应力引起的变形，常常在粗加工后进行人工时效处理，粗加工前最好采用自然时效。

（3）调质处理　目的是改善材料的力学性能，因此许多中碳钢和合金钢常采用这种热处理方法，一般安排在粗加工之后、精加工之前进行。

（4）淬火或渗碳淬火　目的是提高零件表面的硬度和耐磨性。淬火处理一般安排在磨削之前进行；渗碳淬火一般安排在切削加工后，磨削加工前进行；表面淬火和渗氮等变形小的热处理工序可安排在精加工之后进行。

（5）表面处理（镀铬、镀锌、氧化、发蓝等）　目的是提高零件的耐蚀性，增加耐磨性，使表面美观等，一般安排在工艺过程的最后进行。

3. 检验工序的安排

检验工序是保证产品质量和防止产生废品的重要措施。在每道工序中，操作者都必须自行检验，在操作者自检的基础上，在下列场合还要安排独立检验工序。

1）重要工序的加工前后。

2）不同加工阶段的前后。

3）工件从一个车间转到另一个车间前后。

4）零件全部加工结束之后。

对于某些零件需要的特殊检验，如X射线检测、超声波无损检测，应安排在工艺过程的开始阶段；用于表面质量检验的磁力检测等，安排在精加工前后；密封性检验、平衡和重量检验等，通常安排在工艺过程的最后阶段。

4. 其他工序的安排

在工艺过程中，还应根据需要在一些工序的后面安排去毛刺、去磁、清洗等工序。

五、设备及工装的选择

正确选择机床设备是一件很重要的工作，它不但影响工件的加工质量，还影响工件的加工效率和制造成本。机床设备的选择除考虑现有生产条件外，还要考虑以下内容：

1）机床工作区域的尺寸应当与零件的外廓尺寸相适应。也就是根据零件的外廓尺寸来选择机床的形式和规格，以便充分发挥机床的使用性能。如直径不太大的轴、套、盘类零件一般在卧式机床上加工。直径大而短的盘、套类零件一般在端面机床或立式机床上加工。

2）机床的精度应该与工件要求的加工精度相适应。机床精度过低，不能满足工件加工精度的要求；机床精度过高，则是一种浪费。

3）机床的功率、刚度和工作参数应该与最合理的切削用量相适应。粗加工时选择有足够功率和足够刚度的机床，以免切削深度和进给量的选用受限制；精加工时选择有足够刚度和足够转速范围的机床，以保证零件的加工精度和表面粗糙度。

4）机床生产率应该与工件的生产类型相适应。对于大批、大量生产，宜采用高效率机床、专用机床、组合机床或自动机床；对于单件小批生产，一般选择通用机床。

工艺装备选择的合理与否，将直接影响工件的加工精度、生产率和经济效益。应根据生产类型、具体加工条件、工件结构特点和技术要求等选择工艺装备。在中小批量生产条件下，应首先考虑选用通用的工装；在大批大量生产条件下，可根据加工要求设计制造专业工装。机床和工装的选择不仅要考虑设备投资的当前效益，还要考虑产品改型及转产的可能性，应使其具有较大的柔性。

任务四　计算加工余量、工序尺寸及其公差

【知识准备】

工艺路线制订之后，在进一步安排各工序的具体内容时，应正确确定各工序加工时应达到的尺寸，即工序尺寸。为确定工序尺寸，首先应确定加工余量。

一、余量的概念

1. 加工余量

加工余量指加工过程中从被加工表面上切除的金属层厚度。加工余量分为工序余量和加工总余量。

2. 工序余量

工序余量指某一表面在上一道工序中所切除的金属层厚度，它取决于同一表面相邻工序的工序尺寸之差。工序余量有单边余量和双边余量之分。

对非对称表面，其加工余量用单边余量表示（图3-12）。

外表面（图3-12a）：$Z_b = a - b$；内表面（图3-12b）：$Z_b = b - a$。

对外圆和内孔这样的对称表面，其加工余量用双边余量表示（图3-12）。

外表面（图3-12c）：$Z_b = a - b$；内表面（图3-12d）：$Z_b = b - a$。

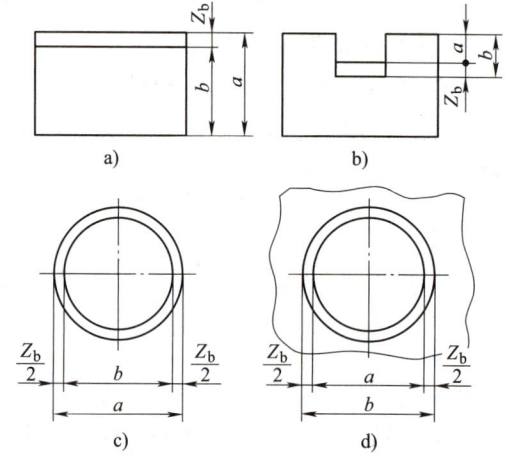

图3-12　加工余量

由于工序尺寸有偏差，各工序实际切除的余量值是变化的，工序余量有公称余量（简称为余量）、最大余量和最小余量之分。

3. 公称余量

公称余量是前道工序和本道工序公称尺寸之差。最小余量是前一工序最小工序尺寸和本工序最大工序尺寸之差；最大余量是前一工序最大工序尺寸和本工序最小工序尺寸之差。

4. 余量公差

工序加工余量的变动范围即为余量公差，其值等于前工序和本工序的尺寸公差之和。

工序尺寸的偏差按"入体原则"标注：对被包容尺寸（如轴径），上极限偏差为零，上极限尺寸为其公称尺寸；对包容尺寸（如孔径和槽宽），下极限偏差为零，下极限尺寸为其公称尺寸。毛坯尺寸和孔距类尺寸的偏差按"对称偏差"标注。

【任务实施】

【案例3-4】　以孔和轴为例，列出公称余量、最大余量、最小余量和余量公差的公

式（图 3-13）。

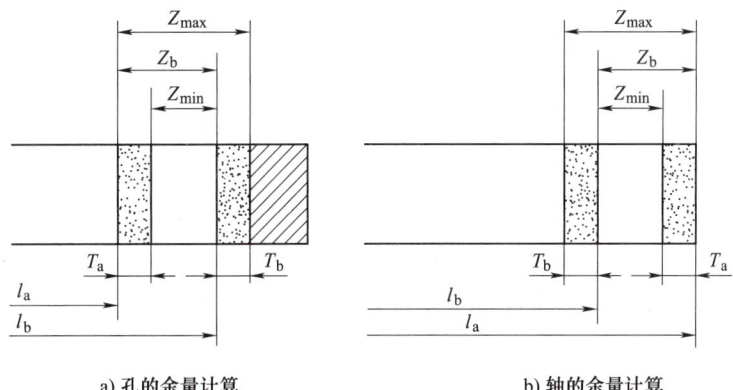

a) 孔的余量计算　　　　　b) 轴的余量计算

图 3-13　工序余量

【解】

对于包容尺寸（图 3-13a）：

1) 本工序的公称余量：$Z_b = l_b - l_a$。

2) 最大余量和最小余量：

$$Z_{max} = l_{bmax} - l_{amin} = (l_b + T_b) - l_a = Z_b + T_b$$
$$Z_{min} = l_{bmin} - l_{amax} = l_b - (l_a + T_a) = Z_b - T_a$$

3) 工序余量变动范围：

$$T_z = Z_{max} - Z_{min} = T_b + T_a$$

对于被包容尺寸（图 3-13b）：

1) 本工序的公称余量：$Z_b = l_a - l_b$。

2) 最大余量和最小余量：

$$Z_{max} = l_{amax} - l_{bmin} = l_a - (l_b - T_b) = Z_b + T_b$$
$$Z_{min} = l_{amin} - l_{bmax} = (l_a - T_a) - l_b = Z_b - T_a$$

3) 工序余量变动范围：

$$T_z = Z_{max} - Z_{min} = T_b + T_a$$

加工总余量指零件某一表面从毛坯变为成品所切除掉的金属层厚度。加工总余量等于零件同一表面毛坯尺寸与零件设计尺寸之差，也等于该表面各工序余量之和。加工总余量也是个变动值，其值及公差可查相关手册或凭经验确定。

二、影响加工余量的因素

正确确定加工余量的数值十分重要。加工余量定得过大，会造成很大的浪费；加工余量定得过小，则本道工序的加工不能完全切除上道工序留在加工表面上的缺陷层。确定加工余量的基本原则是在保证质量的前提下，加工余量越小越好。影响加工余量的主要因素如图 3-14 所示。

1) 前工序的表面质量（表面粗糙度 Rz 和表面缺陷层深度 H_a）。
2) 前工序的尺寸公差（T_a）。

3) 前工序的位置误差（e_a）。
4) 本工序的安装误差（ε_b）。

e_a 和 ε_b 都是矢量，计算时取矢量和的模。

综上所述，本工序的加工余量组成可用下式表示：

用于双边余量时：$Z \geq 2(Rz + H_a) + T_a + 2|e_a + \varepsilon_b|$

用于单边余量时：$Z \geq Rz + H_a + T_a + |e_a + \varepsilon_b|$

各种加工方法的表面粗糙度 Rz 和表面缺陷层深度 H_a 的值见表 3-11。

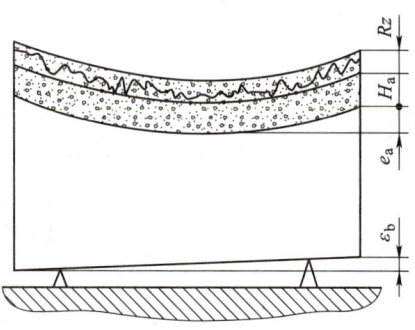

图 3-14 影响加工余量的主要因素

表 3-11 各种加工方法的表面粗糙度 Rz 和表面缺陷层深度 H_a 的值 （单位：μm）

加工方法	Rz	H_a	加工方法	Rz	H_a	加工方法	Rz	H_a
粗车内外圆	15~100	40~60	粗镗	25~225	30~50	粗插	25~100	50~60
精车内外圆	5~40	30~40	精镗	5~25	25~40	精插	5~45	35~50
粗车端面	15~225	40~60	磨外圆	1.7~15	15~25	粗铣	15~225	40~60
精车端面	5~54	30~40	磨内圆	1.7~15	20~30	精铣	5~45	25~40
钻	45~225	40~60	磨端面	1.7~15	15~35	拉	1.7~35	10~20
粗扩孔	25~225	40~60	磨平面	1.7~15	20~30	切断	45~225	60
精扩孔	25~100	30~40	粗刨	15~100	40~50	研磨	0~1.6	3~5
粗铰	25~100	25~30	精刨	5~45	25~40	超精加工	0~0.8	0.2~0.3
精铰	8.5~25	10~20	—	—	—	抛光	0.06~1.6	2~5

三、确定加工余量的方法

（1）经验估计法　根据工艺人员或工人的经验来确定加工余量。为避免出现废品，估计余量一般偏大，用于单件小批生产。

（2）查表修正法　利用各种手册所给的表格数据，再结合实际加工情况进行必要的修正，以确定加工余量。此法方便迅速，生产上应用较多。

（3）分析计算法　根据一定的试验资料和计算公式，对影响加工余量的各项因素进行分析和综合计算来确定加工余量的方法。该方法比较科学，但需要积累比较全面的资料，目前应用较少。

四、工序尺寸及其公差的确定

工序尺寸是指在工序图或工艺规程中标注的一些专供加工使用的尺寸。工序尺寸及其公差的确定有两种情况。

1. 基准重合时工序尺寸及其公差的确定

当工序基准与设计基准重合时，工序尺寸及其公差的确定比较简单，一般采用"倒推法"计算。其过程如下：

1) 确定该加工表面的总余量，再根据加工路线确定各工序的加工余量，并核对第一道工序的加工余量是否合理。

2）从最终加工工序开始，即从设计尺寸开始，逐次加上（对于被包容面）或减去（对于包容面）每道工序的加工余量，分别得到各工序的基本工序尺寸。

3）除最终工序外，根据各工序加工方法的加工经济精度确定工序尺寸公差。

4）除最终工序外，其余各工序按"入体原则"标注工序尺寸公差。

【任务实施】

【案例 3-5】 确定箱体上某孔加工的工序尺寸及其公差。已知毛坯材料为 HT200，其工艺路线为粗镗—半精镗—精镗—精密镗。要求加工后孔的要求达到 $\phi 100H7 \left(^{+0.035}_{0} \right)$，$Ra0.8\mu m$。

【解】 根据倒推法计算，各工序的工序尺寸及公差见表 3-12。

表 3-12 工序尺寸及公差　　　　　　　　　　　　　　（单位：mm）

工序名称	工序余量	加工经济精度	工序公称尺寸	工序尺寸及偏差
浮动镗	0.1	H7	$\phi 100$	$\phi 100^{+0.035}_{0}$
精镗	0.5	H8	$\phi 99.9$	$\phi 99.9^{+0.045}_{0}$
半精镗	2.4	H10	$\phi 99.4$	$\phi 99.4^{+0.14}_{0}$
粗镗	5	H12	$\phi 97$	$\phi 97^{+0.35}_{0}$
毛坯	8（总余量）	H17	$\phi 92$	$\phi 92^{+2.5}_{-1.0}$

2. 基准不重合时工序尺寸及其公差的确定

当工序基准和设计基准不重合时，工序尺寸及其公差需要用尺寸链公式计算确定，详细内容在下一任务中介绍。

任务五　解算工艺尺寸链

【知识准备】

一、工艺尺寸链的概念

1. 工艺尺寸链的定义

工艺尺寸链是指零件加工过程中，由相互连接的尺寸所形成的封闭尺寸组。如图 3-15a 所示，先以 A 面定位加工 C 面，得尺寸 A_1；再以 A 面定位加工 B 面，得尺寸 A_2，要求保证尺寸 A_0；A_1、A_2、A_0 三个尺寸就组成了一个封闭的尺寸组，即工艺尺寸链，如图 3-15b 所示。

2. 尺寸链的组成

组成尺寸链的每一个尺寸称为尺寸链的环，尺寸链的环分为封闭环和组成环两种。

(1) 封闭环　在零件加工过程中间接获得的环或在机器装配过程中最后形成的环称为

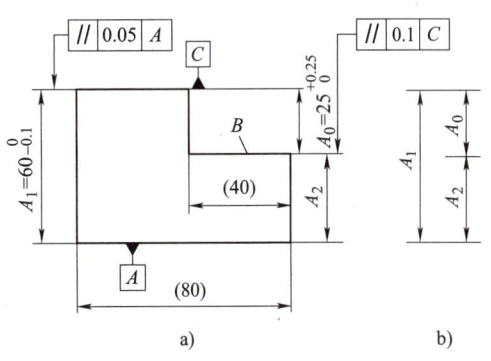

图 3-15　工艺尺寸链示例

封闭环。

(2) 组成环　尺寸链中除封闭环以外的其他环都称为组成环。组成环分为增环和减环。

1) 增环：尺寸链中的某组成环，如果它的变动引起封闭环同向变动，则该组成环为增环。如图 3-15b 中的 A_1 为增环。

2) 减环：尺寸链中的某组成环，如果它的变动引起封闭环反向变动，则该组成环为减环。如图 3-15b 中的 A_2 为减环。

3. 尺寸链图

为了能清楚地表示各组成环和封闭环之间的相互关系，常将零件图中的有关尺寸抽出来，画成尺寸链图。尺寸链图对于判断增减环和正确解算尺寸链具有重要意义。

画尺寸链图的步骤如下：

1) 首先根据工艺过程，找出间接获得或间接保证的尺寸，作为封闭环。

2) 从封闭环两端出发，按照工件表面间的尺寸联系，依次画出直接获得的尺寸，形成封闭图形。

按照定义判断增减环对于环数少的尺寸链比较合适，如果尺寸链的环数多，用画箭头的方法比较好。具体方法是：在尺寸链图中，从封闭环开始，依次在每一个尺寸上按逆时针或顺时针方向画箭头，凡组成环箭头方向和封闭环箭头方向相反的为增环，凡组成环箭头方向和封闭环箭头方向相同的为减环。如图 3-15 所示，按照画箭头的方法也可确定 A_1 为增环，A_2 为减环。

4. 尺寸链的特性

尺寸链具有封闭性和关联性两个特性。尺寸链必须是由一系列相互连接的尺寸组成的封闭图形，这些尺寸之间存在一个确定的顺序和关系，它们相互依赖、相互影响，共同保证了产品或零件的功能和性能。

在尺寸链中，各尺寸之间的关系并不是孤立的，而是相互关联的，一个环的变动必然会引起与之相关的环的变动。

5. 尺寸链的分类

1) 按尺寸链的形成和应用场合，尺寸链分为零件尺寸链、装配尺寸链和工艺尺寸链。

2) 按各环所处的空间位置，尺寸链分为直线尺寸链、平面尺寸链和空间尺寸链。

3) 按各环的几何特征，尺寸链分为长度尺寸链和角度尺寸链。

4) 按尺寸链间的相互联系，尺寸链分为独立尺寸链和并联尺寸链。

二、解算尺寸链

直线尺寸链有极值法和概率法（统计法）两种计算方法。

1. 极值法解尺寸链的基本公式

1) 封闭环公称尺寸公式：

$$A_0 = \sum_{i=1}^{m} A_Z - \sum_{i=m+1}^{n-1} A_J \tag{3-1}$$

2) 封闭环的极限尺寸：

$$A_{0\max} = \sum_{i=1}^{m} A_{Z\max} - \sum_{i=m+1}^{n-1} A_{J\min}$$
$$A_{0\min} = \sum_{i=1}^{m} A_{Z\min} - \sum_{i=m+1}^{n-1} A_{J\max}$$
(3-2)

3）封闭环的极限偏差：

$$ES_0 = \sum_{i=1}^{m} ES_Z - \sum_{i=m+1}^{n-1} EI_J$$
$$EI_0 = \sum_{i=1}^{m} EI_Z - \sum_{i=m+1}^{n-1} ES_J$$
(3-3)

4）组成环的极限尺寸：

$$A_{Z\max} = A_Z + ES_Z\,;\,A_{Z\min} = A_Z + EI_Z$$
$$A_{J\max} = A_J + ES_J\,;\,A_{J\min} = A_J + EI_J$$
(3-4)

5）组成环的中间偏差：

$$\Delta_i = (ES_i + EI_i)/2$$
(3-5)

6）组成环的极限偏差：

$$ES_i = \Delta_i + T_i/2\,;\,EI_i = \Delta_i - T_i/2$$
(3-6)

7）封闭环的中间偏差和极限偏差：

$$\Delta_0 = \sum_{i=1}^{m} \Delta_Z - \sum_{m+1}^{n-1} \Delta_J$$
$$ES_0 = \Delta_0 + T_0/2\,;\,EI_0 = \Delta_0 - T_0/2$$
(3-7)

8）封闭环的公差：

$$T_0 = \sum_{i=1}^{n-1} T_i$$
(3-8)

以上各式中，字母的含义解释如下：

A_0、$A_{0\max}$、$A_{0\min}$、ES_0、EI_0、Δ_0、T_0 分别表示封闭环的公称尺寸、上极限尺寸、下极限尺寸、上极限偏差、下极限偏差、中间偏差和公差。

A_Z、$A_{Z\max}$、$A_{Z\min}$、ES_Z、EI_Z、Δ_Z分别表示增环的公称尺寸、上极限尺寸、下极限尺寸、上极限偏差、下极限偏差和中间偏差。

A_J、$A_{J\max}$、$A_{J\min}$、ES_J、EI_J、Δ_J分别表示减环的公称尺寸、上极限尺寸、下极限尺寸、上极限偏差、下极限偏差和中间偏差。

ES_i、EI_i、Δ_i、T_i分别表示组成环的上极限偏差、下极限偏差、中间偏差和组成环公差。

$i=1\sim m$ 表示增环的个数，$i=(m+1)\sim(n-1)$ 表示减环的个数，组成环总数为 $(n-1)$，封闭环个数为1，尺寸链总环数为 n。

2. 概率法（统计法）解尺寸链的基本公式

用统计法解算尺寸链时（只考虑正态分布的情况），除可应用极值法的式（3-1）~式（3-7）外，封闭环公差的公式应为

$$T_0 = \sqrt{\sum_{i=1}^{n-1} T_i^2} \tag{3-9}$$

3. 尺寸链的计算类型

（1）正计算　已知各组成环的尺寸和公差求封闭环的尺寸和公差。这类计算主要用来验算设计的正确性。

（2）反计算　已知封闭环的尺寸和公差求各组成环的尺寸和极限偏差。这类计算主要用在产品设计上，主要是将封闭环的公差值合理地分配给各组成环。

（3）中间计算　已知封闭环和部分组成环的尺寸和公差，求某一组成环的尺寸和公差。这类计算常用于工艺过程中计算工艺尺寸。

正计算又称为校核计算，反计算和中间计算通常称为设计计算。

三、工艺尺寸链的应用

1. 定位基准和设计基准不重合时工艺尺寸的换算

【任务实施】

【案例 3-6】　如图 3-16 所示的工件，$A_1 = 60_{-0.1}^{0}$ mm，现以底面 A 定位，用调整法加工 B 面，要求保证尺寸 $A_0 = 25_{0}^{+0.25}$ mm，试确定工序尺寸 A_2。

【解 1】　根据图示尺寸的关系，画尺寸链图，确定 A_1 为增环，A_2 为减环，代入极值法的公式，得 $A_2 = 35_{-0.25}^{-0.10}$ mm。

【解 2】　用"竖式法"解极值法尺寸链，竖式法计算的规则如下：

1）将增环、减环和封闭环的公称尺寸、上极限偏差和下极限偏差从左到右依次排列。

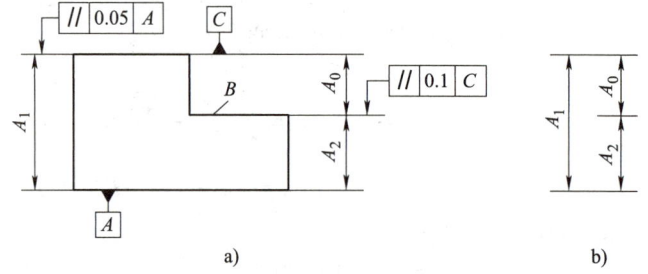

图 3-16　定位基准和设计基准不重合时尺寸链的计算

2）减环在排列时，公称尺寸前面加负号，上、下极限偏差位置对调并改变正负号。

3）将增、减环的公称尺寸和上、下极限偏差分别相加，即为封闭环的公称尺寸和上、下极限偏差。

用竖式法求解的结果见表 3-13（括号内为待求数据）。

表 3-13　竖式法求解　　　　　　　　　　　（单位：mm）

环的名称	公称尺寸	上极限偏差	下极限偏差
增环	60	0	-0.1
减环	（-35）	（+0.25）	（+0.10）
封闭环	25	+0.25	0

故 $A_2 = 35_{-0.25}^{-0.10}$ mm，结果和【解 1】一致。

2. 测量基准和设计基准不重合时工艺尺寸的换算

【案例 3-7】 如图 3-17a 所示零件，尺寸 A_0 不便于测量，改测尺寸 A_2，试确定 A_2 的大小和极限偏差。

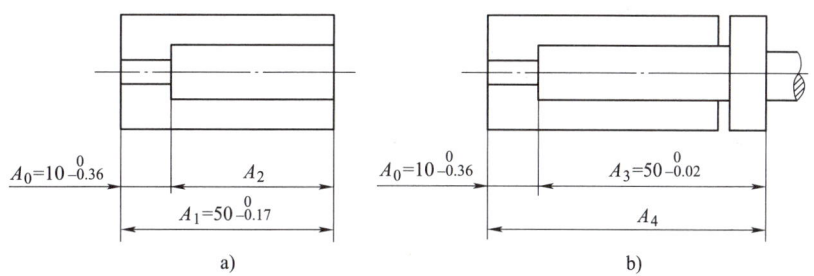

图 3-17 测量基准和设计基准不重合时尺寸链的计算

【解】 如图 3-17a 所示的尺寸链中，A_0 为封闭环，A_1 为增环，A_2 为减环，根据"竖式法"求解，见表 3-14，得 $A_2 = 40^{+0.19}_{0}$ mm。

表 3-14 竖式法求解　　　　　　　　　　　　　　　　　（单位：mm）

环的名称	公称尺寸	上极限偏差	下极限偏差
增环	50	0	−0.17
减环	(−40)	(0)	(−0.19)
封闭环	10	0	−0.36

【分析】 由于要保证的封闭环尺寸是间接得到的，所以在测量中可能会出现误判的情况，即"假废品"问题。例如，实测 $A_2 = 40.30$mm，按上述要求就可以判为废品，但如果 $A_1 = 50$mm 刚好为最大值，则实际封闭环尺寸 $A_0 = 9.7$mm，仍处于合格范围，这就出现了"假废品"。

判断假废品的方法是：当测量尺寸超差量小于或等于其他组成环公差之和时，有可能出现假废品，此时应对其他组成环的尺寸进行复检。采用专用检具可减小假废品出现的可能性。当测量尺寸的超差量大于其他组成环公差之和时，肯定是废品，没有必要复检。

如图 3-17b 所示，设计专用检具的尺寸为 $A_3 = 50^{0}_{-0.02}$mm，此时通过测量尺寸 A_4 来间接保证尺寸 A_0，用竖式法求解，得 $A_4 = 60^{-0.02}_{-0.36}$mm。由此可见，采用适当的专用检具，可使测量尺寸获得较大的公差，而且出现假废品的可能性大为减少。

3. 工序基准是尚待加工的设计基准时的尺寸链计算

【案例 3-8】 如图 3-18 所示，键槽孔的加工过程如下：

1) 拉内孔至 $D_1 = \phi 57.75^{+0.03}_{0}$ mm（$R_1 = 28.875^{+0.015}_{0}$mm）。

2) 插键槽，保证尺寸 H。

3) 热处理。

4) 磨内孔至 $D_2 = \phi 58^{+0.03}_{0}$ mm（$R_2 = 29^{+0.015}_{0}$mm），同时保证键槽深度 $62.6^{+0.25}_{0}$mm。

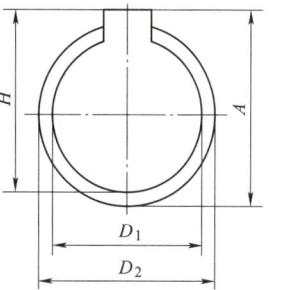
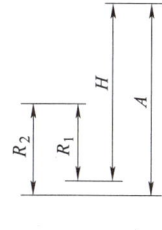

图 3-18 加工键槽孔的工艺尺寸链

试确定工序尺寸 H 及其偏差（不考虑同轴度误差和热处理后孔的变形误差）。

【解】 根据题中条件可知，$A = 62.6^{+0.25}_{0}$ mm 为封闭环，其余尺寸为组成环，画尺寸链图。用竖式法求解，见表 3-15，结果为 $H = 62.475^{+0.235}_{+0.015}$ mm。

表 3-15 竖式法求解　　　　　　　　　　　　　　　　　　　　　　　（单位：mm）

环的名称	公称尺寸	上极限偏差	下极限偏差
增环 H	(62.475)	(+0.235)	(+0.015)
增环 R_2	29	+0.015	0
减环 R_1	−28.875	0	−0.015
封闭环 A	62.6	+0.25	0

4. 保证渗碳层和渗氮层深度的工序尺寸计算

【案例 3-9】 某零件内孔尺寸为 $\phi 145^{+0.04}_{0}$ mm，渗碳层深度要求 $t_0 = 0.3 \sim 0.5$ mm。加工顺序为

1）磨孔至 $\phi 144.76^{+0.04}_{0}$ mm。

2）渗碳处理，深度为 $t/2$。

3）精磨内孔至 $\phi 145^{+0.04}_{0}$ mm，同时保证渗碳层深度 $t_0 = 0.3 \sim 0.5$ mm。

【解】 根据题意，渗碳层深度 t_0 是单边深度值，双边深度为 $A_0 = (0.6 \sim 1.0)$ mm = $0.6^{+0.4}_{0}$ mm。在直径方向上的尺寸链图如图 3-19b 所示。图中 A_1 和 t 为增环，A_2 为减环，按竖式法求解，见表 3-16，得 $t = 0.84^{+0.36}_{+0.04}$ mm = $0.88^{+0.32}_{0}$ mm（入体原则）。所以，单边渗碳层深度为 $t/2 = 0.42^{+0.18}_{+0.02}$ mm = $0.44^{+0.16}_{0}$ mm。

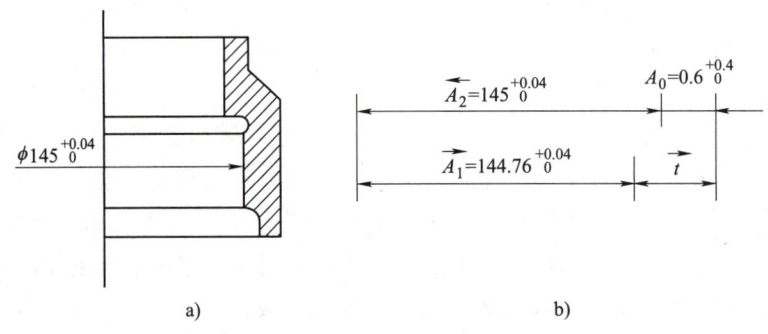

图 3-19 保证渗碳层深度的尺寸链计算

表 3-16 竖式法求解　　　　　　　　　　　　　　　　　　　　　　　（单位：mm）

环的名称	公称尺寸	上极限偏差	下极限偏差
增环 A_1	144.76	+0.04	0
增环 t	(0.84)	(+0.36)	(+0.04)
减环 A_2	−145	0	−0.04
封闭环 A_0	0.6	+0.4	0

任务六　提高工艺过程的生产率

【知识准备】

一、时间定额及其组成

时间定额是在一定生产条件下制订的生产一件产品或完成一道工序所消耗的时间，也称为工时定额。时间定额是安排作业计划、进行成本核算的重要依据，也是设计或改扩建工厂、车间时计算设备和人员数量的依据。合理的时间定额能调动员工的积极性、提高生产效率和促进生产的发展。时间定额包括以下几项内容：

（1）基本时间 t_j　直接改变生产对象的尺寸、形状、相互位置和表面质量所消耗的时间。如图 3-20 所示，对车削和磨削加工而言，基本时间就是去除加工余量所花费的时间，计算式为

$$t_j = \frac{l + l_1 + l_2}{nf} i$$

（2）辅助时间 t_f　实现工艺过程所必须进行的各种辅助动作所消耗的时间。如装卸工件、开停机床、改变切削用量、测量加工尺寸、进退刀等动作所消耗的时间。

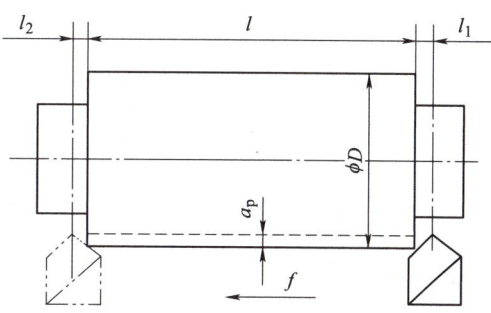

图 3-20　基本时间的计算

$i—Z/a_p$　Z—加工余量　a_p—背吃刀量
l—工件加工长度　l_1—刀具切入长度　l_2—刀具切出长度

确定辅助时间的方法与生产类型有关，大批大量生产中，通过实测或查表确定；中小批生产中，一般用基本时间的百分比进行估算。

基本时间与辅助时间的总和称为作业时间。

（3）布置工作地时间 t_b　正常操作服务所消耗的时间。如更换刀具、润滑机床、清理切屑、收拾工具等，一般按操作时间的 2%~7% 进行估算。

（4）休息和生理需要时间 t_x　在工作班内为恢复体力和满足生理需要所消耗的时间。一般按作业时间的 2% 进行估算。

单件时间 t_d 是以上四部分时间之和，即 $t_d = t_j + t_f + t_b + t_x$。

（5）准备和终结时间 t_z　工人为生产一批工件，进行准备和终结工作所消耗的时间。如加工前熟悉工艺文件、领取毛坯、安装夹具、调整机床、拆卸夹具等所消耗的时间。

准备和终结时间对一批零件只消耗一次，零件批量 N 越大，分摊到每个零件上的准备和终结时间就越少。因此，成批生产的单件工时定额为 $t_d + t_z/N$。

大量生产时，每个工作地点只完成一道固定的工序，不需要准备和终结时间，因此，其单件时间定额等于 t_d。

二、提高工艺过程劳动生产率的途径

劳动生产率是指工人在单位时间内生产合格产品的数量或生产单件产品所消耗的劳动时

间。提高劳动生产率是降低成本、增加积累和扩大再生产的根本途径。提高劳动生产率是一个与产品设计、制造工艺和组织管理等方面有关的综合内容，下面就提高生产率的工艺途径作简要说明。

1. 缩减基本时间

（1）提高切削用量　增大切削速度、进给量和背吃刀量都可以缩短基本时间，从而减少单件时间。

（2）减少切削行程长度　如多刀同时加工同一表面（图 3-21a）；宽砂轮切入磨削等等（图 3-21b）。

（3）采用复合工步　采用复合工步，可使各工步基本时间全部或部分重合，减少工序的基本时间（图 3-21c）。

（4）采用多件加工　多件加工也是缩短基本时间的有效措施。多件加工有平行加工、顺序加工和平行顺序加工三种方式（图 3-21d）。

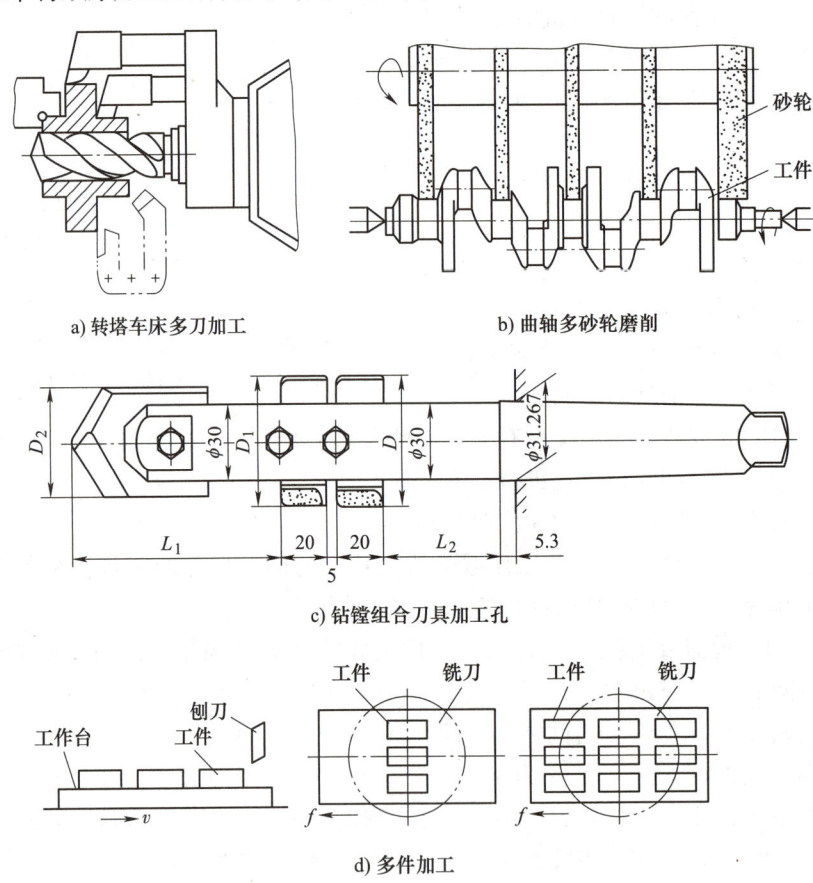

图 3-21　缩短基本时间的工艺途径

2. 缩减辅助时间

辅助时间在单件工时内所占的比例较大，有时甚至超出基本时间数倍。当采取一些措施将基本时间缩短以后，辅助时间所占的比例就会变得更大。因此，通过缩短辅助时间来提高劳动生产率也很重要。可以采用以下措施来缩短辅助时间（图 3-22）：

1）采用先进夹具。如成批生产时采用气动或液动快速夹紧装置、多品种小批量生产时采用成组夹具等，这不仅可以保证加工质量，而且能大大地节省装卸和找正工件的时间。

2）尽量将辅助时间与基本时间重合。采用可换夹具、转位夹具和回转工作台，可以实现在加工的同时装卸另一个工件，使工件的装卸时间与辅助时间重合。

3）提高机床操作的机械化与自动化水平，实现集中控制、自动调速以缩短开、停机床和改变切削用量的时间。

4）采用先进的检测设备，实施在线主动检测。

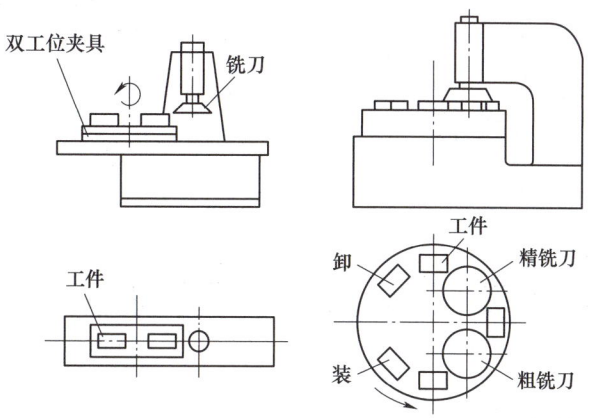

图 3-22　辅助时间和基本时间重合示例

3. 缩减布置工作地时间

采用各种快换刀夹、刀具微调机构、专用对刀样板以及自动换刀装置，可以减少刀具的装卸和对刀所需的时间。采用机夹刀具和不重磨硬质合金刀片，以减少换刀和刃磨时间。利用压缩空气吹切屑。

4. 缩减准备和终结时间

把结构形状、技术条件和工艺过程相似的工件组织起来，采用成组工艺和成组夹具，可以明显缩短准备与终结时间。有条件时也可选用准备和终结时间极短的先进加工设备，如数控机床、加工中心等。

5. 采用先进工艺方法

1）毛坯准备。采用冷热挤压、粉末冶金、精密锻造、爆炸成形等新工艺，能提高毛坯精度，减少切削加工，节约原材料，明显地提高生产效率。

2）特种加工。对难加工材料或复杂型面，采用特种加工方法来提高生产率。如用电解加工一般锻模，可以将加工时间从 40~50h 减少到 1~2h。

3）采用少无切削加工。如冷挤压齿轮和滚压丝杠等。

4）改进加工方法。减少手工和低效率加工方法。如大批量生产中以拉削、滚压代替铣、铰、磨削，以精刨、精磨、金刚镗代替刮研等。

6. 采用自动化制造系统

制造自动化是提高劳动生产率的主要发展方向。对大批大量生产，采用流水线和自动线的生产方式；对单件小批生产，采用数控机床、加工中心、柔性制造单元和系统进行生产。

【项目小结】

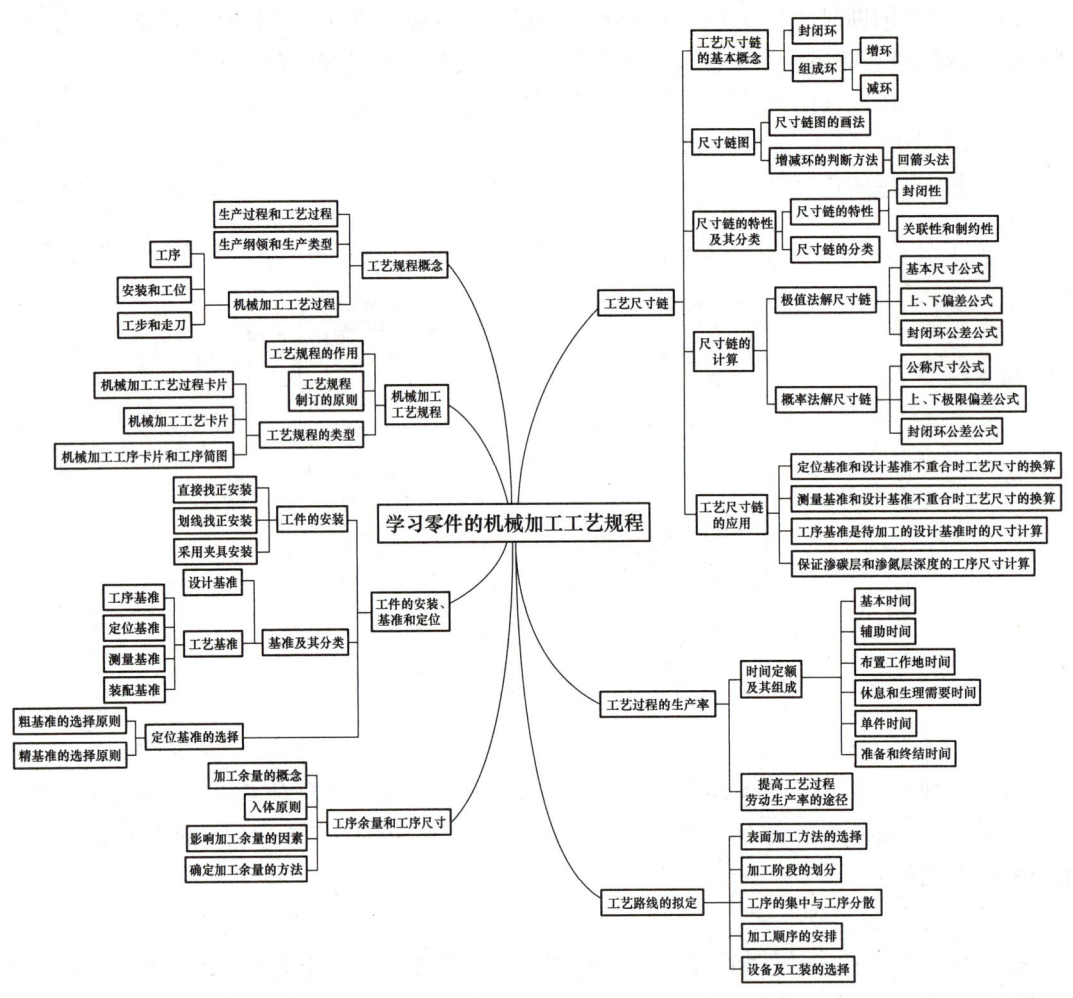

图 3-23　项目小结

【思考与练习题】

一、填空题

1. 生产过程中最基本的组成单元是＿＿＿＿＿＿＿＿；构成工艺过程的最小单元是＿＿＿＿＿＿＿＿。

2. 根据生产纲领的大小，生产类型可分为＿＿＿＿＿＿＿＿、＿＿＿＿＿＿＿＿和＿＿＿＿＿＿＿＿三种类型。

3. 生产中工艺规程的类型主要指＿＿＿＿＿＿＿＿卡片、＿＿＿＿＿＿＿＿卡片、＿＿＿＿＿＿＿＿卡片和＿＿＿＿＿＿＿＿简图。

4. 根据基准的用途，基准可分为＿＿＿＿＿＿＿＿和工艺基准两大类；其中工艺基准按用途又可分为＿＿＿＿＿＿＿＿、＿＿＿＿＿＿＿＿、＿＿＿＿＿＿＿＿和＿＿＿＿＿＿＿＿四种。

5. 定位基准分为_____、_____和_____三种。其中，_____是为了便于零件的加工而设置的基准，如轴类零件的顶尖孔。

6. 精基准的选择原则包括_____、_____、_____和_____等。

7. 机械加工工序的安排应遵守_____、_____、_____和_____原则。

8. 计算工序尺寸及其偏差时，应遵守_____原则，即对被包容尺寸（如轴），其_____偏差为零；对包容尺寸（如孔），其_____偏差为零；对毛坯和孔距类尺寸，按_____偏差标注。

9. 组成尺寸链的每一个尺寸称为尺寸链的_____，它分为_____和_____两种。

10. 尺寸链中的封闭环是指_____。

二、选择题

1. 一个工人在一台机床上对一个工件连续完成的那一部分工艺过程称为（　　）。
　　A. 工序　　　　B. 工位　　　　C. 工步　　　　D. 工作行程

2. 编制零件机械加工工艺规程、生产计划和进行成本核算最基本的单元是（　　）。
　　A. 工步　　　　B. 工位　　　　C. 工序　　　　D. 走刀

3. 规定产品或零部件制造工艺过程和操作方法等的工艺文件，称为（　　）。
　　A. 工艺规程　　B. 工艺系统　　C. 生产计划　　D. 生产纲领

4. 要求详细编制工艺规程所有文件，采用专用夹具、量具，精密毛坯的生产类型是（　　）。
　　A. 单件生产　　B. 成批生产　　C. 大量生产

5. 工艺设计的原始资料中不包括（　　）。
　　A. 零件图及必要的装配图　　　　B. 零件生产纲领
　　C. 工厂的生产条件　　　　　　　D. 机械加工工艺规程

6. （　　）卡片里面包括工序简图。
　　A. 机械加工工艺过程　　B. 机械加工工艺　　C. 机械加工工序

7. 重要的轴类零件的毛坯通常应选择（　　）。
　　A. 铸件　　　　B. 锻件　　　　C. 棒料　　　　D. 管材

8. 单件小批生产中，原则上采用（　　）指导生产。
　　A. 工艺过程卡　　B. 工艺卡　　C. 工序卡

9. 在工序中确定加工表面的尺寸和位置所依据的基准，称为（　　）。
　　A. 设计基准　　B. 工序基准　　C. 定位基准　　D. 测量基准

10. 零件加工时选择的定位粗基准可以使用（　　）。
　　A. 一次　　　　B. 二次　　　　C. 三次　　　　D. 四次及以上

11. 零件加工时，粗基准一般选择（　　）。
　　A. 工件的毛坯面　　　　　　　B. 工件的已加工表面
　　C. 工件的过渡表面　　　　　　D. 工件的待加工表面

12. 下面对粗基准论述正确的是（　　）。
　　A. 粗基准是第一道工序所使用的基准　　B. 粗基准一般只能使用一次

C. 粗基准一定是零件上的不加工表面　　　D. 粗基准是一种定位基准

13. 在加工位置精度要求较高的表面时，宜优先遵循（　　）原则。
   A. 基准重合　　B. 基准统一　　C. 自为基准　　D. 互为基准

14. 箱体加工时常采用一面两孔定位是遵循（　　）原则。
   A. 基准重合　　B. 基准统一　　C. 自为基准　　D. 互为基准

15. 箱体类零件常采用（　　）作为统一精基准。
   A. 一面一孔　　B. 一面两孔　　C. 两面一孔　　D. 两面两孔

16. 车床主轴轴颈和锥孔的同轴度要求很高，因此常采用（　　）方法来保证。
   A. 基准统一　　B. 基准重合　　C. 自为基准　　D. 互为基准

17. 轴类零件的调质处理热处理工序应安排在（　　）。
   A. 粗加工前　　　　　　　　B. 粗加工后，精加工前
   C. 精加工后　　　　　　　　D. 渗碳后

18. 可以从毛坯上去除大部分加工余量的加工阶段是（　　）。
   A. 粗加工阶段　B. 半精加工阶段　C. 精加工阶段　D. 超精加工阶段

19. 下面关于检验工序安排不合理的是（　　）。
   A. 每道工序前后　　　　　　B. 粗加工阶段结束时
   C. 重要工序前后　　　　　　D. 加工完成时

20. 下面（　　）情况需按工序分散来安排生产。
   A. 重型零件加工时　　　　　B. 工件的形状复杂，刚性差而技术要求高
   C. 加工质量要求不高时　　　D. 工件刚性大，毛坯质量好，加工余量小

21. 加工淬火钢套的$\phi50H7$，$Ra1.6\mu m$孔的精加工方案采用（　　）。
   A. 铰孔　　　　B. 镗孔　　　　C. 磨孔

22. 加工铝合金工件$\phi50h7$，$Ra1.6\mu m$外圆的精加工方案采用（　　）。
   A. 精车　　　　B. 磨削　　　　C. 研磨

23. 尺寸链的各环中，（　　）的公差最大。
   A. 组成环　　　B. 封闭环　　　C. 增环

24. 封闭环公差等于（　　）。
   A. 各组成环的公差之和　　　B. 各组成环的公差之差
   C. 所有增环的公差之和　　　D. 所有减环的公差之和

25. 直线尺寸链采用概率算法时，若各组成环均接近正态分布，则封闭环的公差等于（　　）。
   A. 各组成环中公差最大值　　B. 各组成环中公差的最小值
   C. 各组成环公差之和　　　　D. 各组成环公差平方和的平方根

三、判断题

1. 安装就是工件在机床上每装卸一次所完成的那部分工艺过程。　　　　　　　（　　）
2. 一次安装加工有关表面有利于保证这些表面的位置精度。　　　　　　　　　（　　）
3. 辅助工艺基准是指使用方面不需要，而为满足工艺要求在工件上专门设计的定位面。
　　　　　　　　　　　　　　　　　　　　　　　　　　　　　　　　　　　（　　）
4. 定位基准属于工艺设计过程中所使用的一种基准，因此属于设计基准。　　　（　　）

5. 零件上的毛坯表面都可以作为定位时的精基准。（   ）
6. 用两中心孔定位加工轴的各外圆表面，符合基准统一原则。（   ）
7. 粗基准在同一尺寸方向上只能使用一次。（   ）
8. 由于粗基准对精度要求不高，所以粗基准可多次使用。（   ）
9. 粗基准是指粗加工时所用的基准；精基准是指精加工时所用的基准。（   ）
10. 经济精度指的是在正常工艺条件下，某种加工方法所能够达到的精度。（   ）
11. 加工顺序的安排仅指安排切削加工的顺序。（   ）
12. 零件最后热处理是淬火时，一般在其后应安排磨削加工。（   ）
13. 粗、精加工分开有利于减少内应力引起的变形。（   ）
14. 对箱体而言，"先面后孔"原则是一条非常重要的原则。（   ）
15. 对既有铣面又有镗孔的工件，一般先铣面后镗孔。（   ）
16. 根据先主后次原则，所有次要表面的加工都应安排在最后进行。（   ）
17. 毛坯的尺寸公差一般采用双向标注。（   ）
18. 流水线生产确定工序内容应遵循工序分散原则。（   ）
19. 应用加工中心生产确定工序内容应遵循工序分散原则。（   ）
20. 一个尺寸链中，可以有一个或多个封闭环。（   ）

四、综合练习题

1. 试为某车床厂丝杠生产线确定生产类型，生产条件如下：加工零件为卧式车床丝杠（长为 1617mm，直径为 40mm，丝杠精度等级为 8 级，材料为 Y40Mn）；年产量 5000 台；车床；备品率 5%；废品率 0.5%。（$n=1$）

2. 加工图 3-24 所示零件，其粗基准、精基准应如何选择？图 3-24a~c 所示零件要求内、外圆同轴，端面与孔中心线垂直，非加工面与加工面间尽可能保持壁厚均匀；图 3-24d 所示零件毛坯孔已铸出，要求孔加工余量尽可能均匀。

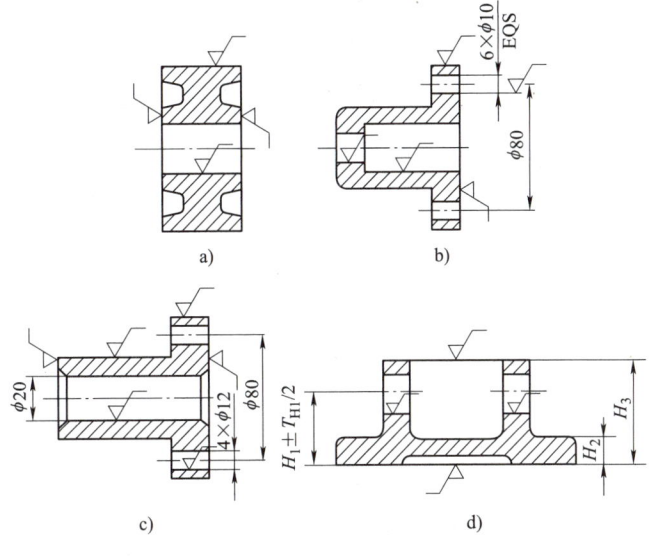

图 3-24 题 2 图

3. 有一小轴，毛坯为热轧棒料，大量生产的工艺路线为粗车-精车-淬火-粗磨-精磨，

外圆设计尺寸为 $\phi 30_{-0.013}^{0}$ mm，已知各工序的加工余量和经济精度，试确定各工序尺寸及偏差、毛坯尺寸和粗车余量，并按入体原则填入表 3-17 中。

表 3-17 题 3 （单位：mm）

工序名称	加工余量	经济精度	工序尺寸及偏差
精磨	0.1	0.013（h6）	$\phi 30_{-0.013}^{0}$
粗磨	0.4	0.033（h8）	
精车	1.1	0.084（h10）	
粗车	2.4	0.21（h12）	
毛坯尺寸	4（总余量）	$_{-0.75}^{+0.40}$	$\phi 34_{-0.75}^{+0.40}$

4. 在图 3-25 所示尺寸链中（图中 A_0、B_0、C_0、D_0 是封闭环），哪些组成环是增环？哪些组成环是减环？

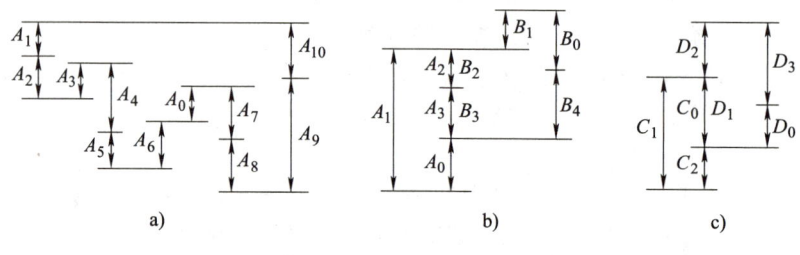

图 3-25 题 4 图

5. 图 3-26a 所示为一轴套零件图，图 3-26b 所示为车削工序简图，图 3-26c 所示为钻孔工序三种不同定位方案的工序简图，均需保证图 3-26a 所规定的位置尺寸 10±0.1mm 的要求，试分别计算工序尺寸 A_1、A_2 与 A_3 的尺寸及公差。为表达清晰起见，图 3-26a、b 只标出了与计算工序尺寸 A_1、A_2、A_3 有关的轴向尺寸。

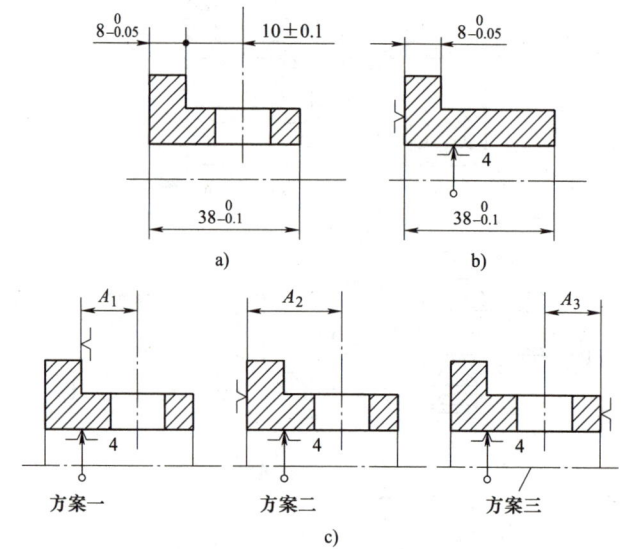

图 3-26 题 5 图

6. 加工图 3-27a 所示零件有关端面，要求保证轴向尺寸 $50_{-0.1}^{0}$mm、$25_{-0.3}^{0}$mm 和 $5_{0}^{+0.4}$mm。图 3-27b、c 所示为加工上述有关端面的工序草图，试求工序尺寸 A_1、A_2、A_3 及其极限偏差。

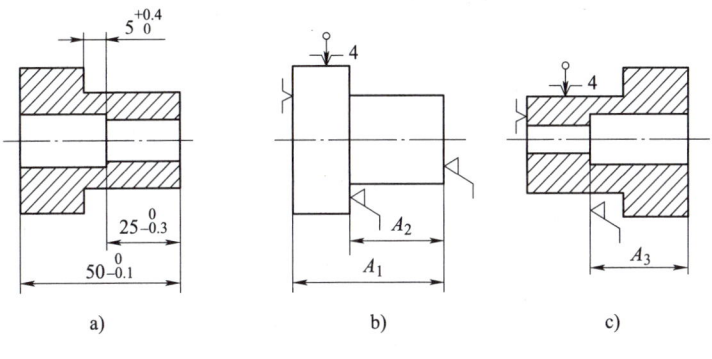

图 3-27 题 6 图

7. 如图 3-28 所示轴承座零件，$\phi 30_{0}^{+0.03}$mm 孔已加工好，现欲测量尺寸 80 ± 0.05mm。由于该尺寸不便直接测量，故改测尺寸 H。试确定尺寸 H 的大小及极限偏差。

8. 如图 3-29 所示零件，加工时图样要求保证尺寸 6 ± 0.1mm，因这一尺寸不便于测量，只能通过度量尺寸 L 来间接保证，试求工序尺寸 L 及其极限偏差。

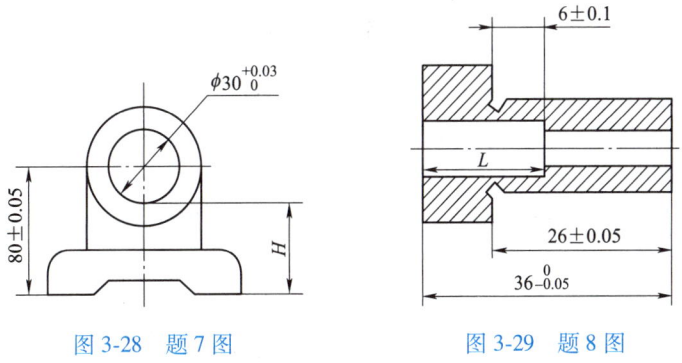

图 3-28 题 7 图　　　图 3-29 题 8 图

9. 如图 3-30 所示的齿轮轴截面图，要求保证轴径尺寸 $\phi 28_{+0.008}^{+0.024}$mm 和键槽深 $t = 4_{0}^{+0.16}$mm。其工艺过程为：①车外圆至 $\phi 28.5_{-0.10}^{0}$mm；②铣键槽槽深至尺寸 H；③热处理；④磨外圆至 $\phi 28_{+0.008}^{+0.024}$mm。试求工序尺寸 H 及其极限偏差。

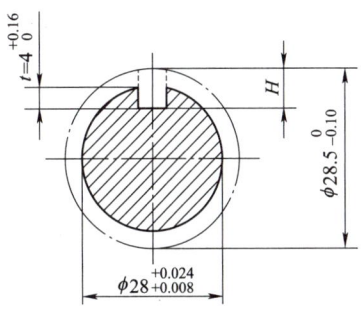

图 3-30 题 9 图

10. 一零件材料为2Cr13，其内孔的加工顺序为：①车内孔至尺寸 $\phi 31.8^{+0.14}_{0}$ mm；②碳氮共渗，要求碳氮共渗层深度为 t；③磨内孔至尺寸 $\phi 32^{+0.035}_{+0.010}$ mm，并保证碳氮共渗层深度为 0.1~0.3mm。试求碳氮共渗工序中碳氮共渗层深度 t 及其极限偏差？

五、简答题

1. 什么是工序、工位、工步和走刀？试举例说明。
2. 什么是生产过程、工艺过程和工艺规程？工艺规程在生产中有何作用？
3. 什么是生产类型？如何划分生产类型？各生产类型各有什么工艺特点？
4. 什么是基准？基准的种类有哪些？粗基准和精基准的选择原则是什么？
5. 安排表面加工顺序的原则是什么？为什么机械加工过程一般都要划分为几个阶段进行？
6. 简述工序集中和工序分散的工艺特征，各用于什么场合？
7. 什么是加工余量、工序余量和总余量？影响加工余量的因素有哪些？
8. 如何确定一个尺寸链的封闭环？如何判别某一组成环是增环还是减环？
9. 什么是时间定额？单件时间定额包括哪些方面？
10. 什么是劳动生产率？提高机械加工劳动生产率的措施有哪些？

【素养提升】

大国工匠——管延安

管延安，曾担任中交港珠澳大桥岛隧工程V工区航修队钳工，参与港珠澳大桥岛隧工程建设，负责沉管二次舾装、管内电气管线、压载水系统等设备的折装维护以及船机设备的维修保养等工作。18岁起，管延安就开始跟着师傅学习钳工，"干一行，爱一行，钻一行"是他对自己的要求，以主人翁精神去解决每一个问题。通过20多年的勤学苦练和对工作的专注，一个个细小突破的集成，一件件普通工作的累积，使他精通了车、铣、刨、磨、钻、铰、攻、套、铆等各门钳工工艺，因其精湛的操作技艺被誉为"中国深海钳工第一人"，成就了"大国工匠"的传奇。他先后荣获全国五一劳动奖章、全国技术能手、全国职业道德建设标兵、全国最美职工、中国质量工匠、齐鲁大工匠等荣誉。

项目四

编制典型零件的机械加工工艺规程

【学习目标】

知识目标
1）轴类零件机械加工工艺规程分析。
2）套类零件机械加工工艺规程分析。
3）箱体类零件机械加工工艺规程分析。
4）轮齿类零件机械加工工艺规程分析。

能力目标
1）编制零件机械加工工艺规程的能力。
2）查阅机械加工工艺参数和手册的能力。

素质目标
1）社会主义核心价值观和工匠精神。
2）良好的职业道德和敬业精神。

【项目描述】

运用机械加工工艺规程的基础知识，制订典型零件的机械加工工艺规程，培养理实一体的实践能力和团队合作意识。

任务一 制订轴类零件的机械加工工艺规程

【知识准备】

一、轴类零件的结构特点、材料和毛坯

1. 轴类零件的结构特点

轴类零件是机器中的主要零件之一，轴类零件的功用是支承齿轮、带轮等传动件和传递转矩。轴类零件是旋转体，其长度大于直径，轴类零件的加工表面有圆柱面、圆锥面、螺纹、花键、孔和沟槽等，根据其形状特点可分为光轴、空心轴、半轴、阶梯轴、花键轴、十字轴、偏心轴、曲轴及凸轮轴等。常见的轴类零件结构如图 4-1 所示。

2. 轴类零件的材料和毛坯

一般轴类零件的材料选用 45 钢，根据不同的工况条件选用不同的热处理工艺以获得一定的强度、韧性和耐磨性；对中等精度和转速较高的轴，可选用 40Cr 等合金结构钢，热处理工艺采用调质和表面淬火；对精度要求较高的轴，可选用轴承钢 GCr15、弹簧钢

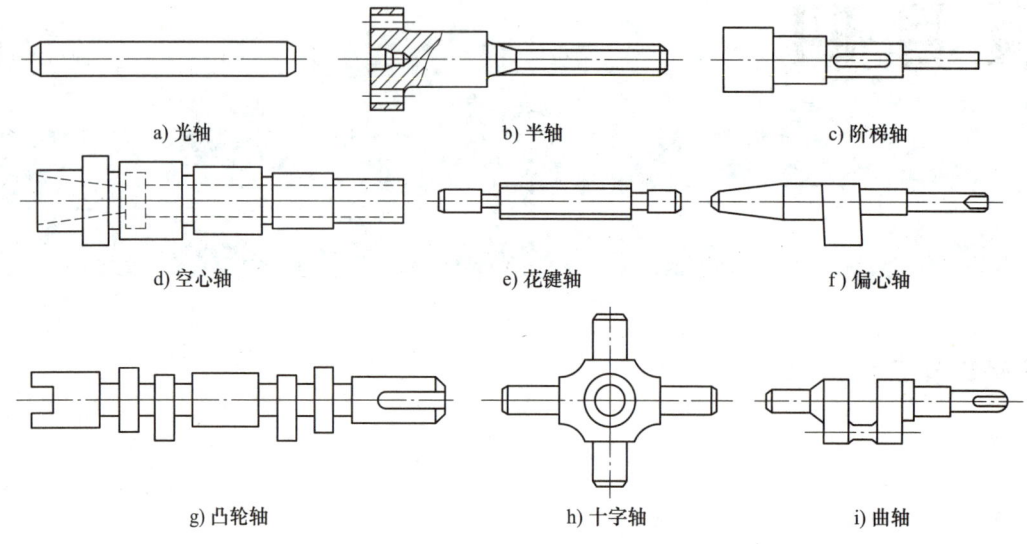

图 4-1 轴的种类及其结构

65Mn 或低变形的 CrWMn 等材料，热处理工艺为调质和表面淬火；对高速重载的轴类零件，选用 20CrMnTi、20Cr 和 38CrMoAlA，热处理工艺为渗碳、淬火或调质和表面渗氮。

轴类零件的毛坯常用轧制的棒料，大型和结构复杂的轴类零件采用铸件。除光轴和直径相近的阶梯轴采用热轧或冷拉棒料外，一般较重要的轴均采用锻件。

二、轴类零件的技术要求

（1）尺寸精度　轴颈是轴类零件的主要表面，支承轴颈的尺寸公差等级通常为 IT5～IT7；装配传动件的轴颈部位尺寸公差等级为 IT6～IT9。

（2）形状精度　轴类零件的形状精度主要指支承轴颈的圆度和圆柱度。通常其形状精度应限制在尺寸公差范围之内。

（3）位置精度　轴类零件的位置精度主要指同轴度和跳动量。普通轴类零件其径向跳动量一般规定为 0.01～0.03mm；高精度轴为 0.001～0.005mm。

（4）表面粗糙度　与传动件配合的轴颈其表面粗糙度值为 $Ra0.63～2.5\mu m$，与轴承配合的轴颈其表面粗糙度值为 $Ra0.63～2.5\mu m$。

三、轴类零件的机械加工工艺规程编制

【任务实施】

【案例 4-1】　图 4-2 所示为阶梯轴的零件图，试编制其机械加工工艺过程。

【解】　单件小批生产时阶梯轴的加工工艺过程见表 4-1；大批大量生产时阶梯轴的加工工艺过程见表 4-2。

项目四　编制典型零件的机械加工工艺规程

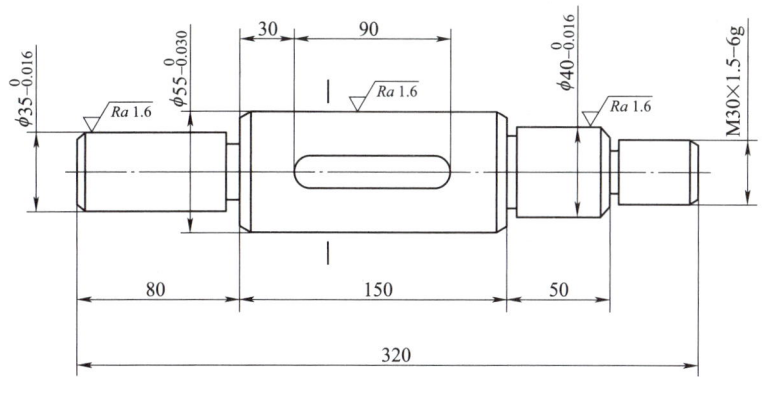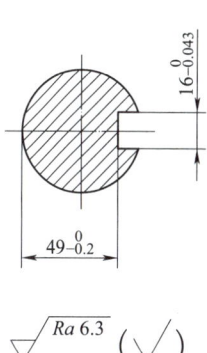

图 4-2　阶梯轴零件图

表 4-1　单件小批生产时阶梯轴的加工工艺过程

工序号	工序名称	工序内容	工艺装备
05	备料	下料 φ65mm×325mm	锯床
10	车削	车端面，钻中心孔 车外圆，留余量 切槽，倒角 车螺纹	CA6140、自定心卡盘
15	热处理	调质，28~32HRC	
20	磨削	磨外圆至图样要求	M1432
25	铣削	铣键槽，去飞边	X6132
30	检验	按图样要求检验	

表 4-2　大批大量生产时阶梯轴的加工工艺过程

工序号	工序名称	工序内容	工艺装备
05	备料	下料 φ65mm×325mm	锯床
10	铣面钻孔	铣端面，钻中心孔	专用机床
15	粗车	车右端外圆，留余量 切槽倒角	CA6140（一夹一顶）
20	粗车	调头装夹，车外圆，留余量 切槽，倒角	CA6140（一夹一顶）
25	热处理	调质，28~32HRC	
30	钳工	研磨中心孔	车床
35	磨削	磨外圆 φ55mm 至图样要求	M1432
40	磨削	磨外圆 φ40mm 至图样要求	M1432
45	磨削	磨外圆 φ35mm 至图样要求	M1432

(续)

工序号	工序名称	工序内容	工艺装备
50	铣削	铣键槽	X6132
55	铣削	铣螺纹	专用铣床
60	钳工	去飞边	钳工台
65	检验	按图样要求检验	

【案例4-2】 图4-3所示为某传动轴的零件图，试编制其机械加工工艺过程。

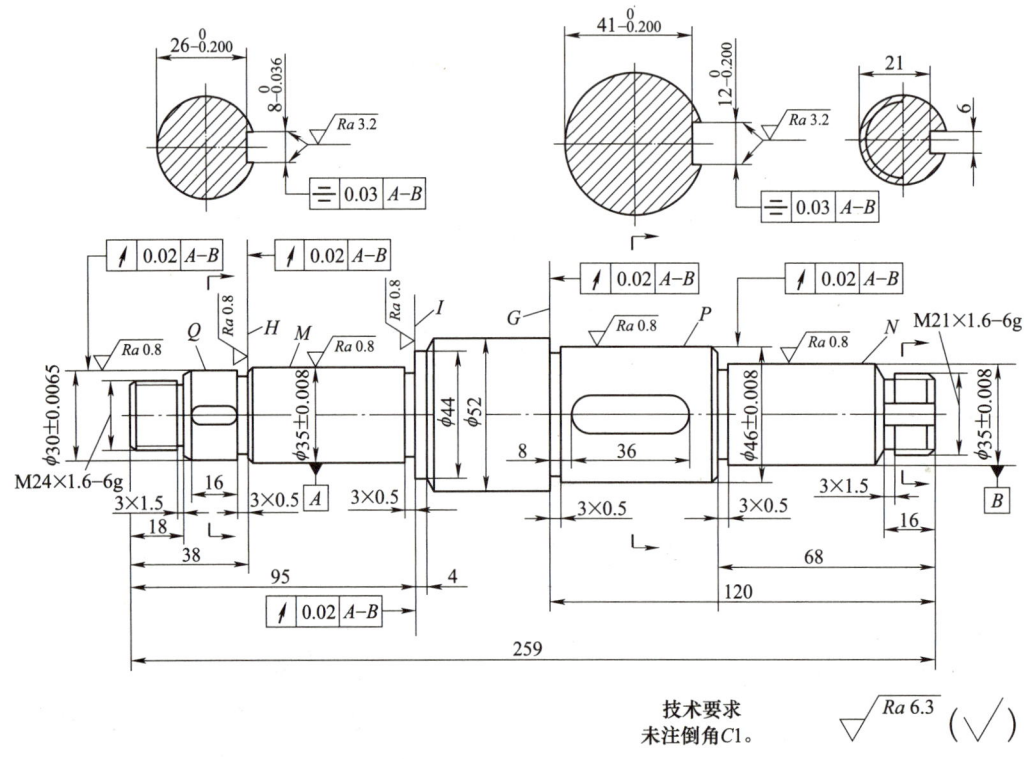

图4-3 传动轴的零件图

【解】 传动轴的加工工艺过程见表4-3。

表4-3 传动轴的加工工艺过程

工序号	工序名称	工序内容	工艺装备
05	备料	$\phi 60mm \times 265mm$	
10	粗车	自定心卡盘夹持工件，车端面见平 钻中心孔 用尾顶尖顶住，粗车三个台阶，直径、长度均留2mm余量	CA6140（一夹一顶）

（续）

工序号	工序名称	工序内容	工艺装备
15	粗车	调头，自定心卡盘夹持工件另一端，车端面，保证总长 259mm	CA6140（一夹一顶）
		钻中心孔	
		用尾顶尖顶住，粗车另外四个台阶，直径、长度均留 2mm 余量	
20	热处理	调质处理硬度 24~28HRC	
25	钳工	修研中心孔	车床
30	车	双顶尖装夹，半精车三个台阶，长度达到尺寸要求	CA6140（双顶尖）
		螺纹大径车至 φ24mm，其余两个阶梯轴直径留 0.5mm 余量	
		切槽，倒角	
35		调头，双顶尖装夹，半精车五个阶梯，φ44mm、φ52mm 车至图样尺寸	
		螺纹大径车至 φ24mm，其余两个阶梯轴直径留 0.5mm 余量	
		切槽，倒角	
40		双顶尖装夹，车一端螺纹 M24×1.6—6g	
		调头，车另一端 M24×1.6—6g	
45	钳工	划键槽及一个止动垫圈槽加工线	钳工台
50	铣	铣两个键槽及一个止动垫圈槽，键槽深度留磨削余量 0.25mm	铣床
55	钳工	修研中心孔	车床
60	磨	磨外圆 Q、M，并用砂轮端面靠磨台肩 H、I	磨床
		调头，磨外圆 N、P，靠磨台肩 G	
65	检验	按图样要求检验	

四、轴类零件的加工工艺分析

1. 加工阶段的划分

由于主轴是多阶梯形并带通孔的零件，切除金属后会引起内应力重新分布而变形。因此，安排工序时应粗、精分开，先完成主要表面的粗加工，再完成其他表面的半精加工和精加工；主要表面的精加工应放在最后进行。这样，主要表面的精度就不会受到其他表面加工或内应力重新分布的影响。

2. 定位基准的选择与转换

轴类零件的定位基准，常用的是两顶尖孔。采用两顶尖孔作为统一的定位基准加工各外圆表面，符合基准统一原则。这样就能在一次安装中加工出较多的外圆和端面，而求能确保各外圆轴线间的同轴度以及端面和轴线之间的垂直度要求，因此，只要有可能，尽量采用中心孔定位。

对于空心轴类零件，由于中心孔因钻出通孔而消失，为了在通孔加工以后还能使用顶尖定位，一般都采用带有中心孔的锥堵或锥套心轴（图4-4）。

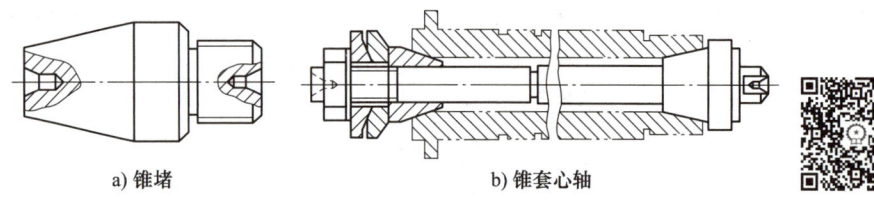

a) 锥堵　　　　　　　　b) 锥套心轴

图4-4　锥堵与锥套心轴

采用锥堵时应注意以下问题：锥堵应有较高的精度；在使用锥堵过程中，应尽量减少锥堵的装拆次数；对精密主轴，外圆和锥孔要按照互为基准原则反复多次进行磨削加工，这种情况下，重新镶配锥堵时需按外圆进行找正和修磨锥堵上的中心孔；热处理时，中心通孔内的气体受热膨胀会将锥堵推出，因此必须在锥堵上钻轴向透气孔，以便气体膨胀时逸出。

3. 工序顺序的安排

（1）基准先行原则　在毛坯进入加工车间后，首先应加工定位基准面。如必须完成顶尖孔的加工后，才能进行外圆的粗车；完成锥堵的安装之后，才能进行各辅助面和外圆表面的半精加工；完成锥孔的磨削加工并准确安装锥堵后，才能精磨各外圆表面。

（2）深孔加工顺序　钻孔安排在调整之后进行；钻深孔安排在外圆粗车或半精车之后。

（3）次要表面加工　轴类零件上的花键、键槽等次要表面的加工，通常安排在外圆精车和粗磨之后，或者精磨外圆之前进行；车螺纹工序必须安排在局部淬火之后，车螺纹的定位基准应和精磨外圆使用的基准相同。

任务二　制订套类零件的机械加工工艺规程

【知识准备】

一、套类零件的结构特点、材料和毛坯

1. 套类零件的结构特点

套类零件属于回转零件，通常起支承和导向作用。常见的套类零件有轴承、夹具上引导刀具的导向套、内燃机上的气缸套以及液压缸等。套类零件的常见结构如图4-5所示。

套类零件的结构特点：零件的主要表面为内孔和外圆表面；零件的壁厚薄，易变形；零件长度一般大于直径。

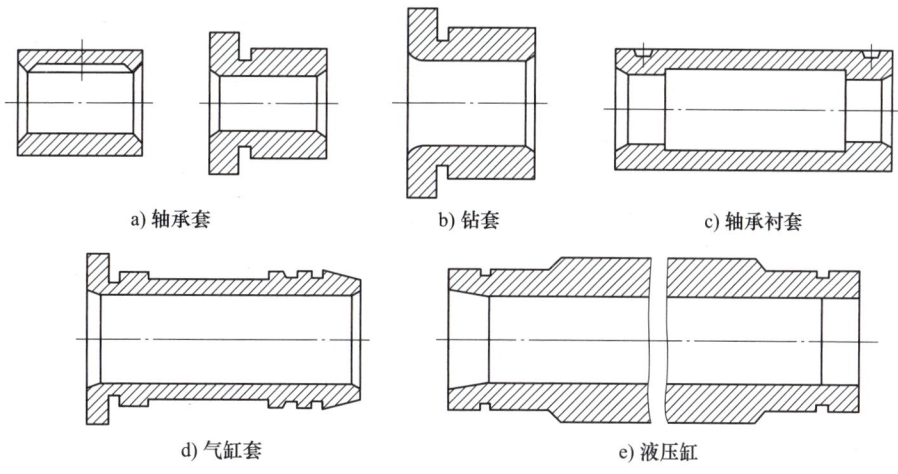

图 4-5　套类零件示意图

2. 套类零件的材料和毛坯

套类零件的材料一般选用碳钢、铸铁、青铜或黄铜。对强度和硬度要求较高的套类零件，如镗床主轴套筒和伺服阀套等，可选用优质合金结构钢（38CrMoAlA、18CrNiWA）。

套筒的毛坯选择和材料、结构尺寸以及生产纲领有关。孔径小的套类零件一般选择棒料或实心铸件；孔径大的套类零件通常选择无缝钢管或带孔铸件或锻件；生产批量大时，通常采用粉末冶金等先进毛坯制造工艺，既节约材料又提高了毛坯的制造精度和生产效率。

二、套类零件的技术要求

内孔表面是套类零件的主要技术表面。内孔直径的尺寸公差等级一般为 IT7；精密级套类零件其内孔尺寸公差等级取 IT6；内孔表面的形状精度一般控制在孔径公差之内，通常为孔径尺寸公差的 1/3~1/2；内孔的表面粗糙度值为 $Ra1.6$~$2.5\mu m$，表面质量要求较高时表面粗糙度值为 $Ra0.04\mu m$。

外圆表面的直径尺寸公差等级通常取 IT6~IT7；形状精度应控制在直径尺寸精度之内；表面粗糙度值为 $Ra0.63$~$5\mu m$。

对套类零件，内孔和外圆有较高的同轴度要求，一般为 0.01~0.05mm；孔的中心线与端面之间有垂直度要求，一般为 0.01~0.05mm。

三、套类零件的机械加工工艺规程编制

【任务实施】

【案例 4-3】 图 4-6 所示为液压缸的零件图，试编制其机械加工工艺过程。

【解】 液压缸的机械加工工艺过程见表 4-4。

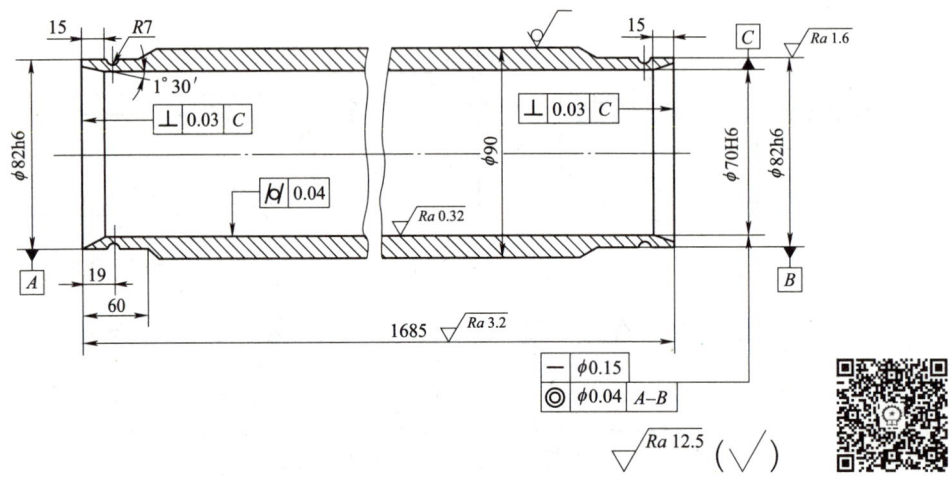

图 4-6 液压缸零件图

表 4-4 液压缸的机械加工工艺过程　　　　　　　　　　　（单位：mm）

工序号	工序名称	工序内容	工艺装备
05	备料	$\phi90\text{mm}\times\phi65\text{mm}\times1700\text{mm}$ 无缝钢管切断	
10	粗车	车 $\phi82\text{mm}$ 外圆到 $\phi88\text{mm}$，车螺纹 M88×1.5（工艺用）	自定心卡盘一夹一顶
		车端面及倒角	自定心卡盘夹一端，中心架托 $\phi88\text{mm}$ 处
		调头，车 $\phi82\text{mm}$ 外圆到 $\phi84\text{mm}$	自定心卡盘一夹一顶
		车端面及倒角	自定心卡盘夹一端，中心架托 $\phi88\text{mm}$ 处
15	深孔推镗	半精推镗孔到 $\phi68\text{mm}$	一端用螺纹 M88×1.5 固定在夹具中，另一端搭中心架
		精推镗孔到 $\phi69.86\text{mm}$	
		浮动镗刀镗孔到 $\phi(70\pm0.02)\text{mm}$，表面粗糙度为 $Ra2.5\mu\text{m}$	
20	滚压孔	用滚压头滚压孔至 $\phi70_{0}^{+0.02}\text{mm}$，表面粗糙度为 $Ra0.32\mu\text{m}$	一端用螺纹 M88×1.5 固定在夹具中，另一端搭中心架
25	精车	车去工艺螺纹，车 $\phi82\text{h}6$ 到要求尺寸，车 $R7\text{mm}$ 槽	软爪一夹一顶
		镗内锥孔 1°30′及车端面	软爪夹一端，中心架托另一端（百分表找正孔）
		调头，车 $\phi82\text{h}6$ 到要求尺寸，车 $R7\text{mm}$ 槽	软爪一夹一顶
		镗内锥孔 1°30′及车端面，保证总长 1685mm	软爪一夹一顶
30	检验	按图样检查各部尺寸精度	
35	入库	涂油入库	

四、套类零件的机械加工工艺分析

1. 定位基准的选择

套类零件一般选用外圆表面作粗基准，先以一外圆表面定位加工出其他的外圆表面、内孔和端面，然后再以加工好的其他表面作精基准进行后续工序的加工。一般分为两种情况：

1) 以内孔表面为精基准，将内孔装在心轴上，对其他表面进行粗加工或半精加工。这种方法刚性好，应用普遍。

2) 以外圆表面为精基准，用自定心卡盘夹紧工件，对其他表面进行粗加工或半精加工。这种方法装夹迅速可靠，但加工精度略低。要想获得较高的同轴度，必须采用定心精度高的夹具，如弹性膜片卡盘、液性塑料夹具、修磨过的自定心卡盘或软爪等。

2. 防止套类零件变形

套类零件壁薄，加工中常因夹紧力、切削力、残余应力和切削热等因素的影响而产生变形。防止套类零件在加工中变形的措施有：

1) 减少切削力和切削热的影响。加工中应粗、精分开，使粗加工产生的变形在精加工中能得到纠正。

2) 减少夹紧力的影响。改变夹紧力的方向，使径向夹紧变为轴向夹紧；对于径向夹紧，采用专用的夹紧装置或过渡套、弹簧套来夹紧工件；采用工艺凸台或工艺螺纹来夹紧工件。

3) 减少热处理的影响。将热处理工序安排在粗加工和精加工之间，使热处理产生的变形在精加工中予以纠正。

任务三　制订箱体类零件的机械加工工艺规程

【知识准备】

一、箱体类零件的结构特点、材料和毛坯

1. 箱体类零件的结构特点

箱体是机器的基础零件，它将轴、轴承和齿轮等零件连接成一个整体，使这些零件保持正确的相对位置，以传递运动和转矩。箱体的结构形式多种多样，常见结构如图4-7所示。

箱体零件的结构特点：形状复杂、壁薄且不均匀，内部呈腔形，加工部位多，加工难度大，既有精度要求较高的孔系和平面，也有许多精度要求较低的紧固孔。

2. 箱体类零件的材料和毛坯

箱体材料一般选用灰铸铁，灰铸铁不仅成本低，而且具有较好的耐磨性、可铸造性和可切削性等特性，最常用的牌号为HT200。精度要求较高的镗床主轴箱则选用耐磨合金

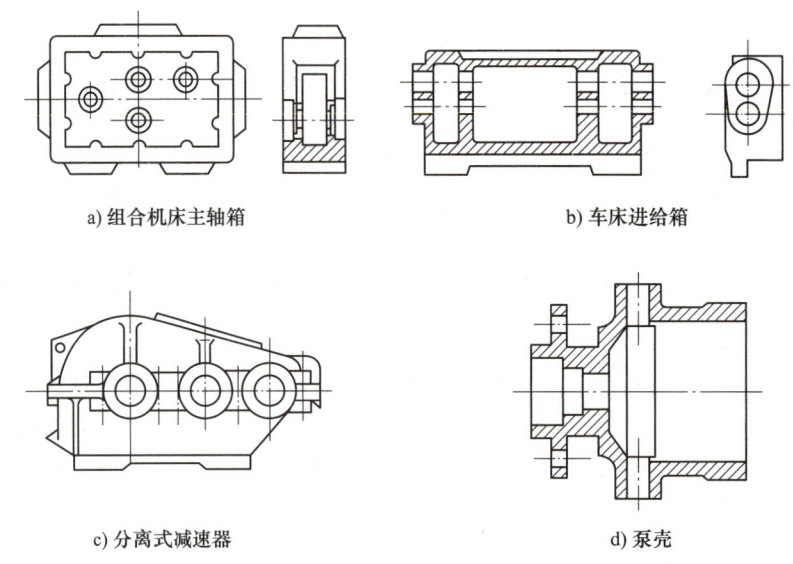

图 4-7 常见的箱体结构

a) 组合机床主轴箱　　b) 车床进给箱　　c) 分离式减速器　　d) 泵壳

铸铁，如 MTCrMoCu-300；负荷大的主轴箱也可采用铸钢件。

箱体毛坯根据不同的生产纲领和性能要求采用不同的生产方式。对批量小、尺寸大和形状复杂的箱体，采用木模铸造；尺寸中等以下的箱体采用砂型铸造；对批量较大的箱体选用金属型铸造；对受力较大和承受冲击的箱体，尽量采用整体铸造毛坯；单件小批生产时，可采用型材焊接结构的箱体。

二、箱体类零件的技术要求

（1）孔径精度　主轴孔的尺寸公差等级为 IT6，其余孔为 IT6～IT7；孔的形状公差一般控制在孔径公差范围内。

（2）孔的位置精度　孔的位置精度主要是指同一轴线上孔的同轴度和孔的端面对轴线的垂直度，一般要求同轴度公差不大于最小孔尺寸公差的一半；孔系之间的平行度误差会影响齿轮的啮合质量，也应规定相应的精度要求。

（3）孔和平面的位置精度　指孔和主轴箱安装基面的平行度要求，这项精度是在总装中通过刮研来达到的。为减少刮研量，一般规定主轴轴线对安装基面的平行度公差，在垂直和水平两个方向上，只允许主轴前端向上和向前偏。

（4）主要平面的精度　指装配基面的平面度要求。装配基面的平面度影响主轴箱与床身连接的接触刚度，并且在加工过程中装配基面作为定位基准也影响孔的加工精度，因此规定底面和导向面必须平直。

（5）表面粗糙度　主要孔和表面的表面粗糙度会影响连接面的配合性质和接触刚度，一般要求主轴孔表面粗糙度值为 $Ra0.4\mu m$；其余各纵向孔的表面粗糙度值为 $Ra1.6\mu m$；孔的内端面表面粗糙度值为 $Ra3.2\mu m$；装配基面和定位基面的表面粗糙度值为 $Ra0.63～2.5\mu m$；其余表面的表面粗糙度值为 $Ra2.5～10\mu m$。

三、箱体类零件的机械加工工艺规程编制

【任务实施】

【案例 4-4】 图 4-8 所示为某车床主轴箱的零件图，编制其机械加工工艺过程。

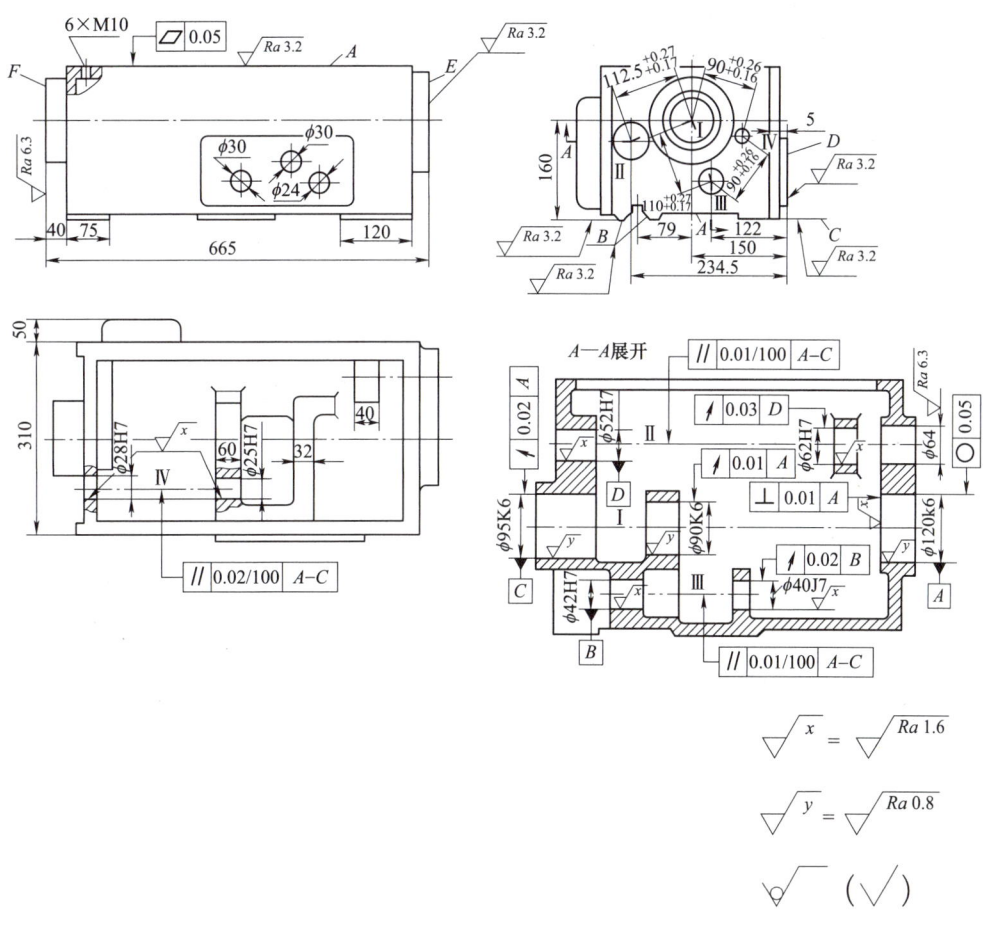

图 4-8 主轴箱箱体的零件图

【解】 主轴箱单件小批生产时的加工工艺过程见表 4-5，大批生产时的加工工艺过程见表 4-6。

表 4-5 单件小批生产时主轴箱的工艺过程

工序号	工 序 内 容	定位基准
05	铸造	
10	时效	
15	漆底漆	
20	划线：考虑主轴孔有加工余量并尽量均匀。划 C、A、D、E 面加工线	
25	粗、精加工顶面 A	划线找正

（续）

工序号	工序内容	定位基准
30	粗、精加工面 B、C 及侧面 D	顶面 A 并校正主轴轴线
35	粗、精加工两端面 E、F	B、C 面
40	粗、半精加工各纵向孔	B、C 面
45	精加工各纵向孔	B、C 面
50	粗、精加工横向孔	B、C 面
55	加工螺纹孔及各次要孔	
60	清洗，去飞边	
65	检验入库	

表 4-6　大批生产时主轴箱的工艺过程

工序号	工序内容	定位基准
05	铸造	
10	时效	
15	漆底漆	
20	铣顶面 A	Ⅰ孔与Ⅱ孔
25	钻扩铰 $2\times\phi 8H7$ 工艺孔（将 $6\times M10$ 先钻至 $\phi 7.8mm$，铰 $2\times\phi 8H7$）	顶面 A 及外形
30	铣两端面 E、F 及前面 D	顶面 A 及两工艺孔
35	铣导轨面 B、C	顶面 A 及两工艺孔
40	磨顶面 A	导轨面 B、C
45	粗镗各纵向孔	顶面 A 及两工艺孔
50	精镗各纵向孔	顶面 A 及两工艺孔
55	精镗主轴孔Ⅰ	顶面 A 及两工艺孔
60	加工横向孔及各面上次要孔	
65	磨导轨面 B、C 及前面 D	顶面 A 及两工艺孔
70	将 $2\times\phi 8H7$ 及 $4\times\phi 7.8mm$ 均扩孔至 $\phi 8.5mm$，攻 $6\times M10$ 螺纹	
75	清洗，去飞边，倒角	
80	检验入库	

【案例 4-5】　如图 4-9~图 4-11 所示分别为减速箱箱盖、底座零件图及减速器合箱图，试编制其机械加工工艺过程。

项目四 编制典型零件的机械加工工艺规程

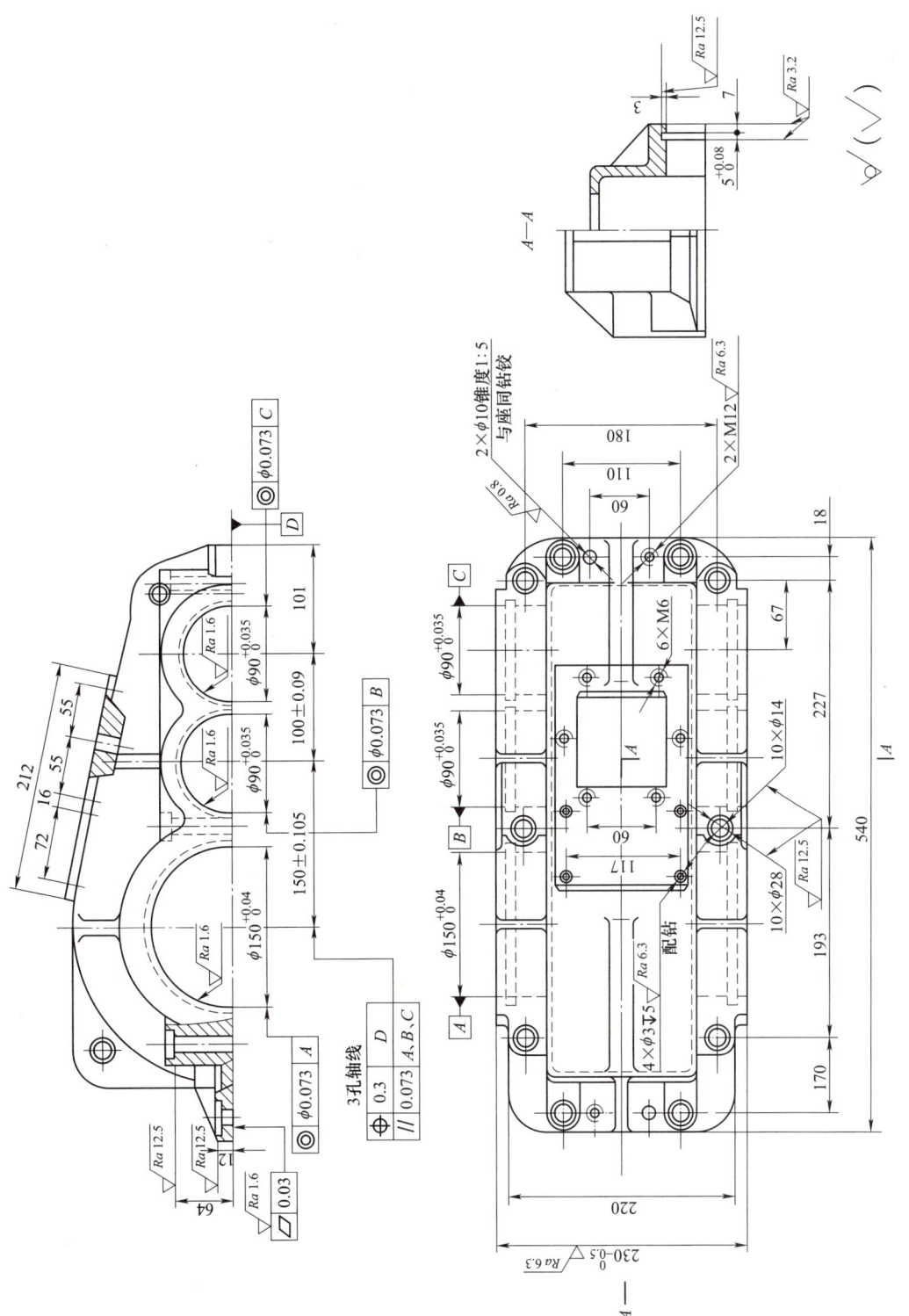

图 4-9 剖分式减速器箱盖

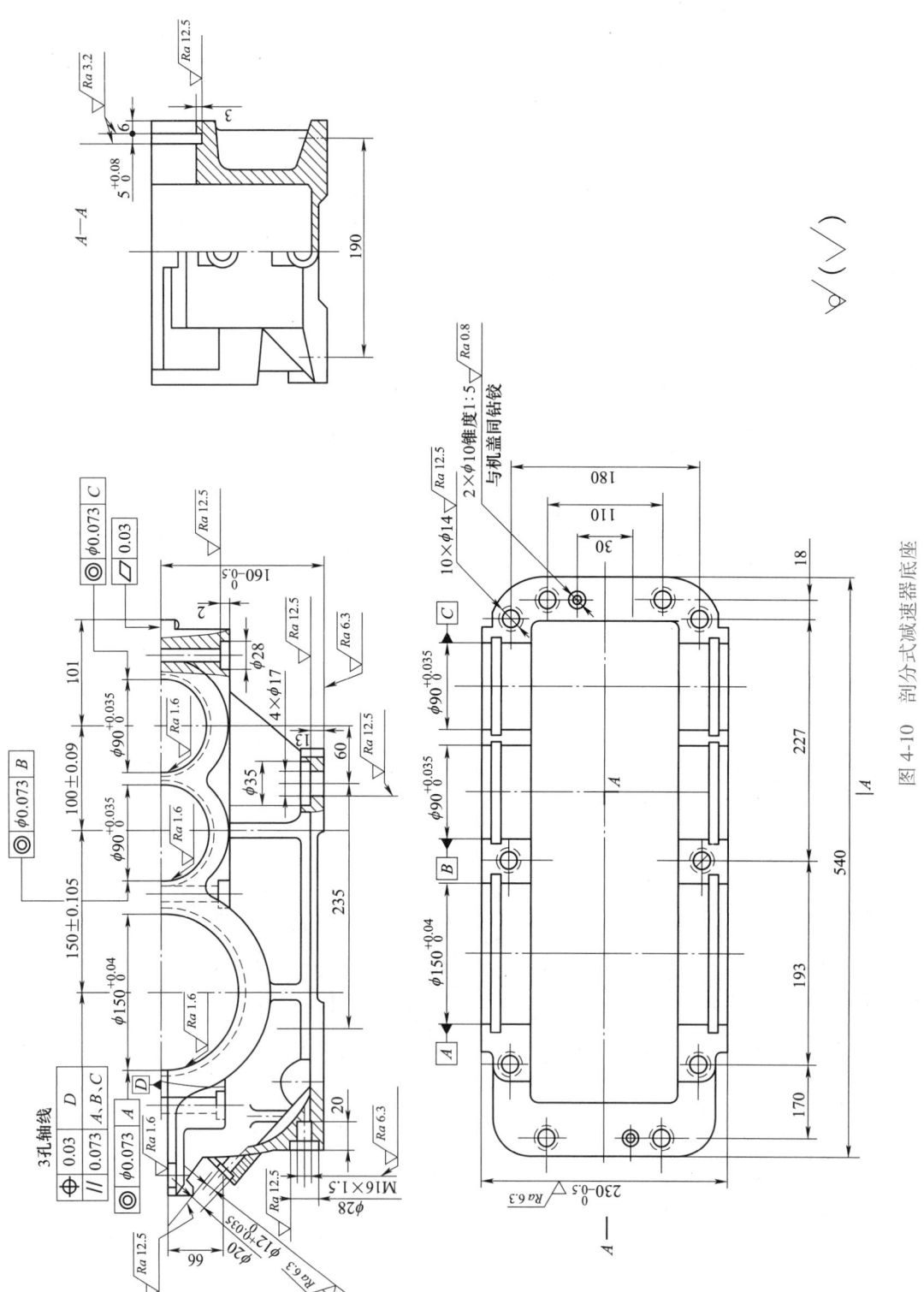

图 4-10 剖分式减速器底座

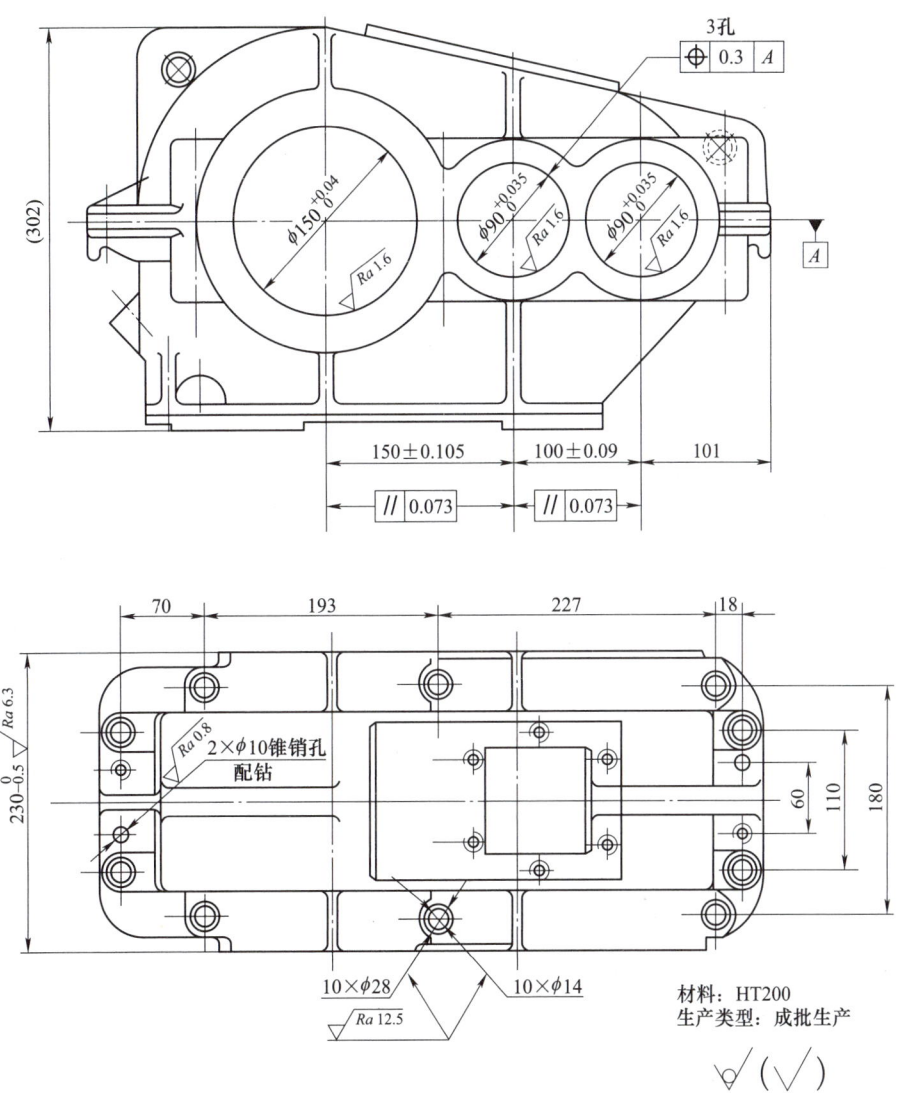

图 4-11 剖分式减速器

【解】 减速器箱盖的机械加工工艺过程见表 4-7。

表 4-7 减速器箱盖的机械工艺过程

工序号	工 序 内 容	定位基准
05	铸造毛坯，清砂	
10	人工时效	
15	漆底漆	
20	钳工，划各平面加工线	凸缘上表面
25	刨对合面，留余量 0.5mm	按划线找正
30	刨顶面至图样要求	对合面及一侧面

（续）

工序号	工序内容	定位基准
35	磨或精刨对合面，平面度公差 0.03mm，$Ra1.6\mu m$	顶面及一侧面
40	钻 $10\times\phi14mm$ 孔，锪 $10\times\phi28mm$ 孔，钻 $2\times M12$ 底孔并倒角，攻 $2\times M12$ 螺纹	对合面
45	钻 $6\times M6$ 底孔并倒角，攻 $6\times M6$ 螺纹	对合面
50	检验入库	

减速箱底座的机械加工工艺过程见表 4-8。

表 4-8 减速箱底座的机械加工工艺过程

工序号	工序内容	定位基准
05	铸造毛坯，清砂	
10	人工时效	
15	漆底漆	
20	划各平面加工线	凸缘下表面
25	刨对合面，留余量 0.5mm	按划线找正
30	刨底面	对合面
35	钻 $4\times\phi17mm$ 孔，锪其中对角两孔至 $\phi17.5mm$（工艺孔），锪 $4\times\phi35$ 孔	对合面
40	钻、铰 $\phi12mm$ 孔至图样要求，锪 $\phi20mm$ 孔	底面及两工艺孔
45	钻 $M16\times1.5$ 放油螺纹底孔，锪 $\phi28mm$ 孔，攻 $M16\times1.5$ 螺纹	底面及两工艺孔
50	磨或精刨对合面，平面度公差 0.03mm，$Ra1.6\mu m$	底面
55	检验入库	

减速箱整体的机械加工工艺过程见表 4-9。

表 4-9 减速箱整体的机械加工工艺过程

工序号	工序内容	定位基准
05	将箱盖、底座对准合拢并夹紧，钻、铰 $2\times\phi10mm$ 锥销孔，打入锥销	
10	钻 $10\times\phi14mm$ 孔，锪 $10\times\phi28mm$ 孔（配钻）	底面和顶面
15	拆箱，分开箱盖与底座，清除对合面上的飞边与切屑，再合拢箱体，打入锥销，拧紧 $2\times\phi12mm$ 螺栓	
20	铣顶面，保证 230mm	底面及两工艺孔
25	粗镗 3 对轴承孔，留余量 1~1.5mm	底面及两工艺孔
30	精镗 3 对轴承孔至尺寸，镗 6 个卡簧槽 5mm	底面及两工艺孔
35	拆箱，清除切屑和飞边	
40	检验入库	

四、箱体类零件的加工工艺分析

1. 定位基准的选择

（1）粗基准的选择　箱体零件一般选择重要孔作为粗基准，但随着生产类型的不同，粗基准的选择也是不同的。中小批量生产时，由于毛坯精度较低，一般采用划线找正；大批大量生产时，毛坯精度较高，以主轴孔作为粗基准定位，采用专用夹具装夹。

（2）精基准的选择　箱体加工精基准的选择也与生产类型有关。对单件小批生产，用装配基准作为定位基准，这种定位方式符合基准重合原则，同时，加工各孔时，安装、调整刀具和测量孔径尺寸都比较方便；对大批大量生产，通常采用箱体顶面和两工艺孔作为定位基准，这种定位方式提高了夹具刚度，有利于保证孔系之间的位置精度，而且工件装卸方便，减少了辅助时间，提高了生产效率，但会出现基准不重合误差。

2. 加工顺序的安排

（1）先面后孔　箱体类零件的加工顺序均为先加工面，再以加工好的箱体表面定位加工孔。

（2）粗、精分开　箱体的结构复杂，壁厚不均，刚性差，而且加工精度要求又高，因此，箱体重要表面的加工都要粗、精分开。

（3）时效处理　由于箱体结构复杂，壁厚不均，铸造残余应力较大。为消除残余应力，减少加工后的变形和保证精度稳定，铸造之后要安排人工时效处理。对普通精度的箱体，一般在铸造之后安排一次时效处理；对精度要求高或形状特别复杂的箱体，在粗加工之后还要安排时效处理，以消除粗加工造成的残余应力。

（4）设备选择　箱体加工所用设备依批量不同而异。单件小批生产一般选择通用机床进行加工，除个别重要工序外，一般不采用专用夹具；大批量生产则广泛采用专用机床，如多轴龙门铣床和组合磨床等，各主要孔的加工多采用多工位组合机床和专用镗床，夹具多采用专用夹具，以提高生产效率。

任务四　制订齿轮类零件的机械加工工艺规程

【知识准备】

一、轮齿类零件的结构特点、材料和毛坯

1. 齿轮零件的结构特点

齿轮的功用是按规定的传动比传递运动和动力。圆柱齿轮一般分为齿圈和轮体两部分，在齿圈上切出齿形。按照齿圈上轮齿的分布形式，齿轮可分为直齿轮、斜齿轮和人字形齿轮等，圆柱齿轮的结构形式如图4-12所示。

2. 齿轮的材料、热处理和毛坯

（1）齿轮的材料　对低速、重载的齿轮，一般选用综合力学性能好的材料，如

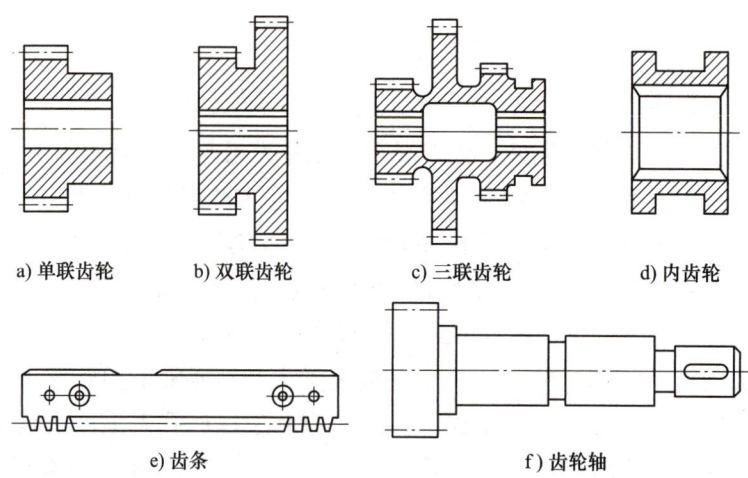

图 4-12 圆柱齿轮的结构形式

20CrMnTi；对高速传动齿轮，通常选渗氮钢，如 38CrMoAlA；对承受冲击的齿轮，通常选低碳合金钢，如 20Cr、18CrMnTi；对轻载传动齿轮，可选用铸铁及其他非金属材料。

对普通精度的齿轮，通常选用中碳结构钢，如 45 钢；对精度较高的齿轮，通常选用中碳合金结构钢，如 40Cr。

（2）齿轮的热处理 在齿坯加工前后安排预先热处理——正火或退火，目的是消除残余应力、改善切削加工性能和提高综合力学性能。齿形加工完成后，为提高齿面的硬度和耐磨性，常进行渗碳淬火、高频感应淬火、碳氮共渗和渗氮处理等热处理工序。

（3）齿轮的毛坯 齿轮毛坯的形式主要有棒料、锻件和铸件。棒料用于小尺寸、结构简单且对强度要求不高的齿轮；锻件用于对硬度、耐磨性和强度要求高的齿轮；铸件用于直径大于 400mm 的齿轮。

二、齿轮类零件的技术要求

齿轮传动精度的高低，直接影响机器的工作性能、承载能力和使用寿命，齿轮传动的精度要求主要包括传递运动的准确性、传递运动的平稳性和载荷分布的均匀性三个方面。为此，齿轮制造应符合一定的技术要求，具体技术要求可查国家标准 GB/T 10095.1—2022《圆柱齿轮 ISO 齿面公差分级制 第 1 部分：齿面偏差的定义和允许值》和 GB/T 10095.2—2023《圆柱齿轮 ISO 齿面公差分级制 第 2 部分：径向综合偏差的定义和允许值》。

三、齿轮零件的加工工艺过程

【任务实施】

【案例 4-6】 图 4-13 所示为某齿轮的零件图，试编制其机械加工工艺过程。

【解】 该齿轮的加工工艺过程见表 4-10。

项目四 编制典型零件的机械加工工艺规程

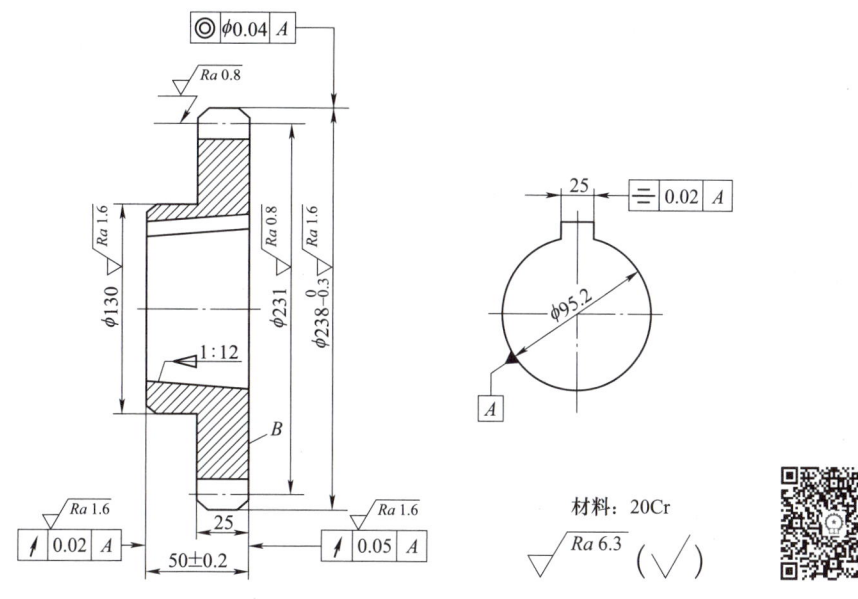

图 4-13 齿轮的零件图

表 4-10 齿轮的加工工艺过程

序号	工 序 内 容	定位基准
10	毛坯锻造	
15	正火	
20	粗车各部，均留余量 1.5mm	外圆、端面
25	精车各部，内孔至锥孔塞规刻划线外露 6~8mm，其余至图样要求	外圆、内孔和端面
30	滚齿，$F_w = 0.036$mm，$F_i'' = 0.10$mm，$f_i'' = 0.022$mm，$F_\beta = 0.011$mm $W = 80.84_{-0.19}^{-0.14}$mm，$Ra2.5\mu$m	内孔、端面 B
35	倒角	内孔、端面 B
40	插键槽至图样要求	内孔、端面 B
45	去飞边	
50	剃齿	内孔、端面 B
55	热处理，齿面淬火后硬度至 50~55HRC	
60	磨内锥孔，磨至锥孔塞规小端平	内孔、端面 B
65	珩齿至图样要求	内孔、端面 B
70	检验	

【案例 4-7】 图 4-14 所示为某双联齿轮的零件图，编制其机械加工工艺过程。

【解】 双联齿轮的加工工艺过程见表 4-11。

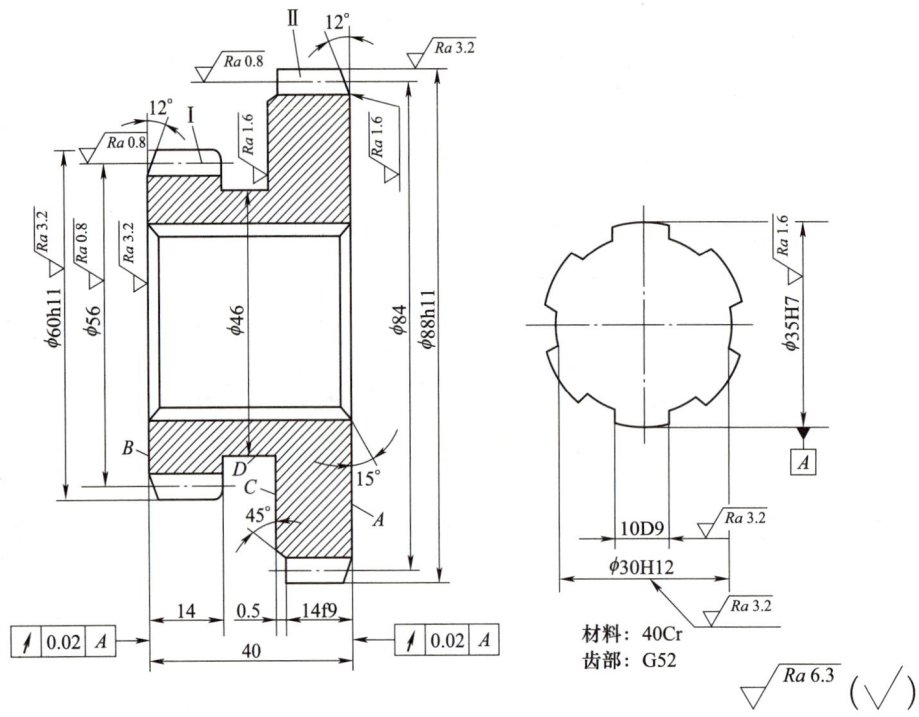

图 4-14 双联齿轮零件图

表 4-11 双联齿轮的加工工艺过程

序号	工 序 内 容	定位基准
10	毛坯锻造	
15	正火	
20	粗车外圆和端面（留余量 1~1.5mm），钻、镗花键底孔至尺寸 ϕ30H12	外圆和端面
25	拉花键孔	ϕ30H12 孔和 A 面
30	精车外圆、端面及槽至图样要求	花键孔和 A 面
35	检验	
40	滚齿（z=42）留剃量 0.07~0.10mm	花键孔和 A 面
45	插齿（z=28）留剃量 0.03~0.05mm	花键孔和 A 面
50	倒角（Ⅰ、Ⅱ齿圈12°牙角）	花键孔和端面
55	钳工去飞边	
60	剃齿（z=42）公法线长度至尺寸上限	花键孔和 A 面
65	剃齿（z=28）剃齿刀螺旋角5°，公法线长度至尺寸上限	花键孔和 A 面
70	齿部高频感应淬火：G52	
75	推孔	
80	珩齿（Ⅰ、Ⅱ）至尺寸要求	花键孔和 A 面
85	检验	

四、齿轮类零件的加工工艺分析

1. 定位基准的选择

齿轮加工时尽可能采用基准重合原则,以避免基准不重合误差;在整个齿轮的加工过程中,也应尽量采用基准统一原则。

对小直径的轴齿轮,一般采用两端中心孔或锥孔作为定位基准,符合基准统一原则;对于大直径的轴齿轮,通常采用轴颈和端面进行组合定位,符合基准重合原则;对于带孔的齿轮,采用内孔和端面进行组合定位,既符合基准重合原则,又符合基准统一原则。

2. 齿坯的加工

齿形加工前的齿轮加工称为齿坯加工。齿坯的外圆、端面或孔径常作为基准使用,所以齿坯的精度对整个齿轮的精度影响很大;另外,齿坯加工在整个齿轮加工中的比重很大,因此,齿坯加工也很重要。

齿坯加工的主要内容包括齿坯的内孔加工、端面和顶尖孔加工、齿圈外圆和端面加工,齿坯的加工工艺与齿轮的结构和生产类型有很大关系。

(1) 单件小批生产　单件小批生产时,齿坯的内孔、端面及外圆的粗、精加工都在通用车床上经两次装夹完成,但孔和基准端面的精加工应在一次装夹中完成,以保证位置精度。

(2) 成批生产　成批生产时,齿坯加工常采用"车—拉—车"的工艺方案,即先以齿坯外圆或轮毂定位,粗车外圆、端面和内孔;再以端面定位拉孔或花键孔;最后以孔定位精车外圆和端面。

(3) 大批大量生产　大批量生产时,齿坯加工多采用"钻—拉—车"的工艺方案,即先以毛坯外圆及端面定位进行钻孔或扩孔;再进行拉孔;最后以孔定位,在多刀车床上粗、精车外圆、端面、切槽和倒角。

3. 齿形加工

齿形加工是整个齿轮加工的核心和关键,齿形加工的方案主要取决于齿轮的精度等级、生产类型、热处理及生产工厂的现有条件等。常见的齿形加工方案如下:

(1) 8级精度以下的齿轮　对于调质齿轮,采用滚齿或插齿进行齿形加工;对于淬硬齿轮,其齿形加工方案为"滚(插)齿—剃齿(冷挤)—齿端加工—淬火—校正内孔",但在淬火前齿形加工精度应提高一级。

(2) 6~7级精度的齿轮　对齿面不需淬硬的齿轮,其齿形加工方案为"滚(插)齿—齿端加工—剃齿";对于齿面需淬硬的齿轮,其齿形加工方案为"滚(插)齿—齿端加工—齿面淬火—校正基准—磨齿",这种方案加工精度稳定,但生产率低;也可采用"滚(插)齿—齿端加工—剃齿(冷挤)—表面淬火—校正基准—珩齿"的加工方案,这种方案生产率高,加工精度稳定。

(3) 5级以上精度的齿轮　一般采用"粗滚齿—精滚齿—齿端加工—表面淬火—校正基准—粗磨齿—精磨齿"的加工方案。

4. 齿端加工

齿轮的齿端加工方式有倒圆、倒尖、倒棱和去毛刺。经倒圆、倒尖和倒棱后的齿轮,沿轴向移动时容易进入啮合，齿端倒圆应用最广。图 4-15 所示为齿端形状图，图 4-16 所示为齿端倒圆示意图。齿端加工必须安排在齿形加工淬火之前，滚（插）齿之后。

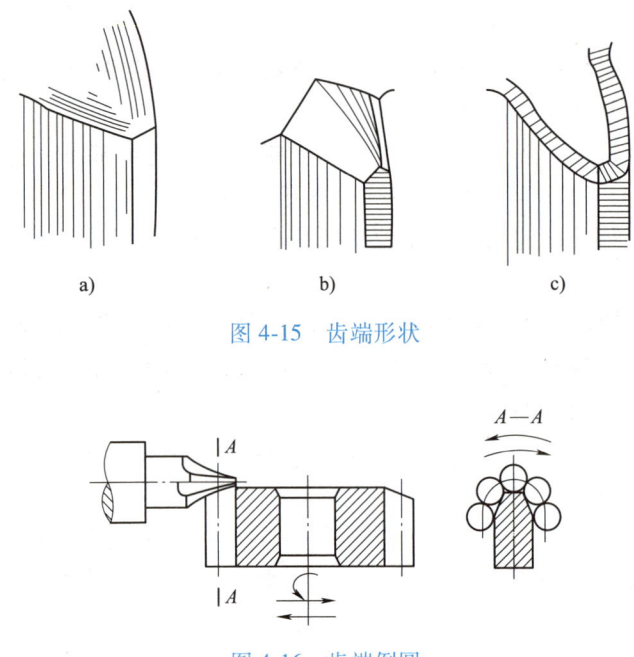

图 4-15　齿端形状

图 4-16　齿端倒圆

5. 精基准的修正

齿轮淬火后其内孔易产生变形，为保证齿形精度，必须对基准孔进行修整，修整的方法有推孔和磨孔。对以外径定心的花键孔、未淬硬的圆柱齿轮内孔常采用推孔；对以小径定心的花键孔、已淬硬的齿轮内孔或内孔较大、壁厚较薄的齿轮，宜采用磨孔。

【项目小结】

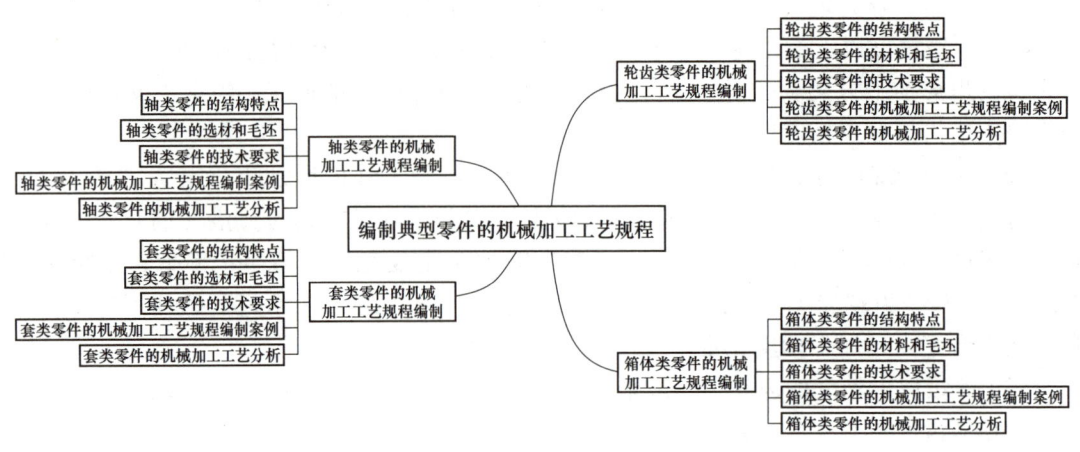

图 4-17　项目小结

【思考与练习题】

一、填空题

1. 轴类零件的功用是_____；轴类零件的加工表面有_____。
2. 对一般轴类零件，通常选用_____钢；对中等精度和转速较高的轴，可选用_____钢；对精度要求较高的轴，可选用_____钢；对高速重载的轴类零件，可选用_____钢。
3. 轴类零件的毛坯常采用轧制的_____；大型和结构复杂的轴类零件常采用_____。
4. 轴类零件的定位基准，常用的是_____，这符合_____原则。
5. 套类零件的功用是_____；套类零件的主要加工表面是_____。
6. 箱体零件的功用是_____；箱体零件的材料通常选择_____。
7. 箱体零件通常选择_____作为粗基准，选择_____作为精基准，符合_____。
8. 齿轮零件的功用是_____；齿轮毛坯的形式有_____。
9. 在齿坯加工前应安排_____热处理；齿形加工完成后应安排_____热处理。
10. 齿坯加工包括_____；齿形加工包括_____；齿端加工包括_____。

二、选择题

1. 轴的毛坯通常选用的是（　　）。
   A. 锻件　　　B. 圆棒料　　　C. 焊接件　　　D. 铸件
2. 对轴要求较高的场合，可选用（　　）钢作为其原材料。
   A. 40Cr　　　B. 45　　　C. 20　　　D. 60Mn
3. 轴类零件定位用的顶尖孔属于（　　）。
   A. 精基准　　　B. 粗基准　　　C. 辅助基准　　　D. 自为基准
4. 轴类零件的螺纹应安排在（　　）之后或工件局部淬火之后进行加工。
   A. 粗加工　　　B. 半精加工　　　C. 精加工　　　D. 超精加工
5. 加工精度要求较高的空心轴时，常采用（　　）作为定位元件。
   A. 圆柱心轴　　　B. 锥堵　　　C. 定位销　　　D. 长心轴
6. 工件的长径比（　　）时称为细长轴。
   A. 大于25　　　B. 等于25　　　C. 小于25
7. 加工箱体类零件时常选用一面两孔作定位基准，这种方法一般符合（　　）原则。
   A. 基准重合　　　B. 基准统一　　　C. 互为基准　　　D. 自为基准

三、综合练习题

1. 编制如图4-18所示零件的加工工艺过程。

2. 编制如图 4-19 所示零件的加工工艺过程。
3. 编制如图 4-20 所示的齿轮零件的加工工艺过程。

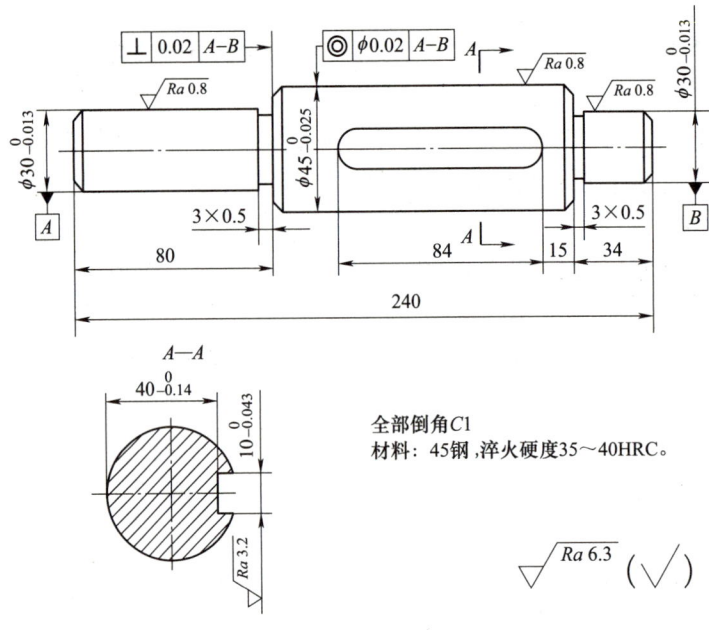

图 4-18　轴的零件图

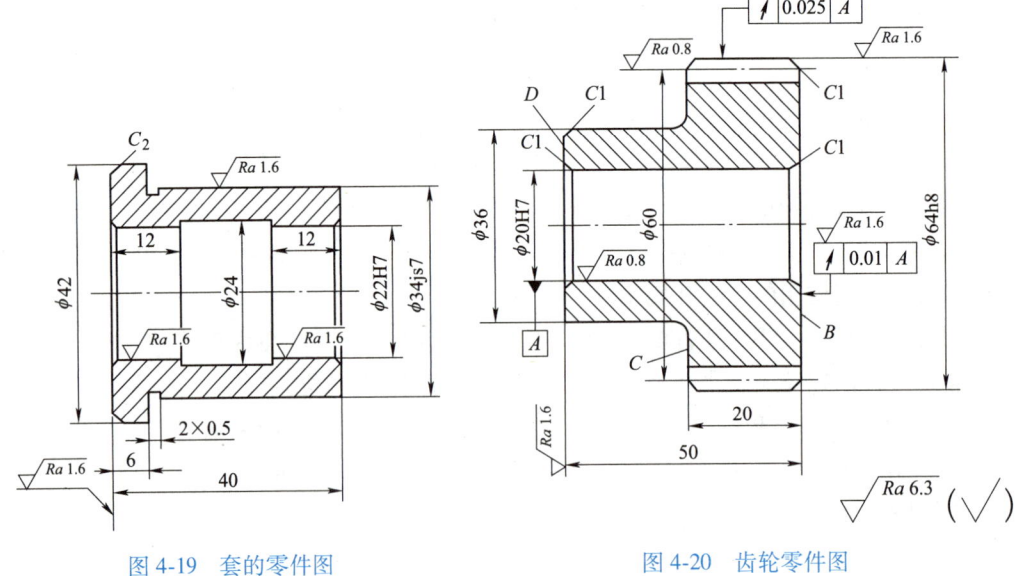

图 4-19　套的零件图　　图 4-20　齿轮零件图

四、简答题

1. 轴类零件常用的定位方法有哪些？各自特点及其使用范围是什么？
2. 在主轴加工的各个阶段中所安排的热处理工序有什么不同？
3. 加工套筒类零件时常采用的装夹方法有哪些？各自特点及其使用范围是什么？
4. 在安排箱体加工顺序时，应遵循哪些基本原则？为什么？

5. 齿形加工的精基准有哪些方案？各有何特点？对齿坯的加工有何要求？

6. 齿轮的典型加工工艺过程由哪几个阶段组成？齿坯的热处理和齿面的热处理各采用什么方法？如何安排？

大国工匠——胡双钱

胡双钱是中国商飞上海飞机制造有限公司高级技师、数控机加车间钳工组组长，他先后高精度、高效率地完成了ARJ21新支线飞机首批交付飞机起落架钛合金作动筒接头特制件、C919大型客机首架机壁板长桁对接接头特制件等加工任务。核准，划线，锯割，钻孔，握着锉刀将零件的锐边倒圆、去毛刺、打光……这样的动作，他重复了几十年。这位"航空手艺人"用一丝不苟的工作态度和精益求精的工作作风，创造了"35年没出过一个次品"的奇迹。

胡双钱说，"工匠精神是一种努力将99%提高到99.99%的极致，每个零件都关系着乘客的生命安全，确保质量，是我最大的职责"。

项目五

分析机械加工质量

【学习目标】

知识目标

1）掌握机械加工精度和加工误差的概念。
2）掌握加工误差产生的原因及解决措施。
3）掌握工艺系统刚度的概念及其计算。
4）掌握误差复映规律及其在生产中的应用。
5）掌握受力变形对加工精度的影响。
6）掌握受热变形对加工精度的影响。
7）掌握残余应力对加工精度的影响。
8）掌握加工误差的统计分析方法及其应用。
9）掌握机加工表面质量的影响因素及其控制方法。

能力目标

1）对加工误差产生原因的分析能力。
2）对机械加工误差的统计分析能力。
3）提高零件机械加工精度的能力。
4）对零件表面质量的理解和控制能力。

素质目标

1）培养质量意识、法治意识和工匠精神。
2）培养现代工程师的素养和科技报国的使命感。

【项目描述】

学习机械加工质量相关内容，要求能够识别加工过程中产生的各种误差并分析其产生的原因；能运用统计分析方法对加工过程中的数据进行处理和分析，以评估加工质量的稳定性和可靠性，找出质量波动的规律和潜在的质量问题；能够依据产品的设计要求和相关标准对加工后的产品进行全面的质量评估，以确定产品是否满足质量要求。在学习和实践过程中追求卓越品质，培养质量意识、法治意识和工匠精神；激发爱国情怀和社会责任感。

任务一 理解机械加工精度

【知识准备】

一、加工精度和加工误差

1. 加工精度

加工精度是指零件经过加工后的尺寸、几何形状以及各表面相互位置等

参数的实际值与理想值的符合程度。加工精度包括：

（1）尺寸精度　限制加工表面与其基准间尺寸误差不超过一定的范围。

（2）几何形状精度　限制加工表面宏观几何形状误差，如圆度、平面度等。

（3）相互位置精度　限制加工表面与其基准间的相互位置误差，如平行度、垂直度等。

2. 加工误差

加工误差是指零件经过加工后的尺寸、几何形状以及各表面相互位置等参数的实际值与理想值的偏离程度。加工误差包括：

（1）系统误差和随机误差　系统误差指误差的大小和方向均已被人们掌握。它又分为常值系统误差和变值系统误差两种。常值系统误差是指加工误差的大小和方向都不变，如采用近似加工方法带来的加工理论误差、工艺系统的制造误差等；变值系统误差是指误差的大小和方向按一定规律变化，如刀具的磨损误差，机床、夹具和刀具在热平衡前的热变形等。

随机误差（偶然误差）是指误差的大小和方向是随机变化的。如毛坯或零件本身的误差、机床热平衡后的温度波动以及工件残余应力所引起的变形等。

（2）静态误差和切削状态误差　静态误差是指工艺系统在不切削状态下的误差，如机床的几何精度和传动精度等。切削状态误差是指工艺系统在切削状态下出现的误差。如机床在切削状态下的受力变形和热变形等。

加工精度和加工误差两者的概念是相关联的，是同一问题的不同说法。精度越高，误差越小；精度越低，误差越大。

二、获得加工精度的方法

1. 获得尺寸精度的方法

（1）试切法　试切法是使刀具逐渐逼近并准确达到加工尺寸的方法。试切法效率低，对操作者的技术要求高，常用于单件小批生产或高精度零件的加工。

（2）调整法　调整法是按工件规定的尺寸预先调整好刀具相对于机床或夹具的位置后，再连续加工一批工件，从而获得加工精度的方法。调整法效率高，多用于成批和大量生产。

静调整法（样件法）是在不切削的条件下，用对刀块或样件来调整刀具的位置。

动调整法（尺寸调整法）是按试切零件进行调整，直接测量试切零件的尺寸，可以试切一件或一组零件，所有零件试切合格后，即调整完毕。

（3）定尺寸刀具法　定尺寸刀具法是用定尺寸的加工刀具进行加工，从而获得规定尺寸的加工表面，如孔、槽和成形表面的加工。常用于大批大量生产。

（4）自动控制法（主动测量法）　自动控制法是在加工过程中，边加工边自动测量加工尺寸，直至符合尺寸要求的加工方法。自动控制法实质上是实现了自动化的试切法。这种方法精度高，质量稳定，生产率高，多用于大批量生产。

2. 获得几何形状精度的方法

（1）轨迹法　轨迹法是依靠刀具与工件的相对运动轨迹获得形状精度的方法。如普通的车削、铣削、刨削、磨削等均属于轨迹法。

（2）展成法　展成法是利用刀具的切削刃和工件加工表面之间连续保持一定的相互位置和运动关系，刀具的一系列包络线就构成了加工表面的形状。如滚齿、插齿、磨齿、滚花键等属于展成法。

（3）成形法　用成形刀具相对工件加工表面运动，直接获得工件的形状精度。如用曲面成形车刀车削曲面；用花键拉刀拉花键等。

（4）仿形法　这种方法是刀具按照仿形装置进给，对工件进行切削加工。仿形法所获得的形状精度取决于仿形装置的精度和其他成形运动精度。如仿形车和仿形铣等。

3. 获得相互位置精度的方法

零件的相互位置精度主要由机床和夹具以及工件的安装精度来保证。工件的装夹方式主要有直接找正安装、划线找正安装和利用夹具安装三种。实际上，在加工过程中，零件的尺寸精度、形状和位置精度都是同时获得的。

任务二　学习工艺系统的几何误差

【知识准备】

零件的加工精度主要由机床、夹具、刀具和工件组成的工艺系统的结构要素和运行方式决定。因此，工艺系统中的各种误差，在不同条件下会以不同的形式和程度反映到加工工件上形成加工误差。影响加工精度的主要因素有：

1）工艺系统的几何误差，包括机床、夹具和刀具等的制造误差及其磨损。

2）工艺系统受力变形引起的加工误差。

3）工艺系统受热变形引起的加工误差。

4）工件内应力重新分布引起的变形。

5）加工原理误差。

6）加工过程中的其他误差，包括工件的装夹误差、调整和测量误差。

一、机床的几何误差

在机械加工中，刀具相对于工件的运动都是通过机床来完成的。工件的加工精度在很大程度上取决于机床的精度。对工件加工精度影响较大的机床几何误差主要有以下三项：

1. 主轴回转误差

机床主轴是工件或刀具的位置基准和运动基准，它的误差直接影响工件的加工精度。主轴回转误差是指主轴实际回转轴线相对其平均回转轴线的变动量。主轴回转误差通常分解为径向跳动、轴向窜动和角度摆动三种基本形式（图 5-1）。不同形式的主轴回转误差对加工精度的影响不同；即使是同一形式的主轴回转误差，在不同的加工方式中对加工精度的影响也不同。

（1）径向跳动　它是主轴回转轴线相对于平均回转轴线的径向变动量。产生径向跳动的主要原因是主轴轴承副的制造误差。

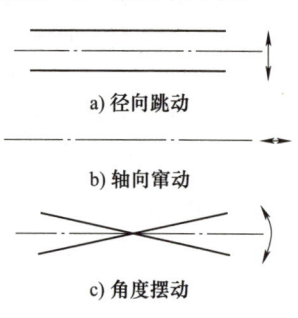

图 5-1　主轴回转误差的三种基本形式

【任务实施】

【案例 5-1】 分析车外圆时主轴径向跳动对工件表面产生的误差影响。

【解】 由于径向跳动，车外圆时产生圆度和圆柱度误差，但影响较小。

（2）轴向窜动 它是主轴回转轴线沿平均回转轴线方向的变动量。主轴的轴向窜动对于孔加工和外圆加工没有影响；车端面时会造成工件端面的平面度误差以及端面对内、外圆的垂直度误差；车螺纹时，会造成螺距误差。滑动轴承主轴的轴向窜动，主要是由主轴轴颈的轴向承载面或主轴轴承的承载端面与主轴回转轴线之间的垂直度误差引起的。

【案例 5-2】 在车削零件的端面时，有时候车出的端面呈凸轮状，请问是何原因？如何解决？

【解】 车出的端面呈凸轮状，主要原因是主轴的轴向窜动造成的。解决的办法是减小主轴的轴向窜动，即减小主轴轴肩端面和推力轴承承载端面对主轴回转轴线的垂直度误差。

（3）角度摆动 它是主轴回转轴线相对平均回转轴线成一倾斜角度的运动。主轴回转的角度摆动对加工精度的影响与主轴径向跳动对加工精度的影响相似，主轴的角度摆动不仅影响工件加工表面的圆度误差，还影响加工表面的圆柱度误差。例如，主轴存在角度摆动时，车削工件的外圆将带有锥度；镗削时，镗出的孔将呈椭圆形。

主轴的回转精度与主轴部件的制造精度、切削过程中主轴的受力和受热变形有关。选用液体或气体静压轴承，可以大幅提高主轴的回转精度；提高主轴和箱体的制造精度及主轴部件的装配精度，也可以提高主轴的回转精度；对高速主轴部件进行动平衡，对精密滚动轴承采取预加载荷等工艺措施都是提高主轴回转精度的有效方法。

2. 导轨误差

导轨是机床中确定主要部件相对位置和运动的基准，它的各项误差对加工工件的精度影响很大。

1）导轨在垂直面内的直线度误差。导轨在垂直面内的直线度误差对工件加工精度影响很小，一般可忽略不计。

2）导轨在水平面内的直线度误差。导轨在水平面内的直线度误差将直接反映到被加工工件表面的法线方向，即误差的敏感方向（图 5-2），对工件加工精度的影响最大。当导轨向后凸出时，将产生鞍形加工误差；当导轨向前凸出时，将产生鼓形加工误差。

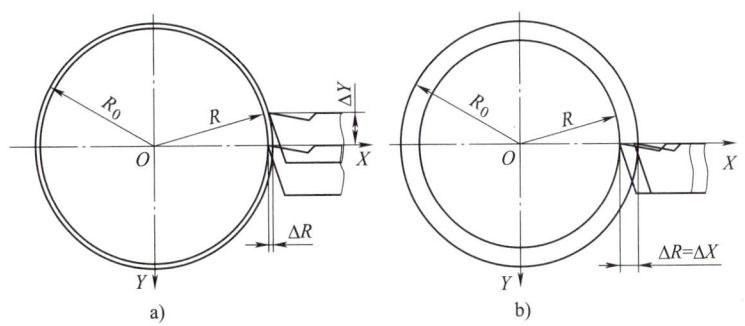

图 5-2 误差的敏感方向

3）导轨间的平行度误差。当前后导轨在垂直面内存在平行度误差（扭曲误差）时，刀架将产生摆动。刀架沿导轨做纵向进给运动时，刀尖的运动轨迹为一空间曲线，将使工件产生圆柱度误差（图5-3）。

在机床安装时，由于安装面未保证水平和调整不当，也会使床身产生扭曲，破坏导轨原有的制造精度，从而影响工件的加工精度。机床在使用过程中，由于导轨磨损不均，会使导轨产生直线度误差和扭曲变形，这些误差对工件的加工精度影响很大。

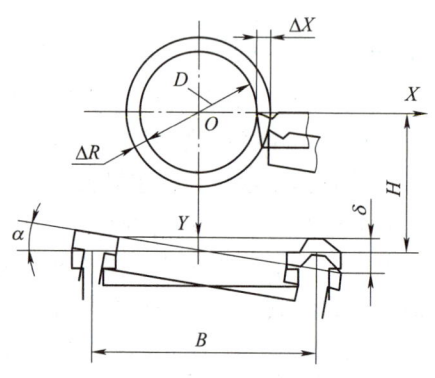

图 5-3 导轨扭曲对加工精度的影响

主轴回转误差对工件加工精度的影响见表 5-1。

表 5-1 主轴回转误差对工件加工精度的影响

基本形式	车床上车削			镗床上镗削	
	内、外圆	端面	螺纹	孔	端面
径向跳动	影响极小	无影响	—	圆度误差	无影响
轴向窜动	无影响	平面度误差 垂直度误差	螺距误差	无影响	平面度误差 垂直度误差
角度摆动	圆柱度误差	影响极小	螺距误差	圆柱度误差	平面度误差

【案例 5-3】 说明机床导轨在水平面内有误差时，对工件的精度有何影响。

【解】 车床的床身导轨在水平面内有误差后，在纵向切削过程中，刀尖的运动轨迹相对于工件轴线不能保持平行。当导轨向后凸出时，加工工件上将产生鞍形误差；当导轨向前凸出时，加工工件上将产生鼓形误差。

3. 传动链误差

传动链误差是指传动链始末两端传动元件间相对运动的误差，一般用传动链末端元件的转角误差来衡量。对于车螺纹、滚齿和插齿这类加工方法，要求刀具和工件之间必须具有严格的速比关系，这些运动间的速比关系是由机床的传动链来保证的。当传动链中的传动元件有制造误差、装配误差以及有磨损时，就会产生传动链误差，从而影响加工精度。

减少传动链中传动元件的数目、提高传动元件的制造和装配精度、消除传动间隙以及采用误差校正系统等均可减小传动链误差。

二、刀具的几何误差

刀具误差对加工精度的影响随刀具种类的不同而不同。一般的定尺寸刀具，如钻头、铰刀、和圆孔拉刀等，其制造误差和磨损将直接影响工件的尺寸精度。一般的成形刀具，如成形车刀、成形铣刀、齿轮模数铣刀、成形砂轮等，其形状误差和磨损将直接影响工件的形状精度。一般的刀具，如车刀、镗刀、铣刀等，其制造误差和磨损对加工精度无直接影响。

选用耐磨性好的刀具材料、合理选用刀具几何参数和切削用量、正确刃磨刀具和选用切削液、进行刀具尺寸磨损的自动补偿等都可以减少刀具尺寸磨损对加工精度的影响。

三、夹具的几何误差

夹具误差是指夹具由于制造、安装、磨损等原因，使工件或刀具在定位、导向等方面的实际状态与理想状态不一致所产生的误差（图5-4）。

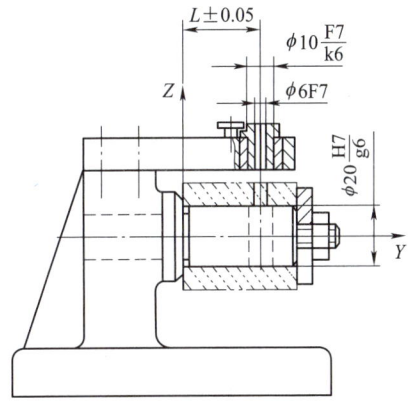

图5-4　钻孔夹具示意图

夹具误差直接影响工件加工表面的位置精度或尺寸精度，尤其对加工表面的位置精度影响最大。在设计夹具时，凡影响工件精度的尺寸应严格控制其制造误差，精加工用夹具一般可取工件相应尺寸或位置公差的1/2或1/3，粗加工用夹具取工件相应尺寸或位置公差的1/5或1/10。

四、加工原理误差

加工原理误差是指由于采用了近似的成形运动或近似的刀具轮廓而产生的误差。如在普通米制丝杠的车床上加工寸制螺纹；用阿基米德蜗杆滚刀切削渐开线齿轮；在数控机床上用插补原理加工复杂曲面等。

在实际生产中，采用近似的加工方法虽然会产生一定的原理误差，但可以简化机床结构和刀具数量，工艺容易实现，有利于从总体上提高加工精度和降低生产成本。因此，只要加工误差能控制在允许的公差范围内，采用近似的加工方法就是合理的。

五、其他误差

（1）调整误差　调整误差是指在机械加工过程中，由于调整所造成的误差。如夹具在机床上的调整；刀具相对于工件的调整；刻度盘、样板或样件的调整；测量仪器、仪表的调整等。

（2）测量误差　测量误差是指工件的测量尺寸与实际尺寸之间的差值。产生测量误差的原因主要有：量具、量仪本身的制造和磨损误差；测量过程中环境变化的影响；测量人员的视力、判断能力和测量经验等。

（3）装夹误差　装夹误差包括定位误差和夹紧误差两部分。定位误差是因定位不正确引起的误差；夹紧误差是由于夹紧方式不当造成工件或夹具变形引起的误差。

任务三　学习受力变形引起的加工误差

一、基本概念

在机械加工过程中，工艺系统在切削力和其他外力的作用下会产生相应的变形，从而破坏刀具和工件之间已经调整好的相对位置，使加工后的工件产生尺寸和形状误差。工艺系统受力变形通常是弹性变形。一般说来，工艺系统抵抗弹性变形的能力越强，则加工精度越高。工艺系统抵抗变形的能力用刚度 k 描述。

工件加工表面在切削力法向分力 F_y 作用下,刀具相对工件在该方向上产生位移 y。法向分力 F_y 与位移 y 的比值就是工艺系统的刚度,计算式为

$$k = F_y/y \tag{5-1}$$

刚度的倒数是柔度,柔度是指工艺系统受单位力时在受力方向上的位移。

$$G = y/F_y$$

必须指出,在刚度的定义中,相对位移 y 不只是 F_y 作用的结构,而是由总切削力所产生的。

二、工艺系统刚度的计算

1. 工艺系统刚度

在机械加工中,工艺系统在切削力和其他外力的作用下,都会产生不同程度的变形,使刀具和工件的相对位置发生变化,从而使工件产生加工误差。工艺系统在外力作用下产生变形的大小,不仅取决于作用力的大小,还取决于工艺系统的刚度。

工艺系统在法向上的总变形是工艺系统各个组成部分法向变形之和,即

$$y = y_{jc} + y_{jj} + y_{dj} + y_{gj} \tag{5-2}$$

式中　　y_{jc}——机床的受力变形;

　　　　y_{jj}——夹具的受力变形;

　　　　y_{dj}——刀具的受力变形;

　　　　y_{gj}——工件的受力变形。

由工艺系统刚度的定义可知:$k=F_y/y$。同理,机床、夹具、刀具和工件的刚度分别为

$$k_{jc} = F_y/y_{jc}; k_{jj} = F_y/y_{jj}; k_{dj} = F_y/y_{dj}; k_{gj} = F_y/y_{gj}$$

将上式代入式(5-2)中,得

$$\frac{1}{k} = \frac{1}{k_{jc}} + \frac{1}{k_{jj}} + \frac{1}{k_{dj}} + \frac{1}{k_{gj}} \tag{5-3}$$

由式(5-3)可知,工艺系统刚度的倒数等于系统各组成部分刚度的倒数之和。工艺系统刚度主要取决于薄弱环节的刚度。

2. 机床部件刚度

机床是由许多零部件组成的,结构较为复杂,其刚度值迄今为止尚无合适的计算方法,目前主要采用实验方法进行测定。测得机床主轴、尾座和刀架的刚度之后,通过计算可以求得机床刚度。图 5-5 所示为某机床刀架部件的刚度实测曲线。

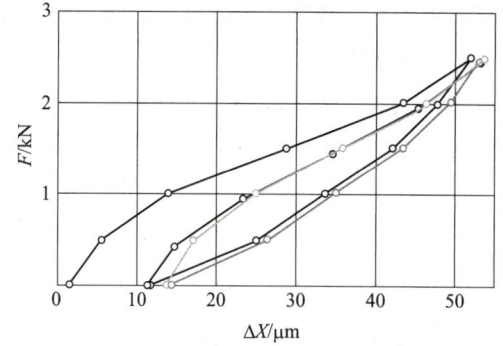

图 5-5　某机床刀架部件的刚度实测曲线

分析刚度实测曲线可知,机床刀架部件刚度具有以下特点:

1)载荷和变形呈非线性关系,曲线上各点处的刚度不同。这反映了部件的变形不完全是弹性变形。

2）加载曲线和卸载曲线不重合，卸载曲线滞后于加载曲线。两曲线间包容的面积代表了加载和卸载循环中损失的能量，即消耗在克服零件间摩擦力和接触塑性变形所做的功。

3）卸载后曲线不能回到原点，说明有残余变形。在反复加载和卸载后，残留变形逐渐趋于零。

4）部件实测刚度远小于实体结构估算值。

由于机床部件的刚度曲线是非线性的，其刚度值就不是常数。通常所说的部件刚度是指其平均刚度——曲线两端点连线的斜率值。

3. 影响机床部件刚度的因素

影响机床部件刚度的因素主要有连接表面间的接触变形、薄弱零件本身的变形、零件间的摩擦力以及结合面间隙等。

三、工艺系统刚度对加工精度的影响

1. 切削力作用点位置变化对加工精度的影响

切削过程中，工艺系统的刚度会随切削力作用点位置的变化而变化，因此工艺系统受力变形也随之变化，引起工件形状误差。下面以在车床两顶尖间加工光轴为例说明。

（1）机床的变形　切削力作用点位置变化对加工精度的影响如图 5-6 所示。假定工件短而粗，同时车刀的悬伸长度很短，即工件和刀具的刚度很好，其受力变形忽略不计，只考虑机床的变形；同时假定工件的加工余量均匀和车刀进给过程中切削力稳定。

图 5-6 中，刀具在切削点处工件轴线的位移 y_x 为

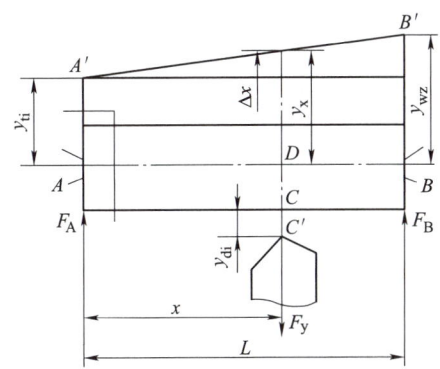

图 5-6　切削力作用点位置变化对加工精度的影响

$$y_x = y_{tj} + \Delta x = y_{tj} + (y_{wz} - y_{tj})\frac{x}{L}$$

机床的总变形 y_{jc} 为

$$y_{jc} = y_x + y_{dj} = y_{tj} + (y_{wz} - y_{tj})\frac{x}{L} + y_{dj}$$

$$= \frac{F_y}{k_{tj}}\left(\frac{L-x}{L}\right) + \left[\frac{F_y}{k_{wz}}\left(\frac{x}{L}\right) - \frac{F_y}{k_{tj}}\left(\frac{L-x}{L}\right)\right]\frac{x}{L} + \frac{F_y}{k_{dj}} \quad (5\text{-}4)$$

$$= F_y\left[\frac{1}{k_{tj}}\left(\frac{L-x}{L}\right)^2 + \frac{1}{k_{wz}}\left(\frac{x}{L}\right)^2 + \frac{1}{k_{dj}}\right]$$

式中　k_{tj}——主轴箱的刚度；

　　　k_{wz}——尾座的刚度；

　　　k_{dj}——刀架的刚度。

由式（5-4）可知，机床的总变形随着切削力作用点位置的变化而变化，这是工艺系统的刚度随切削力作用点的变化影响所致。

当 $x=0$ 时，$y_{jc} = F_y \left(\dfrac{1}{k_{tj}} + \dfrac{1}{k_{dj}} \right)$；

当 $x=L$ 时，$y_{jc} = F_y \left(\dfrac{1}{k_{wz}} + \dfrac{1}{k_{dj}} \right) = y_{max}$；

当 $x=L/2$ 时，$y_{jc} = F_y \left(\dfrac{1}{4k_{tj}} + \dfrac{1}{4k_{wz}} + \dfrac{1}{k_{dj}} \right)$；

当 $x = \left(\dfrac{k_{wz}}{k_{tj}+k_{wz}} \right) L$ 时，机床的变形最小，$y_{jc} = y_{min} = F_y \left(\dfrac{1}{k_{tj}+k_{wz}} + \dfrac{1}{k_{dj}} \right)$。

在车削过程中，由于工艺系统刚度随刀架位置变化产生的加工误差为 $\Delta y = y_{max} - y_{min}$。变形大的地方，从工件上切去的金属层薄；变形小的地方，切去的金属层厚，加工出来的工件呈两端粗、中间细的马鞍形。

（2）工件的变形　当在两顶尖间车削刚度很差的细长轴时，则必须考虑工艺系统中的工件变形。忽略机床和刀具的变形，由材料力学的公式计算工件在切削点的变形量 y_{gj}：

$$y_{gj} = \dfrac{F_y}{3EI} \cdot \dfrac{(L-x)^2 x^2}{L} \tag{5-5}$$

由式（5-5）可知，当 $x=0$ 和 $x=L$ 时，$y_{gj}=0$；当 $x=L/2$ 时，工件刚度最小，变形最大，最大变形量为

$$y_{gjmax} = \dfrac{F_y L^3}{48EI}$$

根据计算结果可知，加工后的工件呈鼓形。

（3）工艺系统的总变形　当同时考虑机床和工件的变形时，工艺系统的总变形为机床变形和工件变形之和。

【任务实施】

【案例 5-4】　已知卧式车床的 $k_{tj} = 300000$ N/mm、$k_{wz} = 56600$ N/mm、$k_{dj} = 30000$ N/mm，径向切削分力为 $F_y = 4000$ N。设工件、刀具和夹具的刚度很大，试计算加工长为 L 的光轴由于工艺系统刚度变化引起的加工误差。

【解】　根据工艺系统的最大变形和最小变形公式，可以求出：

$$y_{max} = F_y \left(\dfrac{1}{k_{wz}} + \dfrac{1}{k_{dj}} \right) = 4000 \times \left(\dfrac{1}{56600} + \dfrac{1}{30000} \right) \text{mm} = 0.204 \text{mm}$$

$$y_{min} = F_y \left(\dfrac{1}{k_{tj}+k_{wz}} + \dfrac{1}{k_{dj}} \right) = 4000 \times \left(\dfrac{1}{300000+56600} + \dfrac{1}{30000} \right) \text{mm} = 0.144 \text{mm}$$

由于工艺系统刚度变化引起的加工误差为 $\Delta y = y_{max} - y_{min} = (0.204 - 0.144)$ mm $= 0.06$ mm。

2. 切削力大小变化对加工精度的影响

（1）误差复映现象　由于毛坯加工余量和材料硬度的变化，引起切削力及工艺系统受力变形，从而使工件产生尺寸和形状误差。例如，车削带有椭圆形圆度误差的毛坯，由于工艺系统受力变形的变化，车削后使毛坯误差复映到加工后的工件表面上，这种现象称为"误差复映"。

(2) 误差复映系数　图 5-7 所示为车削外圆的加工示意图，毛坯存在椭圆度误差。在工件的每一转过程中，背吃刀量将发生变化，当背吃刀量由最大变到最小时，切削力也由最大变到最小，从而引起工艺系统变形从最大变到最小。

工件误差 Δ_g 与毛坯误差 Δ_m 之比称为误差复映系数，用 ε 表示。

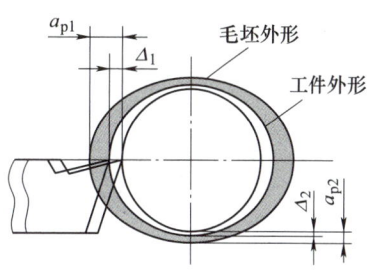

图 5-7　毛坯几何形状误差的复映

$$\varepsilon = \frac{\Delta_g}{\Delta_m} = \frac{\Delta_1 - \Delta_2}{a_{p1} - a_{p2}} = \frac{F_{p1} - F_{p2}}{k(a_{p1} - a_{p2})}$$

$$= \frac{\lambda C_F f^{0.75}(a_{p1} - a_{p2})}{k(a_{p1} - a_{p2})} = \frac{\lambda C_F f^{0.75}}{k} \quad (5\text{-}6)$$

(3) 误差复映规律　误差复映系数总是小于 1 的正数，定量地反映了毛坯误差经加工后减少的程度。误差复映系数与工艺系统刚度成反比，刚度越大，误差复映系数就越小，加工后复映到工件上的误差就小。当工件表面加工精度要求高时，增加走刀次数可以大大减小工件的复映误差。多次走刀后的总误差复映系数等于每次走刀误差复映系数的乘积。

$$\varepsilon = \varepsilon_1 \varepsilon_2 \varepsilon_3 \cdots \varepsilon_n$$

因每次走刀的误差复映系数小于 1，故总误差复映系数将远远小于 1。虽然多次走刀可以提高加工精度，但会降低生产率。尺寸误差和几何误差都存在误差复映现象。

【案例 5-5】　在车床上用硬质合金刀具镗削内孔，加工前内孔的圆度误差为 0.5mm，加工后要求圆度误差小于 0.01mm，已知工艺系统刚度 $k = 2790\text{N/mm}$，进给量 $f = 0.05\text{mm/r}$，$\lambda = 1.0$，工件材料硬度为 190HBW。问此镗孔工序能否达到加工精度要求？

【解】　根据工艺手册，查得 $C_F = 530$，将上述数值代入式（5-6），得

$$\varepsilon = \frac{\lambda C_F f^{0.75}}{k} = \frac{1.0 \times 530 \times 0.05^{0.75}}{2790} = 0.02$$

$$\Delta_g = \Delta_m \varepsilon = 0.5 \times 0.02 = 0.01$$

计算结果表明，该工序能够达到加工精度要求。

3. 工艺系统其他作用力对加工精度的影响

(1) 传动力对加工精度的影响　当车床上用单爪拨盘带动工件时，传动力在拨盘的每一转中不断改变方向，因此造成工艺系统受力变形，产生加工误差。为避免单爪拨盘传动力对加工精度的影响，可采用双爪拨盘。

(2) 惯性力对加工精度的影响　在加工中，当旋转的机床零件、夹具或工件的质量不平衡时会产生离心惯性力，而且在每转中不断地改变方向，从而引起工艺系统受力变形，产生加工误差。惯性力对加工精度的影响与传动力的影响相似。通常采用"对重平衡"的方法来消除这种不平衡现象。必要时适当降低转速以减小离心力对加工精度的影响。

(3) 夹紧力对加工精度的影响　工件在装夹时，若工件刚度较低或夹紧力作用点选择不当，也会使工件产生变形，造成加工误差（图 5-8）。

(4) 重力对加工精度的影响　工艺系统零部件自身的重力引起的受力变形，也会造成加工误差。像磨削导轨面这类大型工件的加工，工件自重引起的变形有时会成为产生加工误

差的主要原因（图 5-9）。

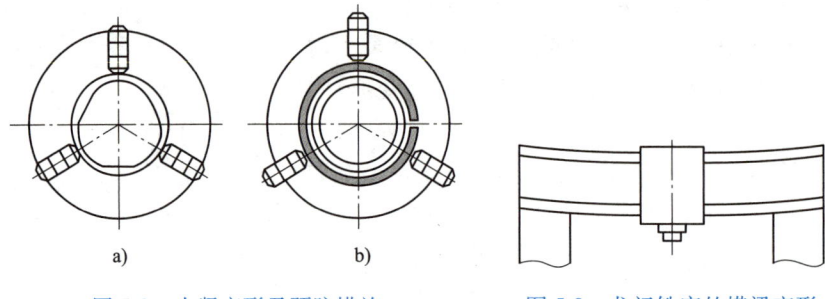

图 5-8　夹紧变形及预防措施　　　　图 5-9　龙门铣床的横梁变形

改进机床的结构设计和提高机床部件的刚度（图 5-10），可以减少自重对加工精度的影响。

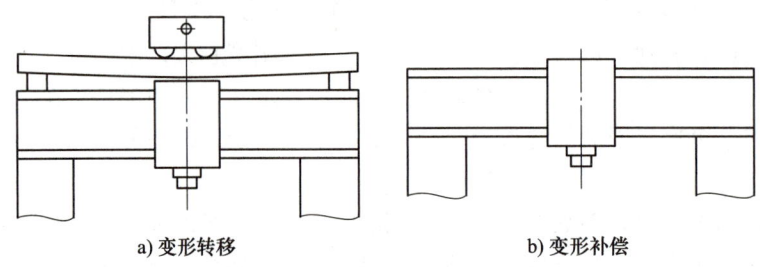

a) 变形转移　　　　　　　　b) 变形补偿

图 5-10　减少龙门铣床横梁变形的措施

四、减小工艺系统受力变形的措施

1）提高机床部件和夹具部件的刚度。
2）提高零件间连接表面的接触刚度。
3）采用合理的加工方法或装夹以提高工件刚度。
4）减少切削力及其变化对加工精度的影响。

任务四　学习受热变形和残余应力引起的加工误差

【知识准备】

在机械加工中，工艺系统在热源作用下会产生热变形，这种变形会破坏刀具与工件的正确位置关系，造成工件的加工误差。热变形对加工精度影响较大，尤其是在精密加工和大件加工中，热变形引起的加工误差通常占到工件加工总误差的 40%~70%。随着高精度、高效率和自动化技术的发展，工艺系统热变形问题显得更加突出，成为现代机械加工技术发展必须研究的重要问题。

一、工艺系统的热源

工艺系统的热源分为内部热源和外部热源两大类。内部热源指切削热和摩擦热，它们产生于工艺系统内部,主要以热传导的形式传递;外部热源主要指产生于工艺系统外部的、以对流形式传热,包括环境温度和各种辐射热(如阳光、照明和暖气设备等辐射的热)。

1. 内部热源

(1) 切削热 切削热是加工中最主要的热源,它对工件加工精度的影响最直接。在切削和磨削过程中,消耗于切削层的弹、塑性变形以及刀具与工件、切屑间摩擦的机械能,绝大部分都转变成切削热。在车削加工中,传给工件的热量比例占总切削热的30%左右,切削速度越高,切屑带走的热量越多,传给工件的热量就越少;在铣、刨加工中,传给工件的热量比例小于总切削热的30%;在钻、镗加工中,传给工件的热量比例超过50%;磨削加工中,传给工件的热量比例有时多达80%以上,磨削区温度可达800~1000℃。

(2) 摩擦热 摩擦热主要是由机床和液压系统中的运动部件产生的,如电动机、轴承、齿轮、丝杠副、导轨副、离合器、液压泵等。摩擦热在工艺系统中是局部发热,会引起局部温升和变形,是机床热变形的主要热源,对加工精度带来严重影响。

2. 外部热源

外部热源的热辐射及环境温度的变化对机床热变形的影响,有时也是不可忽视的。工艺系统在工作状态下,一方面经受各种热源的作用产生温升,另一方面,工艺系统也通过各种传热方式向周围介质散发热量。当单位时间内传出的热量和传入的热量接近相等时,工艺系统就达到了热平衡状态,在热平衡状态下,工艺系统的热变形趋于相对稳定。

二、工艺系统受热变形对加工精度的影响

1. 工件的受热变形对加工精度的影响

(1) 工件均匀受热 车削或磨削轴类零件外圆时,可认为是工件均匀受热的情况。工件均匀受热只影响工件的尺寸精度,变形量公式为

$$\Delta L = \alpha L \Delta t \tag{5-7}$$

式中 α——工件材料的热膨胀系数;

L——工件尺寸;

Δt——工件温升;

ΔL——热变形量。

(2) 工件不均匀受热 磨削薄片类工件时,其表面就属于不均匀受热的情况。工件上下表面间的温升导致工件中部凸起,在加工中凸起部分被磨掉,冷却后加工表面呈中凹形,产生形状误差。

2. 刀具受热变形对加工精度的影响

刀具受热变形的热源主要是切削热(图5-11)。通常传入刀具的热量并不太多,但由于热量集中在切削部分,以及刀体小、热容量小,所以仍然有很高的温升。如高速钢车刀粗加工时,切削刃温度可达700~800℃,刀具热变形伸长量可达0.03~0.05mm。

连续切削时,刀具的热变形在切削开始阶段增加很快,随后变得较缓慢,经过10~

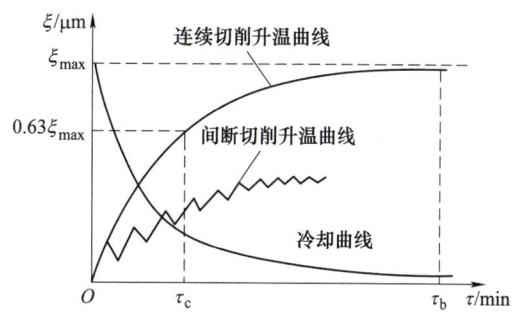

图5-11 车刀的受热变形曲线

20min 后便趋于热平衡状态,此后热变形量非常小。间断切削时,由于刀具有短暂的冷却时间,其热变形曲线具有热胀冷缩双重特性,且总变形量比连续切削时要小些,最后趋于稳定。切削停止后,刀具温度立即下降,开始冷却很快,以后逐渐减慢。

粗加工时,刀具热变形对加工精度的影响可以忽略不计;加工要求较高的零件,刀具热变形对加工精度的影响较大,会使加工表面产生尺寸误差和形状误差。

为了减小刀具的热变形,应合理选择切削用量和刀具几何参数,并给予充分的冷却和润滑以减少切削热和降低切削温度。

3. 机床的受热变形

机床受热变形的热源主要是摩擦热、传动热和外界热源传入的热量。机床在工作过程中,受到内、外热源的影响,各部分温度逐渐升高。由于各部件的热源不同,分布不均以及机床结构的复杂性,因此不仅各部件的温升不同,而且同一部件不同位置的温升也不相同,形成不均匀的温度场,使机床各部件之间的相互位置发生变化,破坏了机床原有的几何精度而造成加工误差。不同类型的机床,其主要热源各不相同,热变形对加工精度的影响也不相同。车床的热变形及温升曲线如图 5-12 所示。

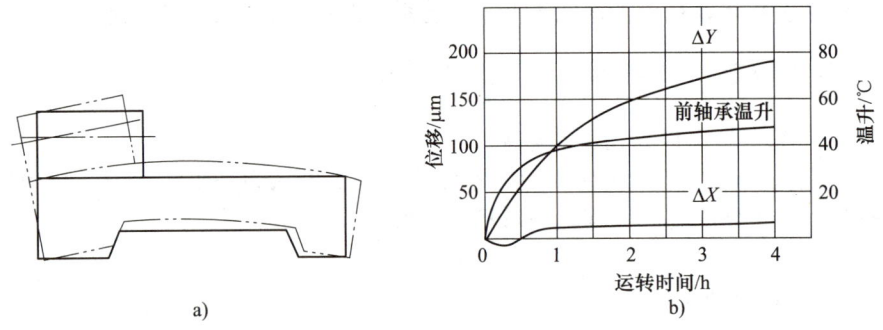

图 5-12 车床的热变形及温升曲线

车、铣、钻、镗类机床,主轴箱中的齿轮、轴承摩擦发热、润滑油发热是其主要热源。主轴箱的温升将使主轴轴线升高;由于主轴前端轴承的发热量大于后端轴承的发热量,所以主轴轴线前端比后端高;主轴箱的热量传给床身,还会使床身和导轨向上凸起。各种机床的热变形如图 5-13 所示。

各种磨床通常都有液压传动系统和高速回转磨头,并且使用大量的切削液,它们都是磨床的主要热源。砂轮主轴轴承的发热,将使主轴轴线升高并使砂轮架向工件方向趋近;由于主轴前后轴承温升不同,主轴轴线还会出现倾斜;液压系统的发热使床身各处温升不同,导致床身的弯曲和前倾。

减少机床受热变形的措施有:在机床的结构设计上,将热源从工艺系统中分离出去,使之成为独立的单元;尽量消除或减小关键部件在误差敏感方向的热位移;均衡关键部件的温度场;采用必要的冷却和通风散热措施;对精密机床应安装在恒温室中使用;让机床空转一段时间,达到或接近热平衡时再进行加工。

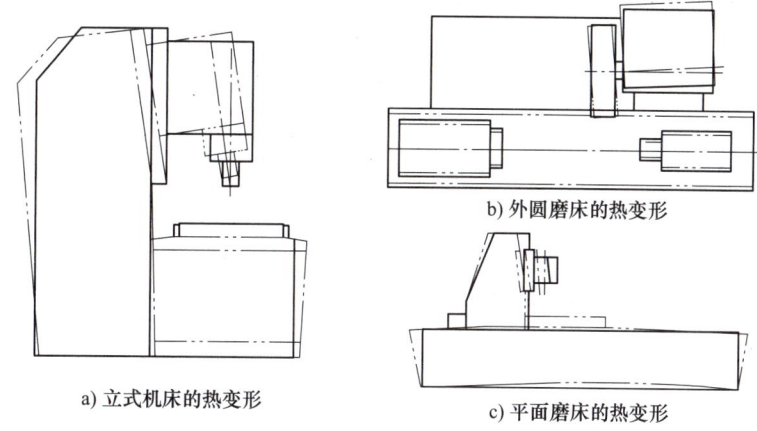

a) 立式机床的热变形　　b) 外圆磨床的热变形　　c) 平面磨床的热变形

图 5-13　各种机床的热变形

三、工艺系统残余应力对加工精度的影响

1. 残余应力的概念

残余应力也称为内应力，是指在没有外加载荷或去除外加载荷后，工件内部仍存在的应力。具有残余应力的零件处于一种不稳定的状态，它的内部组织有强烈的要恢复到稳定的无应力状态的倾向。

具有残余应力的零件，在外观上一般没有什么表现，只有当残余应力超过材料的强度极限时，零件才会出现裂纹。当带有残余应力的工件受到力或热的作用而失去原有的平衡时，残余应力就将重新分布以达到新的平衡，并伴随有变形产生，使工件产生加工误差。

2. 残余应力产生的原因

（1）毛坯制造和热处理产生的残余应力。在铸造、锻压、焊接和热处理过程中，由于各部分冷、热收缩不均以及金相组织转变等原因，都会使工件产生残余应力。如铸造后的机床床身，其导轨面和冷却速度快的地方都会出现压应力，带有压应力的导轨表面在粗加工中被切去一层后，残余应力重新分布，结果将使导轨中部下凹。

（2）冷校直产生的残余应力。冷校直就是在原有变形的相反方向施加载荷，使工件向反方向弯曲并产生塑性变形，以达到校直的目的。一些刚度较差、容易变形的轴类零件，常采用冷校直的方法使其变直。冷校直后的工件虽然减少了弯曲，但是仍然处于不稳定状态，再加工后又会产生新的弯曲变形。对于高精度的丝杠，为了从根本上消除冷校直带来的不稳定缺点，通常采用加粗的棒料经过多次车削和时效处理来消除残余应力；或采用热校直工艺来代替冷校直工艺，即工件在正火温度下放到平台上用手动压力机进行校直。

（3）残余应力重新分布引起的变形。如果工件内部存在相互平衡的拉应力和压应力，加工后，原有的残余应力平衡状态受到破坏，工件就将通过变形重新建立新的应力平衡。

3. 减少或消除残余应力的措施

（1）增加消除残余应力的热处理工序。如对铸、锻、焊毛坯件进行退火或回火；零件淬火热处理后进行回火；对精度要求高的零件，如床身、丝杠、精密主轴等，在粗加工后进行时效处理。

（2）合理安排工艺过程。如粗、精加工分别在不同的工序中进行，使粗加工后的零件有时间让残余应力重新分布，以减少对精加工的影响；在加工大型工件时，粗、精加工一般安排在一道工序中进行，这时应在粗加工后松开工件，再用较小的夹紧力夹紧工件后进行精加工；对于精密零件，在加工过程中不允许进行冷校直。

（3）改善零件结构、提高零件的刚度、使零件的壁厚均匀等均可减少残余应力的产生。

任务五　分析加工误差

【知识准备】

在实际生产中，常用统计法分析加工误差。统计法是以现场观察所得资料为基础，主要分为分布曲线法和控制图法。

一、分布曲线法

1. 实际分布曲线

成批加工某种零件，抽取其中一定数量进行测量，抽取的这批零件称为样本，其件数称为样本容量。由于存在各种误差的影响，加工尺寸或偏差总是在一定的范围内变动，即尺寸分散，用 x 表示。

样本尺寸或偏差的最大值和最小值之差，称为极差 $R = x_{max} - x_{min}$。

将样本尺寸或偏差按大小顺序排列，并将它们分为 k 组，组距为 $d = R/(k-1)$。

同一尺寸或误差组的零件数量 m_i，称为频数。频数与样本容量 n 之比称为频率 $f = m_i/n$。

以工件尺寸或误差为横坐标，以频数或频率为纵坐标，就可作出该批工件加工尺寸或误差的实际分布曲线，即直方图。选择组数 k 和组距 d 对实际分布曲线的显示有很大影响。尺寸分组数和样本容量的对应关系见表 5-2。

表 5-2　尺寸分组数和样本容量的关系

n	25~40	40~60	60~100	100	100~160	160~250	250~400	400~630	630~1000
k	6	7	8	10	11	12	13	14	15

为了分析该工序的加工精度，可在直方图上标出该工序的公差带位置，并计算该样本的统计数字特征——平均值和标准差。

样本的平均值表示该样本的尺寸分散中心，它主要由调整尺寸的大小和常值系统误差决定，其公式为

$$\bar{x} = \frac{1}{n}\sum_{i=1}^{n} x_i \tag{5-8}$$

样本的标准差 S 反映了该批工件的尺寸分散程度。它是由变值系统误差和随机误差决定的，其公式为

$$S = \sqrt{\frac{1}{n-1}\sum_{i=1}^{n}(x_i - \bar{x})^2} \tag{5-9}$$

当样本的容量比较大时，可直接以 n 代替式（5-9）中的（$n-1$）进行简化计算。

为了使分布曲线能代表该工序的加工精度,不受组距和样本容量的影响,纵坐标应改成频率密度。

$$频率密度 = \frac{频率}{组距} = \frac{频数}{样本容量 \times 组距}$$

【任务实施】

【案例5-6】 磨削一批轴颈为 $\phi 60^{+0.06}_{+0.01}$mm 的工件,数据见表5-3,根据所给数据绘制工件加工尺寸的直方图。

表5-3 轴颈尺寸误差的实测数据 （单位：μm）

44	20	46	32	20	40	52	33	40	25	43	38	40	41	30	36	49	51	38	34
22	46	38	30	42	38	27	49	45	45	38	32	45	48	28	36	52	32	42	38
40	42	38	52	38	36	37	43	28	45	36	50	46	33	30	40	44	34	42	47
22	28	34	30	36	32	35	22	40	35	36	42	46	42	50	40	36	20	16	53
32	46	20	28	46	28	54	18	32	35	26	45	47	36	38	30	49	18	38	38

【解】 计算过程如下:

1) 取样本容量 $n = 100$,$R = x_{max} - x_{min} = (54-16)\mu m = 38\mu m$。

2) 确定分组数和组距,根据表格和公式,可得 $k = 9$,$d = R/(k-1) = 4.75\mu m$,取 $d = 5\mu m$。根据下述公式计算各组数据的下界值、上界值以及各组的中值。

组界公式:$x_{min} + (j-1)d \pm d/2$ $(j = 1, 2, 3, \cdots, k)$;

中值公式:$x_{min} + (j-1)d$;

第一组下界值为 $x_{min} - d/2 = (16 - 2.5)\mu m = 13.5\mu m$;

第一组上界值为 $x_{min} + d/2 = (16 + 2.5)\mu m = 18.5\mu m$;

第一组中值为 $x_{min} + (j-1)d = 16\mu m + (1-1) \times 5\mu m = 16\mu m$。

其余各组的数据以此类推,计算结果列于表5-4中。

表5-4 组界和频数分布表

分组号	组界/μm	中心值	频数	频率（%）	频率密度（%）
1	13.5~18.5	16	3	3	0.6
2	18.5~23.5	21	7	7	1.4
3	23.5~28.5	26	8	8	1.6
4	28.5~33.5	31	13	13	2.6
5	33.5~38.5	36	26	26	5.2
6	38.5~43.5	41	16	16	3.2
7	43.5~48.5	46	16	16	3.2
8	48.5~53.5	51	10	10	2
9	53.5~58.5	56	1	1	0.2

3) 根据表 5-4 中的数据，画出如图 5-14 所示的直方图。

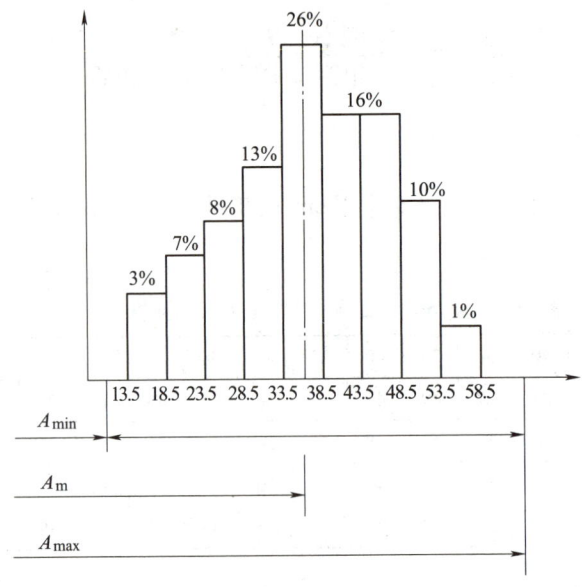

图 5-14　直方图

4) 在直方图上作出工序尺寸的上极限尺寸和下极限尺寸，根据式（5-8）和式（5-9）计算样本值的平均值和标准差：$\bar{x} = 37.00$；$S = 9.06$。

5) 直方图分析：由图可以看出工件尺寸误差的分布情况，该批工件的尺寸有一定的分散，尺寸偏大和偏小的很少，多数居中；尺寸分散范围略大于公差值，说明本工序加工精度不足；分散中心与公差带中心基本重合，说明机床调整误差即常值系统误差较小。

2. 理论分布曲线

（1）正态分布曲线及其数学模型　在机械加工中，用调整法加工一批零件，其尺寸误差是由很多相互独立的随机误差综合作用的结果，如果其中没有一个是起决定作用的随机误差，则加工后的零件尺寸将呈正态分布，如图 5-15 所示。

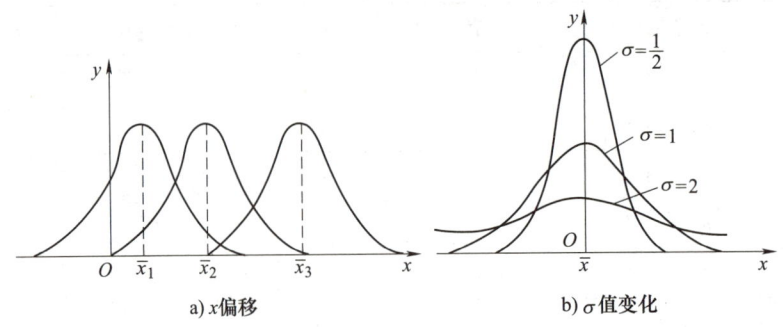

a) $\bar{x}$ 偏移　　　b) σ 值变化

图 5-15　正态分布曲线及其特征参数

正态分布曲线的概率密度函数为

$$y(x) = \frac{1}{\sqrt{2\pi}\sigma} e^{-\frac{1}{2}\left(\frac{x-\mu}{\sigma}\right)^2} \quad (-\infty < x < +\infty, \sigma > 0) \tag{5-10}$$

$$\mu = \frac{1}{n}\sum_{i=1}^{n} x_i \quad \sigma = \sqrt{\frac{1}{n}\sum_{i=1}^{n}(x_i - \mu)^2} \tag{5-11}$$

式中　y——尺寸分布的概率密度；

　　　x——随机变量；

　　　μ——正态分布随机变量的平均值；

　　　σ——正态分布随机变量的标准差。

正态分布曲线具有以下特点：

1）曲线呈中间高，两边低的形状，远离分散中心的工件占少数。

2）曲线相对于随机变量平均值对称分布，表明相对均值对称的左、右区间的概率相等。

3）均值μ和标准差σ是分布曲线的两个特征参数。μ值取决于机床调整尺寸和常值系统误差，确定工件尺寸分散中心的位置，只影响曲线的位置，不影响曲线的形状；σ值取决于随机误差和变值系统误差，只影响曲线的形状，不影响尺寸的位置，反映了工艺系统误差分散的程度。σ值越大，尺寸分散范围越大，分布曲线越平坦；σ值越小，尺寸分散范围越小，分布曲线越陡而窄。

当$x=\mu$时，概率密度具有最大值；当$x=\mu\pm\sigma$时，分布曲线具有拐点。最大值和拐点为

$$y_{\max} = \frac{1}{\sigma\sqrt{2\pi}} \quad y_{\mu\pm\sigma} = \frac{1}{\sigma\sqrt{2\pi}} e^{-\frac{1}{2}}$$

正态分布曲线所包含的总面积就是正态分布函数，即正态分布概率密度函数的积分，它代表了全部工件。正态分布函数的公式为

$$F(x) = \frac{1}{\sigma\sqrt{2\pi}} \int_{-\infty}^{x} e^{-\frac{1}{2}\left(\frac{x-\mu}{\sigma}\right)^2} dx \tag{5-12}$$

当$\mu=0$时；$\sigma=1$的正态分布称为标准正态分布。任何正态分布都可以通过坐标变换$z=(x-\mu)/\sigma$变为标准正态分布。标准正态分布函数为

$$F(z) = \frac{1}{\sqrt{2\pi}} \int_{0}^{z} e^{-\frac{z^2}{2}} dz \tag{5-13}$$

对于不同z值对应的$F(z)$，可由表5-5查出。

由表5-5可知：

当$z=\pm 1$，即$x=\mu\pm\sigma$时，查得：$2F(1) = 2 \times 0.3413 = 68.26\%$；

当$z=\pm 2$，即$x=\mu\pm 2\sigma$时，查得：$2F(2) = 2 \times 0.4772 = 95.44\%$；

当$z=\pm 3$，即$x=\mu\pm 3\sigma$时，查得：$2F(3) = 2 \times 0.49865 = 99.73\%$。

计算结果表明，工件尺寸落在（$\mu\pm 3\sigma$）范围内的概率为99.73%，而落在（$\mu\pm 3\sigma$）之外的概率仅为0.27%，可以认为正态分布的范围为（$\mu\pm 3\sigma$），这就是"$\pm 3\sigma$"原则，或称为"千分之三"原则或"6σ"原则。

表 5-5　标准正态分布概率密度函数的积分值

z	$F(z)$	z	$F(z)$	z	$F(z)$	z	$F(z)$
0.01	0.0040	0.29	0.1141	0.64	0.2389	1.50	0.4332
0.02	0.0080	0.30	0.1179	0.66	0.2454	1.55	0.4394
0.03	0.0120	0.31	0.1217	0.68	0.2517	1.60	0.4452
0.04	0.0160	0.32	0.1255	0.70	0.2580	1.65	0.4502
0.05	0.0199	0.33	0.1293	0.72	0.2642	1.70	0.4554
0.06	0.0239	0.34	0.1331	0.74	0.2703	1.75	0.4599
0.07	0.0279	0.35	0.1368	0.76	0.2764	1.80	0.4641
0.08	0.0319	0.36	0.1406	0.78	0.2823	1.85	0.4678
0.09	0.0359	0.37	0.1443	0.80	0.2881	1.90	0.4713
0.10	0.0398	0.38	0.1480	0.82	0.2939	1.95	0.4744
0.11	0.0438	0.39	0.1517	0.84	0.2995	2.00	0.4772
0.12	0.0478	0.40	0.1554	0.86	0.3051	2.10	0.4821
0.13	0.0517	0.41	0.1591	0.88	0.3106	2.20	0.4861
0.14	0.0557	0.42	0.1628	0.90	0.3159	2.30	0.4893
0.15	0.0596	0.43	0.1641	0.92	0.3212	2.40	0.4918
0.16	0.0636	0.44	0.1700	0.94	0.3264	2.50	0.4938
0.17	0.0675	0.45	0.1736	0.96	0.3315	2.60	0.4953
0.18	0.0714	0.46	0.1772	0.98	0.3365	2.70	0.4965
0.19	0.0753	0.47	0.1808	1.00	0.3413	2.80	0.4974
0.20	0.0793	0.48	0.1844	1.05	0.3531	2.90	0.4981
0.21	0.0832	0.49	0.1879	1.10	0.3643	3.00	0.49865
0.22	0.0871	0.50	0.1915	1.15	0.3749	3.20	0.49931
0.23	0.0910	0.52	0.1985	1.20	0.3849	3.40	0.49966
0.24	0.0948	0.54	0.2054	1.25	0.3944	3.60	0.499841
0.25	0.0987	0.56	0.2123	1.30	0.4032	3.80	0.499928
0.26	0.1023	0.58	0.2190	1.35	0.4115	4.00	0.499968
0.27	0.1064	0.60	0.2257	1.40	0.4192	4.50	0.499997
0.28	0.1103	0.62	0.2324	1.45	0.4265	5.00	0.49999997

(2) 非正态分布曲线　工件尺寸的实际分布，有时并不近似于正态分布曲线。图 5-16 所示为非正态分布曲线的几种情况。

1) 图 5-16a 所示为双峰分布。由两台机床同时加工某一批零件，如果机床的精度不同或者调整尺寸不一样，就会得到双峰分布。

2) 图 5-16b 所示为平顶分布。如果加工过程中存在比较显著的变值系统误差，如刀具的线性磨损，就会引起正态分布曲线分布中心随时间平移，出现平顶分布的情况。

3) 图 5-16c 所示为不对称分布。当工艺系统存在显著的热变形时，分布曲线往往不对

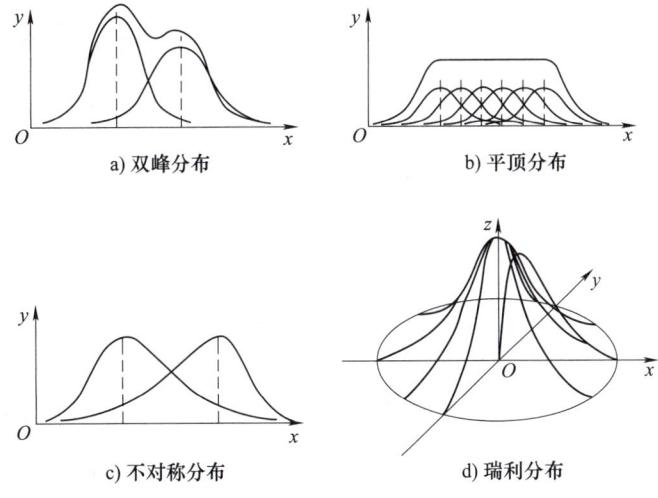

图 5-16 非正态分布曲线

称。如果刀具热变形严重，加工轴线时曲线凸峰偏左；加工孔时曲线凸峰偏右。

4）图 5-16d 所示为瑞利分布。对于跳动一类的误差，一般不考虑正、负号，所以接近零值的误差较多，远离零值的误差较少，会呈现瑞利分布，也是不对称分布。

3. 分布曲线的应用

（1）进行误差分析　从分布曲线的形状和位置可以分析各种误差的影响。常值系统误差不影响分布曲线的形状，只影响它的位置，当分布曲线的中心和公差带的中心不重合时，说明加工中存在常值系统误差；变值系统误差和随机误差只影响分布曲线的形状，不影响曲线的位置，这有可能造成分布曲线分散范围 6σ 大于公差带，出现废品，也可能出现非正态分布曲线，并可从其形状初步分析形成原因。

（2）计算工序能力系数，确定工序能力

$$C_p = T/6\sigma \tag{5-14}$$

根据工序能力系数的值，将工序能力分为五级，在实际生产中，工序能力不得低于二级，见表 5-6。

表 5-6　工序能力等级

工序能力系数 C_p	工序能力等级	说　明
$C_p > 1.67$	特级	工艺能力过高，允许有异常波动
$1.67 \geq C_p > 1.33$	一级	工艺能力足够，可以有一定的异常波动
$1.33 \geq C_p > 1.00$	二级	工艺能力勉强，必须密切注意
$1.00 \geq C_p > 0.67$	三级	工艺能力不足，出现少量不合格品
$0.67 \geq C_p$	四级	工艺能力很差，必须改进

（3）计算一批工件的合格率和废品率　分布曲线分析法能比较客观地反映工艺过程的总体情况，且能把工艺过程中存在的常值系统误差从误差中区分开；但这种方法要等一批工件加工结束并统计数据后才能进行分析，不能反映零件加工的先后顺序，不能在加工过程中及时提供控制精度的信息，它只适合在工艺过程比较稳定的场合应用。

【任务实施】

【案例 5-7】 在卧式镗床上镗削一批箱体零件的内孔，孔径尺寸要求为 $\phi 70^{+0.20}_{0}$ mm，已知孔径尺寸按正态分布，$\mu = 70.08$ mm，$\sigma = 0.04$ mm，试计算这批加工工件的合格品率和不合格品率。

【解】 作镗削内孔的正态分布曲线图，如图 5-17 所示。

利用公式 $z = (x - \mu)/\sigma$ 进行坐标变换，得

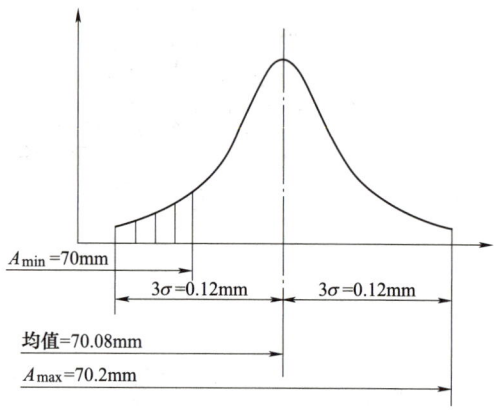

图 5-17 镗削内孔的正态分布曲线图

$$z_{左} = (\mu - x)/\sigma = (70.08 - 70.00)/0.04 = 2$$
$$z_{右} = (x - \mu)/\sigma = (70.20 - 70.08)/0.04 = 3$$

查表 5-5，得 $F(2) = 0.4772$；$F(3) = 0.49865$。

尺寸偏小的不合格品率：$0.5 - F(2) = 0.5 - 0.4772 = 0.0228 = 2.28\%$，不合格品可修复；

尺寸偏大的不合格品率：$0.5 - F(3) = 0.5 - 0.49865 = 0.00135 = 0.135\%$，不合格品不可修复。

合格品率：$F(2) + F(3) = 0.4772 + 0.49865 = 97.585\%$。

二、点图分析法

点图是定期地按加工顺序逐个测量一批工件的尺寸，以加工尺寸或误差为纵坐标，以工件的加工序号为横坐标，将检验结果绘制成工件加工尺寸或误差随时间变化的图形。点图分为单值点图和均值-极差点图两种。

1. 单值点图

按加工顺序逐个测量一批工件的尺寸，以工件序号为横坐标，工件尺寸或误差为纵坐标，并根据千分之三原则加上五条线，就可作出单值点图，如图 5-18 所示。

$$CL = \bar{x}, UCL = \bar{x} + 3\sigma, LCL = \bar{x} - 3\sigma$$
$$UT = \bar{x} + T/2, LT = \bar{x} - T/2 \tag{5-15}$$

式（5-15）中，UCL、LCL、CL、UT、LT 分别表示上控制线、下控制线、中心线、公差上限、公差下限。

单值点图一般用于单件加工时间长和希望尽早发现并消除异常现象的场合。但此图需逐件画点，长度过大，并可能因个别工件受偶然因素影响而判定工艺过程失调，不太合理。

2. 均值-极差点图（$\bar{x}$-R）

均值-极差点图（$\bar{x}$-R）是均值图和极差图联合使用的统称，如图 5-19 所示。$\bar{x}$-R 图的横坐标是按时间顺序采集的小样本的组序号，纵坐标为各小样本的均值和极差。

在均值图（$\bar{x}$ 图）上有三根控制线，$\bar{x}$ 为样本平均值的均值线 CL；UCL、LCL 分别为均值图的上、下控制线。

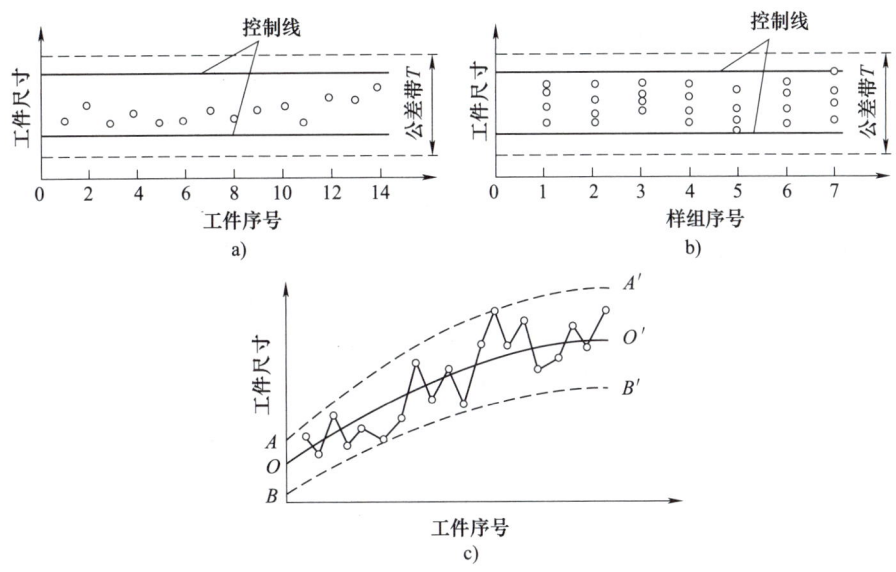

图 5-18 单值点图

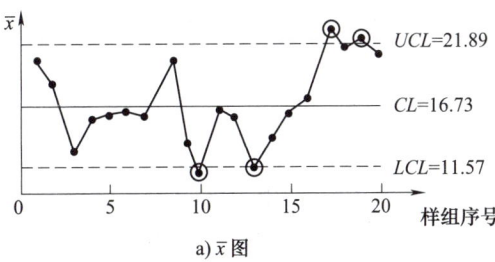

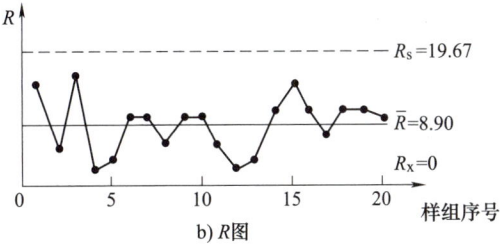

图 5-19 均值-极差点图

$$\bar{\bar{x}} = \frac{1}{n}\sum_{i=1}^{n} \bar{x}_i, UCL = \bar{\bar{x}} + A_2\bar{R}, LCL = \bar{\bar{x}} - A_2\bar{R}, \bar{R} = \frac{1}{n}\sum_{i=1}^{n} R_i \quad (5\text{-}16)$$

在极差图（R 图）上也有三根控制线，$\bar{R}$ 为样本极差 R 的均值线；R_s、R_x 分别为极差图的上、下控制线。

$$R_s = D_1\bar{R}, R_x = D_2\bar{R}, \bar{R} = \frac{1}{n}\sum_{i=1}^{n} R_i \quad (5\text{-}17)$$

式（5-16）和式（5-17）中的系数见表 5-7。

表 5-7　均值–极差公式中的系数

n（件数）	A_2	D_1	D_2
4	0.73	2.28	0
5	0.58	2.11	0
6	0.48	2.00	0

均值点图控制工艺过程质量指标的分布中心，主要反映系统误差及其变化趋势；极差点图控制工艺过程质量指标的分散程度，主要反映随机误差及其变化趋势。单独的均值点图和极差点图不能全面反映加工误差的情况，必须联合使用。

值得注意的是，工艺过程稳定性与是否产生废品是两个概念，工艺过程的稳定性用均值–极差点图判断，而出不出废品用公差衡量，两者没有必然的联系。

任务六　保证和提高加工精度

对加工误差进行分析计算，找出影响加工误差的主要因素，然后采取措施来控制和减少这些因素的影响。在实际生产中，从技术上减少误差的方法和措施主要有两大类：

一、误差预防

误差预防是指减少原始误差及其影响，也就是说减少或改变原始误差源到加工误差之间的数量转换关系。常用的工艺方法有合理采用先进的工艺设备、直接减少原始误差、误差转移法（图 5-20）、误差分组法、就地加工法和误差平均法（图 5-21）。

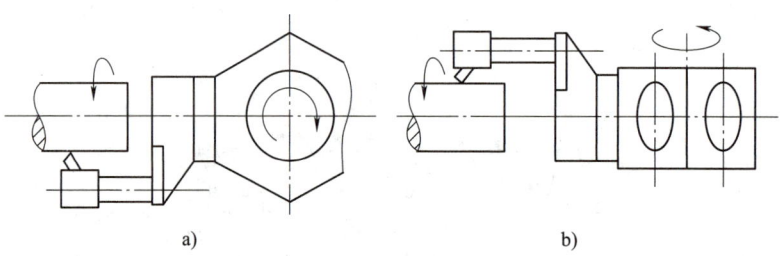

图 5-20　转塔车床刀架转位误差的转移

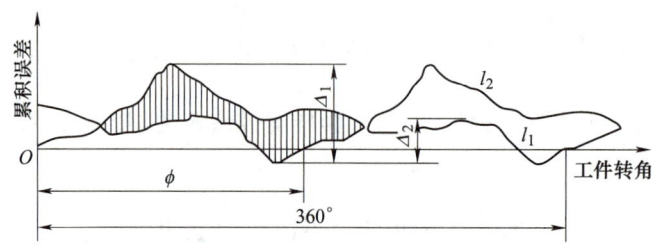

图 5-21　易位法加工时误差均化过程

二、误差补偿

在现存的表现误差条件下,通过分析测量和建立数学模型,以这些信息为依据,人为地在系统中引入附加的误差源,使之与系统中现存的表现误差相抵消,以减少或消除零件的加工误差。误差补偿技术是一种有效的技术手段,尤其是借助计算机辅助技术,可以达到更好的效果。常用的工艺方法有在线检测(图5-22)和偶件自动配磨(图5-23)。

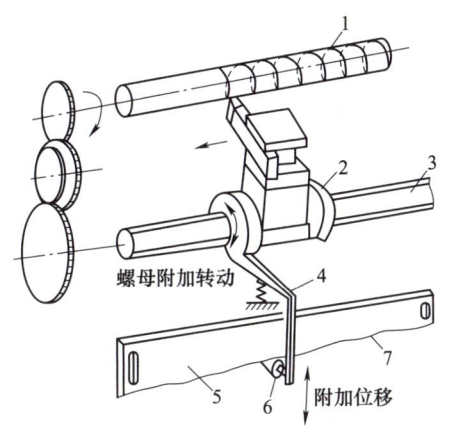

图 5-22　丝杠加工误差补偿装置

1—工件　2—螺母　3—母丝杠　4—杠杆
5—校正尺　6—触点　7—校正曲线

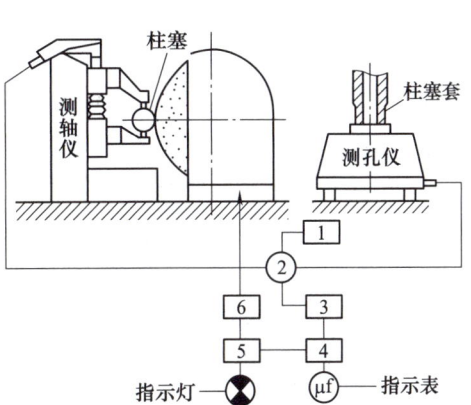

图 5-23　高压液压泵偶件自动配磨装置图

1—高频振荡发生器　2—电桥　3—三极放大器
4—相敏检波　5—直流放大器　6—执行机构

任务七　学习机械加工表面质量

【知识准备】

一、机械加工表面质量概述

1. 加工表面的几何形状误差(图5-24)

(1) 表面粗糙度　加工表面的微观几何形状误差,其波长与波高比值一般小于50。

(2) 波度　加工表面不平度中波长与波高的比值等于50~1000的几何形状误差,它是由机械加工中的振动引起的。

(3) 纹理方向　表面刀纹的方向,它取决于表面形成过程中所采用的机械加工方法。

(4) 伤痕　加工表面上一些个别位置上出现的缺陷,如砂眼、气孔和裂痕等。

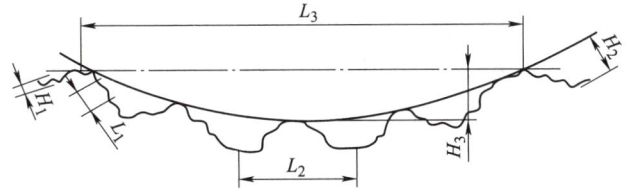

图 5-24　加工表面的几何形状

2. 表面层金属的物理力学性能和化学性能

表面层金属的物理力学性能和化学性能包括表面层因塑性变形引起的冷作硬化、表面层因力和热的作用引起的残余应力和表面层因热引起的金相组织变化三个方面的内容。

二、加工表面质量对机器使用性能的影响

1. 表面质量对耐磨性的影响

一般说来，表面粗糙度值越小，其耐磨性越好。但是当表面粗糙度值太小时，因接触面容易发生分子黏接，且润滑液不易储存，磨损反而将增加。因此，就磨损而言，存在一个最优表面粗糙度值。表面粗糙度的最优数值与机器零件工况有关，图 5-25 所示为不同工况下表面粗糙度数值与起始磨损量的关系曲线。

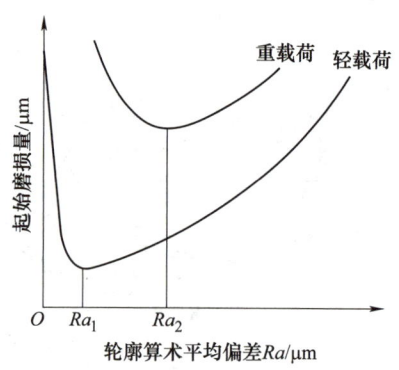

图 5-25 表面粗糙度数值与起始磨损量的关系曲线

表面粗糙度的轮廓形状和表面加工纹理对零件的耐磨性也有影响。因为表面轮廓形状及表面加工纹理影响零件的实际接触面积与润滑情况。轻载时，摩擦副表面纹理方向与相对运动方向一致时，磨损量最小。重载时，由于压强、分子亲和力和储存润滑油等因素的变化，当摩擦副的两个表面纹理相互垂直且运动方向平行于下表面的纹路方向时，磨损量最小。而两个表面纹理方向均与运动方向一致时易发生咬合，故磨损量反而最大。

表面层的加工硬化使零件的表面层硬度提高，从而表面层处的弹性和塑性变形减小，磨损减少，使零件的耐磨性提高。但硬化过度时，会使零件的表面层金属变脆，磨损会加剧，甚至出现剥落现象。当表面层残余应力为压应力时，耐磨性高。

2. 表面质量对疲劳强度的影响

零件在交变载荷的作用下，其表面微观不平的凹谷处和表面层的缺陷处容易引起应力集中而产生疲劳裂纹，造成零件的疲劳破坏。试验表明，减小零件表面粗糙度值可以使零件的疲劳强度有所提高。因此，对于一些承受交变载荷的重要零件，如曲轴的曲拐与轴颈交界处，精加工后常进行光整加工，以减小零件的表面粗糙度值，提高其疲劳强度。

加工硬化对零件的疲劳强度影响也很大。表面层的适度硬化可以在零件表面形成一个硬化层，它能阻碍表面层疲劳裂纹的出现，从而使零件疲劳强度提高。但如果零件表面层硬化程度过大，反而易于产生裂纹，故零件的硬化程度与硬化深度也应控制在一定的范围之内。

表面层的残余应力对零件疲劳强度也有很大影响，当表面层为残余压应力时，能延缓疲劳裂纹的扩展，提高零件的疲劳强度；当表面层为残余拉应力时，容易使零件表面产生裂纹而降低其疲劳强度。

3. 表面质量对耐蚀性能的影响

零件的表面粗糙度在一定程度上影响零件的耐蚀性。零件表面越粗糙，越容易积聚腐蚀性物质，凹谷越深，渗透与腐蚀作用越强烈。因此，减小零件表面粗糙度值，可以提高零件

的耐蚀性能。

零件表面残余压应力使零件表面紧密，腐蚀性物质不易进入，可增强零件的耐蚀性，而表面残余拉应力则降低零件的耐蚀性。

4. 表面质量对零件配合性质的影响

表面粗糙度值越高，在摩擦过程中零件越容易失去原有的尺寸精度。故在间隙配合中，会使配合间隙变大，改变原有的配合性质。在过盈配合中，会减少实际过盈量，影响配合的可靠性。此外，表面质量对装配后的接触刚度、运动平稳性、噪声以及机器的正常使用都会产生影响。

三、影响表面粗糙度的因素

1. 几何因素

（1）刀具几何形状　刀具相对于工件做进给运动时，在加工表面留下了切削层残留面积，其形状是刀具几何形状的复映（图5-26）。

对车削而言，当背吃刀量较大时，残留高度 H 为

$$H = \frac{f}{\cot\kappa_r + \cot\kappa_r'}$$

对车削而言，当背吃刀量较小时，残留高度 H 为

$$H = r_\varepsilon(1 - \cos\alpha) = 2r_\varepsilon \sin^2(\alpha/2) \approx f^2/(8r_\varepsilon)$$

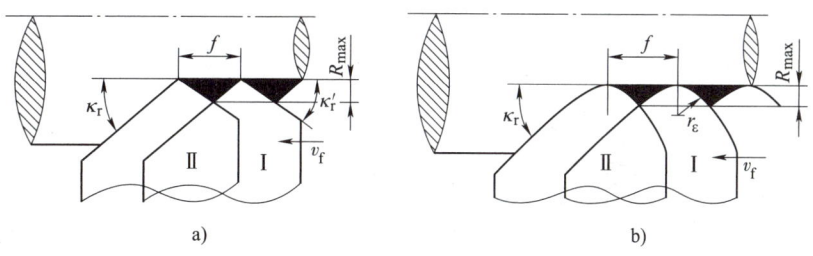

图5-26　车削时工件表面的残留高度

减小进给量、主偏角和副偏角以及增大刀尖圆弧半径，均可减小残留面积的高度。此外，适当增大刀具的前角以减小切削时的塑性变形程度，合理选择切削液和提高刀具刃磨质量以减小切削时的塑性变形和抑制积屑瘤、鳞刺的生成，也是减小表面粗糙度值的有效措施。

（2）工件材料的性质　加工塑性材料时，因刀具对金属的挤压产生了塑性变形，加之刀具迫使切屑与工件分离的撕裂作用，使表面粗糙度值加大。工件材料韧性越好，金属的塑性变形越大，加工表面就越粗糙。加工脆性材料时，其切屑呈碎粒状，由于崩碎切屑在加工表面留下许多麻点而使表面粗糙。

（3）切削用量要素。切削速度对表面粗糙度影响很大（图5-27）。加工塑性材料时，如

果切削速度处在产生积屑瘤和鳞刺的范围内，加工表面粗糙度值增大；如果切削速度处在产生积屑瘤和鳞刺的范围之外，则表面粗糙度值明显减小。

进给量对表面粗糙度影响较大。但进给量较小时，虽然有利于表面粗糙度值的降低，但影响生产率。增大刀尖圆弧半径，有利于表面粗糙度值的降低；但刀尖圆弧半径的增加会引起吃刀抗力的增加，而造成工艺系统的振动。

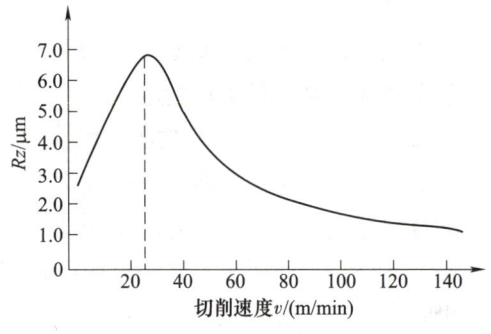

图 5-27 切削速度对表面粗糙度的影响曲线

一般而言，背吃刀量对表面粗糙度的影响是不明显的。但当 $a_p<0.03\text{mm}$ 时，由于切削刃具有一定的刃口半径，常出现挤压、打滑和周期性地切入加工表面的情况，从而使表面粗糙度值增大。为降低加工表面的表面粗糙度值，应根据刀具刃口刃磨的锋利情况选取相应的背吃刀量。

2. 物理因素

切削过程中，由于刀具的刃口圆角及后刀面的挤压与摩擦使金属材料发生塑性变形，从而使理论残留面积挤歪或沟纹加深，使表面粗糙度严重恶化。

在加工塑性材料时，在前刀面上容易形成硬度很高的积屑瘤，其轮廓很不规则，它可以代替切削刃进行切削，使刀具的几何角度、背吃刀量发生变化，因而使工件表面上出现深浅和宽窄不断变化的刀痕，有些积屑瘤嵌入工件表面，增大了表面粗糙度值。

切削加工时的振动也会使工件表面粗糙度值增大。

3. 磨削加工中影响表面粗糙度的因素

磨削加工表面粗糙度的形成，与磨削过程中的几何因素、物理因素和工艺系统振动等有关。从纯几何角度考虑，可以认为在单位加工面积上，由磨粒的刻划和切削作用形成的刻痕数越多越浅，则表面粗糙度值越小。或者说，通过单位加工面积的磨粒数越多，表面粗糙度值越小。影响磨削加工表面粗糙度的因素有：

（1）磨削用量 砂轮速度越高，通过单位加工面积的磨粒数越多，表面粗糙度值越小。工件速度越低，砂轮相对于工件的进给量越小，则磨削后的表面粗糙度值越小。

磨削时背吃刀量对加工表面粗糙度有较大的影响，例如精密磨削加工的最后几次走刀总是采用极小的背吃刀量。实际上这种极小的背吃刀量不是靠磨头进给获得，而是靠工艺系统在前几次进给走刀中磨削力作用下的弹性变形逐渐恢复实现的，在这种情况下的走刀常称为空走刀或无进给磨削。精密磨削的最后阶段，一般均应进行这样的几次空走刀，以便得到较小的表面粗糙度值。增加无进给磨削次数可使表面粗糙度值降到 $Ra0.04\mu\text{m}$ 以下。采用细粒度磨轮需进行 20~30 次无进给磨削才能使加工表面的表面粗糙度值降到 $Ra0.01\mu\text{m}$ 以下的镜面要求。

（2）砂轮 砂轮粒度对加工表面粗糙度影响较大。砂轮越细，磨削表面粗糙度值越小，但当砂轮太细时，易发生堵塞，造成工件烧伤。通常在磨削加工的最后几次走刀之前，对砂轮进行一次精细修整，使每个磨粒产生多个等高的微刃，从而使工件的表面粗糙度值降低。

（3）工件材料　工件材料太硬，磨粒易钝化，表面粗糙度值增大；材料太软，易堵塞砂轮，也难以获得较小的表面粗糙度值。韧性大、导热性差的耐热合金易使砂粒早期脱落，使砂轮表面不平，导致表面粗糙度值增大。

此外，在磨削过程中，切削液的成分和洁净程度、工艺系统的抗振性能等对加工表面粗糙度的影响也是不容忽视的因素。

四、影响表面层物理力学性能的因素

1. 表面层金属的冷作硬化

机械加工中，工件表面层金属受切削力的作用，产生塑性变形，使晶格扭曲，晶粒间产生滑移剪切，晶粒被拉长、纤维化甚至碎化，从而引起表面层金属的强度和硬度增加，塑性降低，这种现象称为冷作硬化，又称加工硬化。

冷作硬化的评定指标包括表面层金属的显微硬度 HV、硬化层深度 h 和硬化程度 $N=(\mathrm{HV}-\mathrm{HV}_0)/\mathrm{HV}_0$，如图 5-28 所示。

影响冷作硬化的因素：

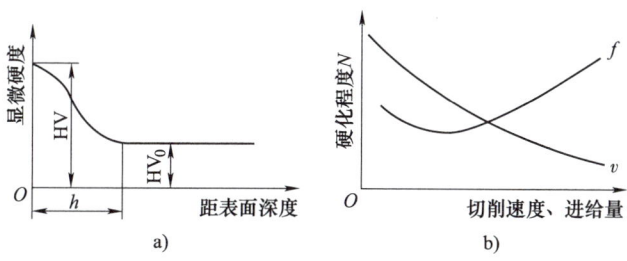

图 5-28　冷作硬化的指标

（1）刀具的影响　切削刃钝圆半径增大，塑性变形加剧，冷作硬化程度增加；刀具后刀面磨损增加，塑性变形增大，冷作硬化程度增加。

（2）切削用量的影响　切削速度增大，刀具与工件的作用时间缩短，塑性变形减小，硬化层深度减小；切削速度增大后，切削热作用在表面层上的时间也缩短，又增加了冷硬程度。进给量增大，切削力增大，冷硬程度增大。

（3）工件材料的影响　工件材料的塑性越大，冷硬程度越大；工件材料的塑性越小，冷硬程度越小。有色金属的再结晶温度低，容易弱化，冷作硬化程度比钢小。

2. 表面层金属的金相组织变化

磨削加工时，机床所消耗的能量绝大部分转化为热并传给工件，当加工表面温度超过相变温度时，表面层金属的金相组织就会发生变化，这种现象称为磨削烧伤。磨削淬火钢时，磨削烧伤有以下三种形式：

（1）退火烧伤　在磨削时，如果工件表面层温度超过相变临界温度，则马氏体转变为奥氏体。如果磨削区域没有切削液进入，表面层金属冷却比较缓慢而形成退火组织，造成工

件硬度和强度大幅下降，这种现象称为退火烧伤。工件干磨时易发生这种烧伤。

（2）回火烧伤　磨削时，工件表面温度未达到相变温度，但超过马氏体的转变温度，这时马氏体组织将转变为硬度较低的回火屈氏体或索氏体，这种现象称为回火烧伤。

（3）淬火烧伤　磨削时，如果工件表面层温度超过相变临界温度，则马氏体转变为奥氏体。如果磨削区域有充足的切削液进入，表面层金属将产生二次淬火，其硬度高于原来的回火马氏体；里层金属由于冷却速度慢，出现了硬度比原来回火马氏体低的回火索氏体和屈氏体组织，这种现象称为淬火烧伤。

磨削烧伤与温度有十分密切的关系，影响磨削烧伤的因素有磨削用量、工件材料、砂轮特性以及冷却条件等。

3. 表面层金属的残余应力

表面残余应力的产生有以下三种原因：

（1）冷态塑性变形　机械加工时，在加工表面金属层内有塑性变形发生，使表面金属的比容加大，体积膨胀，因受基体材料制约就会在表面层金属中产生残余压应力，而在里层金属中产生残余拉应力。

（2）热态塑性变形　机械加工时，切削区会有大量的切削热产生，表面层与里层金属间产生很大的温度梯度。冷却时，表面层收缩，形成较大的残余拉应力，而在里层金属中产生残余压应力。

（3）金相组织变化　切削时的高温会引起表面层金相组织变化。不同金相组织具有不同的密度，即具有不同的比容。如果表面层金属体积膨胀，因受基体材料制约就会在表层产生残余压应力；相反，则表面层产生残余拉应力，当残余拉应力超过材料屈服强度时，就产生表面裂纹。

机械加工后的表面层残余应力及其分布，是上述三方面因素综合作用的结果。在一定条件下，可能是某一种或某两种因素起主导作用。例如，切削时切削热不多则以冷态塑性变形为主，若切削热多则以热态塑性变形为主。

轻磨削条件产生浅而小的残余压应力，因为此时没有金相组织变化，温度影响也很小，主要是塑性变形的影响在起作用；中等磨削条件产生浅而大的拉应力；淬火钢重磨削条件则产生深而大的拉应力（最外表面层可能出现小而浅的压应力），它主要是热态塑性变形和金相组织变化的影响在起作用。

影响残余应力的工艺因素主要是刀具的前角、切削速度以及工件材料的性质和冷却条件。具体的情况则看其对切削时的塑性变形、切削温度和金相组织变化的影响程度而定。一般来说，低速车削时，切削热的作用起主导作用；高速切削时，表层金属的淬火进行得较充分，金相组织变化因素起主导作用。工件材料的强度越高、导热性越差、塑性越低，在磨削时表面层金属产生残余拉应力的倾向就越大。

采用研磨、珩磨、超精加工及抛光等光整加工方法可以减小表面粗糙度值；采用喷丸、滚压、流体磨料强化等表面强化工艺可以改善表面层金属的物理力学性能。

【项目小结】

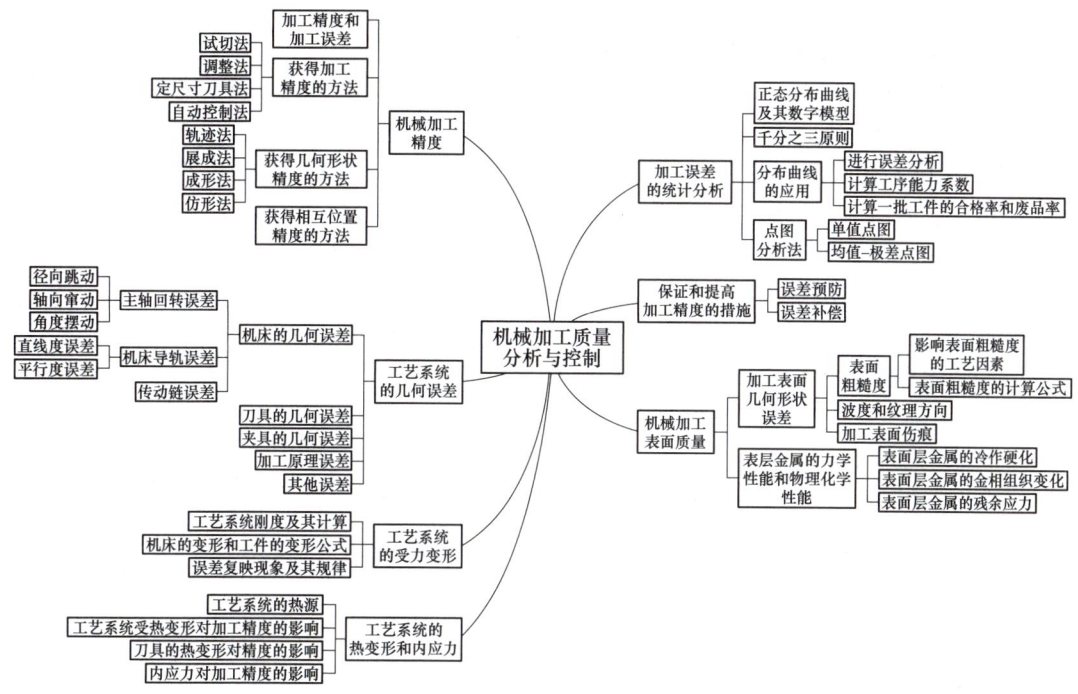

图 5-29　项目小结

【思考与练习题】

一、填空题

1. 获得尺寸精度的方法有_____、_____、_____、_____；获得形状精度的方法有_____、_____、_____、_____。

2. 机床的几何误差主要包括_____、_____和_____。

3. 主轴回转误差主要有_____、_____和_____三种基本形式。

4. 误差的敏感方向一般在被加工工件的_____方向上。（填"法线"或"切线"）

5. 一般用传动链元件的转角误差来衡量传动链_____误差。（填"首端"或"末端"）

6. 工件的毛坯误差经过加工后反映到工件的表面上，这种现象称为_____。

7. 工艺系统热源包括_____热源和_____热源，切削热和摩擦热属于_____热源。

8. 分布曲线的两个特征参数是_____和_____；其中，影响曲线位置而不影响形状的参数是_____，影响曲线形状而不影响位置的参数是_____。

9. 工件尺寸误差落在（$\mu \pm 3\sigma$）范围内的概率为_____，落在（$\mu \pm 3\sigma$）之外的概率为_____，这就是_____原则或称为_____原则。

10. 工序能力系数的计算公式是_____，工序能力一般分为_____级，生产中工序能力不得低于_____级。

11. 制作点图时的五条线分别是_____、_____、_____、_____和_____。

二、选择题

1. 工艺系统刚度等于工艺系统各组成环节刚度（　　）。
   A. 倒数之和　　B. 倒数之和的倒数　　C. 之和　　D. 之和的倒数
2. 刀具磨损所引起的加工误差属于（　　）。
   A. 常值系统误差　　B. 变值系统误差　　C. 随机误差　　D. 几何误差
3. 定位误差所引起的加工误差属于（　　）。
   A. 常值系统误差　　B. 变值系统误差　　C. 随机误差　　D. 几何误差
4. 下列孔加工方法中，属于定尺寸刀具法的是（　　）。
   A. 钻孔　　B. 车孔　　C. 镗孔　　D. 磨孔
5. 制造误差不直接影响加工精度的刀具是（　　）。
   A. 外圆车刀　　B. 成形车刀　　C. 钻头　　D. 拉刀
6. 车床主轴有径向跳动，镗孔时会使工件产生（　　）。
   A. 尺寸误差　　B. 同轴度误差　　C. 圆度误差　　D. 圆锥形
7. 车削加工时轴的端面与外圆柱面不垂直，说明主轴有（　　）。
   A、圆度误差　　B. 纯径向跳动　　C. 纯角度摆动　　D. 轴向窜动
8. 车削细长轴时，由于工件刚度不足造成在工件轴向截面上的形状是（　　）。
   A. 矩形　　B. 梯形　　C. 鼓形　　D. 鞍形
9. 车床上用两顶尖装夹车削光轴，加工后发现工件中间小、两头大，最可能的原因是（　　）。
   A. 车床导轨磨损　　　　　　B. 前后两顶尖刚度不足
   C. 刀架刚度不足　　　　　　D. 工件刚度不足
10. 某工件内孔在粗镗后有圆柱度误差，则在半精镗后会产生（　　）。
    A. 圆度误差　　B. 尺寸误差　　C. 圆柱度误差　　D. 位置误差
11. 镗床上镗孔时主轴有角度摆动，镗出的孔将呈现（　　）。
    A. 圆孔　　B. 椭圆孔　　C. 圆锥孔　　D. 双面孔
12. 薄壁套筒零件安装在车床自定心卡盘上，以外圆定位车内孔，加工后发现孔有较大圆度误差，其主要原因是（　　）。
    A. 工件夹紧变形　　B. 工件热变形　　C. 刀具受力变形　　D. 刀具热变形
13. 通常用（　　）系数表示某种加工方法和设备能胜任零件所要求加工精度的程度。
    A. 工序能力　　B. 误差复映　　C. 误差传递　　D. 误差敏感
14. 一级工艺的工序能力系数 C_p 为（　　）。
    A. $C_p \leq 0.67$　　　　　　B. $1.0 \geq C_p > 0.67$
    C. $1.33 \geq C_p > 1.00$　　　D. $1.67 \geq C_p > 1.33$
15. 工序能力勉强的工艺是（　　）。
    A. 一级工艺　　B. 二级工艺　　C. 三级工艺　　D. 四级工艺
16. 均值极差点图中点的变动情况不属于异常波动判断标志的是（　　）。
    A. 有点子超出控制线　　　　B. 点子有上升或下降倾向
    C. 点子没有明显的规律性　　D. 点子有周期性波动

17. 为保证加工过程中不产生废品，控制线的范围应（　　）加工尺寸公差范围。
    A. 大于　　　　　B. 等于　　　　　C. 小于　　　　　D. 大于或等于
18. 当存在变值系统误差时，均值极差图上的点将（　　）。
    A. 呈现随机性变化　　　　　　　　B. 呈现规律性变化
    C. 在中心线附近无规律波动　　　　D. 在控制线附近无规律波动
19. 为减小工件已加工表面的表面粗糙度，在刀具方面常采取的措施是（　　）。
    A. 减小前角　　B. 减小后角　　C. 增大主偏角　　D. 减小副偏角
20. 切削加工时，对表面粗糙度影响最大的因素是（　　）。
    A. 刀具材料　　B. 进给量　　C. 背吃刀量　　D. 工件材料
21. 冷态下塑性变形经常在表面层产生（　　）。
    A. 拉应力　　B. 不定　　C. 压应力　　D. 金相组织变化
22. 磨削表层裂纹是由于表面层（　　）的结果。
    A. 残余应力作用　B. 氧化　　C. 材料成分不匀　D. 产生回火
23. 提高加工工件所用机床的几何精度，属于（　　）。
    A. 补偿原始误差　　　　　　　　B. 抵消原始误差
    C. 减少原始误差　　　　　　　　D. 转移原始误差

三、判断题

1. 机床的热变形造成的零件加工误差属于随机性误差。　　　　　　　　（　　）
2. 由工件内应力造成的零件加工误差属于随机性误差。　　　　　　　　（　　）
3. 定尺寸刀具的制造误差引起的工件加工误差属于常值系统性误差。（　　）
4. 在连续加工一批工件时，其数值大小保持不变的误差就称为常值系统性误差。
　　　　　　　　　　　　　　　　　　　　　　　　　　　　　　　　（　　）
5. 当采用一面两销定位时，工件定位孔不准确造成的误差属于常值系统性误差。
　　　　　　　　　　　　　　　　　　　　　　　　　　　　　　　　（　　）
6. 车削细长轴时，工件外圆中间粗两头细，产生误差的主要原因是工艺系统刚度差。
　　　　　　　　　　　　　　　　　　　　　　　　　　　　　　　　（　　）
7. 采用试切法加工一批工件，其尺寸分布一般不符合正态分布。　　　（　　）
8. 6σ 表示由某种加工方法所产生的工件尺寸分散，即加工误差。　（　　）
9. 机床的传动链误差是产生误差复映现象的根本原因。　　　　　　　（　　）
10. 误差复映是由工艺系统受力变形引起的。　　　　　　　　　　　　（　　）
11. 减小误差复映的有效方法是提高工艺系统的刚度。　　　　　　　　（　　）
12. 工件夹紧变形会使被加工工件产生形状误差。　　　　　　　　　　（　　）
13. 零件的表面粗糙度值越低，疲劳强度越高。　　　　　　　　　　　（　　）
14. 表面粗糙度值越小，表面质量就好。　　　　　　　　　　　　　　（　　）
15. 由于冷校直而产生的工件表面应力为拉应力。　　　　　　　　　　（　　）
16. 喷丸加工能造成零件表面层残余压应力，降低零件的抗疲劳强度。（　　）

四、综合分析题

1. 在卧式车床上车孔时，如果刀具的直线进给运动和主轴的回转运动都很准确，只是它们在水平面内或垂直面内不平行（图5-30），试分析在只考虑工艺系统本身误差影响时，加工后将造成什么样的形状误差?

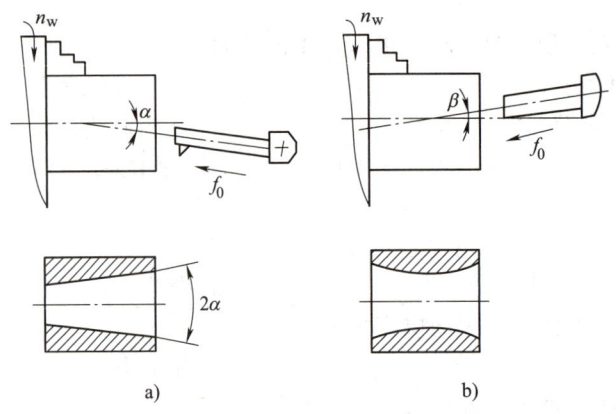

图 5-30　题 1 图

2. 在卧式镗床上镗箱体孔,若只考虑镗杆刚度的影响,当采用如图 5-31 所示两种镗孔方式时,试分析每种方式时加工后孔的几何形状,并说明原因。

(1) 镗杆进给,镗杆前端支承。
(2) 镗杆进给,镗杆前端无支承。

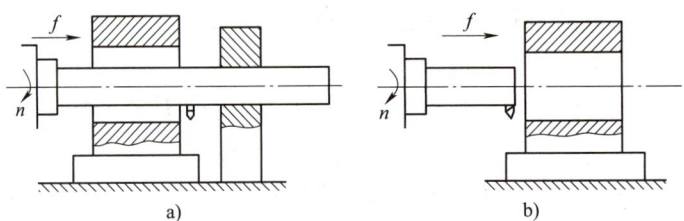

图 5-31　题 2 图

3. 在三台车床上分别加工三批工件的外圆表面,加工后经测量,三批工件分别产生了如图 5-32 所示的形状误差,试分析产生上述形状误差的主要原因。

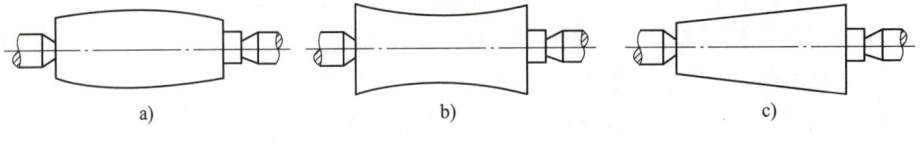

图 5-32　题 3 图

4. 在外圆磨床上磨削如图 5-33 所示轴类工件的外圆 ϕ,若机床几何精度良好,试分析磨外圆后 A-A 截面的形状误差,要求画出 A-A 截面的形状,并提出减小上述误差的措施。

5. 在卧式铣床上按图 5-34 所示装夹方式用铣刀 A 铣削键槽,经测量发现,工件两端处的深度大于中间的,且都比未铣键槽前的调整深度小。试分析产生这一现象的原因。

6. 试分析图 5-35 所示的三种加工情况,加工后工件表面会产生何种形状误差? 假设工件的刚度很大,且车床床头刚度大于尾座刚度。

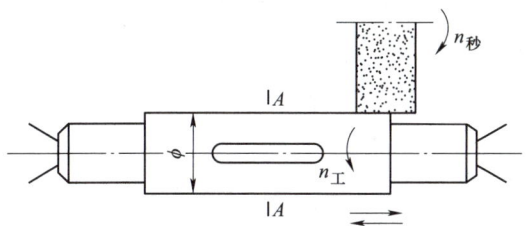

图 5-33 题 4 图

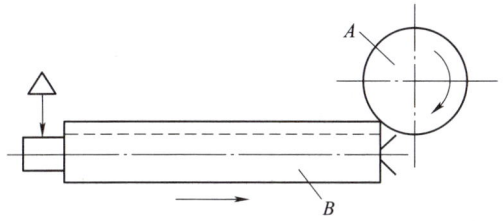

图 5-34 题 5 图

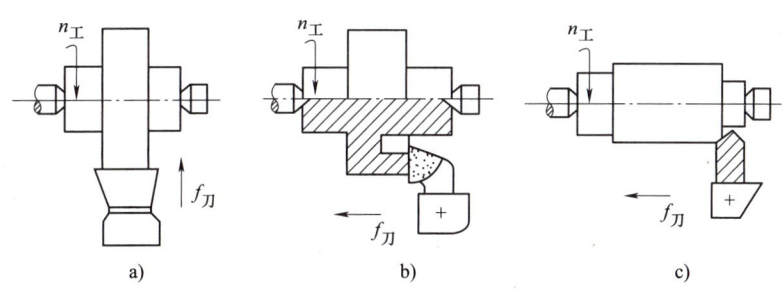

图 5-35 题 6 图

7. 按图 5-36a 所示的装夹方式在外圆磨床上磨削薄壁套筒 A，卸下工件后发现工件呈鞍形，如图 5-36b 所示，试分析产生该形状误差的原因。

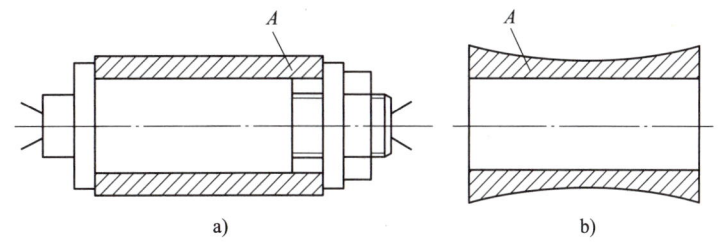

图 5-36 题 7 图

8. 已知某车床的部件刚度分别为 $k_{主轴}=5000\text{N/mm}$；$k_{刀架}=23330\text{N/mm}$，$k_{尾座}=34500\text{N/mm}$。今在该车床上采用前、后顶尖定位车一直径为 $\phi 50_{-0.2}^{0}\text{mm}$ 的光轴，其径向力 $F_y=3000\text{N}$，假设刀具和工件的刚度都很大，试求：

（1）车刀位于主轴箱端处工艺系统的变形量。

(2) 车刀处在距主轴箱 1/4 工件长度处工艺系统的变形量。

(3) 车刀处在工件中点处工艺系统的变形量。

(4) 车刀处在距主轴箱 3/4 工件长度处工艺系统变形量。

(5) 车刀处在尾座处工艺系统的变形量。完成计算后，画出加工后工件的截面形状。

9. 加工一批尺寸为 $\phi 20_{-0.10}^{0}$mm 的小轴外圆，若尺寸为正态分布，均方差 $\sigma = 0.025$mm，公差带中点小于尺寸分布中心 0.03mm。试求：

(1) 加工尺寸的尺寸分散范围。

(2) 计算这批零件的合格率及废品率。

10. 在无心磨床上磨削销轴，销轴外径尺寸要求为 $\phi 12 \pm 0.01$mm。现随机抽取 100 件进行测量，结果发现其外径尺寸接近正态分布，平均值为 11.99mm，均方根偏差 $\sigma = 0.003$mm。试：

(1) 画出销轴外径尺寸误差的分布曲线。

(2) 计算该工序的工序能力系数。

(3) 估计该工序的废品率。

(4) 分析产生废品的原因，并提出解决办法。

11. 在均方差 $\sigma = 0.02$mm 的某自动车床上加工一批 $\phi 11 \pm 0.05$mm 小轴外圆。问：

(1) 这批工件的尺寸分散范围多大？

(2) 这台自动车床的工序能力系数多大？

12. 在两台相同的自动车床上加工一批小轴的外圆，要求保证直径 $\phi 11 \pm 0.02$mm，第一台加工 1000 件，其直径尺寸按正态分布，平均值 = 11.005mm，均方差 = 0.004mm。第二台加工 500 件，其直径尺寸也按正态分布，且平均值 = 11.015mm，均方差 = 0.0025mm。试求：

(1) 在同一图上画出两台机床加工的两批工件的尺寸分布图，并指出哪台机床的工序精度高。

(2) 计算并比较哪台机床的废品率高，并分析其产生的原因及提出改进的办法。

13. 在自动车床上加工一批外径为 $\phi 11 \pm 0.05$mm 的小轴。现每隔一定时间抽取容量 $n = 5$ 的一个小样本，共抽取 20 个顺序小样本，逐一测量每个顺序小样本每个小轴的外径尺寸，并算出顺序小样本的平均值和极差，其值列于下表中。试设计均值-极差点图，并判断该工艺过程是否稳定？

样本号	$\bar{x}_i$	R_i	样本号	$\bar{x}_i$	R_i
1	10.986	0.09	11	11.020	0.09
2	10.994	0.08	12	10.976	0.08
3	10.994	0.11	13	11.006	0.05
4	10.998	0.05	14	11.008	0.05
5	11.002	0.10	15	10.970	0.03
6	11.002	0.07	16	11.020	0.11
7	11.018	0.10	17	11.996	0.04
8	10.998	0.09	18	10.990	0.02
9	10.980	0.05	19	10.996	0.06
10	10.994	0.05	20	11.028	0.10

14. 在无心磨床上磨削圆柱销，直径要求为 $\phi 8_{-0.04}^{0}$ mm。每隔一段时间测量一组数据，共测得 100 个数据，列于下表中，表中数据为 $7960+x(\mu m)$。试求：

（1）画出均值-极差点图，并对均值极差图进行分析。

（2）判断工艺规程是否稳定及有无变值系统误差。

（单位：μm）

序号	x_1	x_2	x_3	x_4	x_5	$\overline{x_i}$	R_i	序号	x_1	x_2	x_3	x_4	x_5	$\overline{x_i}$	R_i
1	30	25	18	21	29	24.6	12	11	26	27	24	25	25	25.4	3
2	37	29	28	30	35	31.8	9	12	22	22	20	18	22	20.8	4
3	31	30	33	35	30	31.8	5	13	28	20	17	28	25	23.6	11
4	35	40	35	35	38	36.6	5	14	24	25	28	34	20	26.2	14
5	36	30	43	45	35	37.8	15	15	29	28	23	24	34	27.6	11
6	43	35	38	30	45	38.2	15	16	38	35	30	33	30	33.2	8
7	35	18	25	21	18	23.4	17	17	28	27	35	38	31	31.8	11
8	21	18	11	23	28	20.2	17	18	30	31	29	31	40	32.2	11
9	20	15	21	25	19	20.0	10	19	29	38	32	28	29	31.2	10
10	26	31	24	25	26	26.4	7	20	33	40	38	33	30	34.8	10

15. 图 5-37 所示为精镗活塞销孔工序的示意图，工件以止口面及半精镗过的活塞销孔定位，试分析影响工件加工精度的工艺系统的各种原始误差因素。

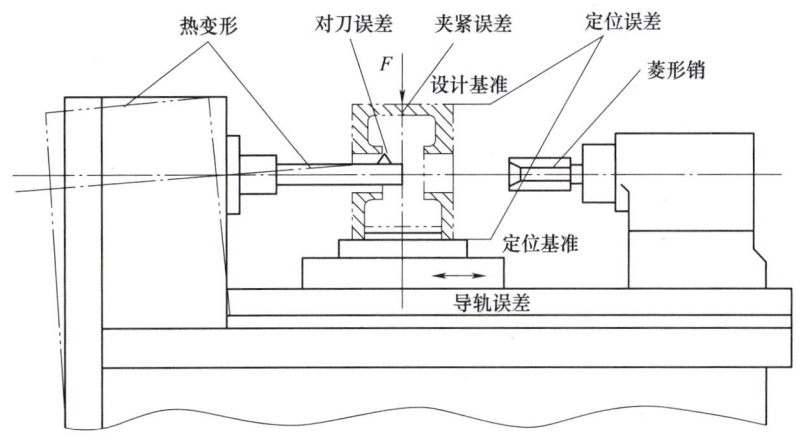

图 5-37　题 15 图

16. 高速精镗 45 钢工件的内孔时，选取刀具的主偏角为 75°、副偏角为 15°，当加工表面的表面粗糙度值为 $Ra=3.2\sim6.3\mu m$ 时，求：

（1）在不考虑工件材料塑性变形对表面粗糙度影响的情况下，进给量 f 应选择多大？

（2）分析实际加工表面的表面粗糙度与计算值是否相同，分析原因。

（3）进给量 f 减小，表面粗糙度值将如何变化？

17. 车削铸铁零件的外圆表面，假设进给量 $f=0.40$ mm/r，车刀圆弧半径 $r=3$ mm，试计算车削后的表面粗糙度值。

五、简答题

1. 何谓机械加工精度？它包括哪些内容？
2. 试举例说明常值系统误差、变值系统误差和随机误差的概念。
3. 机床的几何误差包括哪些内容？它们之中对工件加工精度影响较大的因素有哪些？
4. 什么是主轴回转误差？它包括哪些方面？
5. 什么是误差复映？误差复映系数的大小与哪些因素有关？
6. 何谓零件的分布曲线？正态分布曲线的特点是什么？均值和均方差的物理意义是什么？
7. 点图法和分布曲线法都是利用统计方法来分析零件的加工精度，但二者分析问题的重点有何不同？
8. 机械加工表面质量包括哪些内容？机械加工表面质量对机器使用性能有哪些影响？
9. 为什么机器零件一般都是从表面层开始破坏？
10. 为什么在切削加工中一般都会产生加工硬化现象？
11. 什么是回火烧伤？什么是淬火烧伤？什么是退火烧伤？
12. 为什么磨削高合金钢要比磨削碳钢更容易产生烧伤？

大国工匠——张德勇

张德勇是中国嘉陵工业股份有限公司（集团）的钳工高级技师。他19岁入行，20岁开始独立承担项目，27岁拿到技师资格，32岁成为高级技师。"车、锉、刨、磨、攻……钳工就是手上功夫，实践性强，所以工作时间越长、经验越多，解决问题的办法就越丰富。"张德勇把钳工比作"万金油"，那些机器不适宜或不能解决的加工，都可以由钳工来解决。2005年，中核集团一个检测核反应堆里核燃料组件的高精密检测专用设备改造项目颇为棘手。张德勇主动承接了这项任务。通过查找大量资料，认真分析技术要点，仅用了半个月，张德勇就独立完成了500余个零部件的安装。最终，设备各项技术指标完全符合技术验收标准。

"人的价值不在于赚多少钱，而在于能在岗位上创造多少价值。"这是张德勇作为一个大国工匠的初心。

项目六

制订装配工艺规程

【学习目标】

知识目标

1）掌握零件、套件、组件、部件的概念。

2）掌握装配系统图的表示方法及其画法。

3）掌握装配尺寸链的建立及其相关计算。

4）了解保证装配精度的四种常用方法。

5）掌握装配工艺规程的制订原则和内容。

能力目标

1）装配尺寸链的计算能力。

2）制订装配工艺规程的能力。

素质目标

1）良好的专业素养和职业态度。

2）具备良好的安全和环保意识。

【项目描述】

学习机器装配知识，了解机器装配需要的准备工作，熟悉零部件的装配工艺流程和技术要求，装配完成后能够进行装配质量的检验和调试，形成完整的装配记录报告。

任务一 认识机器的装配

【知识准备】

一、机器的装配和装配系统图

1. 机器的装配

任何机器都是由零件、套件、组件、部件等组成的，零件是组成机器的最小单元。为保证有效地进行装配工作，通常将机器划分为若干能进行独立装配的部分，称为装配单元。

套件是在基准零件上装上一个或若干个零件构成的，它是最小的装配单元（图6-1a）。

组件是在基准零件上装上若干套件和零件构成的，如机床主轴箱中的主轴（图6-1b）。

部件是在基准零件上装上若干组件、套件和零件构成的，如机床的主轴箱。

按照规定的技术要求，将零件、组件和部件进行配合和连接，使之成为半成品和成品的工艺过程称为装配。将零件、套件和组件装配成部件的过程称为部件装配；将零件、套件、

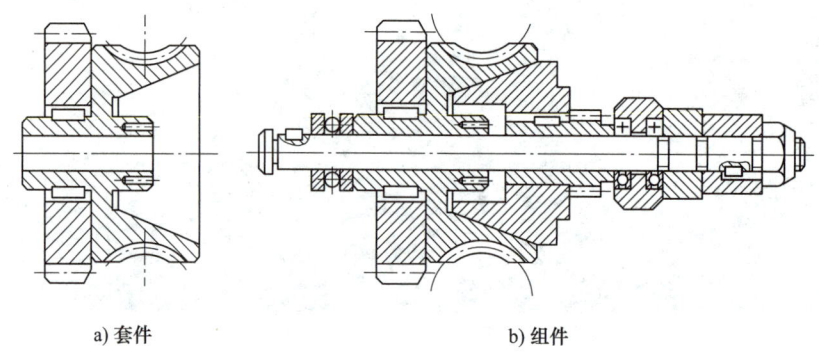

图 6-1 套件和组件示例

组件和部件装配成机器的过程称为总装配。

装配是机器制造过程中的最后一个阶段。为了使产品达到规定的技术要求,装配不仅包括零、部件的结合过程,还包括调整、检验、试验、油漆和包装等工作。

机器的质量不但取决于零件的制造质量,还取决于机器的装配质量。机器的质量最终是通过装配质量来保证的。如果装配不当,即使零件的加工质量都合格,也不一定能够装配出合格的机器;反之,当零件的加工质量不十分良好时,只要采取合适的装配工艺措施,也能使机器达到规定的技术要求。因此,装配工艺对保证机器的质量起着十分重要的作用。

2. 装配系统图

在制订装配工艺规程的过程中,常用装配系统图表示零、部件的装配流程和相互装配关系。在装配系统图上,每一个单元用一个长方形方格来表示,在方格上标明零件、套件、组件和部件的名称、编号及数量。图 6-2 所示为产品和部件的装配系统图。

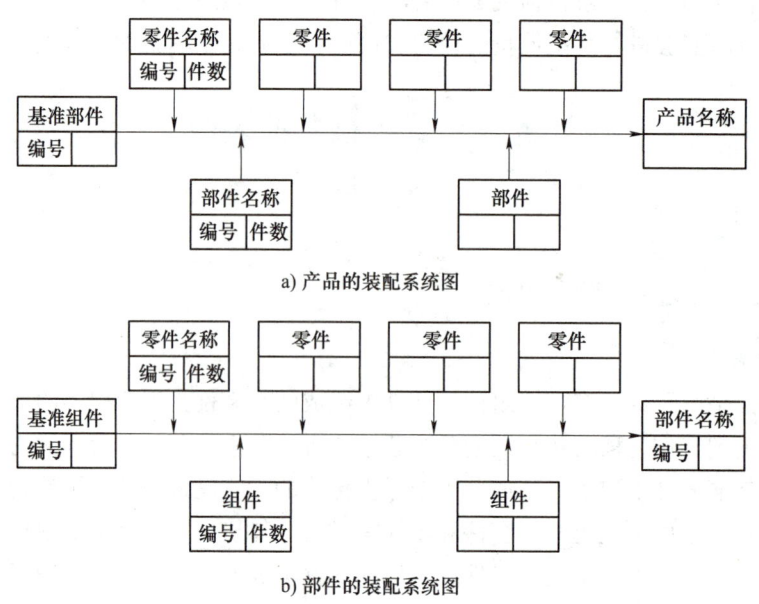

图 6-2 产品和部件的装配系统图

装配系统图的画法是：先画一条水平线，水平线的右端箭头指向表示装配单元的长方形方格，水平线的左端是表示基准件的长方形方格；然后按装配顺序由基准件开始沿水平线自左向右进行，一般将零件画在线的上方，套件、组件和部件画在线的下方。装配系统图上加注必要的工艺说明，如焊接、配钻、冷压和检验等就形成了装配工艺系统图，它是装配工艺规程中的主要文件，也是划分装配工序的依据。装配工艺系统图主要用于大批大量生产中，用来指导组织平行流水装配，分析装配工艺问题，很少用于单件小批量生产中。

二、机器的装配精度

装配精度是装配工艺的质量指标，正确地规定机器和部件的装配精度不仅能提升产品质量，也能改善产品制造的经济性。装配精度是制订装配工艺规程的主要依据，也是选择合理的装配方法和确定零件加工精度的依据。机器的装配精度包括以下内容：

（1）相互位置精度　相互位置精度是指机器相关零部件间的距离精度和位置精度。位置精度如轴向距离精度、轴线距离精度等；位置精度包括平行度、垂直度、同轴度和各种跳动等。

（2）相对运动精度　相对运动精度是指机器中有相对运动的零部件之间在运动方向和运动位置上的精度。运动方向上的精度包括零部件间相对运动时的直线度、平行度和垂直度等，如机床溜板箱在导轨上的移动精度；溜板箱移动轨迹对主轴轴线的平行度。运动位置上的精度即传动精度，是指内联系传动链始末两端传动元件间相对运动（转角）精度。如滚齿机滚刀主轴与工作台的相对运动精度；车螺纹时主轴与刀架移动的相对运动精度等。

（3）相互配合精度　相互配合精度包括配合表面间的配合质量和接触质量。配合质量是指零件配合表面之间达到规定的配合间隙和过盈的程度，它影响配合的性质。接触质量是指配合面或连接表面达到规定的接触面积大小和接触点分布情况，它影响接触刚度和配合质量。

不难看出，各装配精度之间存在一定的联系。相互配合精度是相互位置精度的基础，而相互位置精度是相对运动精度的基础。

三、装配精度和零件精度的关系

机器是由零件装配而成的，机器的装配精度和零件的加工精度有着密切的关系。零件的加工精度是保证装配精度的基础，但装配精度并不完全取决于零件的加工精度。合理保证装配精度应从产品结构、机械制造和装配工艺等方面综合考虑。

机器的装配精度是根据机器的使用性能要求提出的。对某些装配精度项目来说，如果完全由相关零件的制造精度来直接保证，则制造精度将规定得很高、很不经济，甚至会因制造公差太小而无法加工制造。这种情况通常按经济加工精度来确定零件的精度要求，使之易于加工，而在装配时采用一定的工艺措施来保证装配精度。这样虽然增加了装配劳动量和装配成本，但就整个机器的制造来说却是经济可行的。

因此，正确地规定机器的装配精度是机械产品设计所要解决的最为重要的问题之一，它不仅关系到产品质量，也关系到制造的难易和成本的高低。

任务二 建立装配尺寸链

【知识准备】

一、装配尺寸链的建立

建立装配尺寸链是在完整的装配图或示意图上，根据装配精度和相关零件精度的关系，找出相关的尺寸并绘出相应的尺寸链图。

1. 建立装配尺寸链的步骤

1）确定封闭环。装配尺寸链的封闭环是装配精度。
2）查找组成环。装配尺寸链的组成环是零件的相关尺寸。
3）画尺寸链图。根据封闭环和组成环之间的关系，画出尺寸链图。

【任务实施】

【案例6-1】 如图6-3所示，A_1 是尾座中心线对底板的垂直距离，A_2 是底板对床身导轨面的垂直距离，A_3 是主轴轴线对床身导轨面的垂直距离，A_0 是装配精度要求，装配要求为车床主轴轴线和尾座中心线对机床导轨的等高度要求，只允许尾座中心线比主轴轴线高 0～0.06mm。试建立车床主轴轴线和尾座中心线对床身导轨等高性要求的装配尺寸链。

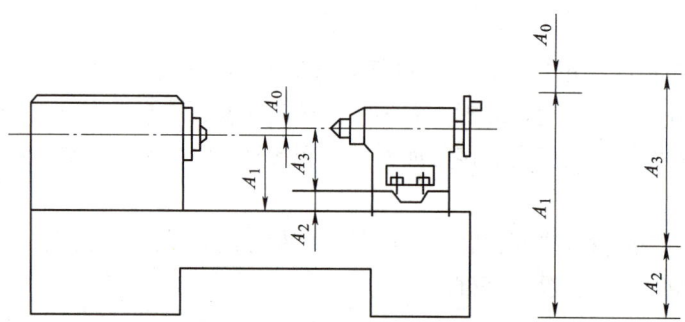

图 6-3 车床主轴轴线和尾座中心线的装配要求

【解】 建立装配尺寸链步骤如下：

1）确定封闭环。封闭环为装配精度要求，A_0 为封闭环，$A_0 = 0～0.06$mm。
2）查找组成环。从图6-3中可以看出，与装配精度要求有关的零件尺寸为组成环。本图中的组成环为 A_1、A_2、A_3。
3）画尺寸链图。根据上述尺寸之间的关系，绘出尺寸链图，并判断增、减环；图中 A_2、A_3 为增环，A_1 为减环。

2. 查找装配尺寸链的原则

（1）简化原则 机器的结构通常都比较复杂，对装配精度有影响的因素很多，查找尺寸链时，在保证装配精度的前提下，可以不考虑那些影响较小的因素，使装配尺寸链简化。

（2）"一件一环"原则 在装配精度既定的条件下，组成环数越少，则各组成环所分配到的公差值就越大，零件加工越容易、越经济。

在查找装配尺寸链时，每个相关的零、部件只应有一个尺寸作为组成环列入装配尺寸链中，即将连接两个装配基准面间的位置尺寸直接标注在零件图上。这样组成环的数目就等于有关零、部件的数目，即"一件一环"，这就是装配尺寸链的"路线最短"或"环数最少"原则。

（3）装配尺寸链的"方向性"　在同一装配结构中，在不同位置方向都有装配精度的要求时，应按不同方向分别建立装配尺寸链。

二、装配尺寸链的计算

1. 装配尺寸链的计算方法

装配尺寸链的计算方法有极值法和概率法两种，其公式见工艺尺寸链的相关内容。

2. 装配尺寸链的计算形式

（1）正计算　已知各组成环的尺寸和公差，求封闭环的尺寸及公差。在装配工作中，用来校验产品装配后精度是否达到规定要求。

（2）反计算　已知装配精度要求，求解各组成环的尺寸和公差。反计算用于产品的设计工作，因未知数较多，求解比较复杂。

（3）中间计算　已知装配精度要求和部分组成环的尺寸和公差，求其余组成环的尺寸和公差。具体计算过程中常设定某些组成环，只留一个组成环为未知数，利用尺寸链的计算公式求出最后结果。

任务三　保证装配精度的方法

【知识准备】

一、互换装配法

互换法装配的精度主要取决于零件的制造精度，根据零件的互换程度，互换法装配可分为完全互换装配法和不完全互换装配法两种。

1. 完全互换装配法

在全部产品中，装配时各组成环不需要挑选或改变其大小和位置，装入后就能达到规定的装配精度要求，这种方法称为完全互换装配法。

完全互换装配法采用极值法解算装配尺寸链，为保证装配精度要求，尺寸链中封闭环公差和各组成环公差之间应满足以下关系：

$$\sum_{i=1}^{m} T_i \leq T_0 \tag{6-1}$$

式中　m——组成环的环数；

　　　T_i——组成环的公差；

　　　T_0——封闭环的公差。

反计算时，可按"等公差法"先求出各组成环的平均公差 T_{av}：

$$T_{av} = \frac{T_0}{m} \qquad (6\text{-}2)$$

然后根据生产经验,综合考虑各组成环尺寸的大小和加工的难易程度进行调整;对尺寸大和加工困难的组成环应给予较大公差,对尺寸小和加工容易的组成环应给予较小公差;如果组成环是标准件,其尺寸公差不变;当组成环是几个尺寸链中的公共环时,其公差值应按要求最严的尺寸链确定。调整后,仍应满足式(6-1)。

确定组成环公差后,按"入体原则"确定极限偏差。但是,当各组成环都按"入体原则"确定极限偏差时,就不能满足式(6-1)对封闭环公差的要求。因此,通常选一个组成环作为"协调环",协调环的极限偏差是通过计算得到的。一般情况下,协调环通常选易于制造并可用通用量具测量的尺寸,不能选择标准件或公共组成环作为协调环。

完全互换装配法的特点是:装配质量稳定可靠;对工人的技术水平要求较低;装配过程简单,装配效率高;易于实现自动化装配;产品更换维修方便。但当装配精度要求较高和组成环环数较多时,组成环的制造公差将规定过严,导致零件制造困难,加工成本高。

完全互换装配法适用于成批生产和大量生产中组成环数较少或组成环数多但装配精度要求不高的场合。如汽车、拖拉机、轴承、缝纫机、自行车等产品。

【任务实施】

【案例 6-2】 如图 6-4 所示齿轮部件,齿轮空套在轴上,要求齿轮与挡圈的轴向间隙为 0.1~0.35mm。已知各零件有关的公称尺寸为 $A_1 = 30$mm,$A_2 = 5$mm,$A_3 = 43$ mm,$A_4 = 3_{-0.05}^{\ 0}$mm(标准件),$A_5 = 5$mm。现用完全互换法装配,试确定各组成环的公差和极限偏差。

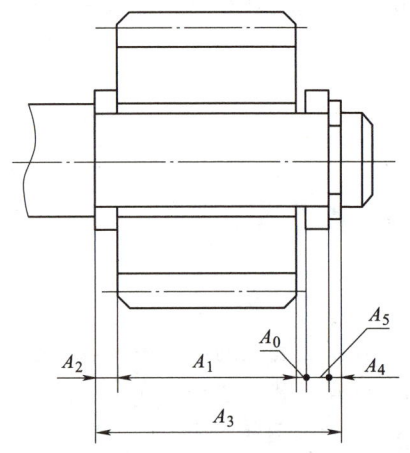

图 6-4 齿轮部件装配示意图

【解】

1)建立装配尺寸链图,如图 6-4 所示。

2)根据等公差法确定各组成环的平均公差:

$$T_i = \frac{T_0}{m} = \frac{0.25}{5}\text{mm} = 0.05\text{mm}$$

考虑到加工的难易程度,对各组成环的公差进行适当调整,保持标准件的公差不变,有:

$T_1 = 0.06$mm,$T_2 = T_5 = 0.02$mm,$T_3 = 0.1$mm,$T_4 = 0.05$mm(标准件)

3)确定各组成环的偏差,并取 A_5 为协调环,按入体原则标注:

$A_1 = 30_{-0.06}^{\ 0}$mm,$A_2 = 5_{-0.02}^{\ 0}$mm,$A_3 = 43_{\ 0}^{+0.10}$mm,$A_4 = 3_{-0.05}^{\ 0}$mm

4)计算协调环的偏差:根据极值法的公式,求得 $A_5 = 5_{-0.12}^{-0.10}$mm。

2. 不完全互换装配法

不完全互换装配法又称为大数互换装配法或统计互换装配法。它是指在绝大多数产品中,装配时的各组成环不需挑选或改变其大小或位置,装入后就能达到规定的装配精度要求。

不完全互换装配法采用概率法解算装配尺寸链,为保证绝大多数产品的装配精度要求,在正态分布的情况下，尺寸链中封闭环公差和各组成环公差之间应满足以下关系：

$$\sqrt{\sum_{i=1}^{m} T_i^2} \leq T_0 \tag{6-3}$$

反计算时，可按"等公差法"先求出各组成环的平均公差 T_{av}：

$$T_{av} = \frac{T_0}{\sqrt{m}} \tag{6-4}$$

然后根据生产经验，综合考虑各组成环尺寸的大小和加工的难易程度进行调整，调整方法同完全互换装配法。调整后，仍应满足式（6-3）。

不完全互换装配法的特点是将组成环的制造公差适当放大，便于零件的加工，这会使极少数产品的装配精度超出规定要求，须采取相应的返修措施。

不完全互换装配法多用于生产节奏不是很严格的大批量生产中，装配那些精度要求较高且组成环数较多的机器。如机床、仪器和仪表产品等。

【案例6-3】 如图6-4所示齿轮部件，齿轮空套在轴上，要求齿轮与挡圈的轴向间隙为 0.1~0.35mm。已知各零件有关的基本尺寸为 $A_1 = 30$mm，$A_2 = 5$mm，$A_3 = 43$mm，$A_4 = 3_{-0.05}^{0}$mm（标准件），$A_5 = 5$mm。现用不完全互换法装配，试确定各组成环的公差和极限偏差。

【解】

1）建立装配尺寸链图，判断增、减环，如图6-4所示。

2）选取 A_3 作协调环，最后确定其公差。

3）根据等公差法确定各组成环的平均公差：

$$T_i = \frac{T_0}{\sqrt{m}} = \frac{0.5}{\sqrt{5}}\text{mm} = 0.11\text{mm}$$

考虑到加工的难易程度，对各组成环的公差进行适当调整，取：

$$T_1 = 0.14\text{mm}, T_2 = T_5 = 0.05\text{mm}, T_4 = 0.05\text{mm}$$

根据式（5-3），$T_0 = \sqrt{T_1^2 + T_2^2 + T_3^2 + T_4^2 + T_5^2}$，求出 $T_3 = 0.18$mm。

4）确定各组成环的极限偏差，按入体原则标注：

$$A_1 = 30_{-0.14}^{0}\text{mm}, A_2 = A_5 = 5_{-0.05}^{0}\text{mm}, A_4 = 3_{-0.05}^{0}\text{mm}$$

5）根据装配尺寸链公式，求出协调环的尺寸和极限偏差：$A_3 = 43_{-0.01}^{+0.17}$mm。

【想一想】 完全互换法和不完全互换法解同一个装配尺寸链，区别在哪里？

二、分组装配法

当封闭环公差要求很严时，采用互换装配法会使组成环的制造公差过小，造成加工困难或不经济。当尺寸链环数不多时，可采用分组装配法装配。

采用分组装配法装配时，先将组成环公差放大一定的倍数，使其能按经济加工精度加工；然后将各组成环按实际尺寸大小分为若干组，各对应组进行装配，使其满足装配精度要求。由于分组装配法中同组的零件具有互换性，因此分组装配法又称为分组互换法。分组装配法采用极值法进行计算。

【案例6-4】 在汽车发动机中，活塞销与活塞销孔的配合精度要求很高。图6-5所示为某汽车发动机活塞销与活塞销孔的装配关系，若活塞销孔与活塞销直径的公称尺寸为

$\phi28\mathrm{mm}$,在冷态装配时,要求有 $0.0025\sim0.0075\mathrm{mm}$ 的过盈量,加工经济公差为 $0.01\mathrm{mm}$。现采用分组装配法进行装配,试确定活塞销孔与活塞销直径的分组数目和分组尺寸。

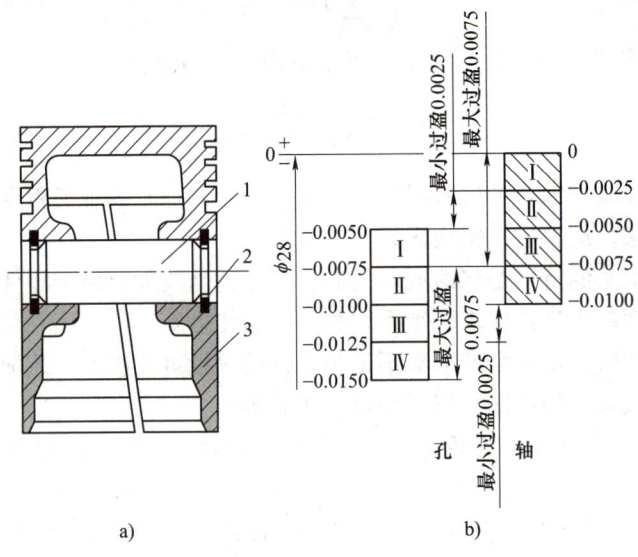

图 6-5 活塞销与活塞销孔的装配关系

1—活塞销 2—挡圈 3—活塞

【解】 分组装配法的求解过程如下:

1)建立装配尺寸链,如图 6-6 所示。

2)确定分组数。平均公差为 $0.0025\mathrm{mm}$,经济公差为 $0.01\mathrm{mm}$,可确定分组数为 4。

3)确定各组尺寸。如果活塞销直径定为 $A_1 = \phi 28_{-0.01}^{0}\mathrm{mm}$,并将其分为 4 组,解图 6-6 所示的尺寸链,可求得活塞销孔与之对应的分组尺寸,见表 6-1。

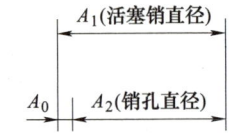

图 6-6 活塞销与活塞销孔的装配尺寸链

表 6-1 活塞销孔与之对应的分组尺寸 (单位:mm)

组号	1	2	3	4
活塞销直径	$\phi = 28_{-0.0025}^{0}$	$\phi = 28_{-0.0050}^{-0.0025}$	$\phi = 28_{-0.0075}^{-0.0050}$	$\phi = 28_{-0.0100}^{-0.0075}$
活塞销孔直径	$\phi = 28_{-0.0075}^{-0.0050}$	$\phi = 28_{-0.0100}^{-0.0075}$	$\phi = 28_{-0.0125}^{-0.0100}$	$\phi = 28_{-0.0150}^{-0.0125}$

分组装配法必须满足以下几个条件:

1)配合件的公差应相等,公差应同向增大,增大的倍数与分组数相等。

2)配合件具有完全相同的对称尺寸分布曲线,否则将产生剩余零件。

3)配合件的表面粗糙度和几何公差应与分组公差相适应,不能随尺寸公差的增大而放大。

分组装配法降低对组成环的加工要求而不降低装配精度,但分组装配法增加了测量、分组和配套工作。当组成环数较多时,生产组织工作将变得复杂。分组装配法适用于成批、大量生产中封闭环公差要求很严、尺寸链组成环数很少的装配尺寸链中。如精密偶件的装配、精密机床中精密件的装配和滚动轴承的装配等。

三、修配装配法

在单件、小批生产中,当组成环数多且装配精度要求较高时常采用修配法装配。采用修配法装配时,各组成环按经济加工精度制造,封闭环所积累的误差必然超出其公差。为了达到规定的装配精度,必须对尺寸链中指定的组成环零件进行修配,以补偿超差部分的误差,指定的组成环称为修配环或补偿环。

合理选用补偿环一般应满足以下条件:易于修配且装卸方便;不是公共环;零件不进行表面处理。实际生产中,通过修配达到装配精度的方法有以下三种:

(1) 单件修配法 单件修配法常用于多环装配尺寸链中,选定某一固定的零件作修配件,装配时用去除金属层的方法改变其尺寸,以满足装配精度要求。如齿轮部件装配中,以轴向垫圈为修配件来保证齿轮的轴线间隙;车床主轴箱与尾座的装配中,以尾座底板为修配件来保证尾座中心线与主轴轴线的等高性。这种修配法在生产中应用最广。

(2) 合并加工修配法 这种方法是将两个或多个零件合并在一起再进行加工修配,合并后的尺寸可看作是一个组成环,这样就减少了装配尺寸链中的组成环数,并可以相应减少修配的劳动量。合并加工修配法由于零件合并后再加工和装配,给组织装配生产带来很多不便,多用于单件小批生产中。

(3) 自身加工修配法 在机床制造业中,常用利用机床本身有切削加工的能力,在装配中采用自己加工自己的方法来保证某些装配精度,称为自身加工修配法。例如,平面磨床装配时自己磨削自己的工作台面,以保证工作台面与砂轮轴平行;牛头刨床、龙门刨床等总装时,用自刨工作台平面的方法来达到滑枕或导轨与工作台面的平行度;自身加工修配法效果理想,加工也较为方便,但必须是具有切削能力的产品才能采用,所以常见于成批生产的机床制造中。

修配法最大的优点就是各组成环均可按经济精度制造,而且可获得较高的装配精度。但由于产品需逐个修配,所以没有互换性,且装配劳动量大,生产率低,对装配工人技术水平要求高。因而修配法主要用于单件小批生产和中批生产中装配精度要求较高的情况下。

四、调整装配法

对于精度要求较高而组成环数又多的产品或部件,在不能采用互换法装配时,除了采用修配法外,还可以采用调整法来保证装配精度。

调整装配法的基本原理与修配装配法相同,即各零件公差仍按经济加工精度确定,选择一个组成环作为补偿环(或称调整环),通过调整改变补偿环的实际尺寸或位置,使封闭环达到装配精度要求。调整装配法一般以螺栓、斜面、挡环、垫片等作为调整环,用来补偿其他各组成环由于公差放大后所产生的累积误差。调整法采用极值法进行计算。

调整法和修配法的不同之处在于:调整法采用改变补偿环零件的位置或更换新的补偿零件的方法达到装配精度要求;修配法采用机械加工的方法去除补偿环上的金属层达到装配精度要求。

五、装配方法的选择

上述保证装配精度的四种方法各有特点,选择装配方法的出发点是使产品制造的全过程达到最优。具体考虑的因素有封闭环的公差要求、结构特点、生产类型和具体生产条件等。常见装配方法的特点及使用范围见表 6-2。

表 6-2 常见装配方法的特点及使用范围

工艺特点	零件精度	装配精度	互换性	组成环环数	生产类型	技术要求
完全互换装配法	高	不太高	完全互换	少	大批大量	低
不完全互换装配法	较高	不太高	不完全互换	较少	大批大量	低
分组装配法	经济精度	高	组内互换	少	大批大量	低
修配装配法	经济精度	高	无互换	多	成批或单件	高
调整装配法	经济精度	高	无互换	多	大批大量	高

任务四 制订装配工艺规程

【知识准备】

装配工艺规程是指导装配生产的主要技术文件，制订装配工艺规程是生产技术准备工作中的一项重要工作。装配工艺规程对保证装配质量、提高装配效率、缩短装配周期、减轻劳动强度和降低生产成本等都有着重要的意义。

一、制订装配工艺规程的原则和原始资料

1. 制订装配工艺规程的原则

制订装配工艺规程的原则是在保证装配质量的前提下，尽量提高劳动生产率和降低成本。

1）保证产品装配质量，以延长产品的使用寿命。
2）合理安排装配顺序和装配工序，尽量减少装配工作量，提高装配机械化和自动化程度，缩短装配周期，提高装配生产率。
3）减少装配生产面积、减少工人的数量和降低装配对工人的技术要求，减少装配投资，提高单位面积的生产率。

2. 制订装配工艺规程的原始资料

装配工艺规程的原始资料包括产品的装配图及验收技术标准、产品的生产纲领以及工厂现有的生产条件。

二、制订装配工艺规程的步骤和内容

1. 分析产品的装配图和技术条件

审核产品图样的完整性和正确性；分析产品的装配结构工艺性；审核产品装配的技术要求和验收标准；研究保证装配精度的方法，并进行装配尺寸链计算。

2. 确定装配方法和组织形式

装配的方法和组织形式取决于产品的结构特点和生产纲领，并应考虑现有的生产条件。各种生产类型的装配工艺特点见表 6-3。

表 6-3 各种生产类型的装配工艺特点

生产类型	大批大量生产	成批生产	单件小批生产
装配特点	产品固定，生产活动长期重复，生产节拍严格	产品分批交替生产，生产活动在一定时期内重复	产品经常变化，不定期重复生产
组织形式	流水装配线，自动装配线，自动装配机装配	批量不大时采用固定流水装配，批量较大时采用流水装配，多品种平行生产时采用变节奏流水装配	固定装配，固定流水线装配
装配工艺	按完全互换装配法装配，组成环较多时采用不完全互换装配法；封闭环精度很高、组成环数少时采用分组装配法	主要采用互换装配法，但可以灵活运用修配装配法、调整装配法、合并加工法等其他方法	以修配装配法和调整装配法为主，互换装配法比例较小
工艺过程	工艺过程划分很细，严格规定时间定额和生产节拍，编制详细的装配工艺过程卡片、工序卡片和调整卡片	工艺过程的划分与具体的生产批量有关，尽量使生产均衡，编制详细的装配工艺过程卡片、关键工序的工序卡片和调整卡片	一般不制订详细的工艺文件，工艺可以灵活掌握，工序可以适当调度
工艺装备	采用专用高效的工艺装备，易于实现机械化、自动化	通用设备较多，也采用一定数量的专用工艺装备，以保证装配质量和提高工效	一般采用通用工艺装备
操作要求	手工操作比例很小，对装配操作工人的技术要求不高	手工操作比例较大，对装配操作工人的技术水平要求较高	手工操作比例大，对操作工人技术水平要求很高
应用范围	汽车、拖拉机、内燃机、滚动轴承、缝纫机、电气开关等行业	机床、机车车辆、中小型锅炉、矿山机械等行业	重型机床、重型机器、汽轮机、大型内燃机和锅炉等行业

3. 划分装配单元和确定装配顺序

将产品划分为能进行独立装配的装配单元是制订装配工艺规程中最重要的一个步骤，这对于大批大量生产中装配那些结构较为复杂的产品尤为重要。无论是哪一级装配单元，都要选定某一零件或比它低一级的装配单元作为装配基准件。装配基准件通常应是产品的基体或主干零、部件，基准件应有较大的体积和重量，应有足够大的承压面。

在划分装配单元确定装配基准件之后即可安排装配顺序，并以装配工艺系统图的形式表示出来。安排装配顺序的原则是：先下后上，先内后外，先难后易，先精密后一般。

4. 划分装配工序和设计工序内容

1）划分装配工序，确定工序内容。

2）确定各工序所需设备和工具，如需专用夹具和设备，须提交设计任务书。

3）制订各工序装配操作规范，如过盈配合的压入力、装配温度、拧紧固件的额定转矩等。

4）规定装配质量要求与检验方法。

5）确定时间定额和平衡各工序的装配节拍。

5. 编制装配工艺文件

单件小批生产时，通常只绘制装配工艺系统图，装配时按产品装配图及装配工艺系统图规定的装配顺序进行。成批生产中，通常还要编制部装、总装工艺卡，按工序标明工序内容、设备名称、工具和夹具名称与编号、工人技术等级和时间定额等。大批大量生产中，不仅要编制装配工艺卡，还要编制装配工序卡，用来指导工人的装配作业。此外，还应按产品装配要求，制订检验卡、试验卡等工艺文件。

【任务实施】

【案例 6-5】 图 6-7 所示为卧式车床床身装配简图，请绘制床身部件的装配工艺系统图。

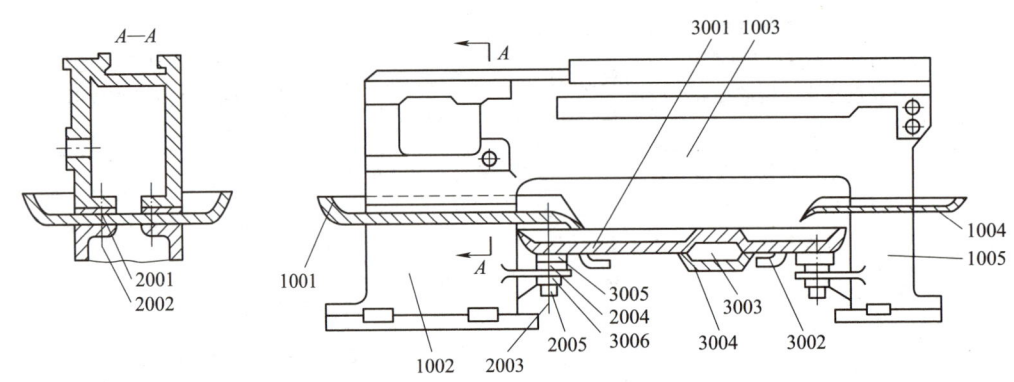

图 6-7 卧式车床床身装配简图

【解】 床身部件装配工艺系统图如图 6-8 所示。

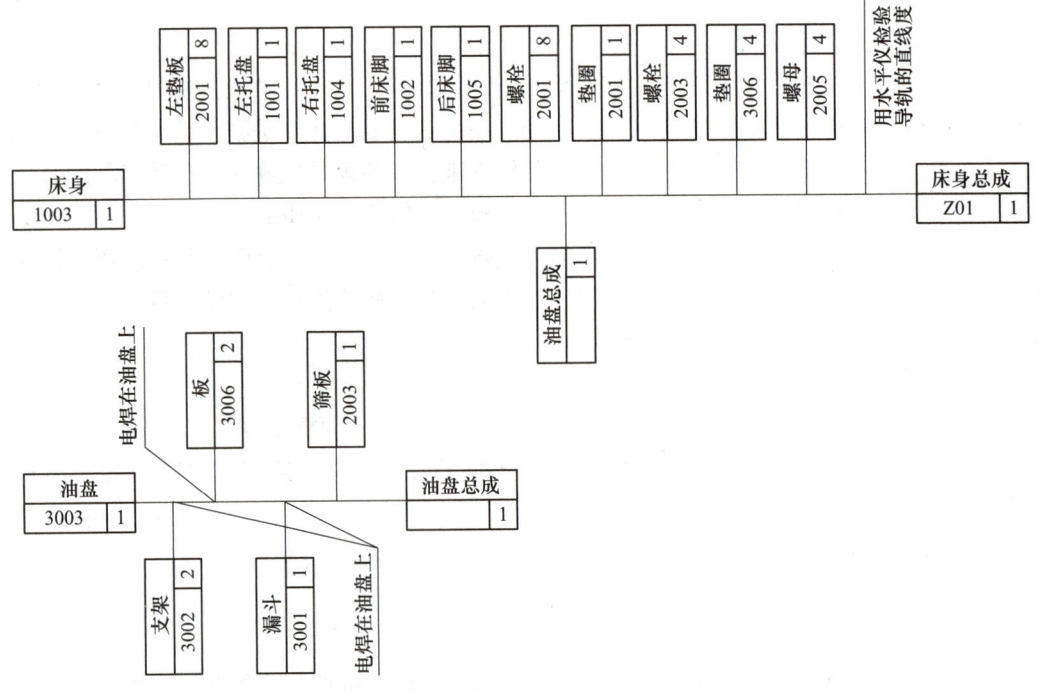

图 6-8 床身部件装配工艺系统图

【项目小结】

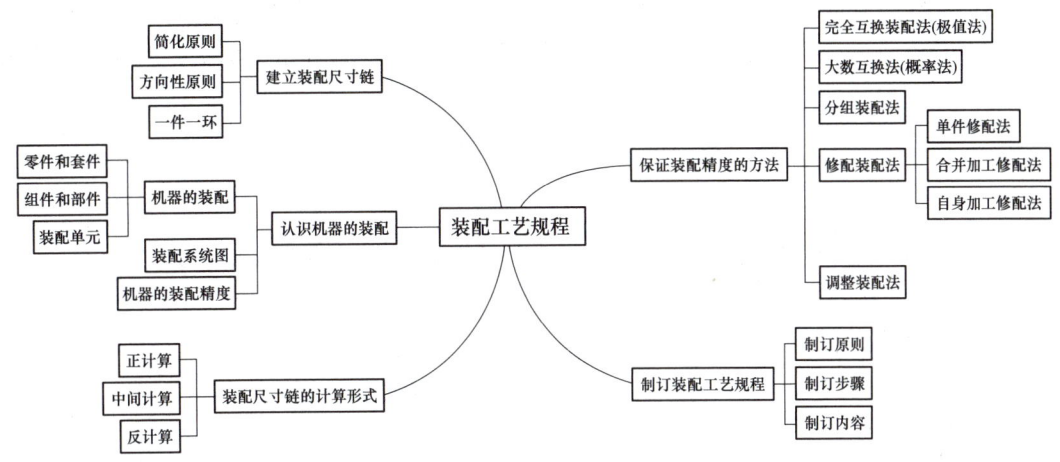

图 6-9　项目小结

【思考与练习题】

一、填空题

1. 任何机器都是由_____、_____、_____和_____等组成的，其中_____是组成机器的最小单元。通常将机器划分为若干能独立装配的部分，称为_____。

2. 在制订装配工艺规程时，用来表示零部件的装配流程和装配关系的图形称为_____。

3. 装配尺寸链的封闭环是指_____。

4. 查找装配尺寸链的原则有_____、_____和_____等原则。

5. 保证装配精度的方法主要有_____、_____、_____和_____四种。

6. 假设某装配尺寸链的总环数为 n，当封闭环公差一定时，相对于完全互换装配法，采用大数互换装配法可以将组成环的公差扩大_____倍。

7. 安装装配顺序的原则是_____、_____、_____和_____。

二、选择题

1. 组成机器的基本单元是（　　）。
   A. 合件　　　　B. 部件　　　　C. 组件　　　　D. 零件

2. 装配的组织形式主要取决于（　　）。
   A. 产品重量　　B. 产品质量　　C. 产品成本　　D. 生产规模

3. 对装配精度有直接影响的零件、部件的尺寸和位置关系，是装配尺寸链中的（　　）。
   A. 组成环　　　B. 增环　　　　C. 减环　　　　D. 封闭环

4. 装配尺寸链的封闭环是（　　）。

A. 精度要求最高的环　　　　　　　　B. 要保证的装配精度
　　C. 尺寸最小的环　　　　　　　　　　D. 公称尺寸为零的环

5. ES_i 表示增环的上极限偏差，EI_i 表示增环的下极限偏差，ES_j 表示减环的上极限偏差，EI_j 表示减环的下极限偏差，M 为增环的数目，N 为减环的数目，那么，封闭环的上极限偏差为（　　）。

　　A. $\sum_{i=1}^{M} ES_i + \sum_{j=1}^{N} ES_j$　　　　　　B. $\sum_{i=1}^{M} ES_i - \sum_{j=1}^{N} ES_j$

　　C. $\sum_{i=1}^{M} ES_i + \sum_{j=1}^{N} EI_j$　　　　　　D. $\sum_{i=1}^{M} ES_i - \sum_{j=1}^{N} EI_j$

6. 大批、大量生产的装配工艺方法大多是（　　）。
　　A. 按互换法装配　　　　　　　　　　B. 以合并加工修配为主
　　C. 以修配法为主　　　　　　　　　　D. 以调整法为主

7. 汽车、拖拉机装配中广泛采用（　　）。
　　A. 完全互换法　　B. 大数互换法　　C. 分组选配法　　D. 修配法

8. 大批大量生产中，组成环数少（2 个）而装配精度要求又很高的零件，常采取（　　）。
　　A. 完全互换法　　B. 分组装配法　　C. 调整法　　　　D. 大数互换法

9. 高精度滚动轴承内外圈与滚动体的装配常采用（　　）。
　　A. 完全互换法　　B. 大数互换法　　C. 分组选配法　　D. 修配法

10. 机床主轴装配常采用（　　）。
　　A. 完全互换法　　B. 大数互换法　　C. 修配法　　　　D. 调整法

三、判断题

1. 装配精度与装配方法无关，取决于零件的加工精度。（　　）
2. 装配尺寸链的封闭环为装配精度，在装配后形成。（　　）
3. 装配尺寸链中的封闭环存在于零部件之间，而绝对不在零件上。（　　）
4. 建立装配尺寸链的原则是组成环的数目越少越好，这就是最短路线原则。（　　）
5. 任一零件可以有多个尺寸参与装配尺寸链。（　　）
6. 当装配精度要求较低时，可采用完全互换法装配。（　　）

四、综合分析题

1. 由于轴孔配合，若轴径尺寸为 $\phi 80_{-0.10}^{0}$ mm，孔径尺寸为 $\phi 80_{0}^{+0.20}$ mm，设轴径与孔径的尺寸均按正态分布，且尺寸分布中心与公差带中心重合，试用完全互换法和统计互换法分别计算轴孔配合间隙尺寸及其极限偏差。

2. 某偶件装配，要求保证装配间隙 $A_0 = 0.003 \sim 0.009$ mm。若按互换法装配，则阀杆直径应为 $\phi 25_{-0.003}^{0}$ mm，阀套孔径尺寸应为 $\phi 25_{+0.003}^{+0.006}$ mm，因精度高而难以加工，现将阀杆轴和阀套孔的制造公差分别扩大到 0.015mm，采用分组装配法来达到要求，试确定分组数和两零件的尺寸偏差，并用公差带位置图表示出零件各组尺寸的配合关系。

3. 如图 6-10 所示，减速器某轴结构的尺寸分别为 $A_1 = 40$ mm、$A_2 = 36$ mm、$A_3 = 4$ mm；要求装配后齿轮端部间隙 A_0 保持在 0.10～0.25mm 范围内，试用极值法和概率法分别确定 A_1、A_2、A_3 的公差及其极限偏差。

4. 图 6-11 所示为轴与齿轮的装配件，为保证弹性挡圈顺利装入，要求保证轴向间隙 0.05～0.41mm。已知各组成环的公称尺寸 $A_1 = 32.5$mm，$A_2 = 35$mm，$A_3 = 2.5$mm。试用极值法和概率法分别确定各组成零件的偏差。

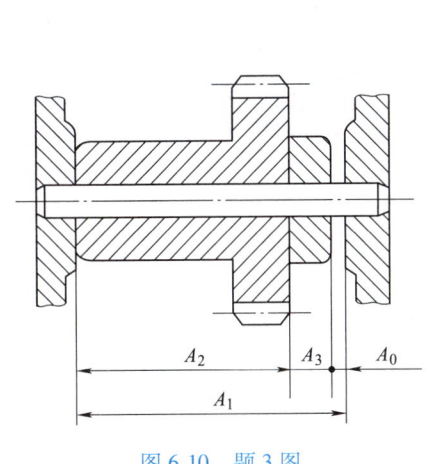

图 6-10 题 3 图   图 6-11 题 4 图

五、简答题

1. 什么叫装配？装配精度有哪几类？零件精度与装配精度之间的关系如何？
2. 为什么要划分装配单元？如何绘制装配工艺系统图？
3. 装配尺寸链和工艺尺寸链有何区别？
4. 制订装配工艺规程大致有哪几个步骤？
5. 保证装配精度的方法有哪些？各有何特点？

【素养提升】

大国工匠——刘云清

刘云清本是一名中专毕业的钳工，却因为掌握了多门本领，被人称作"维修神医""智能设备制造专家"。中车集团有一台 22000t 一次锻压成形机，专门为高铁"复兴号"生产锻钢制动盘。作为厂里唯一全面掌握这台机器维修技术的专家，刘云清维修技术之高，远近闻名。为了不求人，原本只懂机械维修的刘云清，苦学电气、液压、软件等知识。渐渐地，他会的东西越来越多，也不再满足于维修工作，逐渐把目光移向了设备研发。高铁"复兴号"齿轮箱体内部结构复杂，原本装配前都需要进行人工清洗，但清洗后依旧残留的铁锈渣直接影响着齿轮的寿命。为了解决这个问题，刘云清先后拿出十多个论证方案，用了整整两年的时间，成功打造出了世界首台高铁齿轮箱全密封清洗机。

如今，中专学历的刘云清，手下却带着一批硕士、博士，他带队自主研发的设备直接创造经济效益超过 1.5 亿元。而这些，在刘云清看来，只能算是自己梦想途中的小小一步。

项目七

设计机床夹具

【学习目标】

知识目标
1) 机床夹具的分类及其主要组成。
2) 夹具的六点定位原理及其应用。
3) 定位误差的产生原因及其计算。
4) 工件在夹具中的夹紧及夹工作原理。
5) 典型夹紧机构的原理及其应用。
6) 典型机床专用夹具的设计方法。

能力目标
1) 夹具定位方案的设计能力。
2) 夹具夹紧方案的设计能力。
3) 机床夹具结构的设计能力。
4) 操作绘图软件和应用标准的能力。

素质目标
1) 良好的职业道德和职业规范。
2) 良好的工程意识与质量意识。
3) 夹具设计的创新思维与实践能力。
4) 夹具设计的安全意识与环保意识。

【项目描述】

学习机床夹具设计，完成夹具的定位和夹紧方案拟定，绘制机床夹具的图样和标注相关的技术要求，培养应用标准规范、创新思维以及实践能力。

任务一 认识机床夹具

【知识准备】

一、机床夹具及其组成

机床夹具是机床上装夹工件的一种装置，目的是使工件相对于机床或刀具占有一个正确的相对位置，并且在加工过程中保持正确位置不变。图7-1所示为钻孔专用夹具。

机床夹具的结构虽然复杂，但它们的组成均可概括为下面几个部分。

（1）定位元件或装置 使工件5在夹具中占有正确的位置，如图7-1中的定位心轴2。

（2）夹紧元件或装置 在正确定位的基础上，夹紧装置将工件压紧夹牢，保证工件在加工过程中受到外力作用时其位置不被改变。图7-1中的开口垫圈3和锁紧螺母4为夹紧元件，夹紧元件能保证工件定位时的正确位置不变。

（3）对刀或导向装置 用来确定刀具相对定位元件的正确位置，如图7-1中的钻套1。

铣床夹具上的对刀块和塞尺就是对刀装置。

（4）连接元件　用来确定夹具在机床上的正确位置并与机床相连接的元件。如车床夹具上的过渡盘、铣床夹具上的定位键等。

（5）夹具体　夹具体是机床夹具的基础件，夹具体用于将机床夹具的所有元件连接成一个整体。如图 7-1 中的夹具体 6。

（6）其他元件或装置　除上述元件和装置之外的元件或装置，如分度装置、防错装置和安全保护装置等。

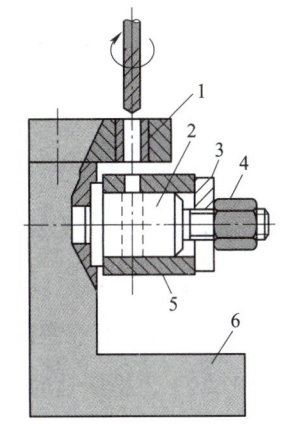

图 7-1　钻孔专用夹具
1—钻套　2—定位心轴　3—开口垫圈
4—锁紧螺母　5—工件　6—夹具体

二、机床夹具的分类

1. 按夹具的使用特点分类

（1）通用夹具　如车床上常用的自定心卡盘、单动卡盘；铣床上的平口虎钳、分度头、回转工作台等。这类夹具一般已经标准化，并由专门的专业化工厂生产，常作为标准附件提供给用户使用。

（2）专用夹具　专为某一工件的某道工序设计制造的夹具。专用夹具一般用于批量化生产中。

（3）可调夹具　夹具的部分元件可以更换，部分装置可以调整，以适应不同零件的加工。可调夹具又可分为成组夹具和通用可调夹具。成组夹具用于相似零件的加工；通用可调夹具的加工范围比成组夹具更广一些。

（4）组合夹具　由完全标准化的元件按照零件的加工要求拼装而成的夹具。这类夹具灵活多变、通用性强、制造周期短、元件可以重复使用，特别适合新产品开发和单件小批量生产。

（5）自动化生产用夹具　自动化生产用夹具主要分自动线夹具和数控机床用夹具两大类。自动线夹具包括固定式夹具和随行夹具；数控机床用夹具包括加工中心用夹具和柔性制造系统用夹具。随着制造业的设备升级更新，数控机床用夹具的比例也越来越高。

2. 按夹具使用的机床分类

按夹具使用的机床分类可分为车床夹具、铣床夹具、钻床夹具、镗床夹具和其他机床夹具等。

3. 按夹紧装置的动力源分类

夹具按夹紧装置的动力源分类可分为手动夹具、气动夹具、液压夹具、气液增力夹具、电磁夹具和真空夹具等。

三、机床夹具的作用

1）保证工件的加工精度。

2）提高劳动生产率，降低生产成本。

3）扩大机床的工艺范围，实现一机多能。

4）减轻工人劳动强度，保证生产安全。

5）减少生产准备时间，缩短新产品试制周期。

任务二　学习工件的定位原理

【知识准备】

一、工件定位的基本原理

1. 六点定则

任何一个工件,它在空间直角坐标系中均有六个自由度,即沿 X、Y、Z 坐标轴的移动自由度 ($\vec{X}$,$\vec{Y}$,$\vec{Z}$,) 和绕 X、Y、Z 坐标轴的转动自由度 ($\hat{X}$,$\hat{Y}$,$\hat{Z}$),如图 7-2 所示。

如果要使工件在某方向上具有确定的位置,就必须限制该方向上的自由度。当工件的六个自由度被完全限制后,则该工件在空间的位置就完全确定了。限制自由度的方法是采用定位支承点,每一个定位支承点限制工件的一个自由度。

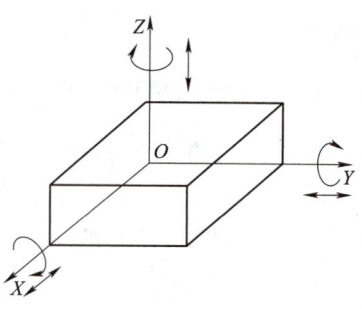

图 7-2　工件在空间的六个自由度

采用合理分布的六个支承点限制工件的六个自由度,使工件的位置完全确定。这种法则称为"六点定则"或"六点定位原理"。

"六点定则"是工件定位的基本法则,可适用于任何形状和类型的工件,具有普遍意义。在实际定位时,定位支承点并不一定就是一个真正直观的点,而是具有一定形状的几何体,这些用于限制工件自由度的几何体被称为定位元件,如定位心轴、V 形块等。

【任务实施】

【案例 7-1】　分析图 7-3 所示长方体的六点定位。

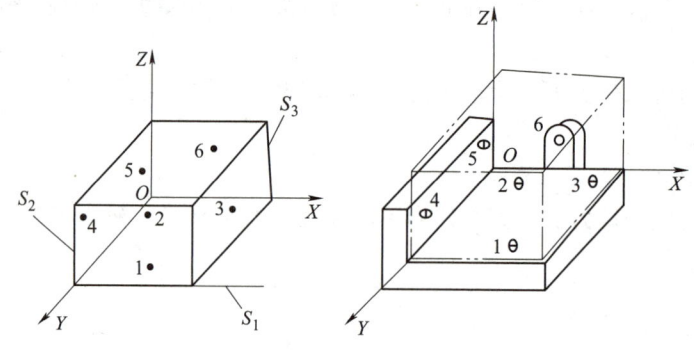

图 7-3　长方体的六点定位

【解】　在长方体的底面布置三个不共线的支承点 1、2、3 限制 $\vec{Z}$、$\hat{X}$、$\hat{Y}$ 三个自由度;侧面沿 Y 轴布置两个支承点 4、5 限制 $\vec{X}$、$\hat{Z}$ 两个自由度;端面布置一个支承点 6 限制 $\vec{Y}$ 一个自由度。

【案例 7-2】 分析图 7-4 所示轴的六点定位。

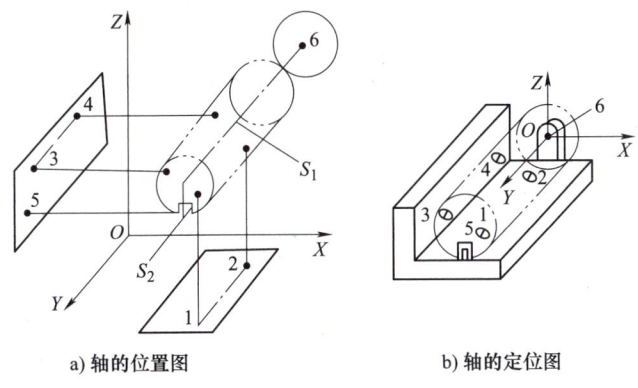

a) 轴的位置图　　　　　b) 轴的定位图

图 7-4　圆柱几何体轴的六点定位

【解】　在轴的外圆表面 S_1 布置四个定位支承点 1、2、3、4 限制 $\vec{X}$、$\vec{Z}$、$\hat{X}$、$\hat{Z}$ 四个自由度；在槽侧 S_2 布置一个定位支承点 5，限制 $\hat{Y}$ 一个自由度；在轴的端面布置一个定位支承点 6，限制 $\vec{Y}$ 一个自由度。一般采用定位元件 V 形块代替四个定位支承点来限制工件的四个自由度。

【案例 7-3】 分析图 7-5 所示圆盘的六点定位。

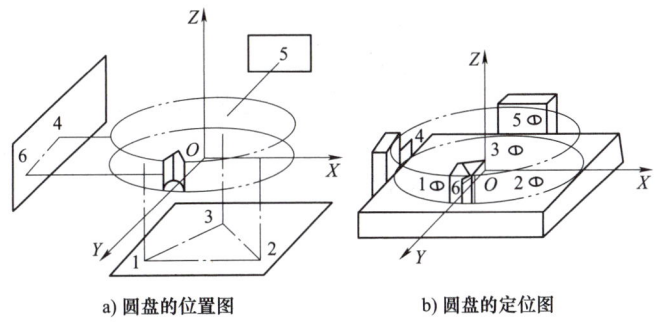

a) 圆盘的位置图　　　　　b) 圆盘的定位图

图 7-5　圆盘的六点定位

【解】　在圆盘底面布置三个不共线的支承点 1、2、3 限制 $\vec{Z}$、$\hat{X}$、$\hat{Y}$ 三个自由度；在圆柱的侧面分别布置两个支承点 4、5 限制 $\vec{X}$、$\vec{Y}$ 两个自由度；在槽侧布置一个支承点 6 限制 $\hat{Z}$ 一个自由度。

2. 应用六点定则时的注意事项

1）支承点分布必须适当，否则六个支承点限制不了工件的六个自由度。
2）工件定位面与定位元件的工作面要保持接触。
3）工件定位后，要用夹紧装置将工件夹紧。
4）定位支承点所限制的自由度名称，通常可按定位接触处的形态确定。
5）有时定位点的数量及其布置不一定明显、直观，如自动定心定位等。

3. 工件定位的四种情况

（1）完全定位　完全定位是指工件的六个自由度全部被限制的定位方式。图 7-6a 所示在铣床上铣削工件的沟槽就属于完全定位。

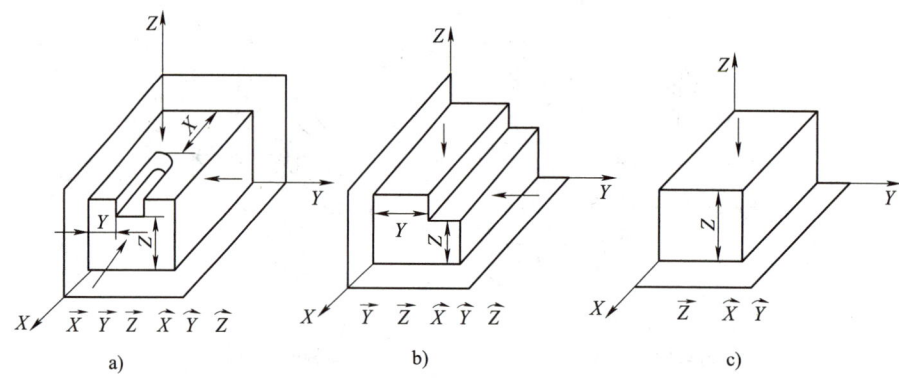

图 7-6 工件应限制自由度数的确定

（2）部分定位　部分定位是指根据加工要求，只限制了工件的部分自由度而不是全部自由度的定位方式，也称为不完全定位。图 7-6b 所示为铣削工件的台阶面，只需限制 $\vec{Y}$、$\vec{Z}$、$\hat{X}$、$\hat{Y}$、$\hat{Z}$ 五个自由度；图 7-6c 所示为铣削工件的平面，只需限制 $\vec{Z}$、$\hat{X}$、$\hat{Y}$ 三个自由度。

（3）欠定位　工件定位时，应限制的自由度数少于按加工要求所必须限制的自由度数，工件定位不足，称为欠定位。图 7-6a 中，如果沿 X 轴方向的移动自由度没有被限制，则 X 轴方向的沟槽尺寸就无法保证，故欠定位是不允许的。

（4）过定位　工件定位时，多个定位支承点重复限制同一自由度的情况，称为过定位或重复定位。

【案例 7-4】　图 7-7 所示为套类零件的定位示意图，分析其限制的自由度数，如果是过定位，提出改进措施。

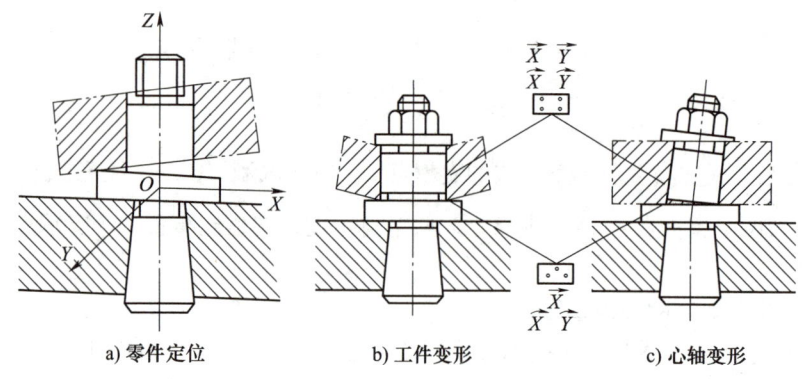

a) 零件定位　　b) 工件变形　　c) 心轴变形

图 7-7 套类零件的定位分析

【解】　如图 7-7 所示，工件以内孔套在长心轴上，以端面靠在支承凸台上，需限制 $\vec{X}$、$\vec{Y}$、$\vec{Z}$、$\hat{Y}$、$\hat{X}$ 五个自由度。长心轴相当于四个定位支承点，限制 $\vec{X}$、$\vec{Y}$、$\hat{X}$、$\hat{Y}$ 四个自由度；支承凸台相当于三个定位支承点，限制 $\vec{Z}$、$\hat{X}$、$\hat{Y}$ 三个自由度。当长心轴和支承凸台组合在一起定位时，相当于七个定位支承点，其中 $\vec{X}$、$\vec{Y}$ 自由度被重复限制，属于过定位。过定位造成的后果如图 7-7b、c 所示。

避免套类零件过定位的措施如图 7-8 所示。图 7-8a 采用长心轴和小端面支承凸台组合，长心轴限制 $\vec{X}$、$\vec{Y}$、$\hat{X}$、$\hat{Y}$ 四个自由度，小端面支承凸台限制 $\vec{Z}$ 自由度；图 7-8b 采用短心轴和大端面支承凸台组合，大端面支承凸台限制 $\vec{Z}$、$\hat{X}$、$\hat{Y}$ 三个自由度，短心轴限制 $\vec{X}$、$\vec{Y}$ 两个自由度；图 7-8c 采用长心轴和浮动端面组合，长心轴限制 $\vec{X}$、$\vec{Y}$、$\hat{X}$、$\hat{Y}$ 四个自由度，浮动端面只限制 $\vec{Z}$ 自由度。

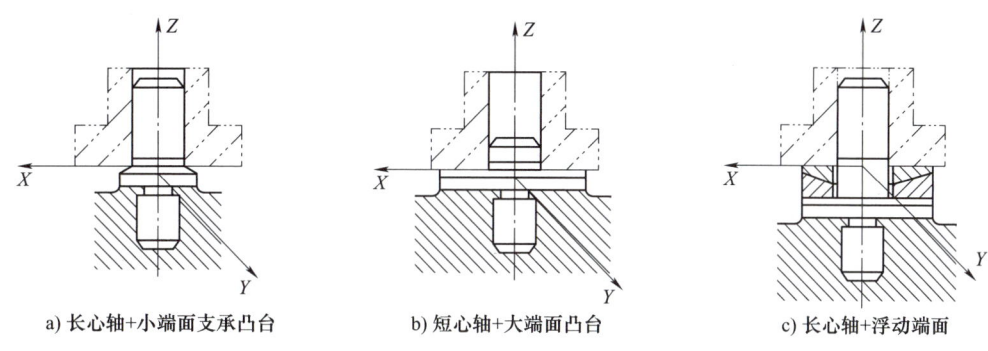

a) 长心轴+小端面支承凸台　　b) 短心轴+大端面凸台　　c) 长心轴+浮动端面

图 7-8　避免套类零件过定位的措施

典型定位元件限制的自由度数见表 7-1。

表 7-1　典型定位元件限制的自由度数

工件的定位面		夹具的定位元件			
		定位情况	一个支承钉	两个支承钉	三个支承钉
平面	支承钉	图示			
		限制的自由度	$\vec{X}$	$\vec{Y}$、$\vec{Z}$	$\vec{Z}$、$\hat{X}$、$\hat{Y}$
		定位情况	一块条形支承板	两块条形支承板	一块条形支承板
	支承板	图示			
		限制的自由度	$\vec{Y}$、$\vec{Z}$	$\vec{Z}$、$\hat{X}$、$\hat{Y}$	$\vec{Z}$、$\hat{X}$、$\hat{Y}$

(续)

工件的定位面	夹具的定位元件				
圆孔	圆柱销	定位情况	短圆柱销	长圆柱销	两段短圆柱销
		图示	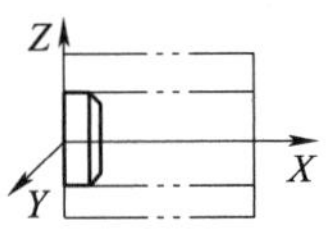	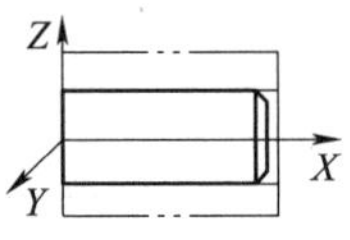	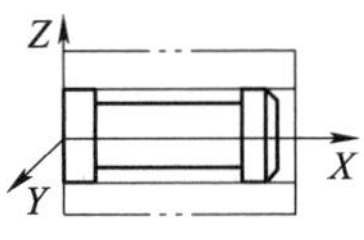
		限制的自由度	$\vec{Y}$、$\vec{Z}$	$\vec{Y}$、$\vec{Z}$、$\widehat{Y}$、$\widehat{Z}$	$\vec{Y}$、$\vec{Z}$、$\widehat{Y}$、$\widehat{Z}$
		定位情况	菱形销	长销小平面组合	短销大平面组合
		图示	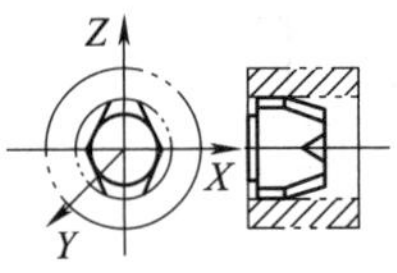	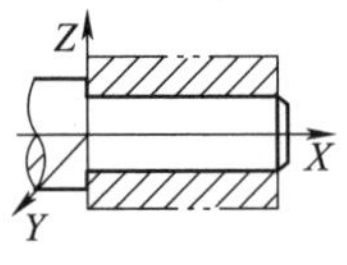	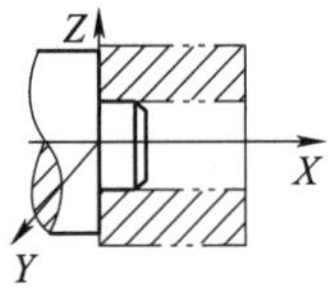
		限制的自由度	$\widehat{Z}$	$\vec{X}$、$\vec{Y}$、$\vec{Z}$、$\widehat{Y}$、$\widehat{Z}$	$\vec{X}$、$\vec{Y}$、$\vec{Z}$、$\widehat{Y}$、$\widehat{Z}$
	圆锥销	定位情况	固定锥销	浮动锥销	固定锥销与浮动锥销组合
		图示	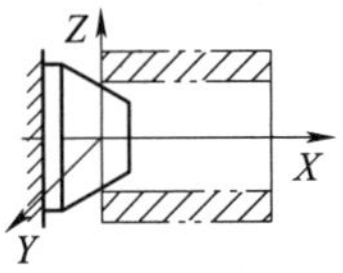	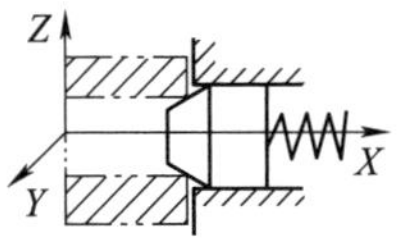	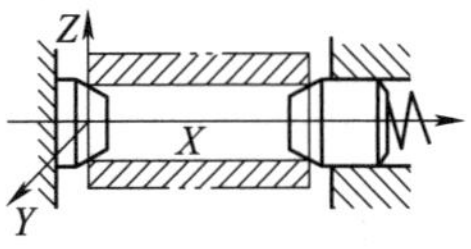
		限制的自由度	$\vec{X}$、$\vec{Y}$、$\vec{Z}$	$\vec{Y}$、$\vec{Z}$	$\vec{X}$、$\vec{Y}$、$\vec{Z}$、$\widehat{Y}$、$\widehat{Z}$
	心轴	定位情况	长圆柱心轴	短圆柱心轴	小锥度心轴
		图示	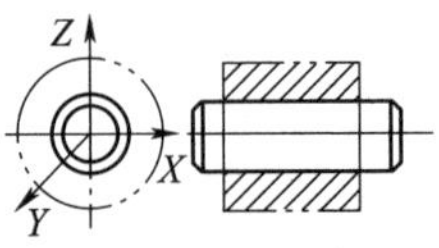	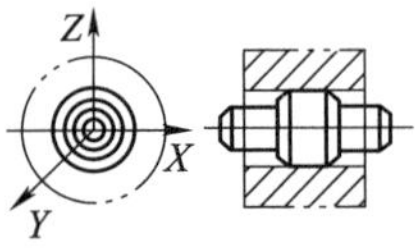	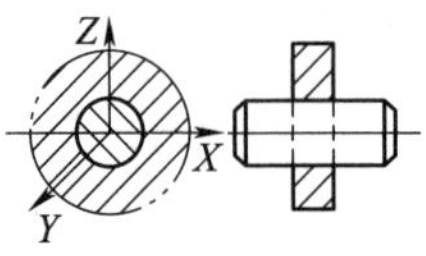
		限制的自由度	$\vec{X}$、$\vec{Z}$、$\widehat{X}$、$\widehat{Z}$	$\vec{X}$、$\vec{Z}$	$\vec{X}$、$\vec{Z}$
外圆柱面	V形块	定位情况	一块短V形块	两块短V形块	一块长V形块
		图示	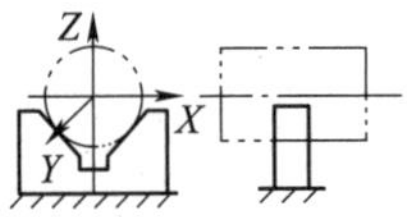	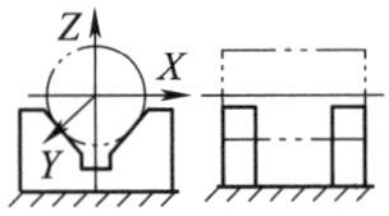	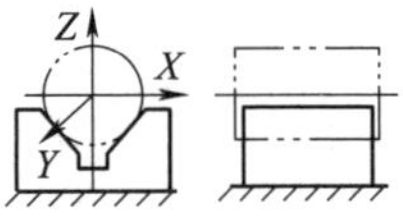
		限制的自由度	$\vec{X}$、$\vec{Z}$	$\vec{X}$、$\vec{Z}$、$\widehat{X}$、$\widehat{Z}$	$\vec{X}$、$\vec{Z}$、$\widehat{X}$、$\widehat{Z}$
	定位套	定位情况	一个短定位套	两个短定位套	一个长定位套
		图示	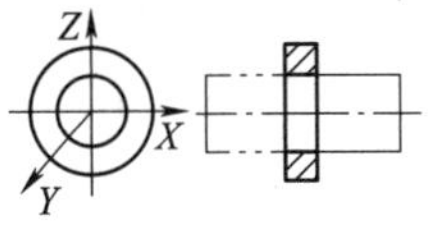	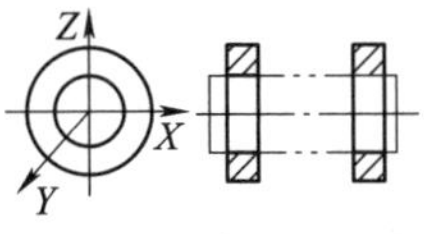	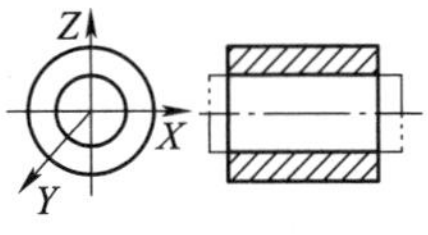
		限制的自由度	$\vec{X}$、$\vec{Z}$	$\vec{X}$、$\vec{Z}$、$\widehat{X}$、$\widehat{Z}$	$\vec{X}$、$\vec{Z}$、$\widehat{X}$、$\widehat{Z}$

(续)

工件的定位面	夹具的定位元件				
圆锥孔	锥顶尖和锥度心轴	定位情况	固定顶尖	浮动顶尖	锥度心轴
		图示			
		限制的自由度	$\vec{X}$、$\vec{Y}$、$\vec{Z}$	$\vec{Y}$、$\vec{Z}$	$\vec{X}$、$\vec{Y}$、$\vec{Z}$、$\widehat{Y}$、$\widehat{Z}$

二、工件以平面定位

工件以平面定位的主要方式是支承定位,夹具上常见的支承元件有以下几种。

1. 固定支承

固定支承有支承钉和支承板两种形式。图 7-9 所示为支承钉,其中 A 型多用于精基准的定位;B 型多用于粗基准的定位;C 型多用于工件的侧面定位。

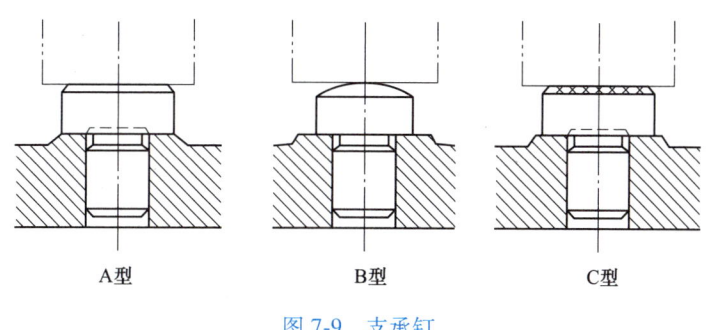

图 7-9 支承钉

图 7-10 所示为支承板,A 型因不便清理切屑,多用于侧面定位;B 型应用较广。

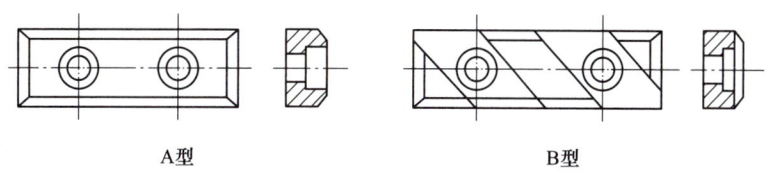

图 7-10 支承板

2. 可调支承

位置可以调整的支承点称为可调支承。可调支承多用于工件以粗基准定位和毛坯余量变化较大的情况。图 7-11 所示为常见的可调支承结构,这类支承的结构基本上都是螺钉、螺母形式。图 7-11a 所示结构一般用于轻型工件;图 7-11b、c 所示结构用于重型工件。

3. 自位支承

具有几个活动支承点的支承称为自位支承,也称为浮动支承。自位支承活动支承点在定位过程中能随着工件定位基准面的位置变化而自动调整并与之相适应。自位支承只限制一个

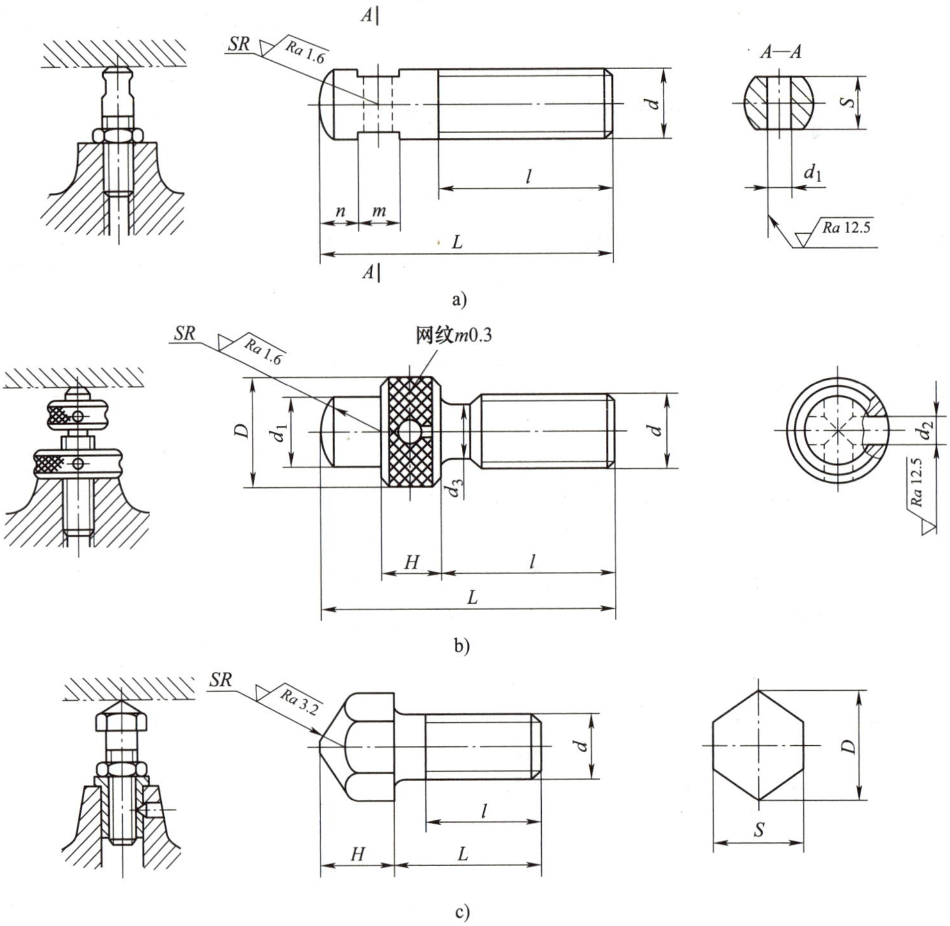

图 7-11 常见的可调支承结构

自由度，常用于毛坯表面、断续表面、阶梯表面以及有角度误差的平面定位。图 7-12 所示为自位支承的结构。

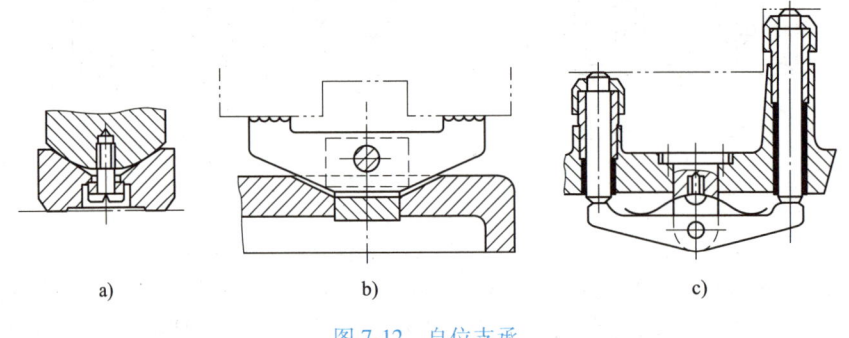

图 7-12 自位支承

4. 辅助支承

辅助支承是在工件定位后才参与支承的元件，辅助支承主要用来提高工件的装夹刚度和稳定性，不起定位作用。图 7-13 所示为辅助支承的示例图。

三、工件以圆柱孔定位

工件以圆柱孔定位时,常用的定位元件有定位销和心轴。

1. 定位销

图 7-14 所示为几种常用定位销的结构,定位销一般可分为固定式和可换式两种。图 7-14a 所示为固定式定位销,图 7-14b 所示为可换式定位销,其中 A 型为圆柱销,B 型为菱形销。固定式定位销是直接用过盈配合装在夹具体上使用的;可换式圆柱定位销与衬套的配合采用间隙配合,故其位置精度较固定式定位销低,一般用于大批大量生产中。

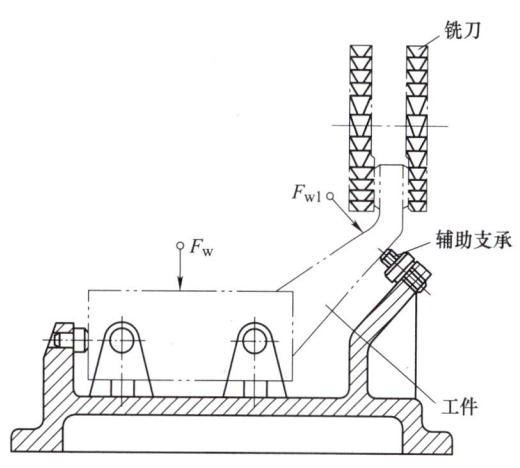

图 7-13 辅助支承

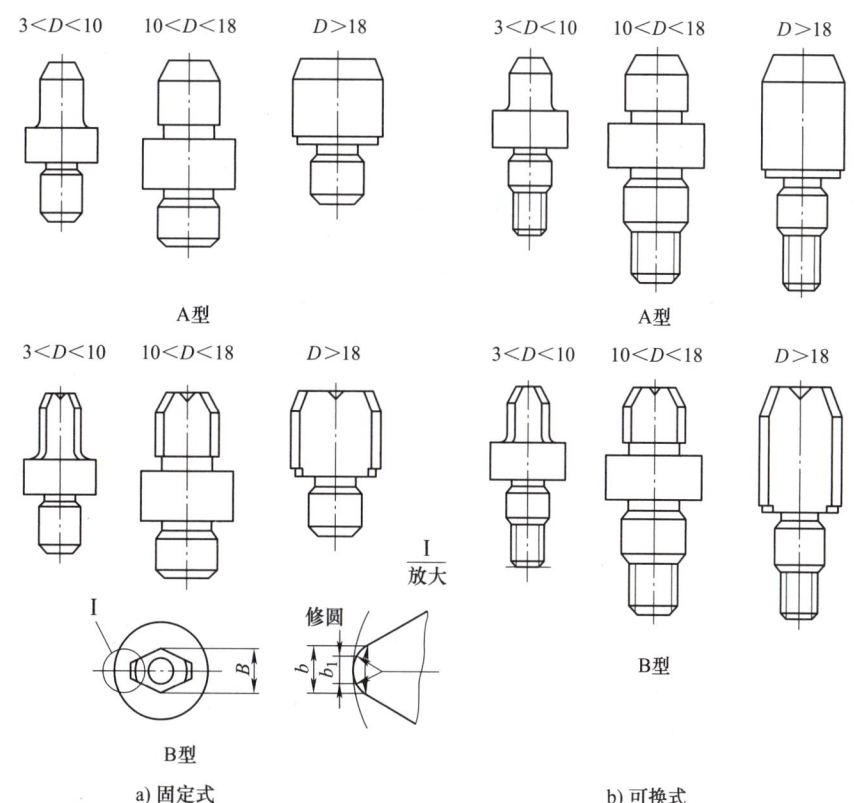

图 7-14 常用定位销的结构

2. 圆锥销

图 7-15 所示为工件以圆孔在圆锥销上定位的示意图,它限制工件的三个移动自由度。图 7-15a 所示圆锥销多用于毛坯孔定位;图 7-15b 所示圆锥销多用于光孔定位。

3. 圆柱心轴

心轴主要用于机床上加工套筒和盘类工件。图 7-16 所示为圆柱心轴的典型结构。

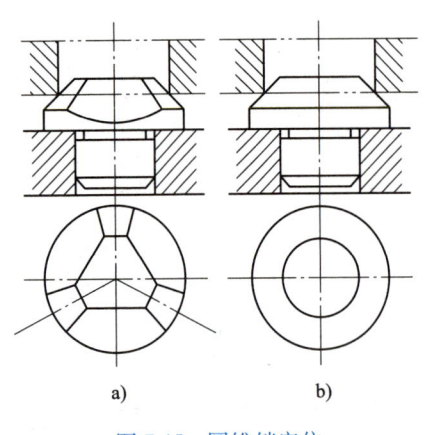
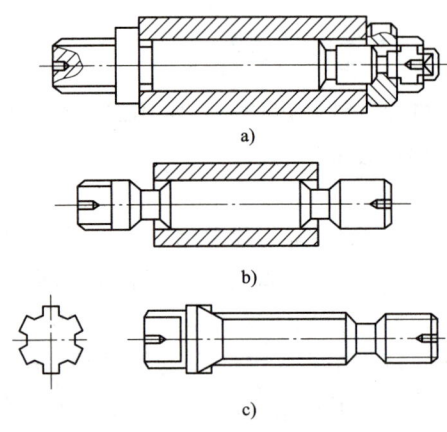

图 7-15　圆锥销定位　　　　　　图 7-16　圆柱心轴的典型结构

图 7-16a 所示为间隙配合心轴，工件的装卸方便，但定心精度不高；图 7-16b 所示为过盈配合心轴，这种心轴制造简单、定心准确，不用另设夹紧装置，但工件装卸不便，易损坏工件定位孔，多用于定心精度要求高的场合；图 7-16c 所示为花键心轴，用于加工以花键孔定位的工件。

4. 锥度心轴

图 7-17 所示为锥度心轴。这种定位方式的定心精度高，但轴向位移大，适用于工件定位孔精度高的精车和磨削加工，不能加工端面。锥度心轴的结构尺寸可查《机床夹具设计手册》。

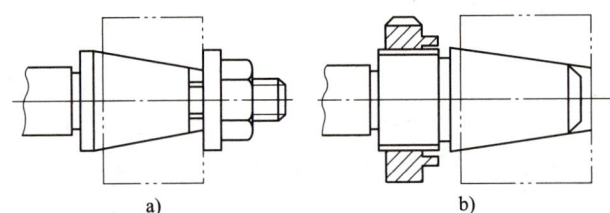

图 7-17　锥度心轴

5. 弹性心轴

为了提高定心精度，而且使工件装卸方便，常使用弹性心轴。图 7-18 所示为弹簧心轴。

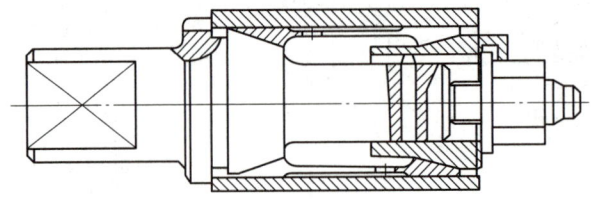

图 7-18　弹簧心轴

四、工件以外圆柱面定位

1. V 形块

圆柱形工件采用 V 形块定位应用最广。V 形块不仅适用于完整的外圆柱面定位，也适用于非完整的外圆柱面定位；V 形块定位的对中性非常好。图 7-19 所示为常用 V 形块的结构。图 7-19a 所示结构用于较短的精基准定位；图 7-19b 所示结构用于两段精基准相距较远或基准面较长时的定位；图 7-19c 所示结构用于较长的粗基准或阶梯形圆柱面定位；图 7-19d 所示结构是采用铸铁底座上镶淬火钢支承板的 V 形块结构。

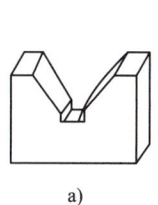 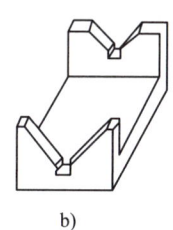 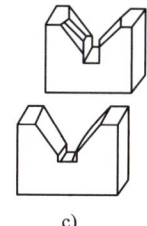 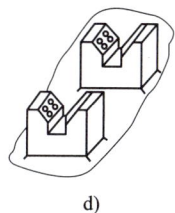

a)　　　　　　　b)　　　　　　　c)　　　　　　　d)

图 7-19　常用 V 形块的结构

V 形块的斜面夹角 α 一般取 60°、90° 和 120°，其中以 90° 应用最多。90° 夹角的 V 形块结构已标准化，自行设计非标准 V 形块时，可参照如图 7-20 进行相关尺寸的计算。V 形块的安装尺寸 T 是主要设计参数，该尺寸常用作 V 形块检验和调整的依据，必须进行计算。

在设计 V 形块时，D 已知，N 与 H 可参照标准先行确定，然后求出 V 形块的尺寸 T。

$$T = H + \frac{1}{2}\left(\frac{D}{\sin(\alpha/2)} - \frac{N}{\tan(\alpha/2)}\right)$$

N 与 H 可参照标准选定，也可按下式进行计算确定：

当 α = 60° 时，N = 1.16D − 1.15a；当 α = 90° 时，N = 1.41D − 2.0a；当 α = 120° 时，N = 2D − 3.46a。

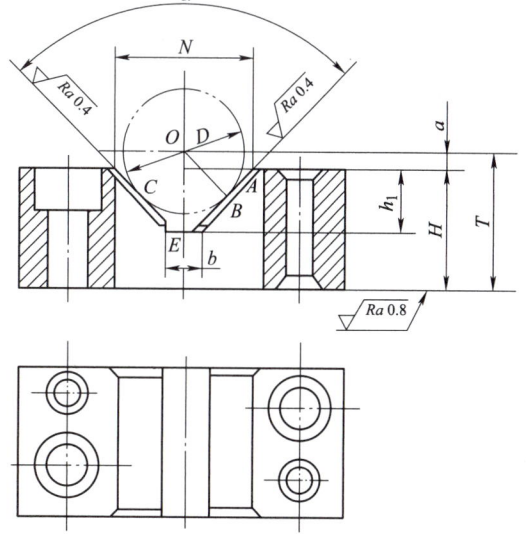

图 7-20　V 形块的结构尺寸

以上各式中，a = (0.14 ~ 0.16)D；大直径时，H ≤ 0.5D；小直径时，H ≤ 0.5D。

V 形块有活动式、固定式和可调整式之分，活动 V 形块除限制一个自由度外，有时还兼有夹紧作用。

2. 定位套

当工件定位的外圆直径较小时，可用定位套作为定位元件。图 7-21 所示为各种定位套的结构。定位套在夹具体上的安装一般用螺钉紧固或采用过盈配合。定位套的内孔中心线和工件轴线应重合，故只用于精基准定位。为限制工件的自由度，常与端面组合定位，这样就要求定位套的端面与其内孔中心线具有较高的垂直度。

在工件以端面为主要定位基面的场合，短定位套孔限制工件的两个自由度，如图 7-21a 所示；在工件以外圆柱表面为主要定位基面的场合，长定位套孔限制工件的四个自由度，如图 7-21b 所示；工件以圆柱面端部轮廓为定位基面，锥孔限制工件的三个自由度，如图 7-21c 所示。

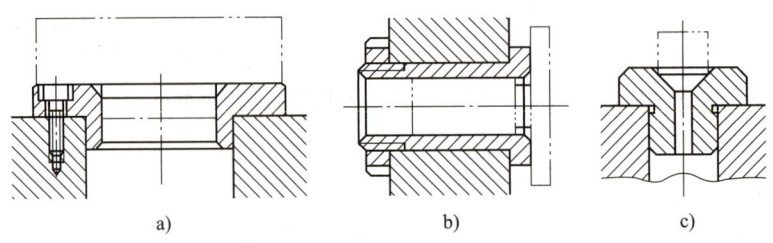

图 7-21 定位套的结构

3. 半圆套

工件在半圆套中的定位如图 7-22 所示。下面的半圆套是定位元件，上面的半圆套是夹紧元件。半圆套定位主要用于不适宜用内孔定位的大型轴类零件，如曲轴和蜗轮轴等。

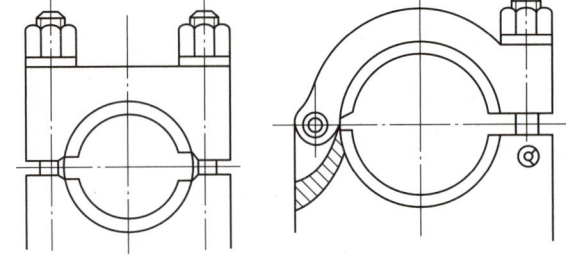

图 7-22 工件在半圆套中的定位

五、工件以组合表面定位

当工件以单一表面定位不能满足要求时，常以组合表面定位来限制相应的自由度。

1. 圆锥销与其他元件的组合定位

工件在单个圆锥销上定位容易倾斜，为此，圆锥销一般与其他定位元件组合起来定位。图 7-23 所示为圆锥销组合定位的几种情况。图 7-23a 所示为圆锥-圆柱组合心轴定位；图 7-23b 所示为工件以底面和活动圆锥销组合定位，工件底面为主定位基准；图 7-23c 所示为工件在双圆锥销上定位。这几种组合定位均限制工件的五个自由度。

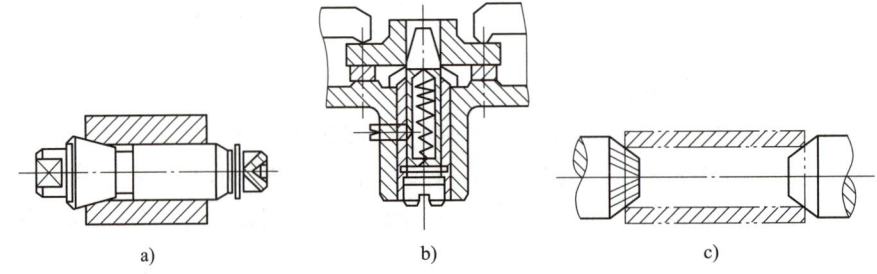

图 7-23 圆锥销组合定位

2. 一面两孔组合定位

在加工箱体类零件时，通常采用"一面两孔"组合定位，夹具上对应的定位元件是"一面两销"，如图 7-24 所示。为了避免由于过定位而引起工件安装时的干涉，其中一个应采用削边的菱形销。削边销已标准化，其结构尺寸可参考《机床夹具设计手册》。特别需要注意的是，削边销削边的方向应垂直于两定位孔间的连心线。

3. 工件在两顶尖上组合定位

图 7-25 所示为轴类零件在机床前、后顶尖上组合定位的情况。分析组合定位所限制的

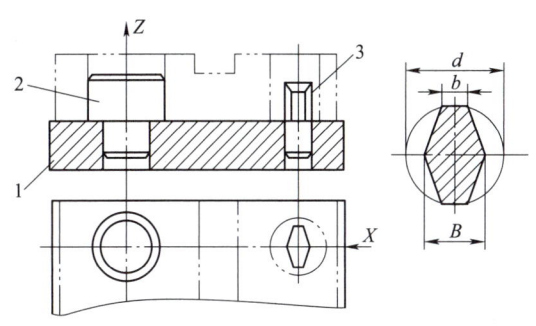

图 7-24 一面两孔组合定位
1—工件 2—圆柱销 3—菱形销
d—圆柱销直径 b—修圆后留下圆柱部分宽度 B—菱形销宽度

自由度时,分清主次定位面是非常重要的,不能孤立地分析定位元件所限制的自由度。

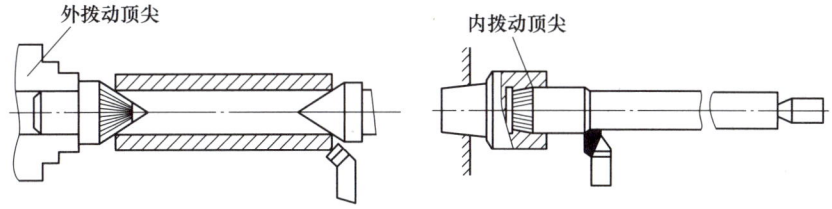

图 7-25 工件在两顶尖上的组合定位

任务三　分析与计算定位误差

【知识准备】

一、定位误差产生的原因

定位误差是由于工件在夹具上定位不准确而引起的加工误差,用符号 Δ_{DW} 表示。在采用调整法加工时,工件的定位误差实质上是工序基准在加工尺寸方向上的最大变动量。定位误差主要由两部分组成：基准不重合误差 Δ_B 和基准位移误差 Δ_Y。

1. 基准不重合误差 Δ_B

基准不重合误差是工序基准和定位基准不重合造成的加工尺寸的变动范围。工序基准和定位基准之间的联系尺寸称为定位尺寸。很显然,基准不重合误差大小等于定位尺寸的变动范围,即定位尺寸的公差值。

【任务实施】

【案例 7-5】 图 7-26a 所示为在工件上铣缺口的工序简图,加工尺寸为 A 和 B。图 7-26b 所示为铣缺口的加工示意图,工件的定位面是底面和 E 面。C 是对刀尺寸,在一批工件的加工过程中,其大小不变。求加工尺寸 A 和 B 的基准不重合误差。

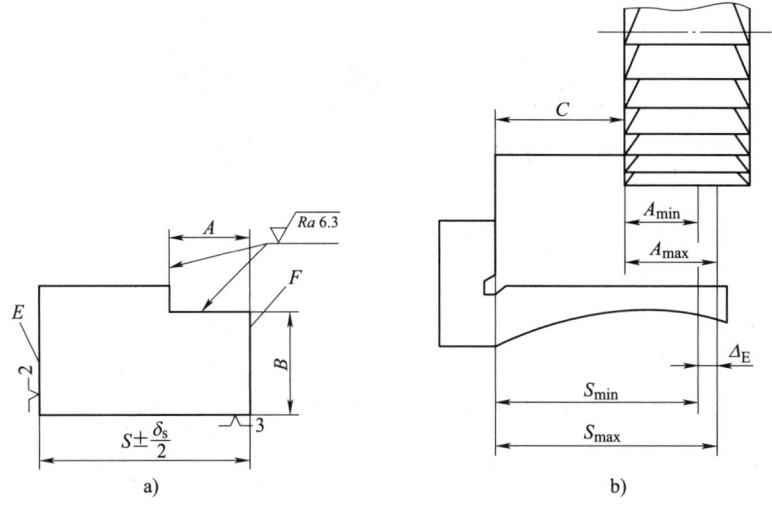

图 7-26　在工件上铣缺口的工序简图

【解】　对加工尺寸 A：其工序基准为 F 面，定位基准为 E 面，工序基准和定位基准二者不重合。工序基准 F 受尺寸 $S\pm\delta_s/2$ 的影响，位置是变动的。由于 F 的位置变动造成加工尺寸 A 产生误差，这个误差就是基准不重合误差。

由图 7-26b 可知，加工尺寸 A 的 $\Delta_B = (S + \delta_s/2) - (S - \delta_s/2) = \delta_s$。

当工序基准的变动方向与加工尺寸的方向不一致，存在夹角 α 时，基准不重合误差等于定位尺寸的变动范围在加工尺寸方向上的投影，即

$$\Delta_B = \delta_s \cos\alpha$$

对加工尺寸 B：由于其工序基准和定位基准均为底面，基准重合，故 $\Delta_B = 0$。

2. 基准位移误差 Δ_Y

工件在夹具中定位时，由于存在定位副制造公差和最小配合间隙，从而使一批工件在夹具中定位时，工件的定位基准相对于定位元件的限位基准发生位置移动，此位置移动会造成加工尺寸的误差，这个误差就是基准位移误差。

【案例 7-6】　图 7-27a 所示为在圆套上铣键槽的工序简图，工序尺寸为 A 和 B。图 7-27b

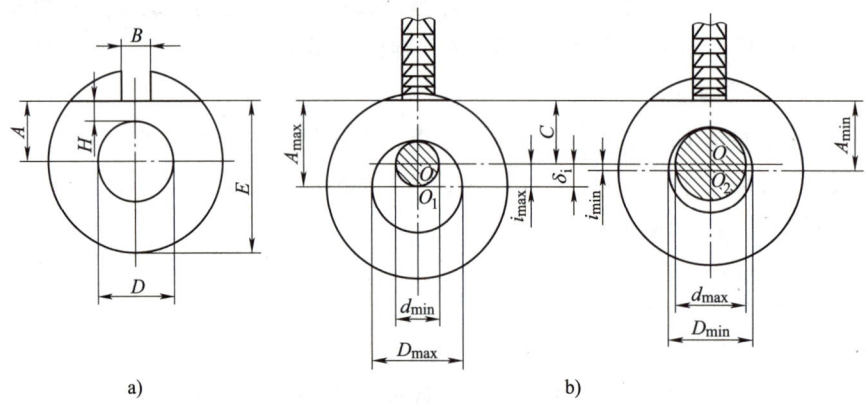

图 7-27　在圆套上铣键槽的工序简图

所示为其加工示意图，工件以内孔 D 在圆柱心轴上定位，定位基准为 O_1，限位基准为定位元件心轴的中心 O，C 是对刀尺寸。求尺寸 A 和 B 的基准位移误差。

【解】 对于加工尺寸 A：由于工件内孔和心轴都存在制造公差和最小配合间隙，使得工件内孔的中心线（定位基准）和定位元件心轴的轴线（限位基准）之间不能重合，造成定位基准相对于限位基准产生位置移动，其位置移动的范围即基准位移误差。

$$\Delta_Y = A_{\max} - A_{\min} = \frac{D_{\max} - d_{\min}}{2} - \frac{D_{\min} - d_{\max}}{2} = \frac{T_D + T_d}{2}$$

当定位基准的变动方向与加工尺寸的方向不一致，存在夹角 α 时，基准位移误差等于定位基准的变动范围在加工尺寸方向上的投影。

对于加工尺寸 B：基准位移误差为 0。

3. 定位误差小结

1）定位误差只产生在按调整法加工一批工件的过程中，如果按试切法逐件加工，则不存在定位误差问题。

2）定位误差是工件定位时由于定位不准确产生的加工误差。其表现形式为工序基准在加工尺寸方向上相对加工表面可能产生的最大尺寸或位置变动量。

3）定位误差由基准不重合误差和基准位移误差两部分组成，它们是彼此独立的加工误差。基准不重合误差取决于工序基准和定位基准之间的联系尺寸，即定位尺寸的误差；基准位移误差只与定位副的制造精度有关。

4）求解定位误差时，先分别求解基准不重合误差和基准位移误差的大小，然后根据它们的作用方向将其合成为定位误差。

5）在确定定位方案和选择定位元件时，允许的定位误差值可按工序尺寸公差的 1/5 ~ 1/3 计算。

二、合成法求解定位误差

利用合成法求解定位误差的步骤如下：

1）若工序基准不在定位基面上，即 Δ_B 和 Δ_Y 无相关的公共变量，则 $\Delta_{DW} = \Delta_Y + \Delta_B$。

2）若工序基准在定位基面上，即 Δ_B 和 Δ_Y 有相关的公共变量，则 $\Delta_{DW} = \Delta_Y \pm \Delta_B$。

式中正、符号的判断方法如下：

①分析定位基面直径由小到大或由大到小变化时，判断定位基准的变动方向。

②当定位基面直径做相同变化（由小到大或由大到小）时，假设定位基准的位置不动，判断工序基准的变动方向。

③如果定位基准和工序基准的变动方向相同，取"＋"号；反之，则取"－"号。

【任务实施】

【案例 7-7】 如图 7-27 所示，若轴套外圆直径为 $\phi d_{0-\delta d_0}^{\ 0}$，轴套内孔直径为 $\phi D_0^{+\delta D}$，心轴直径为 $\phi d_{-\delta d}^{\ 0}$。用合成法求工序尺寸 A、E、H 的定位误差。

【解】 1）求工序尺寸 A 的定位误差。

①分别求出基准不重合误差和基准位移误差

$$\Delta_B = 0; \quad \Delta_Y = (\delta D + \delta d)/2$$

②按照合成法将上述误差合成，$\Delta_{DW} = \Delta_Y \pm \Delta_B = (\delta D + \delta d)/2$。

2）求工序尺寸 E 的定位误差。

①分别求出基准不重合误差和基准位移误差。

$$\Delta_B = \frac{\delta d_0}{2}; \ \Delta_Y = \frac{\delta D + \delta d}{2}$$

②按照合成法，将上述误差合成。因工序基准不在定位基面上，即 Δ_B 和 Δ_Y 无相关的公共变量，则定位误差为

$$\Delta_{DW} = \Delta_Y + \Delta_B = \frac{\delta D + \delta d}{2} + \frac{\delta d_0}{2}$$

3）求工序尺寸 H 的定位误差。

①分别求出基准不重合误差和基准位移误差

$$\Delta_B = \frac{\delta D}{2}; \ \Delta_Y = \frac{\delta D + \delta d}{2}$$

②按照合成法，将上述误差合成。因工序基准在定位基面上，即 Δ_B 和 Δ_Y 有相关的公共变量，则定位误差为 $\Delta_{DW} = \Delta_Y \pm \Delta_B$。根据正负号的判断方法：当定位基面直径由小到大变化时，定位基准向下移动；当定位基面直径由小到大变化时，假设定位基准位置不变，则工序基准向上移动；因二者移动方向相反，所以取"－"号。则

$$\Delta_{DW} = \Delta_Y - \Delta_B = \frac{\delta D + \delta d}{2} - \frac{\delta D}{2} = \frac{\delta d}{2}$$

因合成法直观易懂，有助于初学者理解和掌握定位误差的产生原因及其计算，本书采用合成法计算定位误差。

三、典型表面定位时的定位误差计算

1. 平面定位时的定位误差计算

工件以平面定位时，基准位移误差是由定位表面的平面度误差引起的。一般情况下，用已加工过的平面作定位基准，其基准位移误差可以不予考虑，即 $\Delta_Y = 0$。

【任务实施】

【案例 7-8】 图 7-28 所示为工件铣 45°平面的定位示意图。计算加工尺寸 A 的定位误差。

【解】 1）工件的定位基准为底面，工序基准为圆孔中心，存在基准不重合误差。定位尺寸为 50 ± 0.1mm，公差值为 0.2mm。由于工序基准的变动方向与加工尺寸的方向存在 45°夹角，基准不重合误差等于定位尺寸的变动范围在加工尺寸方向上的投影，即

$$\Delta_B = 0.2\text{mm} \times \cos45° = 0.1414\text{mm}$$

2）因定位基准和限位基准重合，故 $\Delta_Y = 0$。

3）根据合成法，$\Delta_{DW} = \Delta_Y \pm \Delta_B = 0.1414$mm。

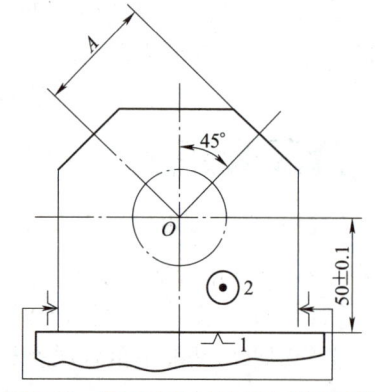

图 7-28 平面定位时的定位误差计算

【总结】

1) 平面定位时，一般可取 $\Delta_Y = 0$。

2) 当工序基准的变动方向与加工方向不一致时，需向加工尺寸方向投影。

2. 圆孔表面定位时的定位误差计算

圆孔表面定位的主要方式是定心定位，常用的定位元件是定位销和心轴。工件在夹具中以圆孔表面定位时，其产生的定位误差随定位方式和定位副的配合性质不同而不同。下面对工件以圆孔表面定位时的基准位移误差进行分析和计算，基准不重合误差随实际情况不同而不同，在此不作计算。

1) 工件以圆孔表面在过盈配合心轴上定位。因为是过盈配合，定位副无间隙，所以基准位移误差 $\Delta_Y = 0$。

2) 工件以圆孔表面在间隙配合心轴上定位。工件以圆孔表面在间隙配合心轴上定位时，因心轴的放置位置不同或工件所受外力的作用方向不同，定位基面圆孔和定位元件心轴之间有两种接触方式。

① 圆孔与心轴固定单边接触。如工件在水平放置的心轴上定位就属于这种情况。由于定位副的制造误差和工件的自重作用，工件圆孔与心轴固定单边接触，其基准位移误差等于定位副最大间隙的一半，即

$$\Delta_Y = \frac{1}{2}X_{max} = \frac{1}{2}(D_{max} - d_{min}) = \frac{1}{2}(T_D + T_d)$$

② 圆孔与心轴任意边接触。如定位心轴垂直放置时就属于这种情况。当心轴垂直放置时，由于定位副存在制造公差和最小配合间隙，且最小配合间隙无法通过调整刀具预先予以补偿，故无法消除其对基准位移误差的影响。因此，圆孔与心轴任意边接触时的基准位移误差为

$$\Delta_Y = T_D + T_d + \Delta_{min}$$

式中 T_D——圆孔的公差；

T_d——心轴的公差；

Δ_{min}——定位副最小配合间隙。

【案例 7-9】 图 7-29 所示为在轴套上铣键槽的定位示意图。设定位心轴水平放置，工件在垂直外力作用下固定单边接触，求图中工序尺寸 H_1、H_2、H_3、H_4、H_5 的定位误差。

【解】 由于圆孔表面与心轴固定单边接触，当定位方式确定以后，其基准位移误差就确定了。对不同的工序尺寸，其基准不重合误差是不同的，两者都求出后，按照合成法对二者进行合成，不同工序尺寸的定位误差见表 7-2。

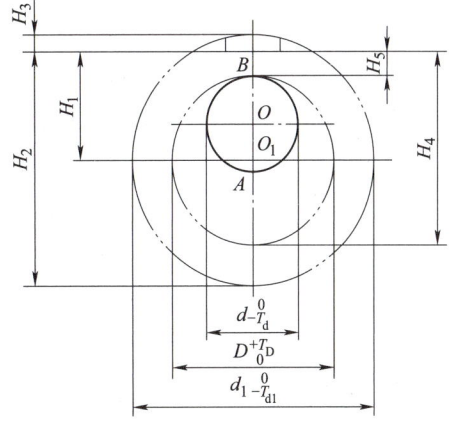

图 7-29 圆孔定位时的定位误差计算

表 7-2　不同工序尺寸的定位误差

工序尺寸	基准位移误差 Δ_Y	基准不重合误差 Δ_B	定位误差 $\Delta_{DW} = \Delta_Y \pm \Delta_B$
H_1	$\dfrac{T_D + T_d}{2}$	0	$(T_D + T_d)/2$
H_2、H_3		$T_{d1}/2$	$(T_D + T_d)/2 + T_{d1}/2$
H_4		$T_D/2$	$(T_D + T_d)/2 + T_D/2$
H_5		$T_D/2$	$(T_D + T_d)/2 - T_D/2$

3. 外圆表面定位时的定位误差计算

外圆表面定位常用的定位元件是定位套、支承板和 V 形块。采用定位套定位时，定位误差的分析计算与圆孔表面定位相同；采用支承板定位时，定位误差的分析计算与平面定位相同。现重点分析 V 形块定位时的定位误差计算。

V 形块是一种对中定心元件，考虑到定位副的制造误差，工件以外圆柱面定位时只在 V 形块对称平面垂直方向上产生基准位移误差，在水平方向上没有基准位移误差。

【案例 7-10】 图 7-30 所示为工件在 V 形块上铣键槽的定位示意图，按合成法计算 H_1、H_2、H_3 的定位误差。

【解】 1）先计算基准位移误差。工件以外圆面在 V 形块上定位，由于存在定位副制造误差，会造成定位基准相

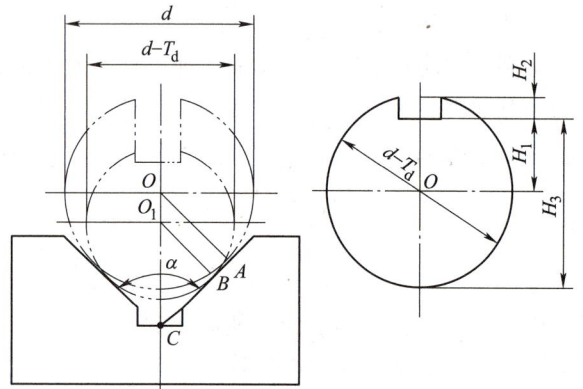

图 7-30　外圆表面定位时的定位误差计算

对于限位基准发生位置移动，定位基准 O 位置移动的最大值为基准位移误差，即

$$\Delta_Y = OO_1 = OC - O_1 C = \frac{OA}{\sin(\alpha/2)} - \frac{O_1 B}{\sin(\alpha/2)}$$

$$= \frac{d}{\sin(\alpha/2)} - \frac{d - T_d}{\sin(\alpha/2)} = \frac{T_d}{\sin(\alpha/2)}$$

2）分别求工序尺寸 H_1、H_2、H_3 的基准不重合误差。

3）合成后的定位误差见表 7-3。

表 7-3　外圆表面定位时的定位误差

工序尺寸	基准位移误差 Δ_Y	基准不重合误差 Δ_B	定位误差 $\Delta_{DW} = \Delta_Y \pm \Delta_B$
H_1	$\dfrac{T_d}{2\sin(\alpha/2)}$	0	$\Delta_{DW} = \Delta_Y$
H_2		$T_d/2$	$\Delta_{DW} = \Delta_Y + \Delta_B$
H_3		$T_d/2$	$\Delta_{DW} = \Delta_Y - \Delta_B$

任务四　学习工件的夹紧

【知识准备】

一、夹紧装置的组成和基本要求

1. 夹紧装置的组成

（1）动力装置　能够产生原始作用力的装置称为动力装置。常用的动力装置包括气动装置、液压装置、气-液联动装置、电动装置、电磁装置及真空装置等。

（2）夹紧机构　指接受和传递原始作用力、并使之变为夹紧力和执行夹紧任务的机构。它包括中间递力机构和夹紧元件。中间递力机构的作用是把原始作用力传递给夹紧元件，再由夹紧元件对工件进行夹紧，最终完成夹紧任务。

中间递力机构在传递夹紧力的过程中，可以起到以下作用：改变作用力的方向；改变作用力的大小；保证夹紧机构安全可靠并具有一定的自锁性能。常用的递力机构有斜面、杠杆和螺旋机构等。图 7-31 所示为夹紧装置的组成示意图。

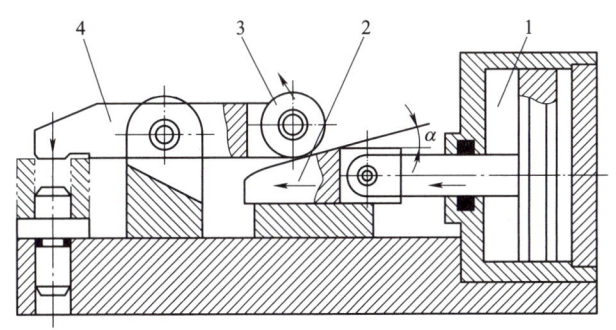

图 7-31　夹紧装置的组成示意图
1—气缸　2—斜楔　3—滚子　4—压板

2. 夹紧装置的基本要求

夹紧装置设计是否合理，对保证加工质量、提高劳动生产率和减轻工人劳动强度有很大的影响。对夹紧装置的基本要求是：

1）在夹紧过程中，夹紧应有助于定位而不应破坏定位。
2）夹紧力的大小应适当，应能保证在加工过程中工件不发生移动和振动。
3）夹紧变形应尽量小，夹紧力不损伤工件表面。
4）夹紧装置的复杂程度应与工件的生产纲领相适应。
5）应有足够的夹紧行程，手动夹紧时要有一定的自锁性能。
6）结构紧凑、动作灵活、制造维修方便，工艺性好。
7）操作安全、省力、方便、可靠，有足够的强度和刚度。

二、夹紧力的确定

1. 夹紧力方向的确定

1）夹紧力的方向应垂直于主要定位基准。对工件只施加一个夹紧力，或施加几个方向相同的夹紧力时，夹紧力的方向应垂直于主定位基准。

【案例 7-11】 图 7-32 所示为在角形支座上镗与 A 面垂直的孔的示意图。

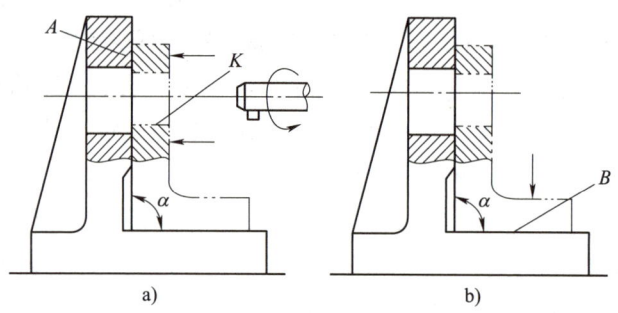

图 7-32　夹紧力方向应垂直于主定位基准

【解】 如图 7-32a 所示，镗与 A 面垂直的孔时，A 面为主定位基准，故夹紧力的方向应垂直于 A 面；如图 7-32b 所示，镗与 B 面平行的孔时，夹紧力的方向应该垂直于定位基准 B 面。

2）夹紧力的方向应有利于减小夹紧力。在保证夹紧可靠的情况下，减小夹紧力可以减轻工人的劳动强度，提高劳动生产率。

【案例 7-12】 根据图 7-33 所示的切削力 F、重力 G 和夹紧力 F_w 三力方向之间的关系，试确定夹紧力方向的合理性。

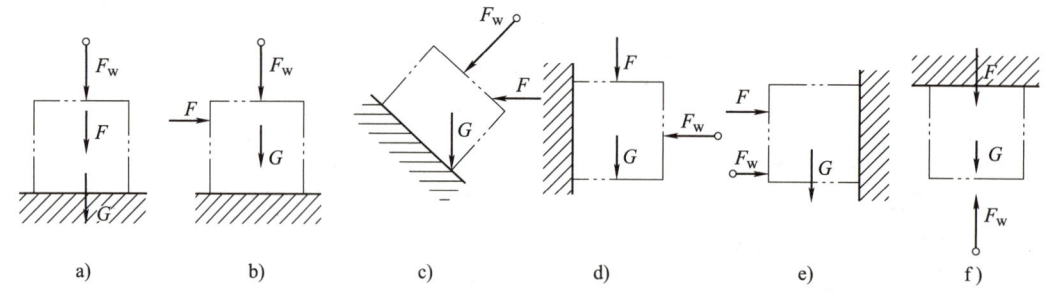

图 7-33　夹紧力方向应使夹紧力尽可能小

【解】 为了使夹紧力尽可能小，夹紧力的方向应与重力、切削力等力的方向相同，这时的夹紧力最小。显然，图 7-33a 最合理，图 7-33f 最差。

3）夹紧力的方向应使工件变形尽可能小。由于工件在不同方向上的刚度是不等的，不同的受力表面因接触面积大小不同而变形各异。因此在夹紧薄壁工件时，夹紧力的方向应使工件变形尽可能小。

【案例 7-13】 图 7-34 所示为套筒的两种夹紧方案，试确定夹紧力的方向。

【解】 图 7-34a 所示方案采用自定心卡盘夹紧时变形较大；图 7-34b 所示方案采用特制螺母从轴向夹紧时，工件的变形较小。

2. 夹紧力作用点的确定

1）夹紧力的作用点应落在定位元件上或定位元件形成的支承范围内。

【案例 7-14】 分析图 7-35 所示夹紧力作用点的合理性。

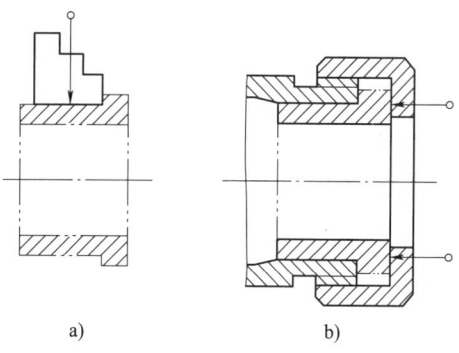

图 7-34 夹紧力方向应使工件变形尽可能小

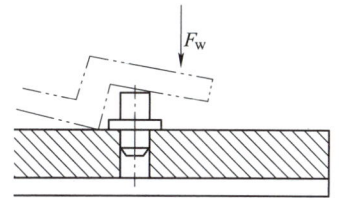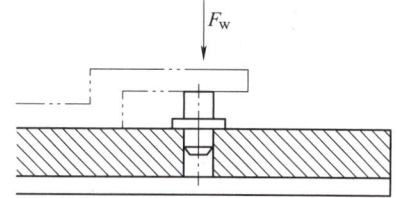

图 7-35 夹紧力作用点应在定位元件的支承范围内

【解】 图 7-35a 中夹紧力作用在支承范围之外，会使工件倾斜或移动；图 7-35b 中夹紧力的作用点是合理的。

2）夹紧力作用点应落在工件刚性较好的方向和部位。

【案例 7-15】 分析图 7-36 所示薄壁箱体夹紧力作用点的合理性。

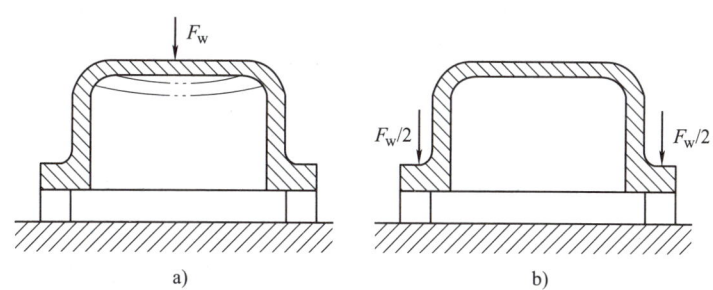

图 7-36 夹紧力作用点应落在工件刚性较好的方向和部位

【解】 如图 7-36a 所示，夹紧力作用点在箱体的顶面上，会使箱体产生较大的变形；图 7-36b 所示的作用点是合理的，箱体的夹紧变形最小。

3）夹紧力作用点应靠近工件的加工表面。

【案例 7-16】 如图 7-37 所示的加工示意图，分析夹紧力作用点的合理性。

【解】 如图 7-37a、c 所示，夹紧力作用点靠近加工表面，可减小切削力对该点形成的力矩和减少振动；图 7-37b、d 所示，夹紧力作用点远离加工表面，切削力对该点形成的力矩和振动增加，夹紧力的作用点不合理。必要的时候还应在靠近加工表面的地方设置辅助支承，以提高工件的装夹刚性。

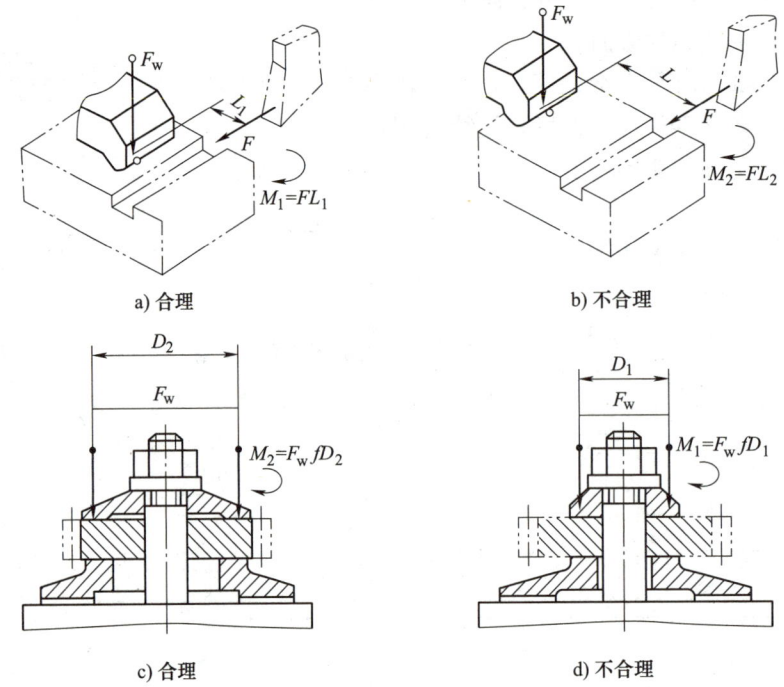

图 7-37　夹紧力作用点应靠近工件的加工表面

3. 夹紧力大小的确定

在夹紧力方向和作用点确定以后，还需合理确定夹紧力的大小。夹紧力的大小对确定夹紧装置的结构尺寸，保证工件定位的稳定和夹紧可靠性等有很大的影响。夹紧力不足，会使工件在切削过程中产生位移并引起振动；夹紧力过大又会造成工件变形或表面损伤。

夹紧力大小的计算比较复杂，一般只做粗略的估算。在确定夹紧力时，通常将夹具和工件看成一个刚性系统，并视工件在切削力、夹紧力、重力和惯性力等作用下，出现最不利情况时按静力平衡状态求出理论夹紧力 F_w。为安全起见，再乘以安全系数 K，即可得到实际夹紧力 F_{w0} 的大小。粗加工时，$K=2.5\sim3.5$；精加工时，$K=1.5\sim2.0$。

在夹具设计中，并非所有情况都要计算夹紧力。夹紧力大小的计算可参考《机床夹具设计手册》。

三、典型夹紧机构

1. 斜楔夹紧机构

（1）工作原理　利用楔块的斜面移动时产生的压力来夹紧工件，常用于气动和液压夹具中。在生产中单独使用斜楔夹紧工件的情况较少，采用斜楔与其他机构组合使用的较多。图 7-38 所示为斜楔夹紧机构的示意图。

（2）夹紧力计算

$$F_w = \frac{Q}{\tan\varphi_1 + \tan(\alpha + \varphi_2)}$$

式中 F_w——理论夹紧力；
Q——作用在楔块上的原始力；
φ_1——楔块与工件的摩擦角；
φ_2——楔块与夹具体的摩擦角；
α——斜楔的夹角。

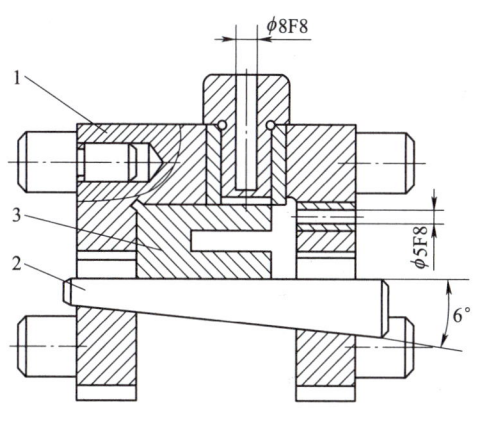

图 7-38 斜楔夹紧机构
1—夹具体　2—斜楔　3—工件

（3）自锁条件　自锁是指当原始外力 Q 撤除或消失后，夹紧机构在摩擦力作用下仍能保持其夹紧状态而不松开。夹紧机构一般都要求自锁，对斜楔夹紧机构，其自锁条件为

$$\alpha \leqslant \varphi_1 + \varphi_2$$

为保证自锁可靠，手动夹紧机构一般取 $\alpha = 6° \sim 8°$；用气压或液压装置驱动的斜楔不需要自锁，取 $\alpha = 15° \sim 35°$。

（4）斜楔夹紧机构的特点　斜楔夹紧具有结构简单、增力比大、自锁性好等特点，因此获得广泛应用。

2. 螺旋夹紧机构

（1）工作原理　螺旋就像绕在圆柱体上的一个斜楔。转动螺旋，使绕在圆柱体上的斜楔高度发生变化从而达到夹紧或放松工件的目的。图 7-39 所示为常见的螺旋夹紧机构。

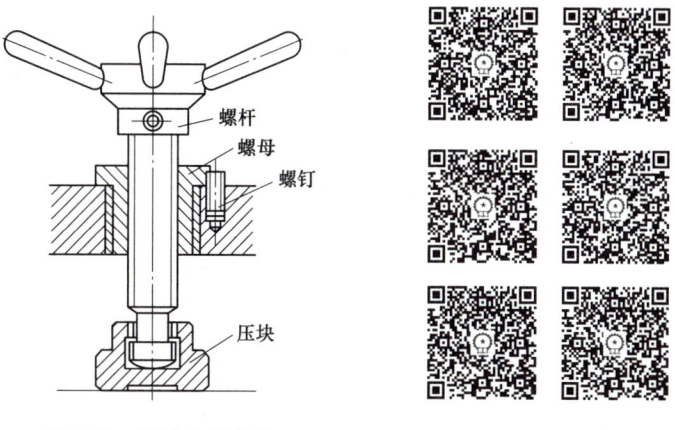

图 7-39 螺旋夹紧机构

(2) 夹紧力计算

$$F_w = \frac{QL}{\frac{d_0}{2}\tan(\alpha+\varphi_1') + r'\tan\varphi_2}$$

式中　L——作用力臂；
　　　α——螺纹升角；
　　　d_0——螺纹中径；
　　　φ_1'——螺纹副的当量摩擦角；
　　　φ_2——螺杆（或螺母）端部与工件（或压块）间的摩擦角；
　　　r'——螺杆（或螺母）端部与工件（或压块）间的当量摩擦半径。

对于三角螺纹，$\varphi_1' = \arctan(1.15\tan\varphi_1)$；对于梯形螺纹，$\varphi_1' = \arctan(1.03\tan\varphi_1)$；对于矩形螺纹，$\varphi_1' = \varphi_1 = \arctan\mu$。

(3) 螺旋夹紧机构的特点　螺旋夹紧机构具有结构简单、紧凑，增力效果突出，自锁性能好，夹紧行程大等优点，但每次夹紧和松开工件的时间较长，夹紧效率低。实际应用中，可采用各种快速螺旋夹紧机构来提高夹紧效率。

3. 偏心夹紧机构

(1) 工作原理　偏心夹紧机构依靠偏心轮回转时回转半径变大而产生夹紧作用，其原理和斜楔工作时斜面高度由小变大产生的楔紧作用是一样的。实际上偏心轮可视为一楔角变化的斜楔。图7-40所示为圆偏心夹紧机构示意图。

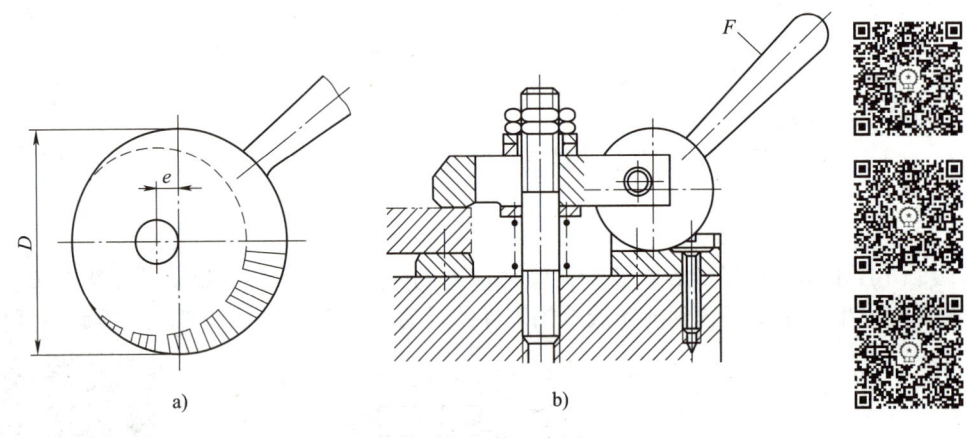

图7-40　圆偏心夹紧机构示意图

(2) 夹紧力计算

$$F_w = \frac{QL}{\rho[\tan\varphi_1 + \tan(\alpha+\varphi_2)]}$$

式中　ρ——偏心转动中心到作用点之间的距离；
　　　α——偏心轮楔角；
　　　φ_1——偏心轮与工件间的摩擦角；
　　　φ_2——偏心轮与转轴间的摩擦角。

(3) 自锁条件　圆偏心的升角是随着转角的变化而变化的，如果夹紧点处的升角小于摩擦角就可以保证机构自锁。若升角最大的地方能够实现偏心夹紧机构自锁，则偏心轮工作部分的其他各点一定能实现自锁，故圆偏心夹紧机构的自锁条件为

$$\alpha_{max} \leqslant \varphi_1 + \varphi_2$$

根据上述自锁条件，可以推导出当 $D/e \geqslant 14$ 时，机构即能实现自锁。此比值称为偏心轮的偏心特性参数。根据偏心轮的偏心特性参数，可决定偏心轮的基本尺寸。

（4）偏心夹紧机构的特点　偏心夹紧机构操作方便，夹紧迅速，缺点是夹紧力和夹紧行程小，一般用于切削负荷不大、振动小的场合。

4. 定心夹紧机构

定心夹紧机构是一种同时对工件进行定心定位和夹紧的机构。定心夹紧机构中与工件定位基面相接触的元件，既是定位元件，又是夹紧元件。定心夹紧机构主要用于要求准确定心或对中的场合。例如自定心卡盘就是利用螺旋槽与齿条的啮合来实现定心夹紧的；弹簧夹头和弹簧心轴是利用均匀弹性变形原理进行定心夹紧的。

5. 铰链夹紧机构

铰链夹紧机构是一种增力机构，它具有增力倍数大、摩擦损失小等优点，广泛应用于气动夹具中。

6. 联动夹紧机构

利用一个原始作用力，实现单件或多件的多点、多向同时夹紧的机构称为联动夹紧机构。联动夹紧机构是一种高效夹紧机构，它可以简化操作，减轻劳动强度和降低成本。常见的联动夹紧机构有单件多点夹紧机构（图7-41）、多件平行夹紧机构（图7-42）、多件对向夹紧机构（图7-43）、多件连续夹紧机构（图7-44）。

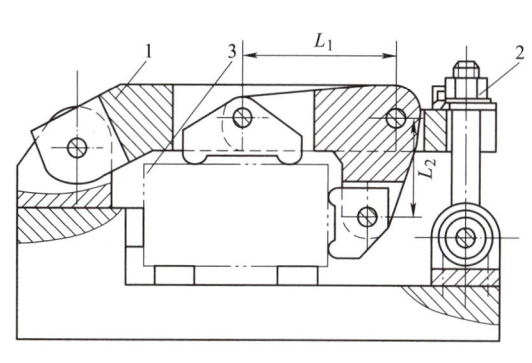

图7-41　单件多点夹紧机构

1—压板　2—螺母　3—工件

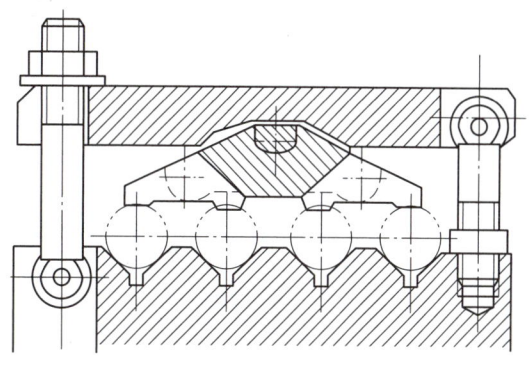

图7-42　多件平行夹紧机构

四、夹紧机构的动力装置

1. 气动夹紧装置

气动夹紧装置的动力源是压缩空气，其工作压力通常为 0.4~0.6MPa。典型的气动传动

系统如图 7-45 所示。图中的油雾器、减压阀、压力表、气缸等组成元件的结构尺寸都已标准化，设计时可参考相关资料和手册。

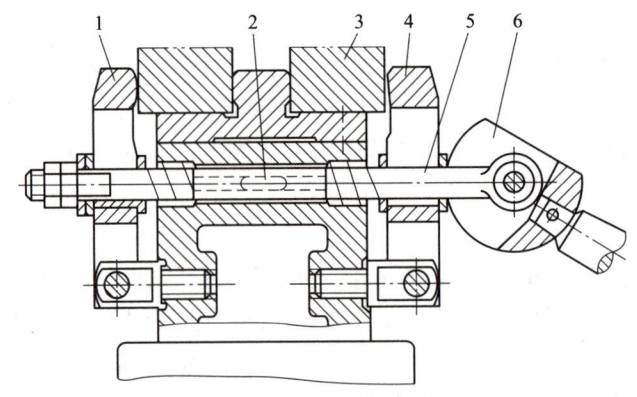

图 7-43　多件对向夹紧机构

1、4—压板　2—键　3—工件　5—拉杆　6—偏心轮

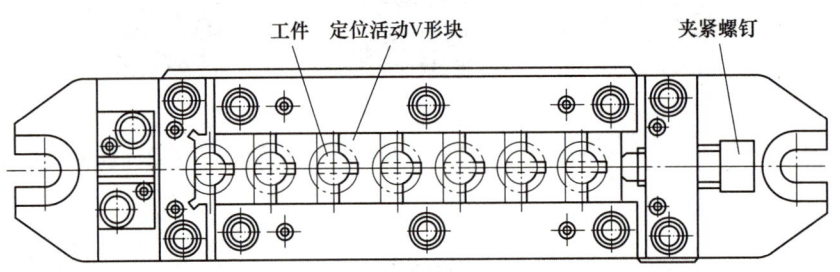

图 7-44　多件连续夹紧机构

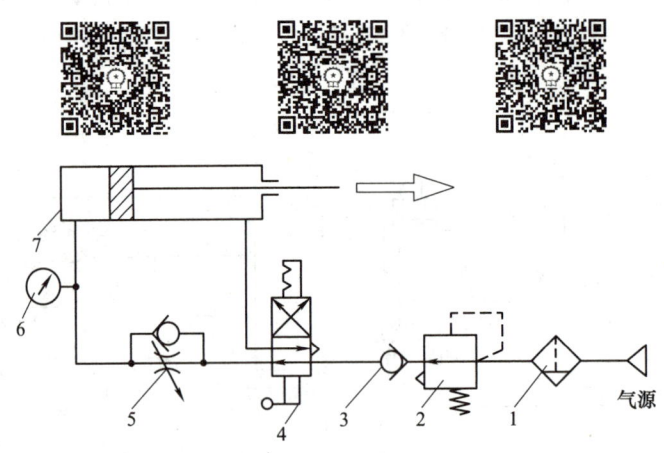

图 7-45　气动传动系统

1—油雾器　2—减压阀　3—单向阀　4—分配阀　5—调速阀　6—压力表　7—气缸

2. 液压夹紧装置

液压夹紧装置是由液压油产生动力，工作原理类似于气动夹紧装置。液压夹紧装置除了具有气动夹紧装置的优点外，还具有以下特点：

1）液压压力可达 5~6.5MPa，比气压高 10 多倍，因此，液压缸尺寸远小于气缸尺寸，不需要增力机构，夹具结构更加紧凑。

2）液体具有不可压缩性，液压夹紧刚性大、工作平稳、夹紧可靠。

3）液压夹紧噪声小，劳动条件好。

4）液压夹紧装置需要一套动力装置和各种泵、阀等辅助设施，对密封要求较高，夹具成本高。

液压夹紧装置一般用在液压机床、组合机床及重型机床上，在机床夹具中不如气动夹紧装置应用广泛。液压传动装置的结构设计可参考有关教材或书籍。

3. 气—液联合夹紧装置

气—液联合夹紧装置的力源是压缩空气，但需要特殊的增压器。它比气动夹紧装置复杂，比液压夹紧装置简单，综合了气压传动和液压传动的优点。图 7-46 所示为气—液联合夹紧装置的工作原理图。

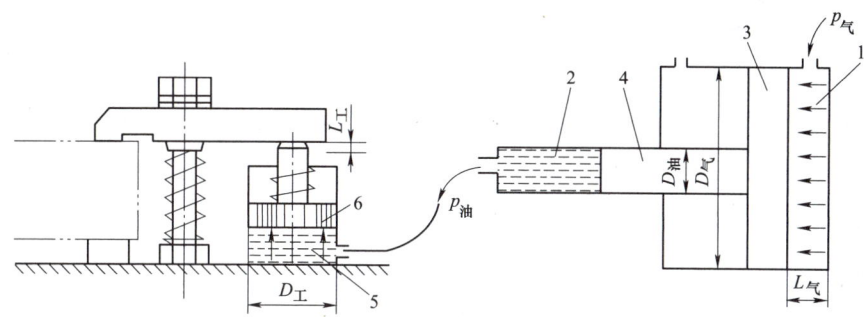

图 7-46 气—液联合夹紧装置的工作原理图

1—气缸　2、5—液压缸　3、6—活塞　4—活塞杆

气—液联合夹紧装置的液压缸体积小，安装在夹具中灵活方便，一般用在压板夹紧机构中。关于增压器的更多内容，请参考相关设计手册。

4. 电磁夹紧装置

电磁夹紧装置也称为电磁工作台或电磁吸盘，一般作为机床附件提供。图 7-47 所示为车床用感应式电磁卡盘的结构示意图。当线圈 1 通上直流电后，在铁心 2 上产生磁力线，隔磁体 5 使磁力线通过工件和导磁体 6 形成闭合回路，工件被磁力吸在卡盘上。断电后，磁力消失，可从卡盘上取下工件。

5. 真空夹紧装置

真空夹紧装置的工作原理是利用大气压力和封闭腔内气压之差来吸紧工件。图 7-48 所示为真空夹紧装置的工作原理图。夹具体 1 上加工出密封槽并装有橡胶密封圈 2，工件放在橡胶密封圈 2 上则与夹具体之间形成封闭空腔，再通过孔道，由真空泵将空腔抽为真空，工件就被空腔内、外压力差均匀地吸在夹具体上。

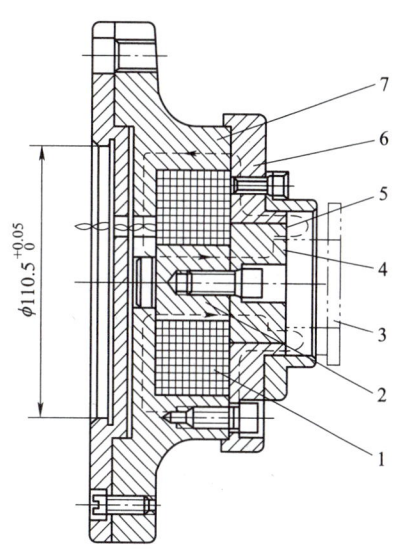

图 7-47 感应式电磁卡盘的结构示意图

1—线圈　2—铁心　3—工件
4、6—导磁体
5—隔磁体　7—夹具体

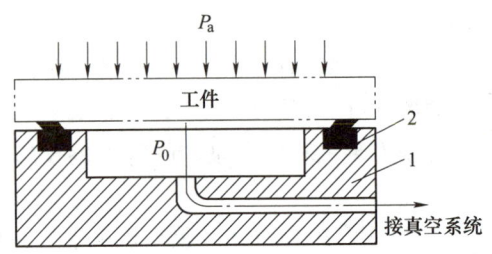

图 7-48 真空夹紧装置的工作原理图
1—夹具体 2—橡胶密封圈

任务五 设计钻床夹具

【知识准备】

钻床夹具是在钻床和部分镗床上用于钻孔、扩孔和铰孔时使用的夹具，也称为钻模。钻模上设置有钻套和钻模板，用来引导刀具，钻模主要用来加工中等精度、尺寸较小的孔或孔系。

一、钻床夹具的主要类型

1. 固定式钻模

图 7-49 所示为固定式钻模的结构图。这类钻模固定在钻床工作台上使用，在夹具体上设有专供夹紧用的凸缘。固定式钻模在立式钻床上一般用来加工单孔，在摇臂钻床上通常用来加工平行孔系。

2. 回转式钻模

图 7-50 所示为回转式钻模的结构图。回转式钻模使用较多，它用来加工工件上同一圆周方向上的平行孔系。回转式钻模的型式有立轴、卧轴和斜轴三种，钻套一般固定不动。

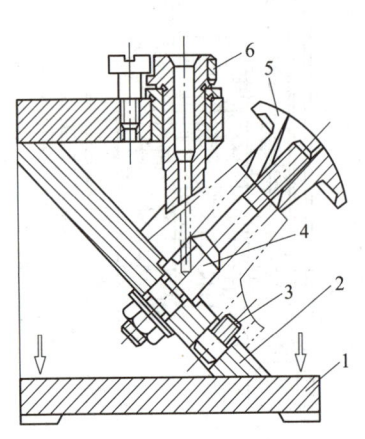

图 7-49 固定式钻模
1—夹具体 2—支承板 3—削边销
4—圆柱销 5—快夹螺母 6—快换钻套

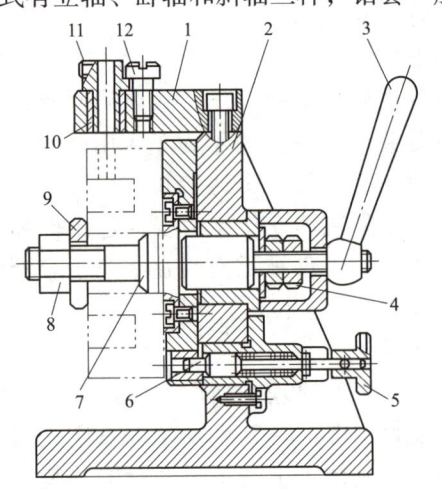

图 7-50 回转式钻模
1—钻模板 2—夹具体 3—锁紧手柄 4—锁紧螺母
5—手柄 6—对定销 7—定位心轴 8—螺母
9—开口垫圈 10—衬套 11—钻套 12—紧固螺钉

3. 翻转式钻模

图 7-51 所示为翻转式钻模的结构图。翻转式钻模没有转轴和分度装置，在使用过程中需要手动翻转夹具，因此，钻模连同工件的总质量不宜超过 10kg。翻转式钻模主要用来加工小型工件上分布在不同表面上的孔。

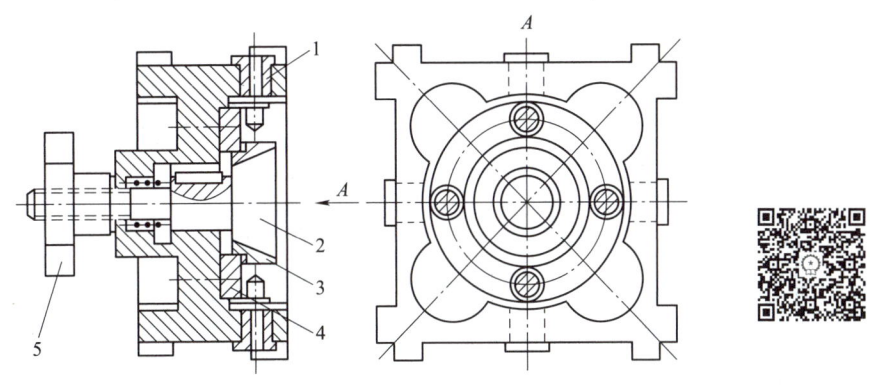

图 7-51　翻转式钻模

1—钻套　2—倒锥螺栓　3—弹簧胀套　4—支承板　5—螺母

4. 盖板式钻模

图 7-52 所示为盖板式钻模的结构图。盖板式钻模没有夹具体，是一块钻模板，其特点是定位元件、夹紧元件和钻套均设在钻模板上，钻模板在工件上装夹。盖板式钻模主要用来加工床身、箱体等大型工件上的小孔，也用来钻中、小工件上的孔。

盖板式钻模结构简单、制造方便，加工孔的位置精度高，故应用广泛。

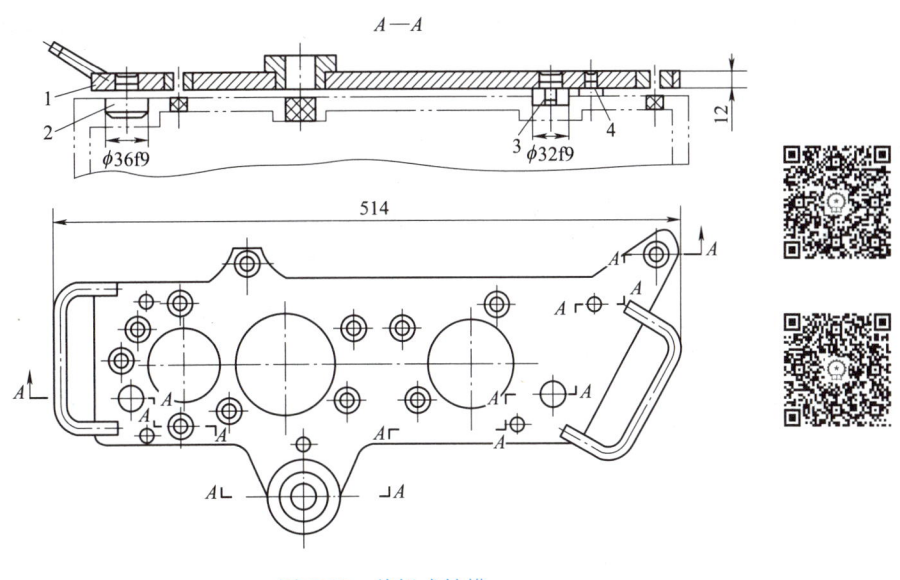

图 7-52　盖板式钻模

1—钻模板　2—圆柱销　3—圆锥销

5. 滑柱式钻模

图 7-53 所示为滑柱式钻模的结构图。滑柱式钻模是一种带有升降钻模板的通用可调整

夹具。它由夹具体、滑柱、钻模板和锁紧机构等组成，其结构已标准化。滑柱式钻模结构简单，制造容易，操作方便，通用性好，能简化设计和缩短制造周期，但精度不高，适用于钻、铰中等精度的孔或孔系。

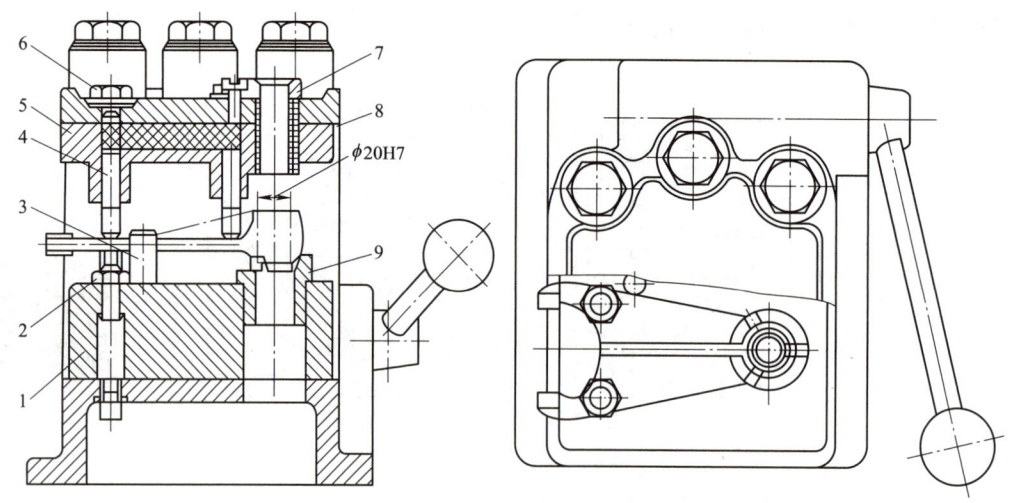

图 7-53 滑柱式钻模

1—底座 2—可调支承 3—挡销 4—压柱 5—压柱体 6—螺栓 7—钻套 8—衬套 9—定位锥套

二、钻床夹具的设计要点

1. 钻套的设计

钻套是钻床夹具特有的元件。钻套用来引导钻头、扩孔钻、铰刀等孔加工刀具，增强刀具刚性，并保证被加工孔和其他表面之间的准确相对位置。钻套按其结构和使用特点可分为以下四种类型。

（1）固定钻套 图 7-54 所示为固定钻套的 A 型、B 型两种结构，钻套安装在钻模板或夹具体中，其配合为 H7/n6 或 H7/r6。固定钻套结构简单，钻孔精度高，适用于单一钻孔工序和中、小批量生产中。

（2）可换钻套 图 7-55 所示为可换钻套的结构，为便于更换磨损的钻套，选用可换钻套。钻套与衬套之间采用 H6/g5 或 H7/g6 配合，

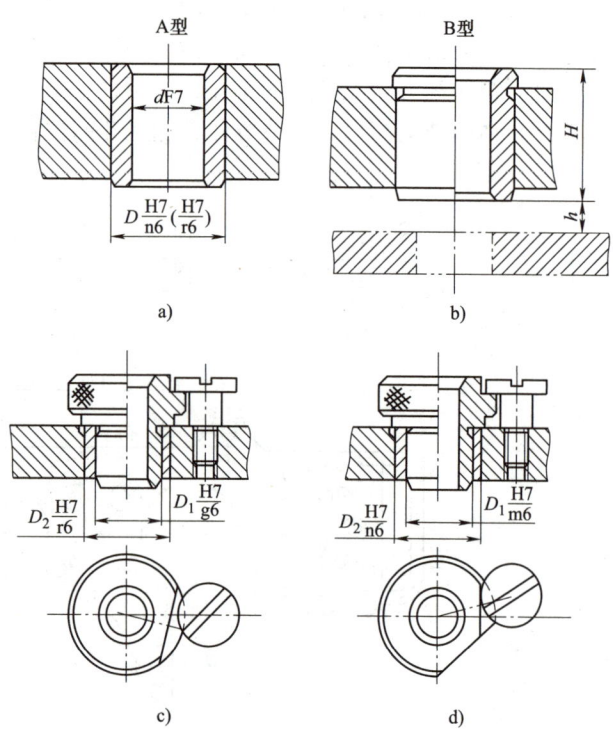

图 7-54 固定钻套的结构

衬套与钻模板之间采用 H7/n6 或 H7/r6 配合。可换钻套一般用于单一钻孔工序和大批量生产中。

（3）快换钻套　图 7-56 所示为快换钻套的结构，快换钻套用于完成一道工序需要连续更换刀具的场合。快换钻套除在其凸缘处铣有台肩以供防转螺钉压住外，还铣有一削边平面，当削边平面转到钻套螺钉位置时，便可快速向上取出钻套。为防止直接磨损钻模板，钻套与钻模板之间也必须配有衬套，配合与可换钻套相同。

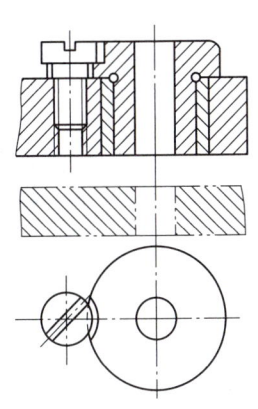

图 7-55　可换钻套的结构　　　图 7-56　快换钻套的结构

上述三种钻套都已标准化，其结构和尺寸可参考《机床夹具设计手册》。

（4）特殊钻套　特殊钻套是根据具体加工情况自行设计的，以补充标准钻套的不足。图 7-57 所示为几种特殊钻套的结构。

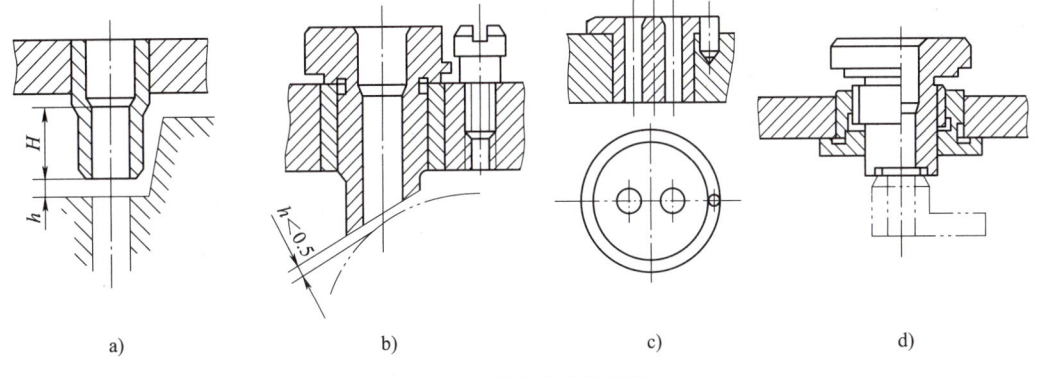

图 7-57　特殊钻套的结构

2. 钻模板的设计

钻模板是用来安装钻套的，要有一定的强度和刚度，以防变形影响钻套的位置和导向精度。钻模板多设置在夹具体上或支架上，按连接方式可分为固定式、铰链式、分离式和悬挂式四种。钻模板的结构设计参考《机床夹具设计手册》。

【任务实施】

【案例 7-17】　图 7-58 所示为托架的工序图，工件材料为铸铝，年产 1000 件，已加工面为 ϕ33H7 孔及其两端面 A、C 和距离为 44mm 的两侧面 B。设计钻 $2\times\phi$10.1mm 螺纹底孔的钻模。

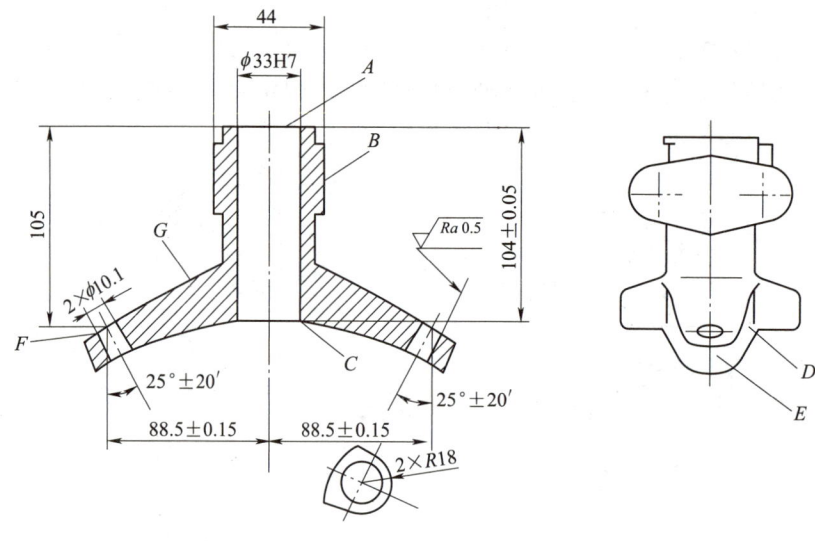

图 7-58 托架工序图

【解】 钻模的设计过程如下。

（1）工艺分析

1）工件的加工要求。

①ϕ10.1mm 孔中心线与 ϕ33H7 孔中心线的夹角为 $25°\pm20'$。

②ϕ10.1mm 孔中心线与 ϕ33H7 孔中心线的距离为 88.5 ± 0.15mm。

③两加工孔对两 R18mm 中心线组成的中心面对称。

④尺寸 105mm 是为方便斜孔钻模设计和计算而标注的工艺尺寸。

2）工序基准。工序基准为 ϕ33H7 孔、A 面和两个 R18mm 的中间平面。

3）其他应考虑的问题。

①为保证钻套及孔的中心线与钻床工作台台面垂直，主要限位基准必须倾斜。

②两个 ϕ10.1mm 孔应在一次加工中完成，钻模需设置分度机构。

③设计斜孔钻模时，需设置工艺孔。

（2）定位方案设计　图 7-59 所示为钻孔的两种定位方案。

图 7-59a 所示的方案以工序基准 ϕ33H7 孔、A 面和 R18mm 圆弧面作定位基面，以心轴和端面 A 定位限制 5 个自由度，活动 V 形块 1 限制一个转动自由度，实现完全定位；支承钉 2 是提高工件刚度用的，不限制自由度。此方案基准重合，定位误差小，但夹紧装置和导向装置易相互干扰，结构尺寸较大。

图 7-59b 所示的方案以工序基准 ϕ33H7 孔、C 面和 R18mm 圆弧面作定位基面，以心轴和端面 C 定位限制 5 个自由度，活动 V 形块 3 限制一个转动自由度，实现完全定位；在加工孔下方用两个斜楔作辅助支承。此方案存在基准不重合误差，精度不高，但能满足工序的要求，结构简单，工件装夹方便。综合考虑，选择图 7-59b 所示的方案。

（3）导向和夹紧装置设计　由于两个 ϕ10.1mm 孔是 M12 螺纹底孔，可直接钻出；又因工件的批量不大，所以选用固定式钻套，在工件装卸方便的情况下，选用固定式钻模板。为便于快速装卸工件，采用螺钉及开口垫圈夹紧机构。导向和夹紧方案如图 7-60 所示。

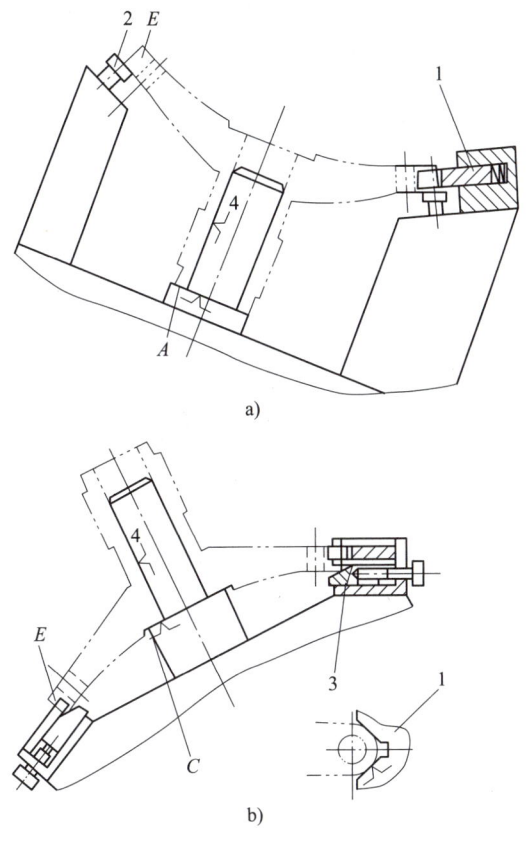

图 7-59 托架定位方案

1—V 形块　2—支承钉　3—活动 V 形块　4—心轴

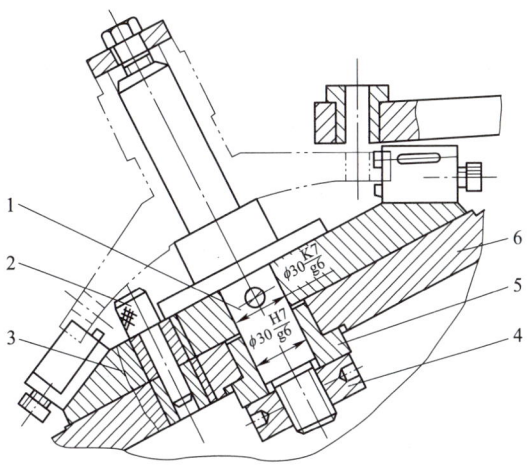

图 7-60 托架的导向、夹紧和分度装置

1—回转轴　2—圆柱对定销　3—分度盘　4—锁紧螺母　5—回转套　6—夹具体

（4）分度装置设计　由于两个 $\phi 10.1 \text{mm}$ 孔对 $\phi 33 \text{H7}$ 孔的对称度要求不高，故设计一般精度的分度装置。如图 7-60 所示，回转轴 1 与定位心轴做成一体，用销钉与分度盘 3 连接，

安装于夹具体6的回转套5中,用圆柱对定销2对定,用锁紧螺母4锁紧。

(5)绘制夹具总装图　图7-61所示为托架零件钻孔夹具总装配图。

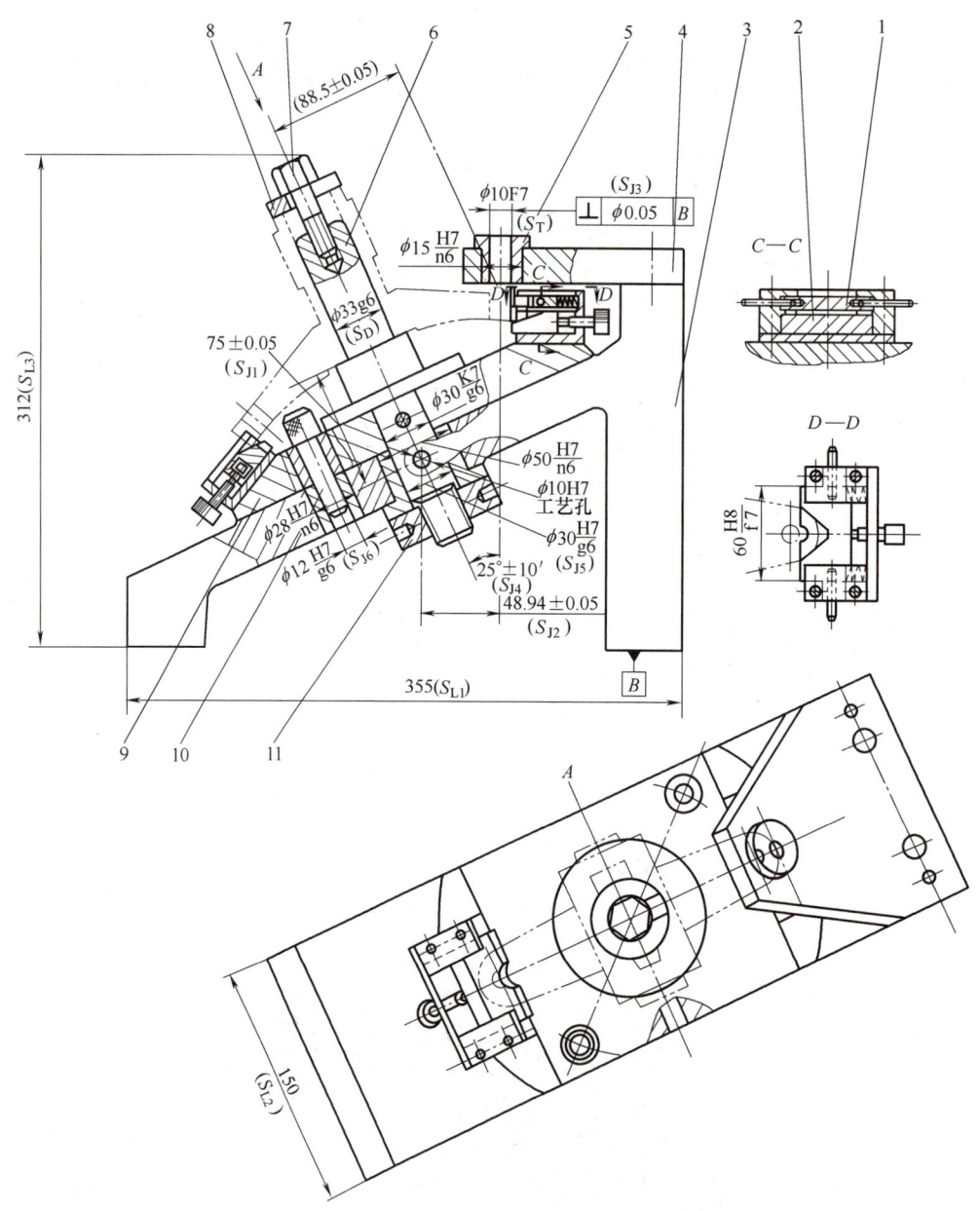

技术要求
1. 工件随分度盘转离钻模板后再进行装夹。
2. 工件在定位夹紧后才能拧动辅助支承旋钮,拧紧力应适当。
3. 夹具的非工作表面喷涂灰色漆。

图7-61　托架零件钻孔夹具总装配图
1—活动V形块　2—斜楔辅助支承　3—夹具体　4—钻模板　5—钻套　6—定位心轴
7—夹紧螺钉　8—开口垫圈　9—分度盘　10—圆柱对定销　11—锁紧螺母

钻床夹具的其他设计内容，可参考相关设计资料。

任务六　设计铣床夹具

【知识准备】

铣床夹具主要用来加工零件上的平面、键槽、缺口、花键、齿轮及各种成形面，生产中应用比较广泛。铣削加工时切削用量较大，且为断续切削，故铣削时切削力较大，引起的冲击和振动也较大，因此，设计铣床夹具时应具有较大的夹紧力，其组成部分应有较大的强度和刚度。铣床夹具一般设有对刀装置和定位键，这是铣床夹具与其他机床夹具不同的地方。

一、铣床夹具的主要类型

由于铣削过程中夹具多随工作台一起做直线进给或圆周进给运动，因此，铣床夹具按不同的进给方式分为直线进给式、圆周进给式和靠模进给式三种类型。

1. 直线进给式铣床夹具

直线进给式铣床夹具安装在铣床工作台上，加工时随工作台做直线进给运动。直线进给式铣床夹具在生产中应用广泛，按照在夹具中安装工件的数量和工位分为单件加工、多件加工和多工位加工夹具。图7-62所示为铣削轴端方头的夹具，采用平行对向式多件联动夹紧机构，旋转夹紧螺母6，通过球面垫圈及压板7将工件压在V形块上。四把三面刃铣刀同时铣完两个侧面后，取下楔块5，将回转座4转过90°，再用楔块5将回转座4定位并楔紧，即可铣削工件的另两个侧面。

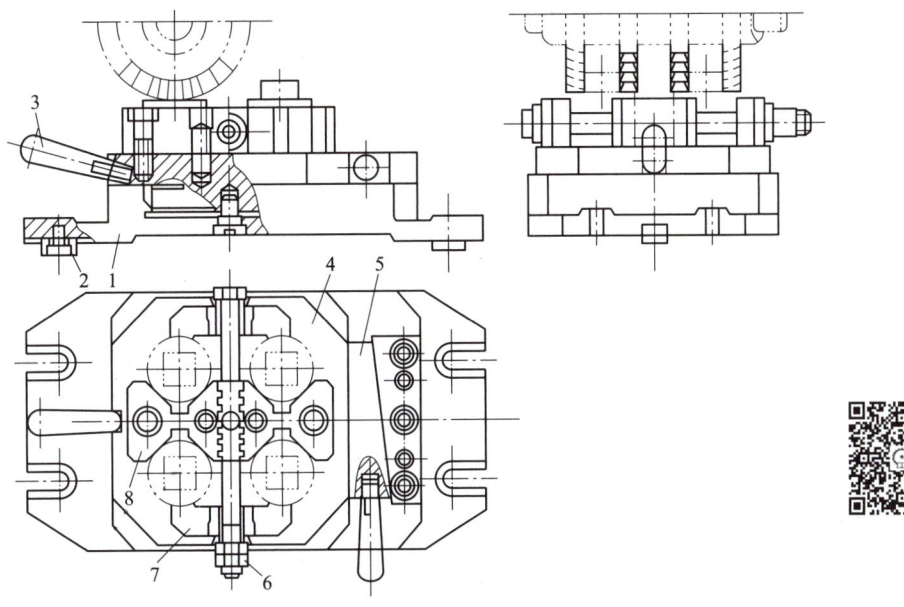

图7-62　铣削轴端方头的夹具

1—夹具体　2—定向键　3—手柄　4—回转座　5—楔块　6—夹紧螺母　7—压板　8—V形块

2. 圆周进给式铣床夹具

圆周进给式铣床夹具通常用在具有回转工作台的铣床上，依靠回转工作台的旋转将工件顺序送入铣床的加工区域，实现连续铣削；在加工的同时，在装卸区域装卸工件，使辅助时间与机动时间重合，实现高效铣削加工。图 7-63 所示为在立式铣床上圆周进给铣拨叉的夹具。通过电动机、蜗轮副传动机构带动回转工作台 6 回转，夹具上可同时装夹 12 个工件。工件以一端的孔、端面及侧面在夹具的定位板、定位销 2 及挡销 4 上定位。由液压缸 5 驱动拉杆 1，通过开口垫圈 3 夹紧工件。图中 AB 是加工区段，CD 是装卸区段，可在不停车情况下装卸工件。

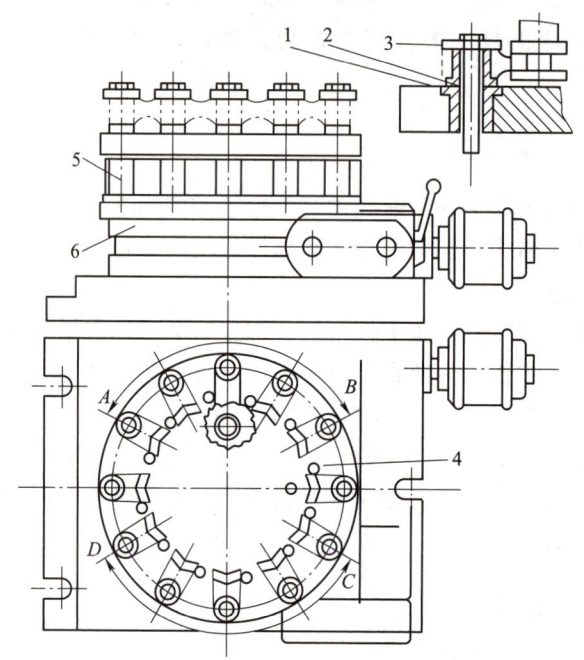

图 7-63 圆周进给式铣床夹具

1—拉杆 2—定位销 3—开口垫圈 4—挡销 5—液压缸 6—回转工作台

3. 靠模进给式铣床夹具

带有靠模的铣床夹具称为靠模进给式铣床夹具。在一般万能铣床上，利用带有靠模装置的铣床夹具可加工各种成形面，扩大了机床的工艺范围。按照主进给运动的运动方式，靠模铣床夹具可分为直线进给靠模铣床夹具和圆周进给靠模铣床夹具两种。图 7-64a 所示为直线进给靠模铣床夹具；图 7-64b 所示为圆周进给靠模铣床夹具。

二、铣床夹具的设计要点

由于铣削是断续切削，因此铣床夹具的受力元件应有足够的强度和刚度；夹紧机构提供的夹紧力应足够大，而且应有较好的自锁性。为了提高夹具的工作效率，应尽可能采用机动夹紧机构和联动夹紧机构，并尽可能采用多件夹紧和多件加工。

铣床夹具的夹具体应具有足够的强度、刚度和稳定性。铣床夹具的设计要点也适用于刨床夹具和平面磨床夹具。铣床夹具在机床工作台上的定位，一般是通过夹具体底面和定向键来实现的。

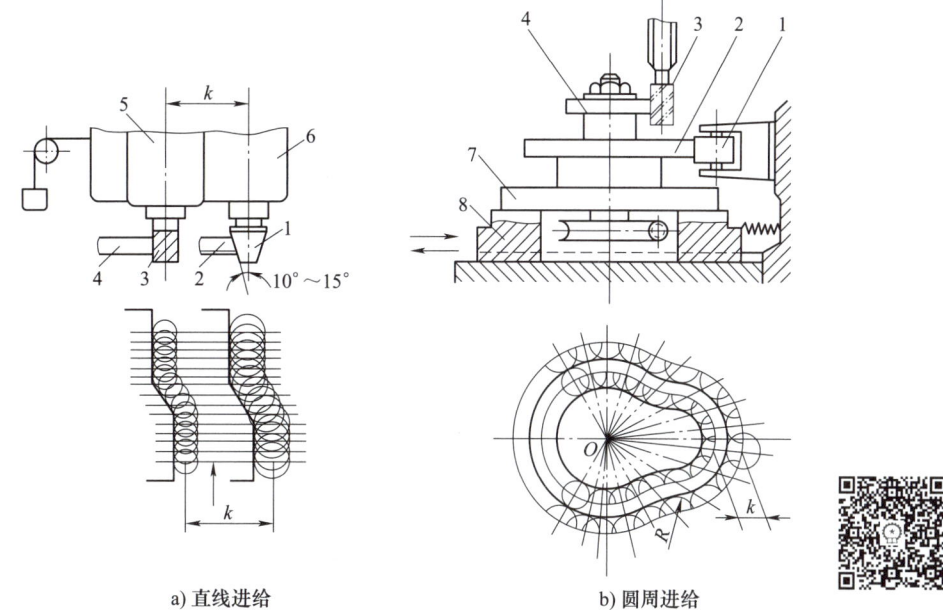

a) 直线进给　　　　　　　　　　b) 圆周进给

图 7-64　靠模铣床夹具

1—滚柱　2—靠模板　3—铣刀　4—工件　5—铣刀滑座　6—滚柱滑座　7—回转台　8—滑座

三、夹具的对刀装置

夹具在机床上安装完毕，在进行加工之前，一般需要调整刀具与夹具定位元件的相互位置关系，以保证刀具相对工件处于正确位置，这个过程称为夹具的对刀。在铣床和刨床上常设有对刀装置，对刀装置由对刀块和塞尺等组成。

当需要用对刀块确定刀具和夹具间的正确位置时，可按工作要求来选用对刀块；对刀时，对刀块和刀具间要放入塞尺，对刀精度由塞尺的松紧程度来控制。对刀装置的结构尺寸已标准化，对刀装置的形式根据加工表面的情况而定。

1. 对刀块

图 7-65 所示为几种常见的对刀块。圆形对刀块（图 7-65a）用于加工平面；方形对刀块（图 7-65b）用于调整组合铣刀的位置；直角对刀块（图 7-65c）用于加工两相互垂直面或铣槽时的对刀；侧装对刀块（图 7-65d）也用于加工两相互垂直面或铣槽时的对刀；图 7-65e 所示为常见的对刀装置结构图。这些标准对刀块的结构参数均可从有关手册中查取。

2. 塞尺

对刀调整工作通过塞尺进行，这样可以避免损坏刀具和对刀块的工作表面。图 7-66 所示为常用的两种标准塞尺结构，对刀平塞尺（图 7-66a）厚度为 1~5mm，公差取 h8；对刀圆柱塞尺（图 7-66b）的直径 d 为 3~5mm，公差取 h8。

在夹具总图上应注明塞尺的尺寸。采用标准对刀块和塞尺进行对刀调整时，加工公差等级不超过 IT8。

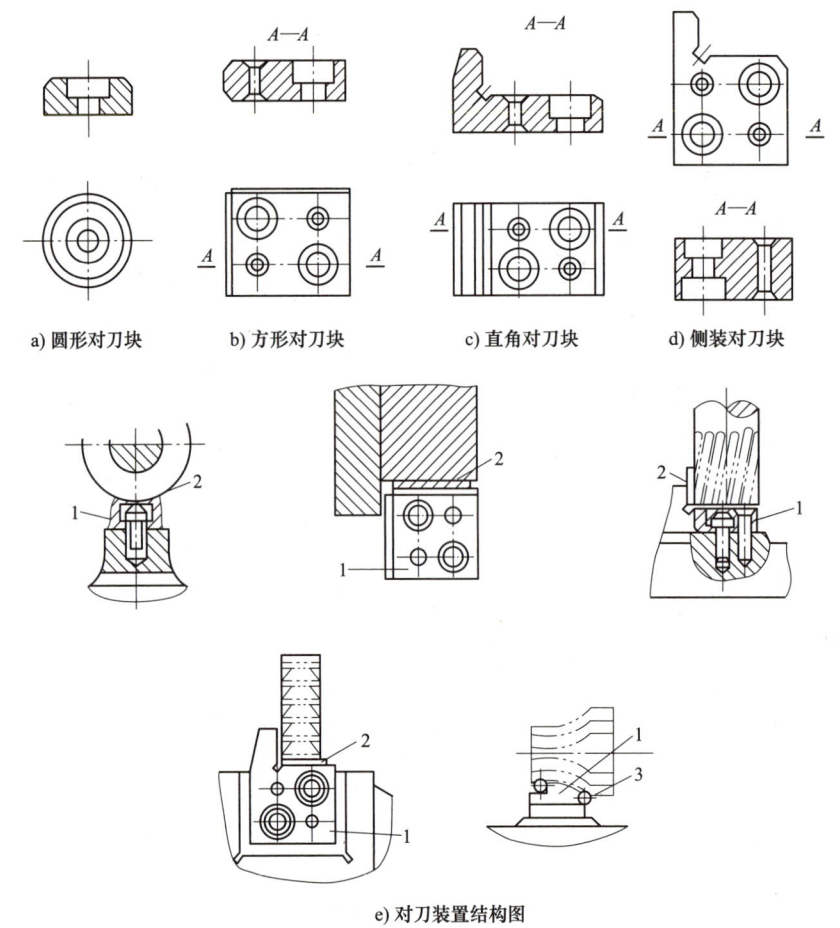

a) 圆形对刀块　　b) 方形对刀块　　c) 直角对刀块　　d) 侧装对刀块

e) 对刀装置结构图

图 7-65　对刀块及对刀装置结构

1—对刀块　2—对刀平塞尺　3—对刀圆柱塞尺

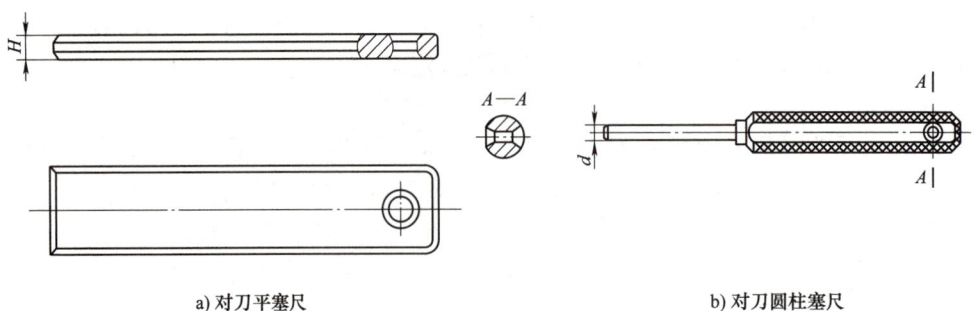

a) 对刀平塞尺　　　　　　　　b) 对刀圆柱塞尺

图 7-66　常用标准塞尺

【任务实施】

【案例 7-18】　图 7-67 所示为铣顶尖套双槽的工序图,已知其余表面已加工完毕,试设计大批生产时的铣槽夹具。

【解】 铣双槽专用夹具设计过程如下。

(1) 工艺分析

1) 工件的加工要求

①键槽宽 12H11；槽侧面对 ϕ70.8h6 轴线的对称度为 0.10mm，平行度为 0.08mm；槽底到轴下素线尺寸为 64.8mm；键槽长度为 60±0.4mm。

②油槽半径为 3mm，圆心在轴的圆柱面上；油槽长度为 170mm。

③键槽和油槽的对称面在同一平面内。

2) 工序基准。铣双槽的工序基准为 ϕ70.8h6 外圆轴线和顶尖套两端面。

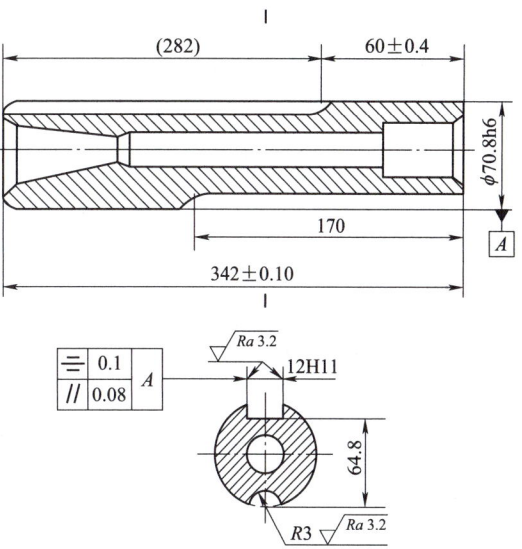

图 7-67 铣顶尖套双槽的工序图

(2) 定位方案设计 根据工序图和技术要求，铣键槽时应限制五个自由度，铣油槽时应限制六个自由度。由于是大批生产，为提高生产率，可在铣床主轴上安装两把直径相等的铣刀，同时对两个工件铣键槽和油槽。图 7-68 所示为铣键槽和油槽的两种定位方案。

工件以 ϕ70.8h6 外圆在两个互相垂直的平面上定位，端面加止推销（图 7-68a）。

工件以 ϕ70.8h6 外圆在 V 形块上定位，端面加止推销（图 7-68b）。

分析两种定位方案，方案 1 使加工尺寸 64.8mm 的定位误差为零；方案 2 使对称度的定位误差为零；从技术要求和承受铣削力综合考虑，方案 2 较好。

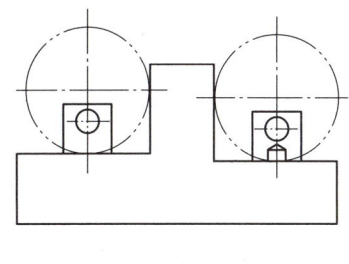 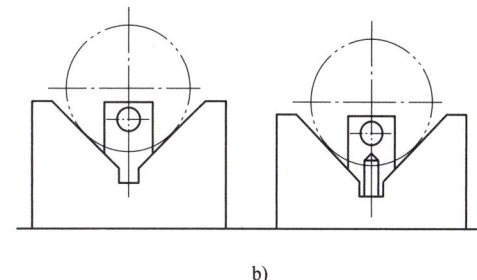

a)   b)

图 7-68 铣顶尖套双槽的定位方案

(3) 夹紧装置设计 根据夹紧力的确定原则，为保证夹紧力可靠和提高夹紧效率，可采用液压缸驱动的联动夹紧机构均匀地将工件夹紧。

(4) 对刀装置设计 键槽铣刀需要两个方向对刀，故选择侧装直角对刀块；由于两铣刀的直径相等，油槽深度由两工位 V 形块定位高度差保证；两铣刀的距离由两铣刀间的轴套长度确定。所以，设置一个对刀块就能满足铣键槽和油槽的加工要求。

(5) 夹具体和定向键 为了在夹具体上安装液压缸和联动夹紧机构，夹具体应具有适当的高度和宽度；为保证夹具安装的稳定性，夹具体的高宽比不大于 1.25，并在两端设耳座，便于固定。

为保证键槽和油槽的对称度，夹具体底面应设置定向键。两定向键的侧面应与 V 形块的对称面平行。

铣床夹具的其他设计内容，可参考相关设计资料。

任务七　设计车床夹具

【知识准备】

在车床上用来加工零件的内外圆柱面、圆锥面、回转成形面、螺纹及端面的夹具称为车床夹具。

一、车床夹具的类型

根据工件的定位基准和夹具体本身的结构特点，车床夹具可分为以下几类：

1）以工件外圆定位的车床夹具，如各类夹盘和夹头。

2）以工件内孔定位的车床夹具，如各种心轴。

3）以工件顶尖孔定位的车床夹具，如顶尖和拨盘等。

4）用于加工非回转体的车床夹具，如各种弯板式、花盘式车床夹具。

5）当工件定位表面为单一圆柱表面或与被加工面相垂直的平面时，可采用车床通用夹具，如自定心卡盘、单动卡盘、顶尖和花盘等；当工件定位面较复杂或有其他特殊要求时，应设计专用车床夹具。

二、车床夹具设计要点

因车床夹具是随机床主轴一起回转的，所以要求结构紧凑，轮廓尺寸尽可能小，重量轻；车床夹具的重心应尽可能靠近回转轴线，以减少惯性力和回转力矩。

应有平衡措施消除回转不平衡产生的振动现象。生产中常采用配重法来达到车床夹具的静平衡；在平衡铁上开有弧形槽，以便调整至最佳平衡位置时用螺钉固定。为使夹具使用安全，夹具上应避免带有尖角或凸出部分，必要时回转部分外面要加防护罩。

注意夹具在车床主轴上的定位与连接。夹具与主轴的定位表面之间必须有良好的配合和可靠的连接，特别是夹紧装置的自锁应可靠。与主轴端连接部分有较准确的圆柱孔或圆锥孔，其结构形式和尺寸规格，随具体使用的机床而异。

【任务实施】

【案例 7-19】　图 7-69 所示为车床开合螺母零件车削工序图。CA6140 型卧式车床开合螺母零件在本工序中需精车 $\phi 40$mm 孔及端面。工件材料为 45 钢，毛坯为锻件，中批量生产。试设计精车 $\phi 40$mm 孔及端面的车床夹具。

【解】　车床专用夹具设计过程如下。

（1）工艺分析

1）工件的加工要求。

① $\phi 40$mm 孔中心线到燕尾形导轨底面 C 的距离为 45 ± 0.05mm。

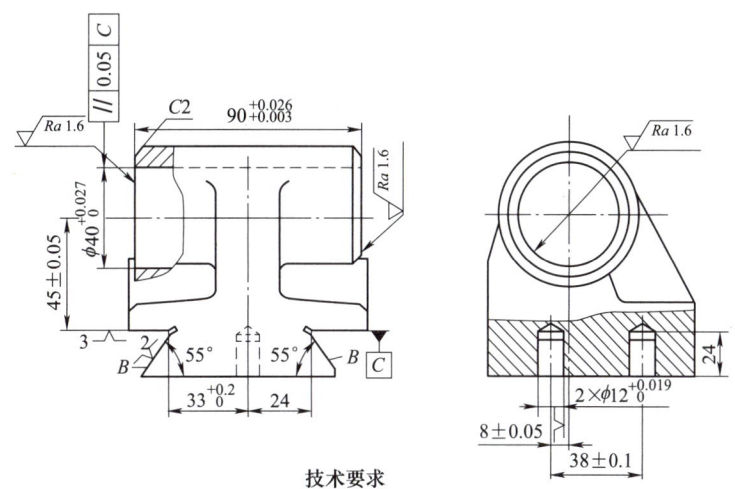

图 7-69　车床开合螺母零件车削工序图

②$\phi40$mm 孔中心线与燕尾形导轨底面 C 的平行度为 0.05mm。

③$\phi40$mm 孔中心线与 $\phi12$mm 孔中心线的距离为 8±0.05mm。

④$\phi40$mm 孔中心线对两 B 面的对称面的垂直度为 0.05mm。

2）工序基准。燕尾导轨面为工序基准。

(2) 定位方案设计　对于回转体或对称零件，一般采用心轴或定心夹紧式夹具，以保证工件的定位基面、加工表面和主轴三者的轴线重合。

对于壳体、支架、托架等形状复杂的工件，由于被加工表面与工序基准之间有尺寸和相互位置要求，所以各定位元件的限位表面应与机床主轴旋转轴线具有正确的尺寸和位置关系。

为贯彻基准重合原则，工件以燕尾形槽的燕尾面 B 和 C 在固定支承板 8 及活动支承板 10 上定位，限制五个自由度；用 $\phi12$mm 孔与活动菱形销 9 配合，限制一个自由度（图 7-70）。

(3) 夹紧装置设计　车床夹具的夹紧装置必须安全可靠。夹紧力必须克服切削力、离心力等外力的作用，且自锁可靠。对高速切削的车床和磨床夹具，应进行夹紧力克服切削力和离心力的验算。若采用螺旋夹紧机构，一般要加弹簧垫圈或使用锁紧螺母。

本案例采用手动夹紧机构，利用摆动 V 形块 3 的回转式螺旋压板机构夹紧工件，通过锁紧螺母和垫圈起夹紧作用。由于采用了摆动 V 形块结构，故其能自动定心夹紧，起到受力均匀的作用。工件装卸时，从上方推开活动支承板 10 将工件插入，靠弹簧力将工件靠在固定支承板 8 上，并使活动菱形销 9 弹入定位孔 $\phi12$mm 内；采用带摆动 V 形块 3 的回转式螺旋压板机构夹紧工件，用平衡块 6 来保持夹具的平衡（图 7-70）。

(4) 绘制夹具总装图　精车 $\phi40$mm 孔及端面的角铁式车床夹具总装图如图 7-70 所示。车床夹具的其他设计内容，可参考相关设计资料。

【案例 7-20】　图 7-71 所示为液压泵上体车三孔工序图，工件的底面与顶面、两个 $\phi8$H7 孔和两个 $\phi8$mm 孔均已加工好，设计所需的车床夹具。

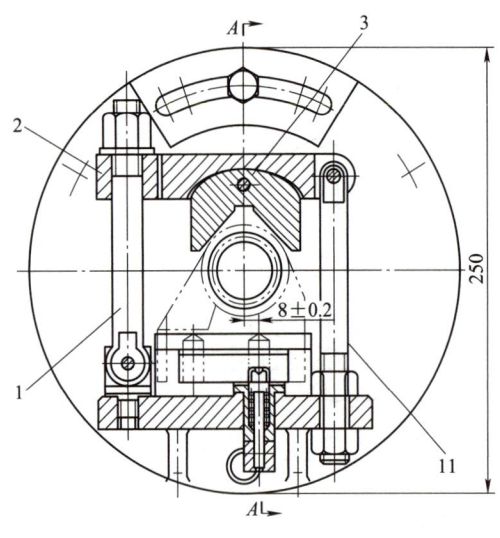 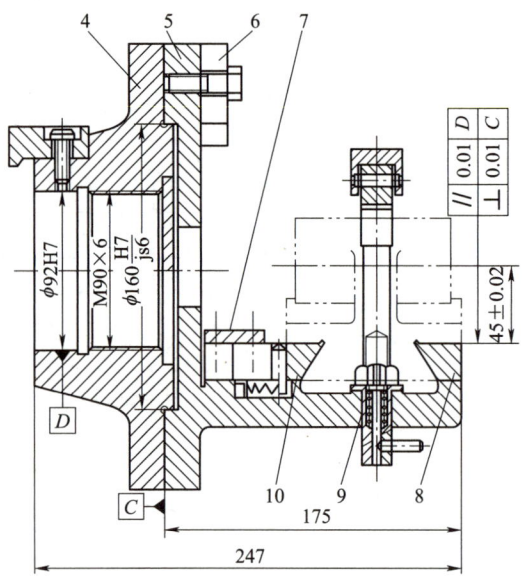

图 7-70 精车 φ40mm 孔及端面的角铁式车床夹具图

1、11—螺栓　2—压板　3—摆动 V 形块　4—过渡盘　5—夹具体
6—平衡块　7—盖板　8—固定支承板　9—活动菱形销　10—活动支承板

【解】　车床夹具设计过程如下。

（1）工艺分析

1）工件的加工要求。

①三个阶梯孔中心线的距离为 25±0.1mm。

②三孔中心线与底面的垂直度。

③中间阶梯孔与四小孔的位置度。

2）工序基准。工序基准是底面和两个 φ8H7 孔。

（2）定位方案的设计　根据加工要求和基准重合原则，采用底面和两个 φ8H7 孔定位。定位元件及结构设计如图 7-72 所示。

（3）夹紧装置设计　为使夹紧可靠，采用两幅移动式螺旋压板 5 夹紧在工件顶面两端，其结构如图 7-72 所示。

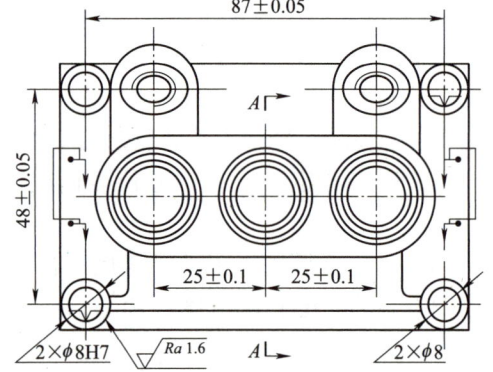

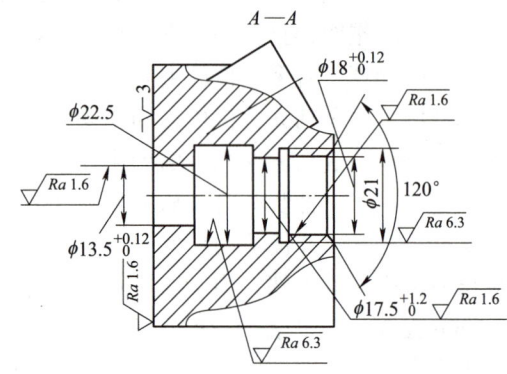

图 7-71　液压泵上体车三孔工序图

（4）分度装置设计　液压泵上体三孔呈直线分布，在一次装夹中完成，需设计直线分度装置。在图 7-72 中，花盘 6 为固定部分，移动部分为分度滑块 8；分度滑块与花盘之间通过导向键 9 连接，用两对 T 形螺钉 3 和螺母锁紧；由于孔距公差较大，分度

精度不高，用手拉式圆柱对定销 7 即可。具体结构如图 7-72 所示。

（5）夹具在车床主轴上的安装　由于是在车床上进行镗三孔加工，过渡盘应以短圆锥面和端面在主轴上定位，用螺钉紧固，有关尺寸可参考《机床夹具设计手册》。花盘的止口与过渡盘凸缘的配合为 H7/h6，在花盘的外圆上设置找正圆 B（图 7-72）。

（6）绘制夹具总装图　根据上述分析，完成后的夹具总图如图 7-72 所示。

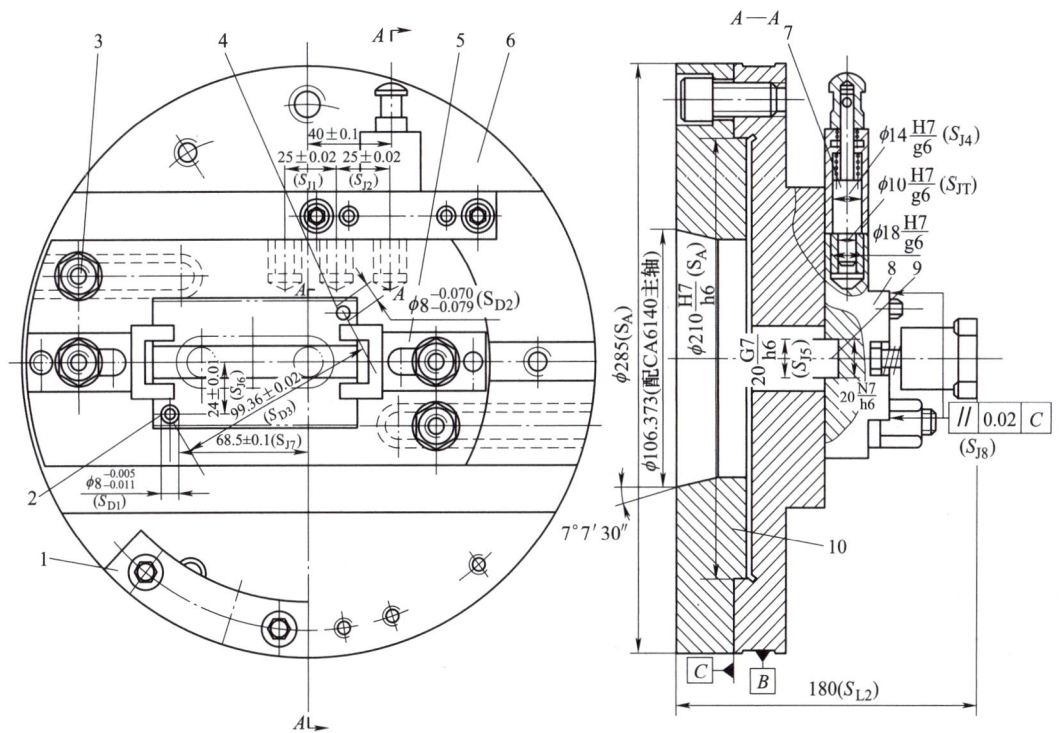

图 7-72　液压泵上体车三孔专用夹具

1—平衡块　2—圆柱销　3—T 形螺钉　4—菱形销　5—螺旋压板
6—花盘　7—对定销　8—分度滑块　9—导向键　10—过渡盘

（7）尺寸、公差及技术要求的标注　车床夹具装配图上的尺寸、公差及技术要求的标注如图 7-72 所示。

1）最大轮廓尺寸：ϕ285mm 和长度 180mm。

2）影响工件定位精度的尺寸及公差：两定位销孔的中心距及公差 99.36±0.02mm；圆柱销与工件孔的配合尺寸 ϕ8mm 及其公差；菱形销的直径 ϕ8mm 及其公差。

3）影响夹具在机床上安装精度的尺寸及公差：夹具体与过渡盘的配合尺寸 ϕ210H7/h6。

4）影响夹具精度的尺寸及公差：相邻两对定套的距离 25±0.02mm；对定销与对定套的配合尺寸 ϕ10H7/g6；对定销与导向孔的配合尺寸 ϕ14H7/g6；导向键与夹具的配合尺寸 20G7/h6；圆柱销到加工孔中心线的尺寸 24±0.1mm、68.5±0.1mm；定位平面对基准 C 的平行度为 0.02mm。

5）其他重要的配合尺寸：对定套与分度滑块的配合尺寸 φ18H7/g6；导向键与分度滑块的配合尺寸为 20N7/h6。

关于车床夹具设计的其他内容，可参考相关设计资料。

任务八 设计镗床夹具

镗床夹具又称为镗模，主要用于箱体、支架类零件的精密孔系加工，位置精度一般可达 ±(0.02~0.05)mm。它不仅在各类镗床上使用，也可在组合机床、车床和摇臂钻床上使用。镗模的结构与钻模相似，一般用镗套作为导向元件引导镗孔刀具或镗杆进行镗孔。

一、镗床夹具的主要类型

根据镗套的布置形式，镗模的结构类型分为单支承导向和双支承导向两类。

1. 单支承导向镗模

镗模中只用一个镗套作导向元件的称为单支承导向镗模，镗杆与主轴采用固定连接。根据镗孔直径 D 和孔的长度 L 又可分为单支承前导向和单支承后导向两种。

（1）单支承前导向 如图 7-73 所示，镗模支承设置在刀具的前方，主要用于加工孔径 $D>60$mm、长度 $L<D$ 的通孔。其优点是在加工过程中便于观察和测量，这对于需要更换刀具进行多工位或多工步的加工是很方便的。立镗时，切屑会落入镗套，应设置防屑罩。

（2）单支承后导向 如图 7-74 所示，镗套设置在刀具的后方，介于工件和机床主轴之间，主要用于镗削 $D<60$mm 的通孔和不通孔，镗杆与机床主轴仍为刚性连接；用于立镗时，切屑不会影响镗套。

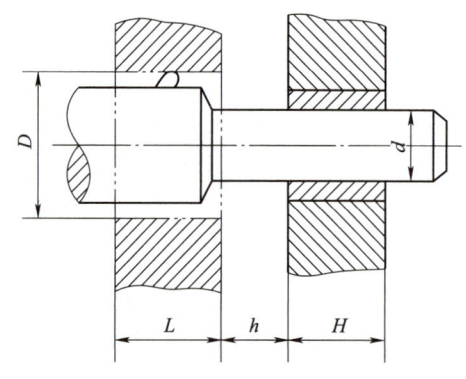

图 7-73 单支承前导向

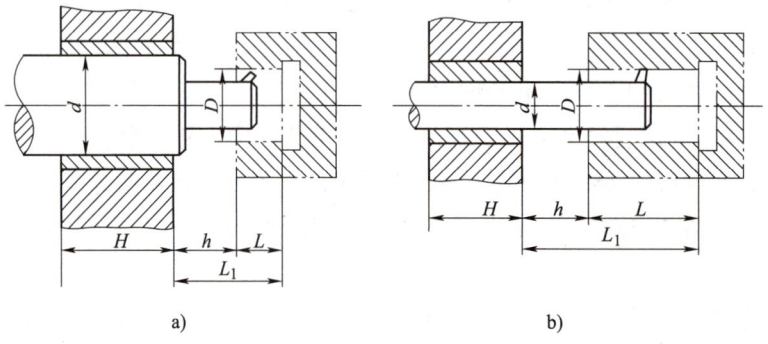

图 7-74 单支承后导向

H—镗套宽度 L_1—镗杆的悬伸长度

当镗削 $D<60\mathrm{mm}$、$L<D$ 的通孔或不通孔时,镗杆引导部分直径 d 可大于孔径 D,如图 7-74a 所示。此时镗杆刚性好,加工精度易于保证,装卸工件和更换刀具方便,多工步加工时可不更换镗杆。

当被加工孔的长径比 $L/D>1$ 时,镗杆直径 d 应制成同一尺寸,并应小于孔径 D,如图 7-74b 所示。以便镗杆导向部分进入被加工孔,从而缩短镗套与工件之间的距离 h 以及镗杆的悬伸长度。

2. 双支承导向镗模

如图 7-75 所示,双支承导向镗模有两个引导镗刀杆的支承,镗杆与机床主轴采用浮动连接,镗孔的位置精度完全由镗模保证,与机床精度无关,故能用低精度的机床加工出高精度的孔系。

(1) 前、后引导的双支承导向　这种引导方式应用较普遍,如图 7-75a 所示。一般用于镗削孔径较大,或被加工孔长径比 $L/D>1.5$ 的通孔或孔系,加工精度较高,但更换刀具不便。

(2) 后引导的双支承导向　在某些情况下,因条件限制不能采用前、后引导的双支承导向时,可采用后引导的双支承导向方式,如图 7-75b 所示。其优点是装卸工件和更换刀具方便,加工过程中易于观察和测量。为了提高镗杆刚度和保证导向精度,应取导向长度 $L_1=(1.25\sim1.5)L_2$;为避免镗杆悬伸长度过长,应使 $L_2<5d$,且 $H_1=H_2=(1\sim2)d$。

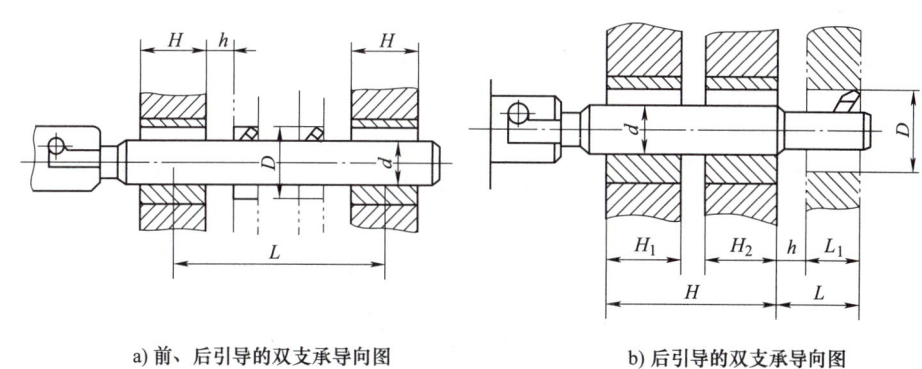

a) 前、后引导的双支承导向图　　b) 后引导的双支承导向图

图 7-75　双支承导向镗模

二、镗床夹具的设计要点

1. 镗套的结构型式

常用的镗套结构型式有固定式镗套和回转式镗套两种,设计时可根据工件的不同加工要求和条件合理选择。

(1) 固定式镗套　这种镗套是固定在镗模支架上,不随镗杆转动和移动。镗套的外形尺寸小、结构紧凑、制造简单,易获得较高的位置精度,在扩孔、铰孔和镗孔中应用较多;由于镗套易磨损,一般用于低速工作的情况。其结构尺寸都已标准化,设计时可参考《机床夹具设计手册》。图 7-76 所示为固定式镗套结构图。

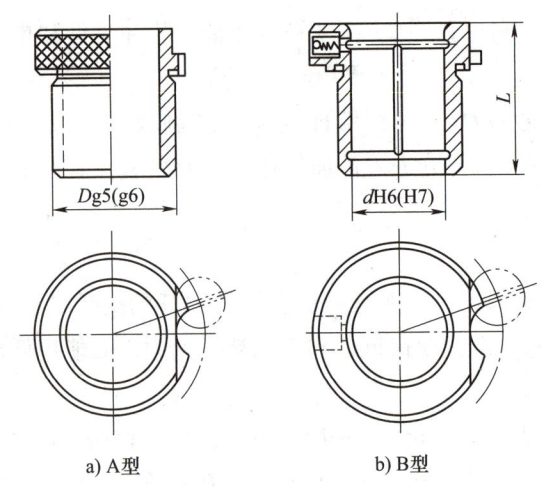

a) A型　　　　　b) B型

图 7-76　固定式镗套结构图

(2) 回转式镗套　回转式镗套随镗杆一起转动,镗杆与镗套之间只有相对移动而无相对转动,从而减少了镗套的磨损,不会因摩擦发热而出现"卡死"现象。因此,这类镗套适用于高速镗孔。回转式镗套又分为滑动式和滚动式两种。图 7-77 所示为回转式镗套的三种结构。

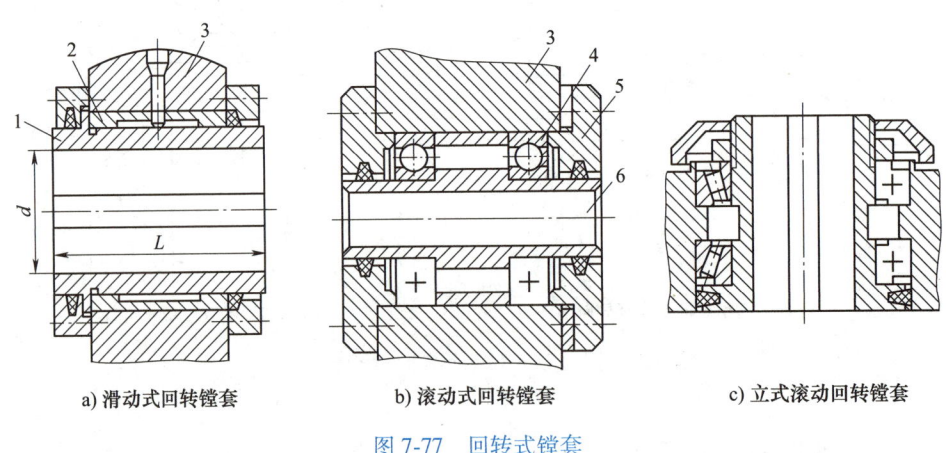

a) 滑动式回转镗套　　　b) 滚动式回转镗套　　　c) 立式滚动回转镗套

图 7-77　回转式镗套

1、6—镗套　2—滑动轴承　3—镗模支架　4—滚动轴承　5—轴承端盖

图 7-77a 所示为滑动式回转镗套,这种镗套的径向尺寸小,适用于孔心距较小的孔系加工,且回转精度较高,减振性好,承载能力大,常用于精加工,但需要充分润滑,线速度不能大于 0.3m/s。图 7-77b 所示为滚动式回转镗套,这种镗套采用了标准的滚动轴承,线速度高于 0.4m/s,但径向尺寸较大,回转精度受轴承精度影响。图 7-77c 所示为立式镗孔用的回转镗套,它的工作条件较差。为承受轴向力,一般采用圆锥滚子轴承;为避免切屑落入镗套,应设置防护罩。

2. 镗套的材料

镗套的材料常用 20 钢或 20Cr 钢渗碳,渗碳深度为 0.8~1.2mm,淬火硬度为 55~60HRC。一般情况下,镗套的硬度应低于镗杆的硬度。若用磷青铜做固定式镗套,因为减摩性好而不易与镗杆咬住,可用于高速镗孔,但成本较高。对于大直径镗套,或单件小批生产用的镗套,也可采用 HT200 材料。目前也有用粉末冶金制造的耐磨镗套。镗套的衬套也用 20 钢制成,渗碳深度为 0.8~1.2mm,淬火硬度为 58~64HRC。

3. 镗杆的设计

在设计镗套时,必须同时考虑镗杆的结构(图 7-78),镗杆的结构有整体式和镶条式两种。

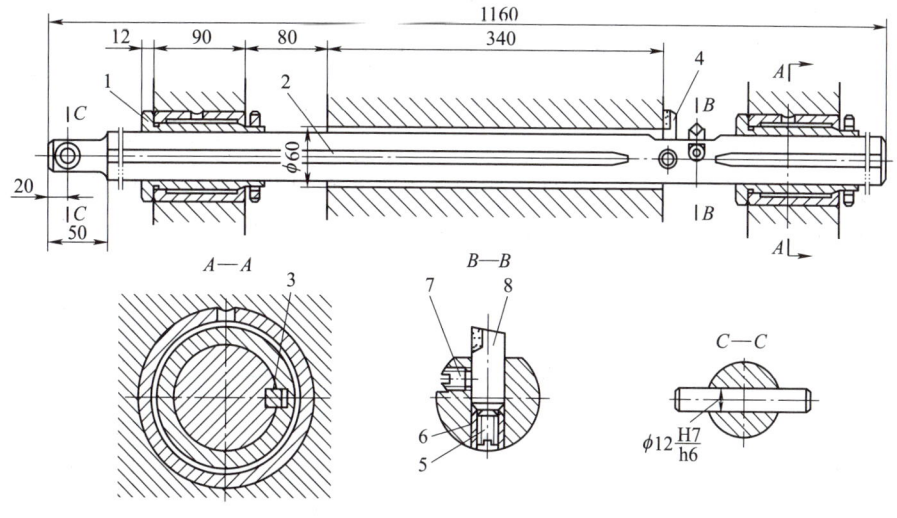

图 7-78 镗杆结构示意图

1—镗套 2—镗杆 3—键 4—刮刀 5—螺钉 6—衬套 7—固定螺钉 8—镗刀

当镗杆导向部分直径 $d<50$mm 时,常采用整体式结构,并在外圆柱表面上开车直槽或螺旋槽;当镗杆导向部分直径 $d>50$mm 时,常采用镶条式结构。

确定镗杆直径时,应考虑到镗杆的刚度以及镗孔时镗杆和工件孔之间的容屑空间。一般按经验公式选取:$d=(0.7~0.8)D$,D 为被加工孔的直径。

镗杆要求表面硬度高而内部有较好的韧性,因此镗杆的材料选用 20 钢、20Cr,渗碳淬火硬度为 61~63HRC;也可用渗氮钢 38CrMoAlA,但热处理工艺复杂;大直径的镗杆还可采用 45 钢、40Cr 或 65Mn。

镗杆与机床主轴采用浮动连接,即要求浮动接头能自动调节和补偿镗杆轴线和机床主轴轴线的角度偏差和位移量。

4. 镗模支架和底座的设计

镗模支架和底座是镗模上的关键零件。镗模支架用于安装镗套和承受切削力,不允许安装夹紧机构。镗模支架的典型结构和尺寸见表 7-4。

表 7-4 镗模支架的典型结构及尺寸

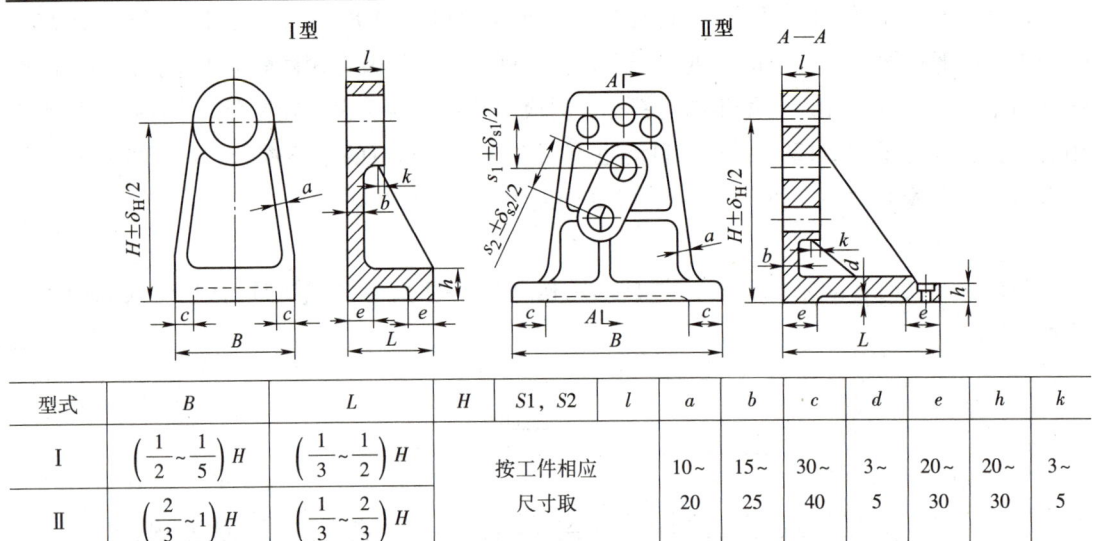

型式	B	L	H	S1, S2	l	a	b	c	d	e	h	k
Ⅰ	$\left(\frac{1}{2}\sim\frac{1}{5}\right)H$	$\left(\frac{1}{3}\sim\frac{1}{2}\right)H$	按工件相应尺寸取		10~20	15~25	30~40	3~5	20~30	20~30	3~5
Ⅱ	$\left(\frac{2}{3}\sim1\right)H$	$\left(\frac{1}{3}\sim\frac{2}{3}\right)H$									

镗模底座上要安装各种装置和工件,并承受所有元件的重量和加工过程中的切削力,因此要有足够的强度、刚度、精度及稳定性。镗模底座的典型结构及尺寸见表 7-5。

表 7-5 镗模底座的典型结构及尺寸

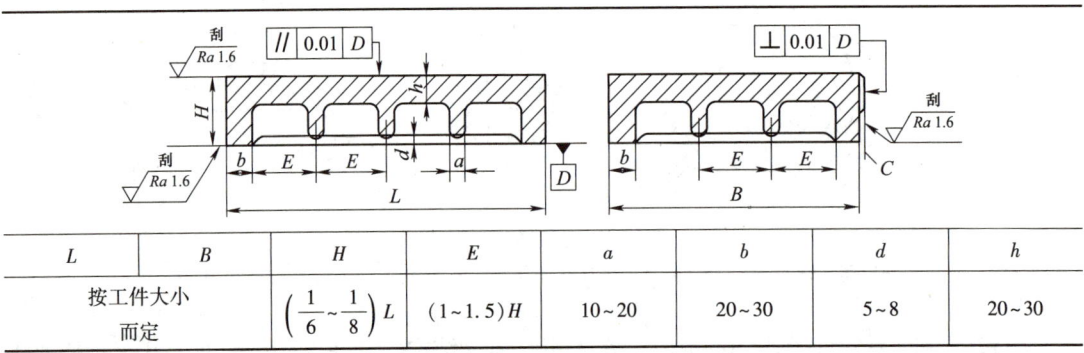

L	B	H	E	a	b	d	h
按工件大小而定		$\left(\frac{1}{6}\sim\frac{1}{8}\right)L$	$(1\sim1.5)H$	10~20	20~30	5~8	20~30

镗模支架和底座的材料通常采用 HT200,毛坯应进行时效处理。

任务九 设计其他机床夹具

【知识准备】

可调夹具分为通用可调夹具和专用可调夹具(成组夹具)两类。这两类夹具都是根据加工对象在工艺上和尺寸上的相似性对零件进行分类编组进行设计的。它们的结构一般由两部分组成:一是基本部分,包括夹具体、夹紧传动装置和操纵机构等,基本部分约占整个夹具的 80%;二是可更换调整部分,包括某些定位、夹紧和导向元件等,它随加工对象不同而调整更换。由于可调夹具有很强的适应性和良好的继承性,因此使用可调夹具可以大大减少专用夹具的数量,缩短生产准备时间和降低成本。

一、通用可调夹具

通用可调夹具的加工对象较广，加工对象不确定，其基本部分通常采用标准部件，可更换调整部分的结构设计应有较大的适应性，以满足一定类别形状和尺寸范围的零件加工。如台虎钳和滑柱式钻模等都属于通用可调夹具。

二、专用可调夹具

专用可调夹具是为执行成组工艺专为一组零件的某道工序而设计的可调夹具，如图 7-79 所示。专用可调夹具要适应零件组内所有零件在某道工序的加工。

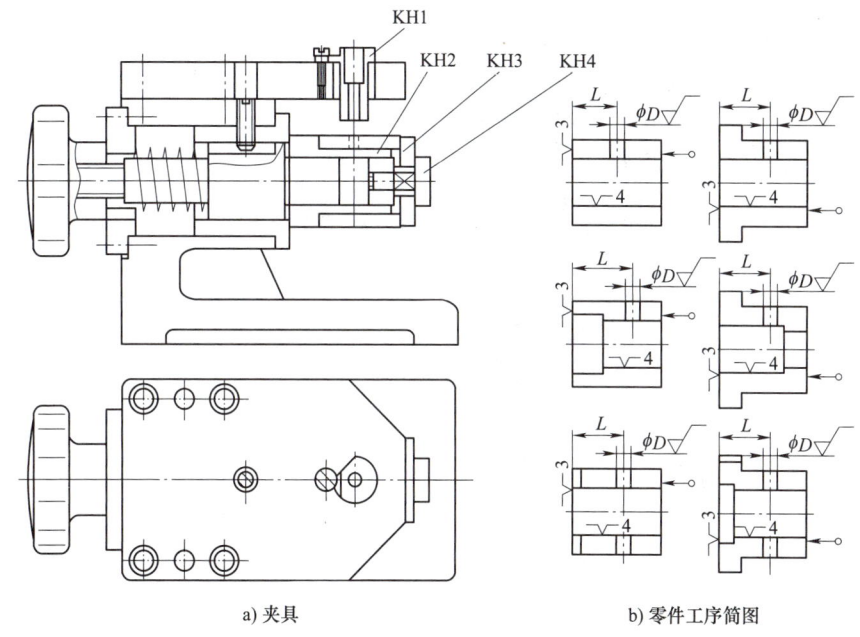

a) 夹具　　　　　　　　　　b) 零件工序简图

图 7-79　专用可调夹具

三、组合夹具

组合夹具是根据被加工零件的工艺要求，利用标准化元件组合而成的夹具。组合夹具一般是为某一工件的某道工序组装的专用夹具，也可以组装成通用可调夹具或成组夹具，组合夹具适用于各类机床，尤以钻床和车床夹具居多。

1. 组合夹具的特点

1）灵活性和万能性强，可组装成各种不同用途的专用夹具。
2）大大缩短生产准备周期，组装一套中等复杂程度的组合夹具只需几个小时。
3）减少专用夹具设计和制造的工作量，减少材料消耗。
4）减少专业夹具的库存面积，改善夹具的管理工作。
5）组合夹具体积大、笨重，一次性投资大。

2. 组合夹具的类型

目前使用的组合夹具有槽系组合夹具和孔系组合夹具两种基本类型。槽系组合夹具元件依靠键和 T 形槽定位；孔系组合夹具元件通过孔和销实现定位。

（1）槽系组合夹具　我国采用槽系组合夹具，槽系组合夹具分大、中、小三种规格，其主要参数可参考相关资料和手册。图 7-80 所示为槽系组合夹具元件分解图。

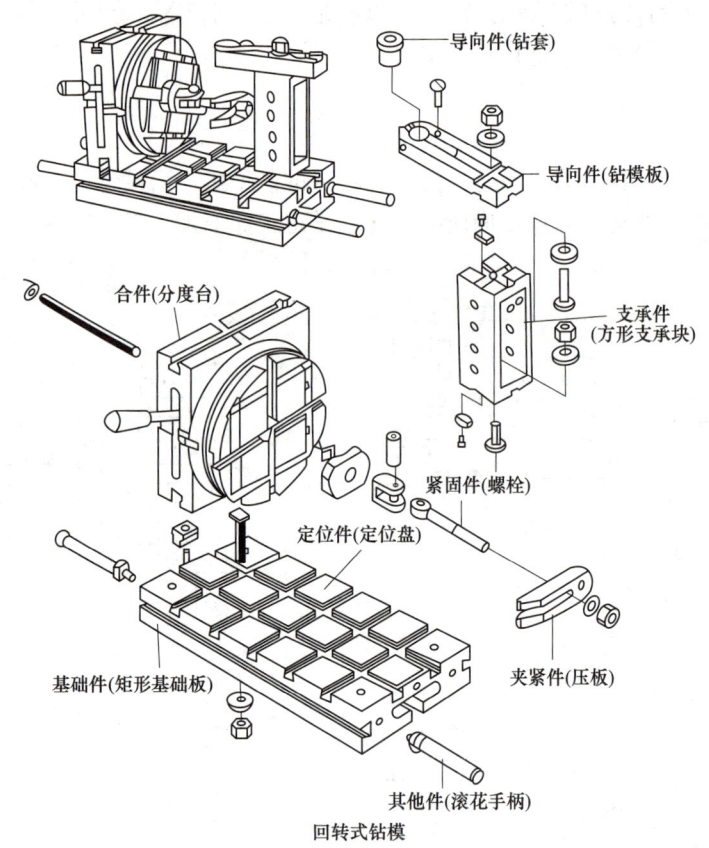

图 7-80　槽系组合夹具元件分解图

（2）孔系组合夹具　德国、美国、英国和俄罗斯等国采用孔系组合夹具。图 7-81 所示为孔系组合夹具元件分解图。

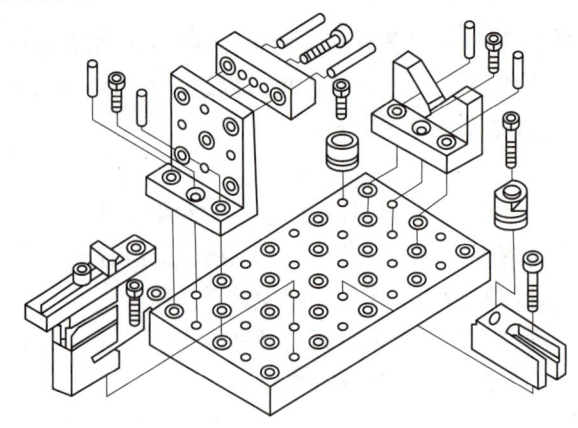

图 7-81　孔系组合夹具元件分解图

【项目小结】

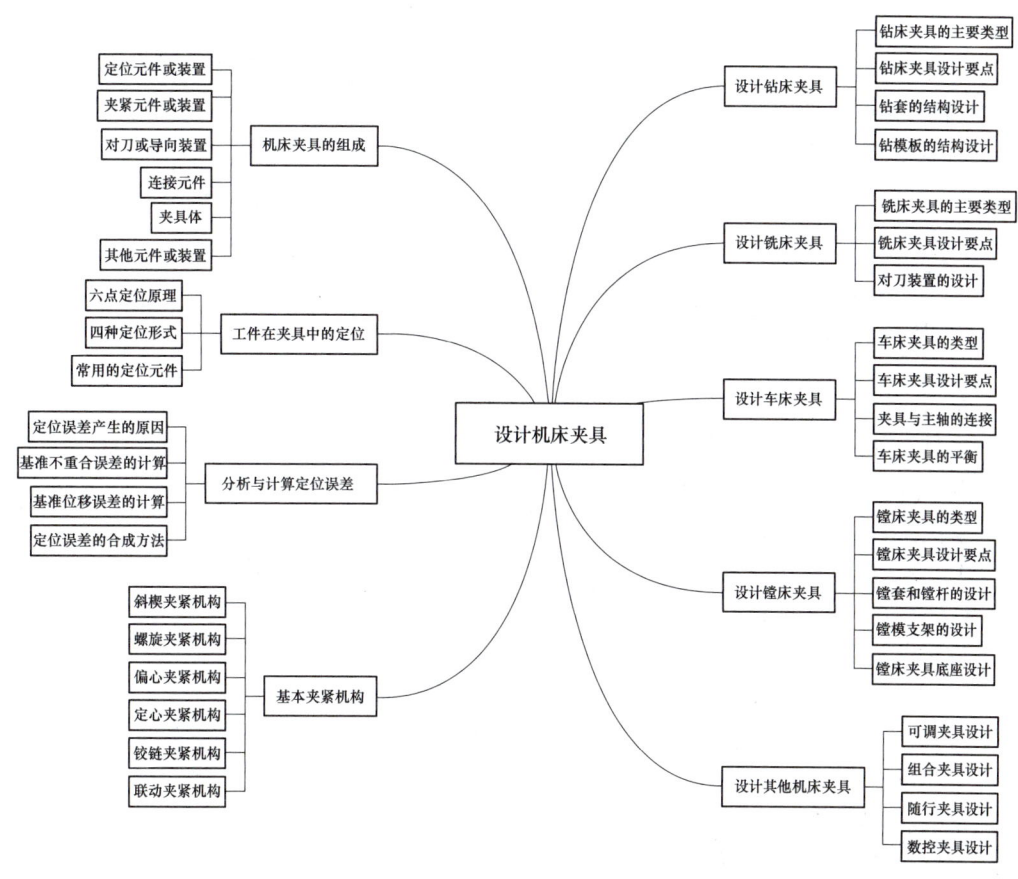

图 7-82　项目小结

【思考与练习题】

一、填空题

1. 机床夹具通常包括＿＿＿＿、＿＿＿＿、＿＿＿＿、＿＿＿＿以及连接元件等装置。

2. 任何一个工件在空间直角坐标系中都有＿＿＿＿个自由度，分别是＿＿＿＿。

3. 工件定位的四种情况是＿＿＿＿、＿＿＿＿、＿＿＿＿和＿＿＿＿。

4. 常见的支承元件有＿＿＿＿、＿＿＿＿、＿＿＿＿以及辅助支承四种。

5. 辅助支承主要用来提高工件的＿＿＿＿和＿＿＿＿，不起＿＿＿＿作用。

6. 自位支承又称＿＿＿＿，在定位过程中能随着工件定位基准的位置变化而自动调整，因此只限制＿＿＿＿个自由度。

7. 工件以内孔定位时，常用的定位元件有＿＿＿＿、＿＿＿＿、＿＿＿＿、＿＿＿＿等。

8. 工件以外圆表面定位时，最常用的定位元件是＿＿＿＿和定位套。

9. 定位误差主要由_____和_____两部分组成。

10. 工序基准和定位基准之间的联系尺寸是_____，基准不重合误差就是该尺寸的公差值。

11. 工件在定位时，由于存在_____和最小配合间隙，从而产生基准位移误差。

12. 常用的夹紧机构有_____、_____、_____和_____等。

13. 在铣床和刨床上常设有对刀装置，对刀装置由_____和_____等组成。

14. 钻套有_____、_____、_____和_____四种类型。

二、选择题

1. 工件在夹具中占据正确位置后并固定的过程称为（ ）过程。
   A. 装夹   B. 定位   C. 夹紧   D. 找正

2. 在加工前，使工件在机床或夹具上占据一正确位置的过程，称为（ ）。
   A. 装夹   B. 定位   C. 夹紧   D. 找正

3. 夹具不能起到的作用是（ ）。
   A. 保证加工精度   B. 减少工序   C. 提高劳动生产率   D. 减轻工人劳动强度

4. 解决工件定位的首要问题是（ ）。
   A. 使一批工件在夹具中占有正确位置   B. 使夹具在机床上占有正确位置
   C. 使刀具相对夹具占有正确位置

5. 机床夹具最基本的组成部分是（ ）。
   A. 定位元件、对刀装置、夹紧装置   B. 定位元件、夹紧装置、夹具体
   C. 定位元件、对刀装置、定向装置   D. 对刀装置、夹紧装置、定向装置

6. 采用夹具后，工件上有关表面的（ ）由夹具保证。
   A. 表面粗糙度   B. 相互位置精度   C. 外形轮廓尺寸

7. 确定工件在夹具中的位置是由（ ）实现的。
   A. 定位元件   B. 夹紧元件   C. 对刀—导向元件   D. 连接元件

8. 自位支承的作用是增加与工件接触的支承点数目，但（ ）。
   A. 不起定位作用   B. 只限制一个自由度
   C. 限制的自由度随定位情况变化

9. 机械加工过程中，只有（ ）时，才能保证工件工序的加工要求。
   A. 工件在机床上相对刀具的切削成形运动处于准确的位置
   B. 一批工件在夹具中占有准确的加工位置
   C. 刀具成形运动相对夹具占有一正确位置

10. 工件定位时，被消除的自由度少于六个，且不能满足加工要求的定位称为（ ）。
    A. 欠定位   B. 过定位   C. 完全定位   D. 部分定位

11. 重复限制自由度的定位现象称为（ ）。
    A. 欠定位   B. 过定位   C. 完全定位   D. 部分定位

12. 工件定位时，仅限制四个或五个自由度，没有限制全部自由度的定位方式称为（ ）。
    A. 欠定位   B. 过定位   C. 完全定位   D. 部分定位

13. 工件定位时，下列（ ）是不允许存在的。

A. 欠定位　　　B. 过定位　　　C. 完全定位　　　D. 部分定位

14. 在一平板上铣通槽，除沿槽长方向的自由度未被限制外，其余自由度均被限制。此定位方式属于（　　）。

　　A. 欠定位　　　B. 过定位　　　C. 完全定位　　　D. 部分定位

15. 由两个定位点重复约束了同一个自由度，此种定位方式属于（　　）。

　　A. 欠定位　　　B. 过定位　　　C. 完全定位　　　D. 部分定位

16. 工件在定位中出现欠定位，是因为（　　）。

　　A. 实际限制自由度数大于六点

　　B. 实际限制自由度数少于六点

　　C. 加工所要求限制的自由度定位中没有被限制

　　D. 实际被限制自由度数大于加工所要求限制的自由度数

17. 下列论述错误的有（　　）。

　　A. 定位元件必须与工件接触

　　B. 与工件接触的元件一定是定位元件

　　C. 工件的定位基准一旦被确定，则其定位方案也基本上确定了

　　D. 定位的目的是使同一批工件在夹具中占据正确的加工位置

18. 一个物体在空间如果不加任何约束限制，应有（　　）自由度。

　　A. 3个　　　B. 4个　　　C. 5个　　　D. 6个

19. 限制一个面的自由度需要（　　）支承点。

　　A. 1个　　　B. 2个　　　C. 3个　　　D. 4个

20. 长圆柱面所限制的自由度数为（　　）。

　　A. 3个　　　B. 4个　　　C. 5个　　　D. 6个

21. 工程上常讲的"一面两销"一般限制了工件的（　　）自由度。

　　A. 3个　　　B. 4个　　　C. 5个　　　D. 6个

22. 工件以外圆柱面在长V形块上定位时，限制工件的自由度数为（　　）。

　　A. 3个　　　B. 4个　　　C. 5个　　　D. 6个

23. 工件以外圆在短V形块上定位时，约束工件的自由度为（　　）。

　　A. 2个　　　B. 3个　　　C. 4个　　　D. 5个

24. 用双顶尖安装工件车外圆，限制了工件（　　）自由度。

　　A. 3个　　　B. 4个　　　C. 5个　　　D. 6个

25. 活动短V形块限制工件的自由度数为（　　）。

　　A. 0个　　　B. 1个　　　C. 2个　　　D. 3个

26. 工件以圆锥孔在较长圆锥心轴上定位，可限制（　　）自由度。

　　A. 3个　　　B. 4个　　　C、5个　　　D. 6个

27. 用一夹一顶装夹工件的方法可限制（　　）个自由度。

　　A. 3个　　　B. 4个　　　C. 5个　　　D. 6个

28. 在外圆柱上铣平面，用两个固定短V形块定位，其限制工件的自由度数为（　　）。

　　A. 2个　　　B. 3个　　　C. 4个　　　D. 5个

29. 工件以平面定位时，通常可认为（　　）。

　　A. 定位误差为零　　　　　　　　B. 基准不重合误差为零

C. 基准位移误差为零

30. 定位误差是（　　）二者综合作用的结果。
    A. 定位元件与夹紧元件　　　　B. 对刀块和塞尺
    C. 重复定位和欠定位　　　　　D. 基准不重合误差和基准位移误差

31. 机床夹具中，夹紧装置应满足以下除（　　）之外的基本要求。
    A. 夹紧动作准确　　　　　　　B. 夹紧动作快速
    C. 夹紧力应尽量大　　　　　　D. 夹紧装置结构应尽量简单

32. 夹紧力的方向应正对着（　　）。
    A. 主要定位基准面　　　　　　B. 导向基准面
    C. 止推基准面　　　　　　　　D. 工件表面

33. 夹紧中确定夹紧力大小时，最好状况是力（　　）。
    A. 尽可能大　　B. 尽可能小　　C. 大小应适当

34. 夹紧力 F_w、切削力 P、工件重力 Q，当（　　）时，夹紧力将最小。
    A. 三力同向　　B. F_w 与 P、Q 反向　　C. F_w 与 P、Q 垂直

35. 夹紧力的方向应尽量与工件的切削力、重力方向（　　）。
    A. 相反　　　　B. 一致　　　　C. 垂直

36. 常设置对刀块来确定夹具和刀具相对位置的是（　　）。
    A. 车床夹具　　B. 铣床夹具　　C. 钻床夹具

37. 为保证斜楔夹紧的自锁性能，手动夹紧时斜楔升角一般取（　　）。
    A. $\alpha = 6° \sim 8°$　　B. $\alpha = 9° \sim 13°$　　C. $\alpha = 13° \sim 17°$

38. 设计联动夹紧机构时，为保证夹紧可靠和夹紧力一致，必须设置（　　）。
    A. 浮动环节　　B. 连杆机构　　C. 弹性元件

39. 在常用的典型夹紧机构中，扩力比最大的是（　　）夹紧机构。
    A. 斜楔　　　　B. 螺旋　　　　C. 偏心　　　　D. 弹簧夹头

40. 斜楔自锁的条件是楔角 α 与两处摩擦角之和 $\phi_1 + \phi_2$ 应满足（　　）。
    A. $\alpha = \phi_1 + \phi_2$　　B. $\alpha > \phi_1 + \phi_2$　　C. $\alpha < \phi_1 + \phi_2$　　D. $\alpha \geq \phi_1 + \phi_2$

41. 在夹具图上画工件轮廓时，应采用（　　）。
    A. 点画线　　　B. 双点画线　　C. 虚线　　　　D. 细实线

42. 安装在机床主轴上，能带动工件一起旋转的夹具是（　　）夹具。
    A. 钻床　　　　B. 车床　　　　C. 铣床　　　　D. 镗床

三、判断题

1. 工件的装夹包括定位和夹紧两个过程。　　　　　　　　　　　　　　　　　（　　）
2. 如果工件被夹紧了，说明工件已经实现了定位。　　　　　　　　　　　　　（　　）
3. 夹紧保证工件在夹具中占有正确的位置。　　　　　　　　　　　　　　　　（　　）
4. 少于六点的定位不会出现过定位。　　　　　　　　　　　　　　　　　　　（　　）
5. 不完全定位和欠定位所限制的自由度都少于六个，所以本质上是相同的。　（　　）
6. 为了保证定位精度，工件在加工前必须消除其全部自由度。　　　　　　　（　　）
7. 过定位是绝对不允许的。　　　　　　　　　　　　　　　　　　　　　　　（　　）
8. 夹具采用不完全定位方案是不允许的。　　　　　　　　　　　　　　　　　（　　）
9. 夹具采用欠定位方案是不允许的。　　　　　　　　　　　　　　　　　　　（　　）

10. 不完全定位就是欠定位。（　　）
11. 用六个支承点就可使工件实现完全定位。（　　）
12. 加工工件时，采用完全定位和不完全定位都是允许的。（　　）
13. 可调支承和辅助支承都不限制工件的自由度。（　　）
14. 工件以孔定位，长心轴和长销限制四个自由度，短心轴和短销限制两个自由度。（　　）
15. 工件以孔定位，圆柱销和菱形销都限制两个自由度。（　　）
16. 由于定位是通过定位点与工件的定位基面相接触来实现的，如两者一旦脱离，则定位作用就自然消失了。（　　）
17. 辅助支承可以提高工件的安装刚性，而自位支承则不能。（　　）
18. 定心夹紧机构中的定位元件也是夹紧元件。（　　）
19. 夹紧的目的是使工件正确的定位位置保持不变。（　　）
20. 自定心卡盘只能夹住工件，实际上不起定位作用。（　　）
21. 工件定位时，若定位基准与工序基准重合，就不会产生定位误差。（　　）
22. 菱形销的布置应使其长轴方向与菱形销和圆柱销的中心连线重合。（　　）
23. 生产中应尽量避免采用定位元件来参与夹紧。（　　）
24. 工件夹紧变形会使被加工工件产生形状误差。（　　）
25. 夹紧机构中的传力机构可以改变夹紧力的方向和大小。（　　）
26. 联动夹紧机构在两个夹紧点之间必须设置浮动环节。（　　）
27. 夹紧机构要有自锁作用，原始作用力去除后工件仍保持夹紧状态。（　　）
28. 双斜面斜楔夹紧机构既能自锁，又有较大的夹紧行程。（　　）
29. 螺旋夹紧机构夹紧行程大、增力大、自锁性能好，适用于手动夹紧。（　　）
30. 圆偏心夹紧机构夹紧力和夹紧行程不大，自锁性能差，用于夹紧行程和切削负荷较小且平稳的场合。（　　）
31. 联动夹紧机构在高效夹具中应用较为广泛。（　　）
32. 自定心卡盘属于定心夹紧机构。（　　）
33. 车床夹具的各元件布置偏向主轴一边时应设置配重块。（　　）
34. 铣床夹具必须有对刀装置。（　　）
35. 夹具体是夹具的基础元件。（　　）
36. 专用夹具是专为某一种工件的某道工序的加工而设计制造的夹具。（　　）

四、综合分析题

1. 图 7-83 所示为在套筒零件上加工 ϕB 孔，要求与 ϕD 孔垂直相交，且保证尺寸 L。分析：
（1）钻 ϕB 孔所必须限制的自由度。
（2）采用何种定位方式。

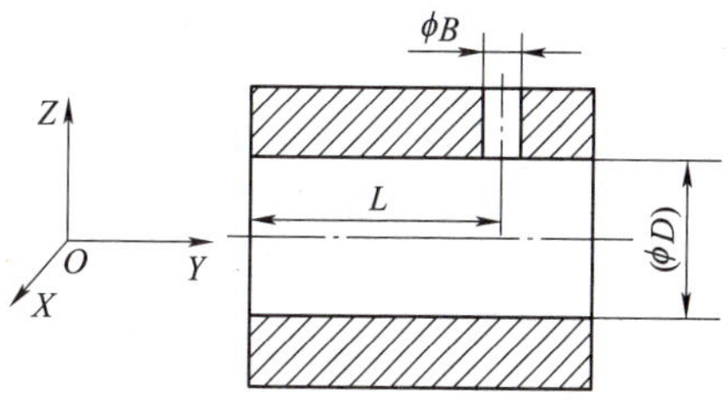

2. 图 7-84 所示为钻、铰连杆小头孔的定位方案，要求保证与大头孔轴线的距离及平行度，并与毛坯外圆同轴。试分析：

图 7-83　题 1 图

(1) 各定位元件限制的自由度。
(2) 判断有无欠定位或过定位。
(3) 对不合理的定位方案提出改进意见。

3. 如图 7-85 所示，用调整法钻 $2\times\phi D$ 孔、磨台阶面，试根据加工要求，按给定的坐标，用符号分别标出该两工序应该限制的自由度，并指出属于何种定位？

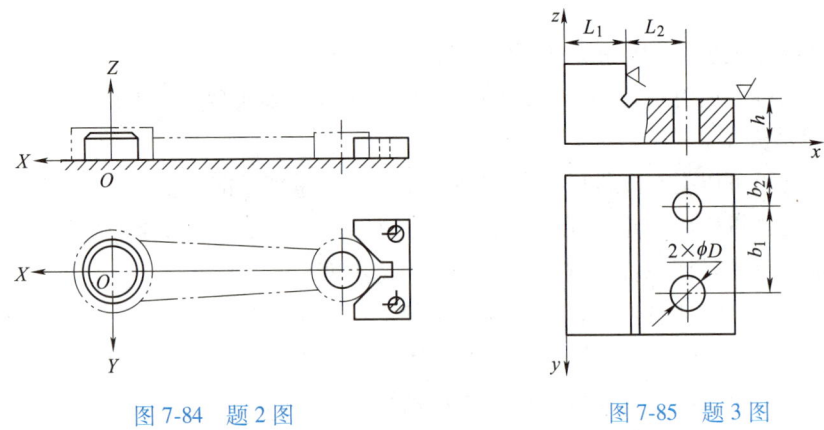

图 7-84　题 2 图　　　　　图 7-85　题 3 图

4. 如图 7-86 所示的钻孔夹具，分析其组成部分的作用及工件的定位情况。

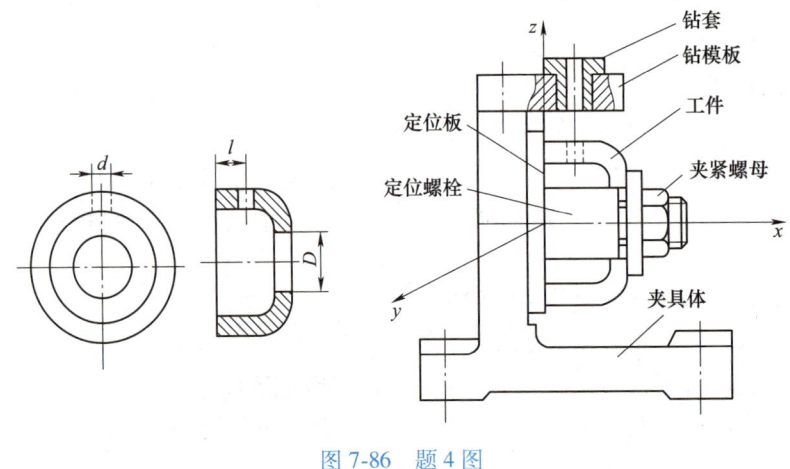

图 7-86　题 4 图

5. 分析如图 7-87 所示定位方案，回答如下问题：
(1) 带肩心轴、手插圆柱销各限制工件的哪些自由度（用符号表示）？
(2) 该定位属于哪种定位类型？
(3) 该定位是否合理？如不合理，请加以改正。

6. 分析如图 7-88 所示定位方案，回答下列问题：
(1) 底面、固定 V 形块和活动 V 形块各限制工件的哪些自由度（用符号表示）？
(2) 该定位属于哪种定位类型？
(3) 该定位是否合理？如不合理，请加以改正。

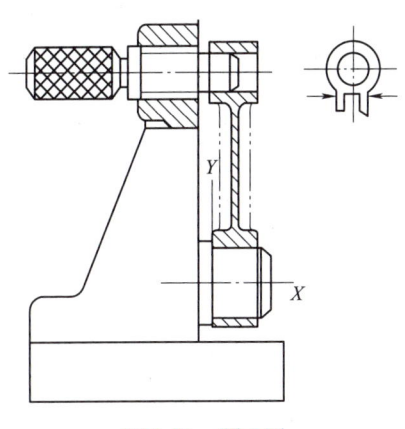

图 7-87　题 5 图

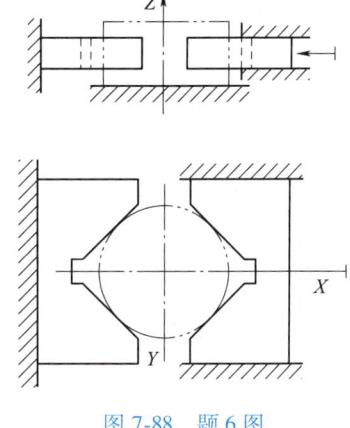

图 7-88　题 6 图

7. 分析如图 7-89 所示的一面两销定位，回答下列问题：

（1）定位元件限制工件的哪些自由度（用符号表示）？

（2）根据分析说明，夹具装配时菱形削边销部位的朝向。

8. 如图 7-90 所示的齿坯，内孔及外圆已加工合格，尺寸分别为 $D=\phi35^{+0.025}_{0}\mathrm{mm}$，$d=\phi80^{0}_{-0.1}\mathrm{mm}$，现在插床上以调整法加工键槽，要求保证尺寸 $H=38.5^{+0.20}_{0}\mathrm{mm}$。试计算图示定位方法的定位误差（忽略外圆与内孔同轴度误差）。

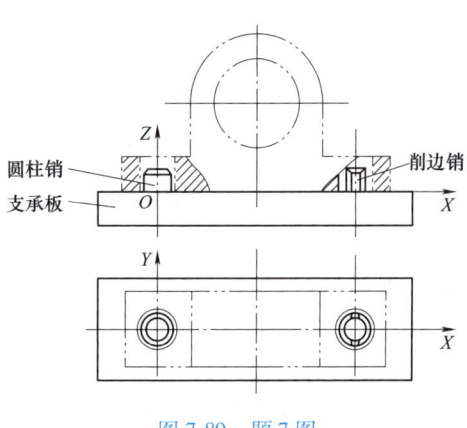

图 7-89　题 7 图

9. 有一批套筒零件如图 7-91 所示，其他加工面已加工好，今以内孔 D_2 在圆柱心轴 d 上定位，用调整法铣削键槽。若定位心轴处于水平位置，试分析计算尺寸 L 的定位误差。已知：$D_1=\phi500^{0}_{-0.05}\mathrm{mm}$，$D_2=\phi300^{+0.021}_{0}\mathrm{mm}$，心轴直径 $d=\phi30^{-0.007}_{-0.020}\mathrm{mm}$。

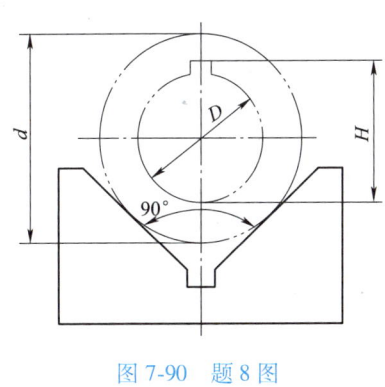

图 7-90　题 8 图

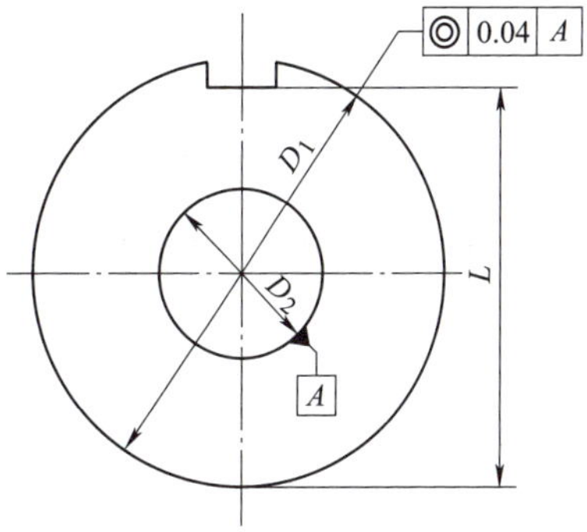

图 7-91　题 9 图

10. 如图 7-92 所示，采用长 V 形块定位加工通孔 O，试分析该定位方案所限制的自由度数，计算钻通孔 O 时的定位误差，分析该方案能否满足要求，若达不到要求则给出改进措施。

11. 有一批套类零件如图 7-93a 所示，欲在其上铣一键槽，试分析在图 7-93b 可胀心轴上定位方案中，尺寸 H_1、H_2、H_3 的定位误差，已知定位心轴直径 $d_1(_{-\delta d_1}^{\ 0})$。

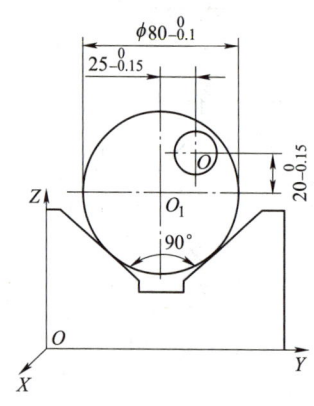

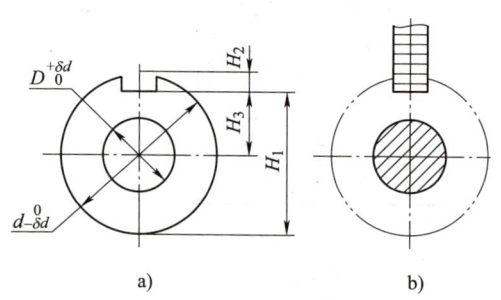

图 7-92　题 10 图　　　　　　　　　　图 7-93　题 11 图

12. 如图 7-94 所示，已知切削力 F，若不计小轴 1、2 的摩擦损耗，试计算图示夹紧装置作用在斜楔左端的作用力 F_Q。

13. 如图 7-95 所示气动夹紧机构，夹紧工件所需夹紧力 $F_J = 2000\text{N}$，已知：气压 $p = 4 \times 10^5 \text{Pa}$，$\alpha = 15°$，$L_1 = 200\text{mm}$，$L_3 = 20\text{mm}$。各相关表面的摩擦系数 $f = 0.18$，铰链轴 ϕd 处摩擦损耗按 5% 计算。问需选用多大缸径的气缸才能将工件夹紧？

14. 在工件上钻、铰 $\phi 14\text{H7}$ 的孔，铰削余量为 0.1mm，铰刀直径为 $\phi 14_{+0.008}^{+0.015}\text{mm}$，试设计所需的钻套（计算导向孔的尺寸，画出钻套图，标注尺寸及技术要求）。

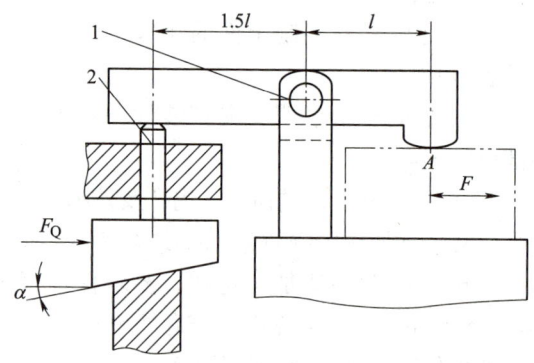

图 7-94　题 12 图

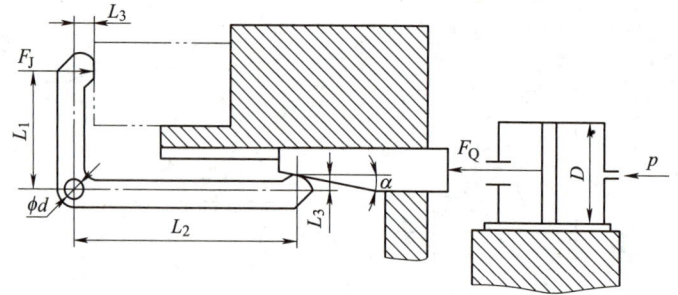

图 7-95　题 13 图

五、简答题

1. 机床夹具由哪几个部分组成？各部分起什么作用？
2. 什么是定位？简述工件定位的基本原理。

3. 为什么说夹紧不等于定位？

4. 工件在夹具中夹紧的目的是什么？夹紧和定位有何区别？

5. 对夹紧装置的基本要求是什么？

6. 什么是定位误差？试述产生定位误差的原因。

7. 辅助支承与自位支承有何不同？

8. "工件装夹在夹具中，凡是有六个定位支承点即为完全定位，凡是超过六个定位支承点就是过定位，不超过六个定位支承点，就不会出现过定位。"这种说法对吗？为什么？

9. 简述夹具夹紧力的确定原则。

10. 车床夹具有何特点？各用于何种场合？

11. 钻床夹具分为几类，各有何特点？

12. 铣床夹具的对刀块和塞尺各起什么作用？

大国工匠——高凤林

高凤林是中国航天科技集团公司第一研究院211厂发动机车间班组长，几十年来，他几乎都在做着同样一件事，为火箭焊"心脏"——发动机喷管焊接。

"长征五号"火箭发动机的喷管上，就有数百根空心管线，管壁的厚度只有0.33mm，高凤林需要通过3万多次精密的焊接操作，才能把它们编织在一起，焊缝细到接近头发丝，而长度相当于绕一个标准足球场两周。高凤林说，在焊接时得紧盯着微小的焊缝，一眨眼就会有闪失。"如果这道工序需要十分钟不眨眼，那就十分钟不眨眼。"

高凤林说，每每看到我们生产的发动机把卫星送到太空，就有一种成功后的自豪感，这种自豪感用金钱买不到。正是这份自豪感，让高凤林一直以来都坚守在这里。三十多年来，130多枚长征系列运载火箭在他焊接的发动机的助推下，成功飞向太空。这个数字，占到我国发射长征系列火箭总数的一半以上。火箭的研制离不开众多的院士、教授、高工，但火箭从蓝图落到实物，靠的是一个个焊接点的累积，靠的是一位位普通工人的拳拳匠心。专注做一样东西，创造别人认为不可能的可能，高凤林用三十余年的坚守，诠释了航天匠人对理想信念的执着追求。

附录

二维码资源列表

资源名称	二维码	页码	资源名称	二维码	页码
1-1 金属切削刀具基础		6	3-3 工艺路线的拟定		129
1-2 金属切削过程及其物理现象		12	4-1 轴类零件的加工工艺		153
1-3 金属切削过程中的物理现象		16	4-2 套类零件的加工工艺		158
2-1 零件表面的成形方法		43	5-1 机械加工精度概述		178
2-2 车刀及其选用		62	5-2 工艺系统的几何误差		180
2-3 铣削加工工艺		62	5-3 工艺系统的受热变形和内应力		188
3-1 机械加工工艺规程的基本概念		118	5-4 机械加工表面质量		201
3-2 工件的安装、基准和定位		125	6-1 保证装配精度的方法		219

附录　二维码资源列表

（续）

资源名称	二维码	页码	资源名称	二维码	页码
7-1　机床夹具概述		230	8　铣成形面		63
7-2　工件在夹具中的夹紧		249	9　铣角度槽		63
7-3　机床专用夹具设计方法		258	10　铣半圆键槽		63
1　卧式车床		49	11　周铣-逆铣		64
2　铣平面（1）		63	12　周铣-顺铣		64
3　铣平面（2）		63	13　端铣		64
4　铣直槽		63	14　锥套球体零件的加工工艺		158
5　铣阶梯槽		63	15　轴类零件的机械加工工艺规程拓展案例		158
6　铣燕尾形槽		63	16　液压缸套零件的加工工艺规程		160
7　铣T形槽		63	17　套类零件的加工工艺规程拓展案例		161

(续)

资源名称	二维码	页码	资源名称	二维码	页码
18 轮齿类零件的机械加工工艺规程		171	28 偏心轮楔块夹紧		254
19 斜楔夹紧机构（1）		253	29 圆偏心夹紧		254
20 斜楔夹紧机构（2）		253	30 圆偏心夹紧机构		254
21 斜楔夹紧机构（3）		253	31 斜楔-滑块定心夹紧机构		255
22 快速螺旋夹紧机构（1）		253	32 旋转斜面定心夹紧机构		255
23 快速螺旋夹紧机构（2）		253	33 左右螺旋虎钳式定心夹紧机构		255
24 快速螺旋夹紧机构（3）		253	34 二力互垂直单件联动夹紧（1）		256
25 浮动螺旋压板夹紧		253	35 二力互垂直单件联动夹紧（2）		256
26 螺旋楔块杠杆组合夹紧		253	36 平行多件联动夹紧		256
27 自调螺旋压板夹紧		253	37 卧轴回转式钻模		258

（续）

资源名称	二维码	页码	资源名称	二维码	页码
38　斜轴回转式钻模		258	42　直线进给式铣床夹具		265
39　用专门托架的翻转钻模		259	43　圆周进给式铣床夹具		266
40　钻孔夹具		259	44　靠模进给式铣床夹具		267
41　钻模板可卸的盖式钻模		259	45　弯板式车床夹具		270

参 考 文 献

[1] 张世昌，张冠伟. 机械制造技术基础 [M]. 4版. 北京：高等教育出版社，2022.
[2] 王道林，吴修娟. 机械制造工艺学 [M]. 北京：机械工业出版社，2022.
[3] 陈旭东，肖红升，马敏莉，等. 机床夹具设计 [M]. 3版. 北京：清华大学出版社，2022.
[4] 卢秉恒. 机械制造技术基础 [M]. 4版. 北京：机械工业出版社，2018.
[5] 徐勇. 金属切削加工方法与设备 [M]. 北京：化学工业出版社，2020.
[6] 王先逵. 机械制造工艺学 [M]. 4版. 北京：机械工业出版社，2019.